佐藤進一
百瀬今朝雄 編

中世法制史料集

第四巻 武家家法Ⅱ

岩波書店刊行

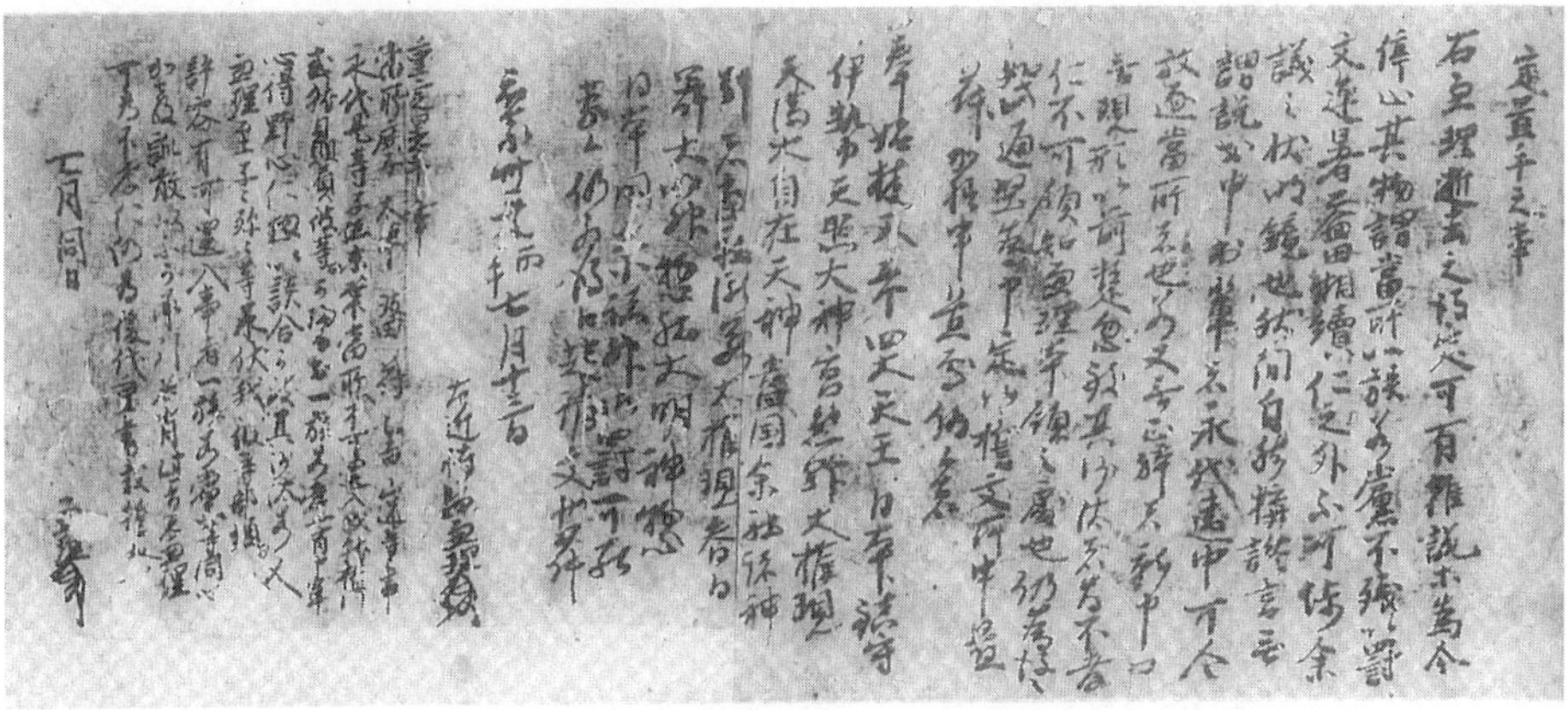

益田兼理置文（東京大學史料編纂所所蔵、益田文書）　本文 115 頁參照

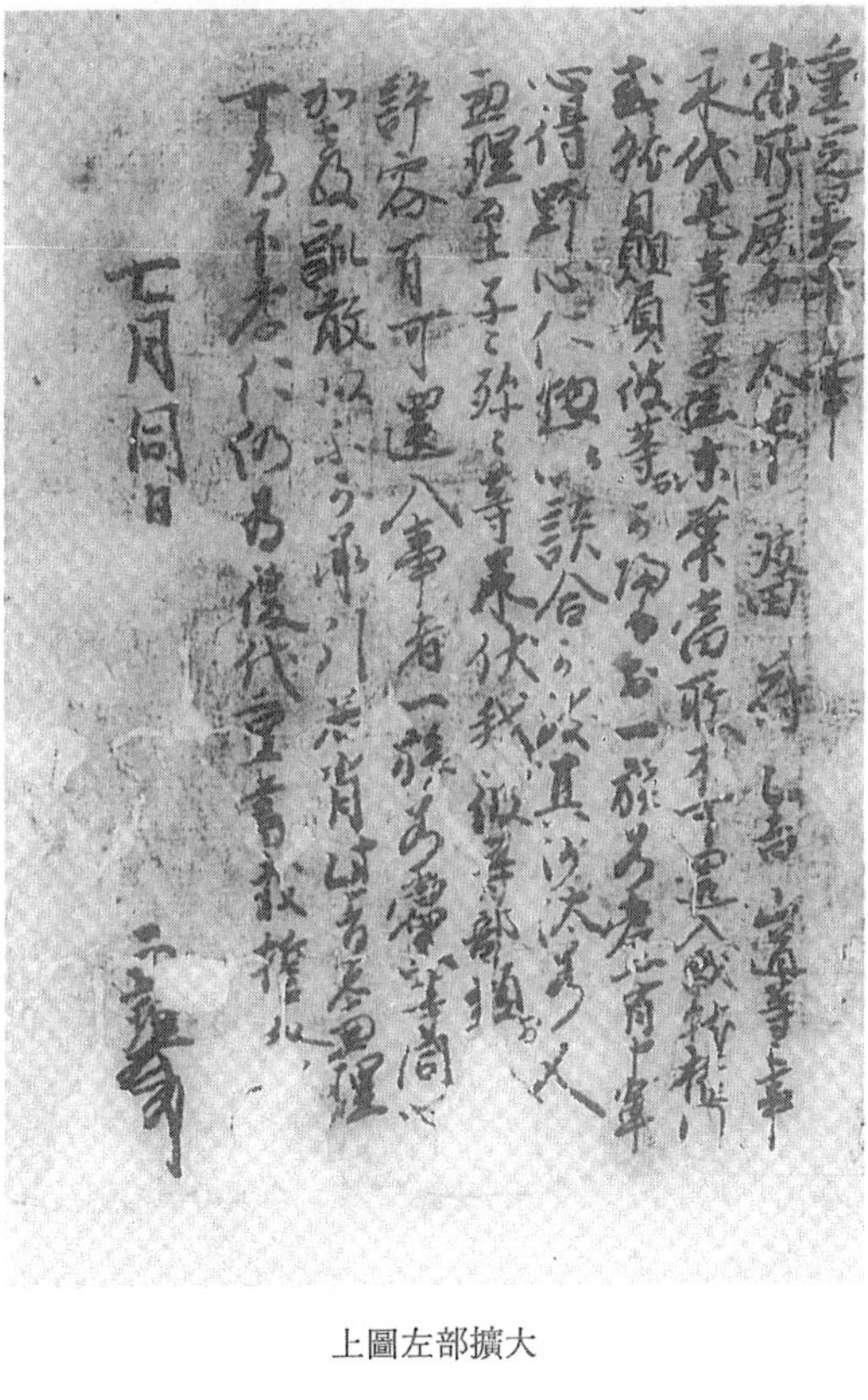

上圖左部擴大

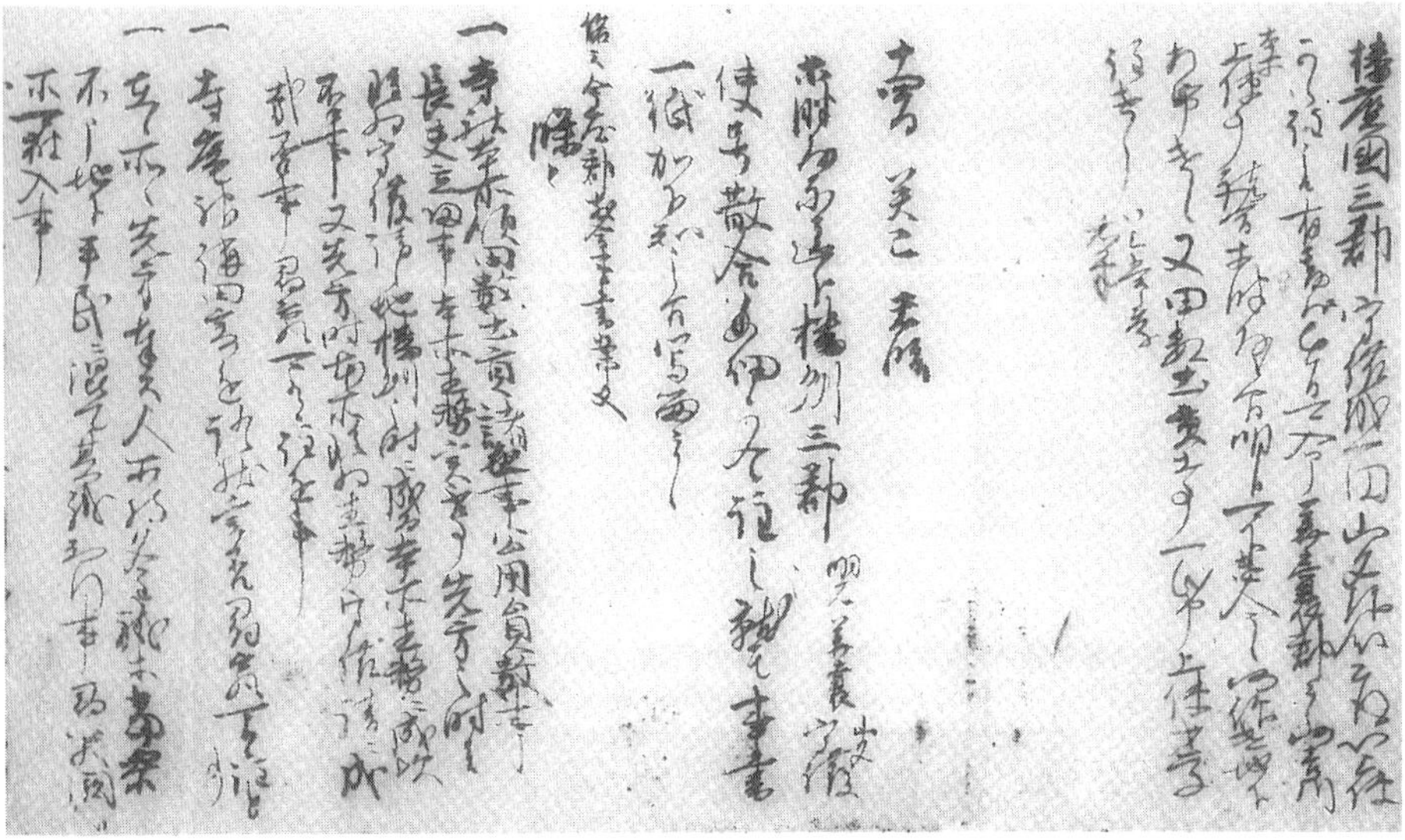

播磨三郡散合事書案(宮内廳書陵部所藏、建内記文安元年 4 月 14 日條)　本文 123〜124 頁參照

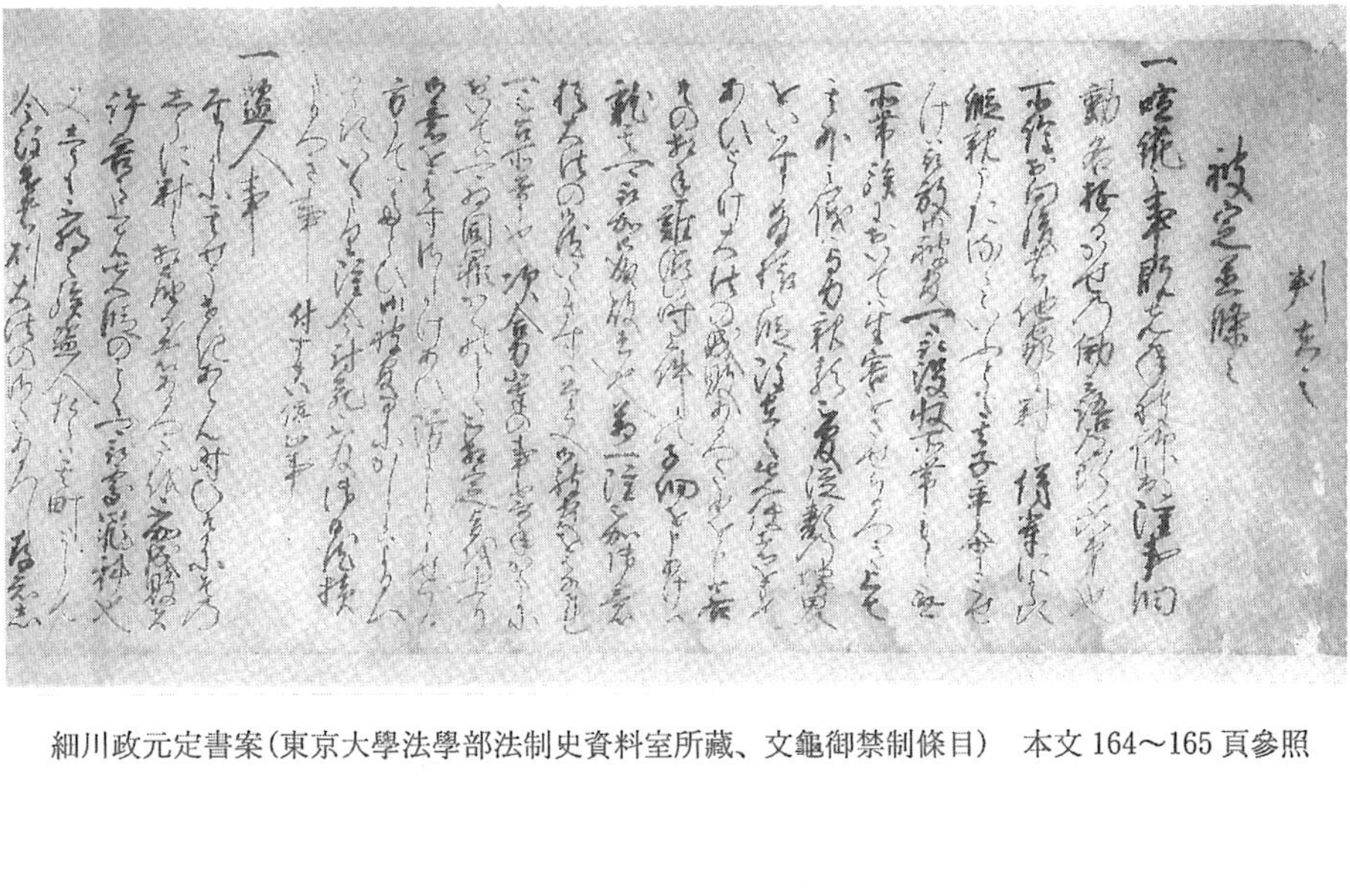

細川政元定書案(東京大學法學部法制史資料室所藏、文龜御禁制條目)　本文 164〜165 頁參照

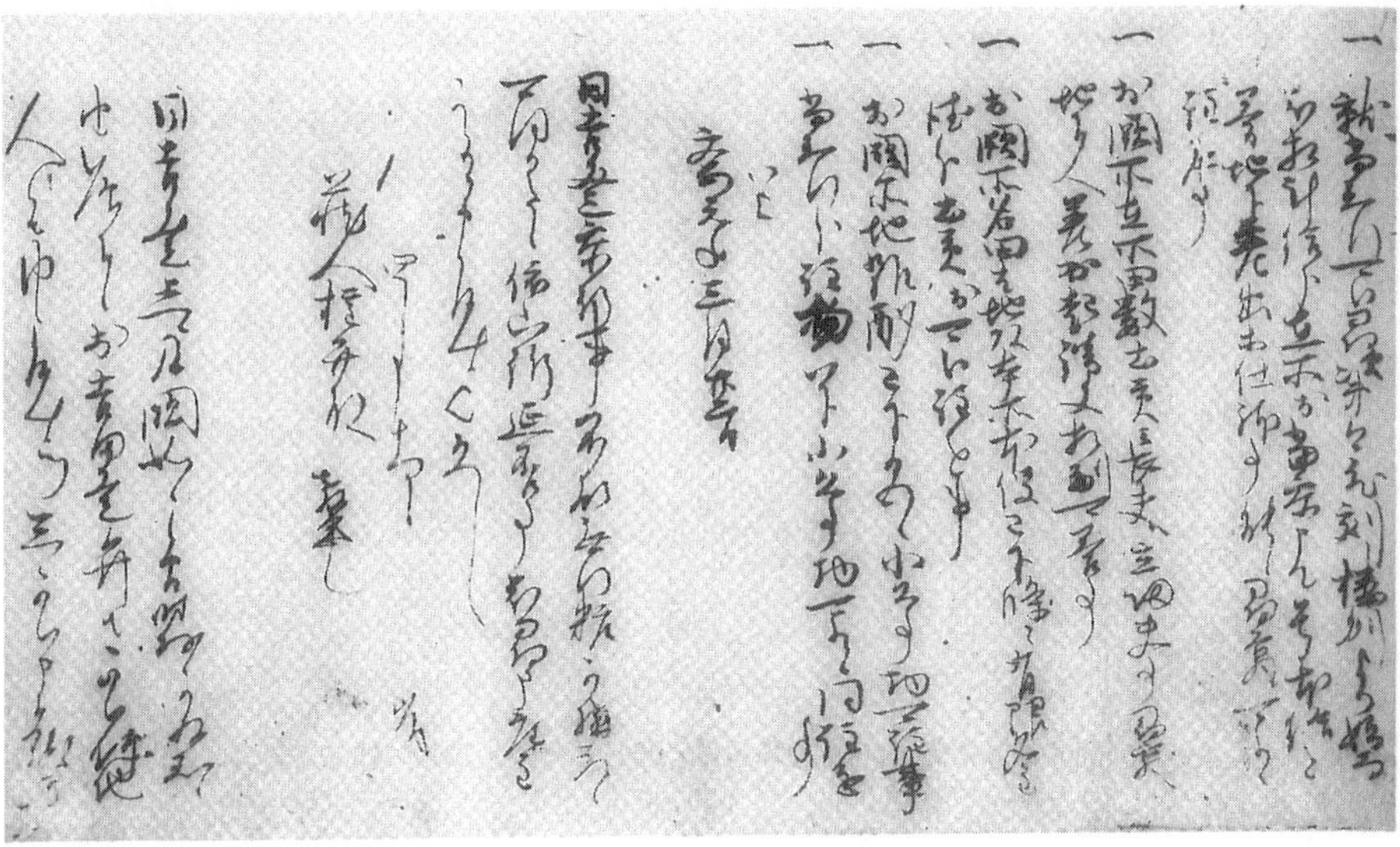

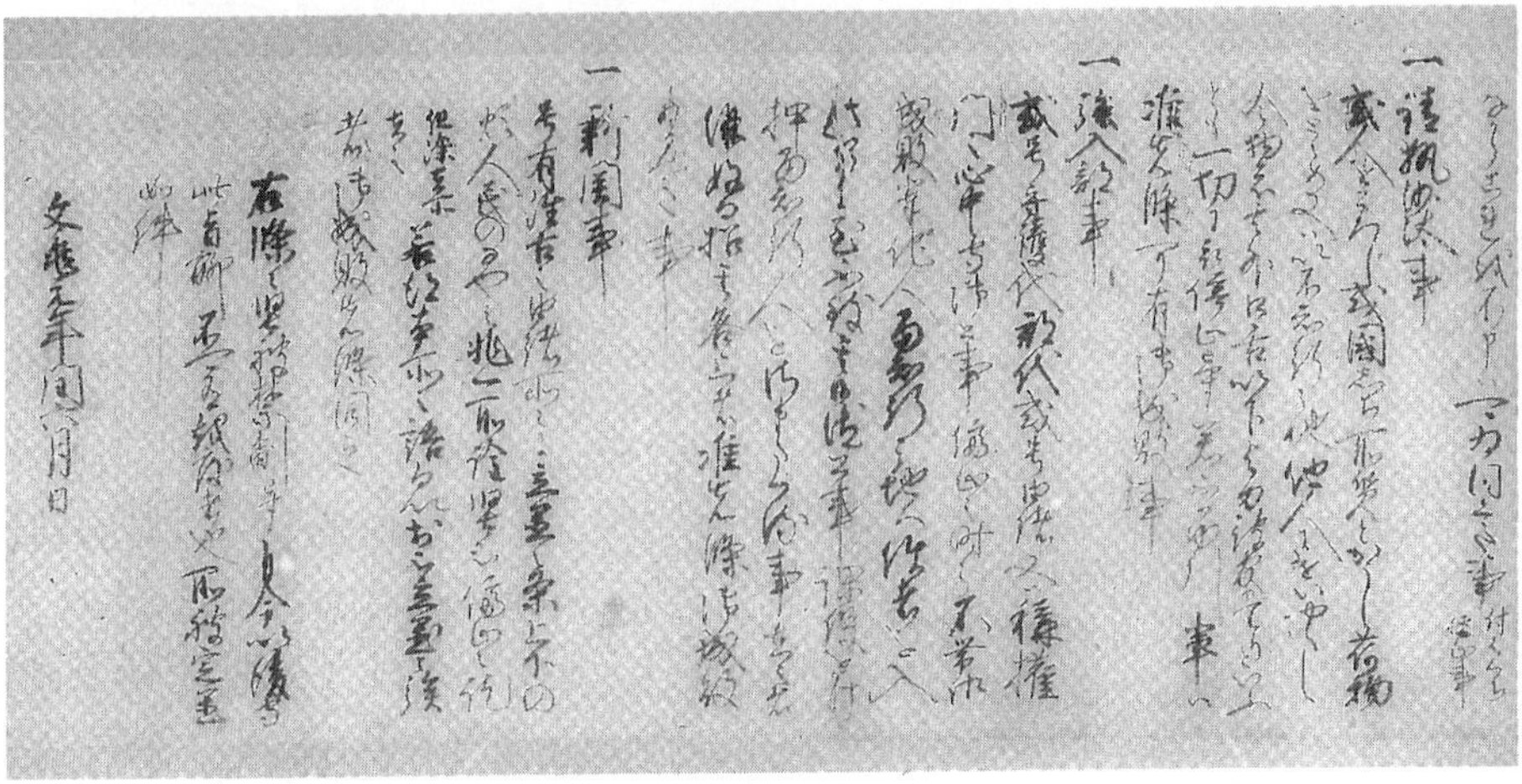

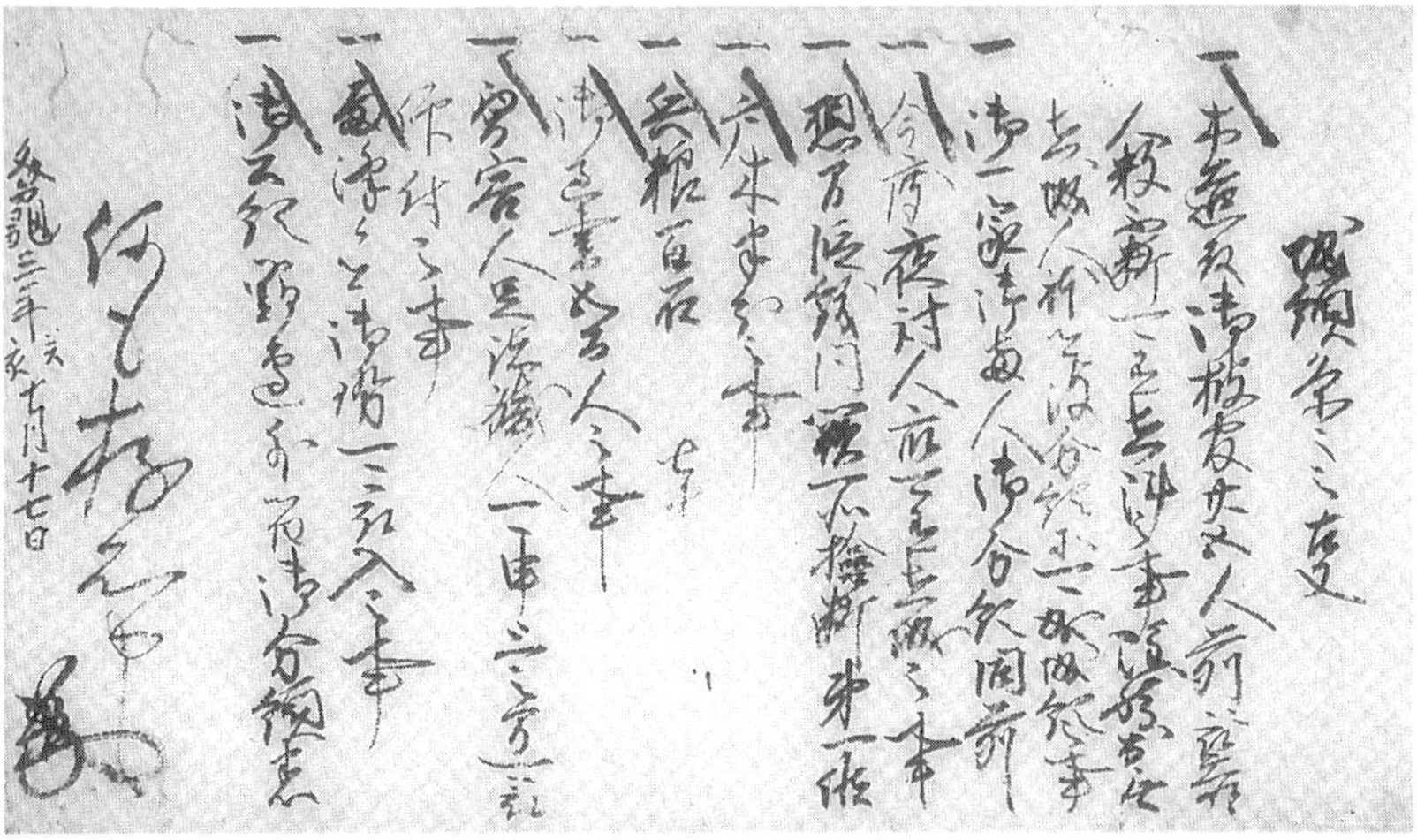

伊勢木造城領條書(内閣文庫所藏、澤氏古文書)　本文 167 頁參照

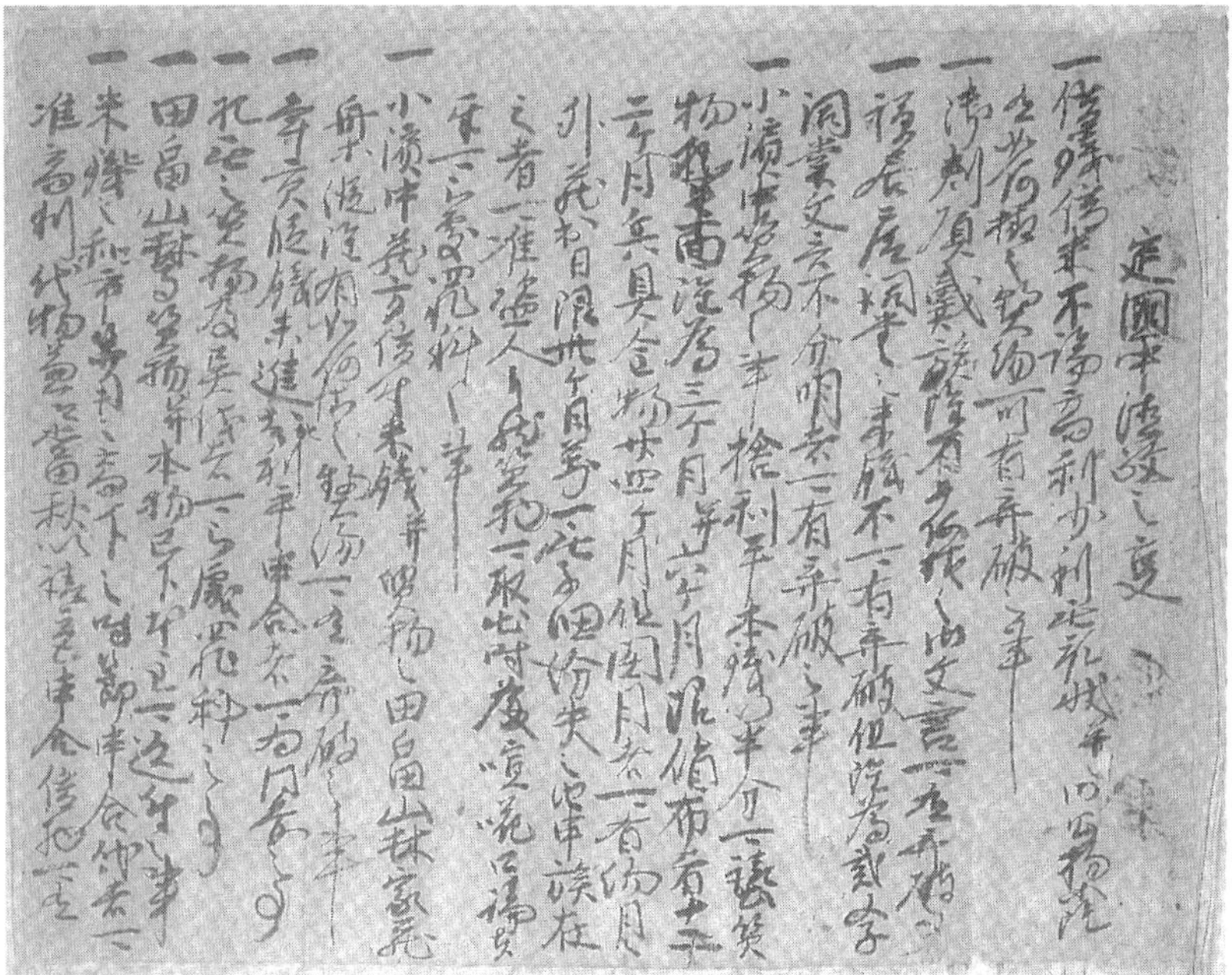

武田信豐若狹國中德政定書案(大音正和氏所藏、大音文書)　本文 249～250 頁參照

例言

一　わが國中世の法制史料中もっとも基本的なるものを編集して中世法制史料集と題し、逐次刊行する。

一　中世武家諸氏が制定發布した法規・法令及び武家法の實質を含む制誡・免許・盟約等を採摭編集して、武家家法Ⅱ、同Ⅲの二巻とし、本巻武家家法Ⅱには、嘉禎四年より弘治三年までの分を収める。

一　本書の全編を次の二部に分つ。第一部　法規・法令、第二部　參考資料。

一　第二部　參考資料に、法規・法令としての形式を必ずしも具備しないが、法規・法令の內容を推知するに足るもの、制定發布の事情を識知しうるものを採錄した。

一　第一部、第二部とも資料の排列は、資料發行年次の順とし、年次明らかならぬものは、おおよその時期を推定し、下限にかけて排列した。

一　資料中、年次は異なるが同內容のものは、校訂註の形でこれを示し、もしくは補註に收載した。

一　資料には便宜資料番號、文書名を付し、典據をその下に示した。

一　包紙表書、付箋書、端書等で後代のものについては省略した場合がある。

一　差出書に多數連署あるものについては連署の體裁を改めた場合があるが、就中、もと一列の署名を改變したものについては、最初の名字の肩に※を付した。

一　字體は、正字、略字、常用漢字等、なるべく原資料に近いものを用い、異體字も一部使用した。但し、現代の刊行本を底本としたものは、原則として正字を用いた。假名文字については、變體假名は現行の假名に改めた。

一　缺損文字は、前缺には［　　］、後缺には［　　］、文中にては［　］、字數を推しうる場合は［　］□等の符號を用い、殘畫によって判讀した場合には□内に文字を入れた。

一　抹消文字の判讀可能なものは文字の左傍に〻を付け(例　甲〻)、判讀困難なものは▨、▨▨、▨▨▨等、不可能なものは▨▨▨で示した。

一　異本による校訂は以下の要領による。文字の異同は、底本の文字の左傍に・を付け、右傍又は・の下に異本の文字を〔　〕に入れて示した(例　度〔と〕、度・〔と〕)。また底本・異本間における文字の有無は、當該箇所に・を付し、異本による補入は〔　〕をもって示し(例　人・〔も〕)、異本になき場合は(ナシ)と傍註した(例　人の(ナシ))。

一　編者の註は按文、傍註の二種とする。按文には首に○を加えて記し、傍註では、文字の誤脱補正、缺損箇所の推定等に關するものに〔　〕を(例　癈〔廢〕、ヘカス〔ラ脱〕、華□〔洛カ〕)、その他地名・人名・事柄については(　)を用いた(例　多田(攝津)庄、平(北條泰時)、とねり(舍　人))。

一　印判は適宜○□等で表記し、印文についてもなるべく註記したが(例　(「如律令」朱印))、甲斐の武田氏の龍文朱印は(龍朱印)、小田原北條氏の印文「祿壽應穩」の虎朱印は(虎朱印)と註した。

一　編者に於いて、全文に句點、返點を施して讀解の參考に資した。

目次

目次

口絵
例言

第一部 法規・法令

一 北條泰時多田院定書案 嘉禎四年三月十一日 三
二 北條泰時攝津多田莊々務定書案 嘉禎四年五月十一日 三
三 北條泰時攝津多田莊定書案 嘉禎四年五月十四日 四
四 定心(澁谷)置文 寛元三年五月十一日 四
五 足利義氏掟書 寶治二年七月六日 六
六 定心(澁谷)置文案 建長二年十月廿日 七
七 足利泰氏鑁阿寺定書 建長三年三月八日 九
八 佐々木泰清鰐淵寺中弁鳥居内別所書下 建長六年四月 一〇
九 足利家時鑁阿寺定書 文永六年四月 一〇
一〇 大谷寺夜相撲禁制案 文永七年七月廿日 一二
一一 肥前杵井地頭(國分忠俊)尊光寺定書 文永八年八月廿七日 一二
一二 北條氏多田院造營定書 文永十年四月廿四日 一三
一三 播磨大山寺定書 建治二年閏三月廿六日 一四
一四 北條實時置文案 (建治二年以前)七月二日 一五
一五 攝津多田院殺生禁斷定書 弘安四年四月十八日 一六
一六 播磨永谷村地頭・下司連署殺生禁斷定書 弘安七年七月廿五日 一七
一七 竹崎季長海頭社定書寫 正應六年正月廿三日 一七
一八 上蓮(相良賴氏)置文 正應六年七月十七日 一八
一九 北條貞時圓覺寺制符 永仁二年正月 一九
二〇 崇演(北條貞時)圓覺寺制符 乾元二年二月十二日 二〇
二一 沙彌道意等連署寄進狀 嘉元四年十一月 二一
二二 蓮道(相良長氏)置文 延慶四年三月五日 二一
二三 武藏瀨戸橋內海殺生禁斷事書 (延慶四年三月廿二日) 二四
二四 沙彌某等連署定書 正和二年正月廿七日 二四
二五 竹崎季長海頭社定書 正和三年正月十七日 二五
二六 正心(早岐清基)置文案 正和三年三月十日 二六
二七 武藏金澤稱名寺寺用定書 二七
二八 藤原政貞禁制 文保元年六月十九日 二八
二九 市河盛房置文 元亨元年十月廿四日 二九
三〇 備前西大寺市公事定書 三〇
三一 千葉胤貞置文案 正中元年十月十三日 三〇
三二 崇鑑(北條高時)圓覺寺制符 嘉曆二年十月一日 三〇
三三 熊谷直勝讓狀 元德三年三月五日 三三
三四 阿波御衣御殿人契約狀 正慶元年十一月 三五
三五 正玄(志賀貞朝)重置文 正慶二年閏二月三日 三六
三六 心省(今川範國)守護使入部免狀 建武元年十二月廿九日 三八
三七 清長・賢秀連署禁制 建武二年三月三日 三八
三八 相馬重胤定書 建武三年二月十八日 三八

三九 菊池武重起請文 延元三年七月廿五日 三九
四〇 圓照 小早川宣平 市居住法度案 暦應三年四月廿六日 三九
四一 道鑑 島津貞久 歸陣催促状 暦應三年十二月十八日 四〇
四二 攝津親秀置文 暦應四年八月七日 四〇
四三 圓照 小早川宣平 父子連署置文寫 暦應四年十月十日 四一
四四 能登若部保殺生禁制寫 暦應四年十二月五日 四一
四五 菊池武士起請文 興國三年八月十日 四一
四六 菊池武本書状 八月五日 四二
四七 石塔義元掟書 康永二年十月二日 四二
四八 平政氏禁制 康永三年四月十六日 四二
四九 越智盛家等連署置文 康永三年十一月五日 四三
五〇 廻憑子契約状 康永四年二月十一日 四四
五一 憑支契約状 四五
五二 山中氏一族契約状 貞和二年三月廿七日 四五
五三 角違一揆契状寫 四六
五四 赤松圓心掟書案 貞和二年六月十九日 四九
五五 一乘院領知行人等契約状 貞和二年十月五日 五〇
五六 澁谷重勝置文 貞和五年閏六月廿三日 五一
五七 純阿 長谷場 置文 貞和六年二月十五日 五一
五八 伊豫大通寺・宗昌寺規式案 觀應元年八月四日 五二
五九 某伊豫國分寺山禁制 正平七年四月十七日 五三
六〇 蓮智 宇都宮貞泰 置文 觀應三年六月廿三日 五三
六一 相摸寶戒寺造營關事書案 (文和元年十二月廿七日) 五四
六二 源泰忠置文 文和二年三月五日 五四
六三 則祐 赤松 光明寺領内掟書 文和二年三月廿三日 五六
六四 安藝沼田莊市場禁制 文和二年四月廿五日 五七
六五 足利基氏大小禪刹規式 文和三年九月廿二日 五七
六六 道俊置文案 正平九年十月 五九
六七 足利尊氏近習・馬廻衆一揆契状 文和四年二月廿五日 六〇
六八 道俊重置文案 正平十年三月十八日 六二
六九 隅田黨一揆契状 正平十年五月十八日 六三
七〇 大内弘世興隆寺定書 正平十二年正月七日 六四
七一 赤松則祐・寶林寺住持連署定書案 延文二年十一月 六四
七二 大谷寺規式定書 延文三年七月一日 六五
七三 鎌倉公方足利基氏禁制寫 貞治元年十二月廿七日 六六
七四 道達 馬淵義綱 竹生嶋定書 貞治二年十二月八日 六六
七五 播磨大山寺制符 貞治三年三月四日 六六
七六 藤原某禁制案 正平十九年七月十六日 六七
七七 吉良滿貞鴨江寺定書 貞治五年四月八日 六七
七八 肥前宇久・有河住人等連署置文寫 正平廿一年八月廿二日 六八
七九 澁谷重門軍忠料所給付定書 正平廿二年正月廿九日 六八
八〇 赤松則祐寶林寺定書案 貞治六年三月 六九
八一 佐々木氏賴守護使不入書下 貞治六年七月八日 七〇
八二 細川賴基善通寺興行定書案 貞治六年七月廿五日 七一
八三 帶刀左衛門尉盛道書下 應安二年二月十七日 七一
八四 島津氏久條目寫 應安三年正月十一日 七三

八五 沙彌了宗金山觀音寺定書 應安三年三月十八日 七二
八六 沙彌宗光奉書 應安三年八月十九日 七三
八七 隼人佑武藏鶴見郷新市禁制 應安四年十月五日 七三
八八 導譽佐々木高氏 清瀧・西念兩寺定書 應安六年三月十日 七三
八九 松浦黨一揆契狀寫 應安六年五月六日 七五
九〇 一揆契約狀案 永和三年十月廿八日 七六
九一 道階大内弘世 興隆寺寄進地所務事書 （永和四年） 七八
九二 某條目案 康曆元年十一月 七八
九三 大内義弘檢斷定書 永德元年五月十四日 七九
九四 大内義弘長門一宮禁制 永德二年正月十一日 七九
九五 祥兼益田兼見 置文 永德三年八月十日 八〇
九六 松浦黨一揆契狀 永德四年二月廿三日 八二
九七 赤松時則書下 永德四年三月五日 八四
九八 行妙長江重景 妙應寺制法 至德元年閏九月十六日 八四
九九 沙彌行妙長江重景 以下十八名連署起請文 至德元年閏九月十九日 八五
一〇〇 道合上杉憲方 置文 至德四年九月廿日 八六
一〇一 大中臣實□金光寺禁制寫 嘉慶二年二月 八六
一〇二 下松浦一族一揆契狀寫 嘉慶二年六月一日 八七
一〇三 播磨松原・的形・福泊三莊堺置文 康應二年三月二日 八八
一〇四 光賴森林伐採定書 明德元年十一月十二日 八九
一〇五 周防興隆寺條書案 明德二年六月廿九日 八九
一〇六 今川貞臣禁制 明德三年五月 九〇
一〇七 松浦黨一揆契狀寫 明德三年七月五日 九〇
一〇八 島津元久段錢定書寫 明德四年六月 九二
一〇九 島津元久段錢定書寫 明德四年六月 九二
一一〇 島津元久福昌寺制札寫 應永二年正月 九二
一一一 河野通之善應寺領并末寺領定書 應永二年四月廿三日 九二
一一二 小島高光久米多寺禁制 應永三年六月 九三
一一三 宗順小早川春平 置文案寫 應永五年十月八日 九三
一一四 長基上杉憲定 書下 應永六年九月十三日 九四
一一五 常凞山名時凞 大同寺條目案 應永七年十一月廿八日 九四
一一六 大内盛見興隆寺條書 應永九年十二月七日 九五
一一七 勝宗用水置文案 應永十年二月三日 九五
一一八 直會熊谷宗直 置文 應永十年二月廿八日 九六
一一九 大内盛見國清寺條書案 應永十一年二月十日 九六
一二〇 陸奥國人一揆契狀寫 應永十一年七月 九七
一二一 大内氏奉行人連署奉書寫 應永十一年八月一日 九八
一二二 安藝國人一揆契狀 應永十一年九月廿三日 九八
一二三 某豐樂寺定書案 應永十一年十一月 九九
一二四 伊達政宗名取熊野堂條書 應永十三年七月晦日 九九
一二五 北嶋資孝、同幸孝連署杵築社領內掟書 應永十四年八月 一〇〇
一二六 道範一色滿範 明通寺定書 應永十四年十二月廿九日 一〇〇
一二七 大内盛見興隆寺條書 應永十五年五月六日 一〇一
一二八 陸奥五郡一揆契狀 應永十七年二月晦日 一〇一
一二九 河尻實昭契狀 應永十七年九月廿七日 一〇二

一三〇 五島住人等一揆契狀寫 應永十八年五月十六日 一〇二
一三一 高瀨武楯清源寺定書 應永十八年十一月十五日 一〇三
一三二 三浦和田寒資置文 應永十九年二月九日 一〇三
一三三 肥前宇久浦中一揆契狀寫 應永廿年五月十日 一〇四
一三四 德雄（大內盛見）國清寺藏院定書 應永廿一年十月 一〇五
一三五 五島住人等一揆契狀寫 應永廿一年十二月十一日 一〇五
一三六 賢榮（佐波正連）置文 應永廿二年四月五日 一〇六
一三七 隅田一族定書 應永廿二年九月十七日 一〇七
一三八 沙彌正光請文案 應永廿二年十月七日 一〇八
一三九 常嘉（小早川則平）證文 應永廿三年六月十五日 一〇八
一四〇 明かん（葛原某）定書 應永廿四年二月廿二日 一〇八
一四一 伊豆守護上杉憲基書下 應永廿四年五月廿二日 一〇九
一四二 孝久佐木浦定書 應永廿四年八月廿二日 一〇九
一四三 德雄（大內盛見）宇佐宮條書 應永廿五年十二月十七日 一〇九
一四四 香河元景鑁阿寺禁制 應永廿七年二月六日 一一〇
一四五 德雄（大內盛見）國清寺條書案 應永廿七年二月廿四日 一一〇
一四六 沙彌大蓮契狀 應永廿七年十二月二日 一一一
一四七 豐後山香鄉法式寫 應永廿八年三月廿日 一一一
一四八 神事祭料所役等掟書案 應永廿八年八月 一一二
一四九 道機等連署押書狀案 應永廿九年五月十三日 一一三
一五〇 芳傳（長尾忠政）勸進關書下 應永廿九年七月十七日 一一三
一五一 豐前宇佐宮條書案 應永卅年四月十六日 一一三
一五二 益田兼理置文 應永卅三年七月十三日 一一五
一五三 細川滿俊賀集八幡宮定書 應永卅三年十月七日 一一五
一五四 道壽（長井廣里）置文 應永卅四年正月十一日 一一六
一五五 伊勢守護代禪久（遊佐豐後入道）金剛寺禁制 應永卅四年十月 一一七
一五六 芳傳（長尾忠政）造營關禁制 應永卅四年十二月廿六日 一一七
一五七 德雄（大內盛見）國清寺定書案 正長二年九月 一一七
一五八 樺山孝久置文 （永享四年）七月十三日 一一八
一五九 平田重宗契約狀寫 永享六年六月廿四日 一一八
一六〇 上杉持朝壁書 永享八年九月 一一九
一六一 良貞（後藤季持）鹽湯鄉地頭職掟書 永享十年八月 一一九
一六二 良貞（後藤季持）置文 永享十年八月 一二〇
一六三 上杉憲實足利學校規式寫 永享十一年閏正月初吉 一二一
一六四 陽滿（小早川弘景）置文寫 嘉吉三年八月十二日 一二二
一六五 播磨三郡散合事書案 文安元年三月廿二日 一二三
一六六 長棟（上杉憲實）置文 （文安元年） 一二四
一六七 宗盛家賣油定書寫 文安二年二月四日 一二四
一六八 大內氏奉行人連署奉書 文安二年十月十九日 一二五
一六九 五島住人等連署押書案 文安二年十一月十九日 一二五
一七〇 長棟（上杉憲實）足利學校規式寫 文安三年六月晦日 一二六
一七一 道賢（細川持賢）崇禪寺定書寫 文安四年六月六日 一二七
一七二 圓覺寺事書 文安五年五月十日 一二七
一七三 圓覺寺規式 文安五年五月廿四日 一二八
一七四 高梨一族規式寫 寶德元年八月十五日 一二八
一七五 鎌倉府下知狀案 寶德元年閏十月十四日 一二九
一七六 小早川本庄・新庄一家中契約狀 寶德三年九月 一二九

一七七 内藤元貞禁制 寶徳四年四月廿八日 一三〇
一七八 渡邊將外七名連署起請文 寶徳四年六月八日 一三〇
一七九 宇佐宮條書案 康正元年八月 一三一
一八〇 長門二宮宮番事書 長祿三年二月廿五日 一三四
一八一 武田信賢福王寺領禁制寫 長祿四年八月 一三五
一八二 細川勝元田村大社壁書 長祿四年十二月 一三五
一八三 常忻 細川持春 城福寺禁制 寬正二年五月九日 一三七
一八四 豐前宇佐宮寺造營條書案 寬正七年閏二月十五日 一三八
一八五 大内教弘條書案 文正元年三月廿二日
文明十一年九月廿一日 一三八
一八六 阿波段錢條書寫 文正元年六月十一日 一三九
一八七 小早川弘景置文寫 十月二日 一四一
一八八 北畠教具福龍寺禁制 應仁三年正月 一四七
一八九 細川勝元禁制寫 文明元年九月廿二日 一四七
一九〇 畠山義就祇園社金佛勸進所禁制 文明二年六月 一四七
一九一 島津立久制札案寫 文明三年七月廿一日 一四八
一九二 細川成之奉行人奉書寫 文明四年八月十三日 一四八
一九三 某鑁阿寺？禁制 文明四年十一月 一四八
一九四 細川政國志度寺禁制 文明五年八月十一日 一四九
一九五 山名之弘圓福寺幷瑞仙寺禁制 文明五年十一月廿一日 一四九
一九六 大内氏奉行人奉書 文明十年八月十日 一五〇
一九七 京極政經平濱別宮掟書 文明十二年正月廿日 一五〇
一九八 赤松政則奉行人奉書 文明十二年十月三日 一五〇
一九九 島津友久等連署契狀案文寫 文明十二年十月廿日 一五一
二〇〇 河野通直國分寺定書 文明十二年十一月廿二日 一五三
二〇一 上杉顯定奉行人連署禁制寫 文明十三年三月廿日 一五三
二〇二 河野通直日王八幡宮定書寫 文明十三年七月十日 一五三
二〇三 元國覺城院禁制 文明十四年四月五日 一五三
二〇四 細川政之光勝院定書 文明十五年十月 一五三
二〇五 北畠政勝書狀 (文明十五年)十一月十八日 一五三
二〇六 田總豐里置文 文明十七年二月九日 一五三
二〇七 龍造寺康家制札寫 文明十七年四月十三日 一五四
二〇八 龍造寺康家制札寫 文明十七年四月十三日 一五五
二〇九 浦上則宗福井莊禁制案 長享元年九月 一五五
二一〇 長尾房淸禁制 長享二年六月 一五五
二一一 須々木信行等連署金山観音寺掟書 長享三年四月 一五六
二一二 織田廣遠制札幷規式 延德二年九月三日 一五七
二一三 朝倉光玖條書寫 明應二年七月十日 一五七
二一四 上杉房定關錢制札寫 明應三年九月廿日 一五八
二一五 小倭衆連署起請文案 明應三年九月廿一日 一五八
二一六 越後守護代長尾能景奉書寫 明應五年四月十二日 一五九
二一七 三隅興信契狀 明應五年四月十三日 一五九
二一八 朝倉貞景被官連署書下 明應六年七月廿七日 一六〇
二一九 上杉房能奉行人連署奉書 明應七年五月十三日 一六〇
二二〇 上杉房能奉行人連署奉書 明應七年五月十三日 一六一
二二一 早雲庵宗瑞 伊勢長氏 證文 明應八年三月廿八日 一六一
二二二 沙彌全久長興寺定書寫 明應八年五月二日 一六一

二二三	河野通宣掟書	明應八年十二月七日	一六二
二二四	大内義興奉行人奉書	明應九年三月廿日	一六二
二二五	細川政元定書案	文龜元年六月	一六三
二二六	細川政元定書案	文龜元年閏六月	一六四
二二七	朝倉景豊?川船定書	文龜元年九月十三日	一六五
二二八	朝倉貞景書下寫	文龜二年五月廿八日	一六六
二二九	今川氏親新長谷寺禁制	文龜二年十一月廿一日	一六六
二三〇	松平信忠稱名寺定書	文龜三年八月十九日	一六六
二三一	伊勢木造城領條書	文龜三年十月十七日	一六七
二三二	朝倉教景定書寫	文龜三年十一月晦日	一六七
二三三	土岐政房米山寺定書寫	永正元年五月	一六八
二三四	北畠具方書狀	永正元年七月廿五日	一六八
二三五	大濱重綱等連署境定契狀案	文龜四年八月二日	一六八
二三六	北畠具方條書	(永正元年頃)十一月廿日	一六九
二三七	長井利隆禁制	永正二年七月十九日	一六九
二三八	土岐政房愚溪庵禁制	永正三年八月	一六九
二三九	瀨名一秀書下	永正三年十一月九日	一七〇
二四〇	大友親治賀來社造替間別錢條書	永正四年三月廿五日	一七〇
二四一	源某評定條目	永正四年八月廿八日	一七二
二四二	長井利隆武義八幡幷神宮寺禁制	永正五年六月	一七二
二四三	今川氏親長樂寺定書	永正五年十月十八日	一七二
二四四	朝倉貞景書下	永正五年十一月二日	一七三
二四五	宇佐宮作事條書	永正六年七月十九日	一七三
二四六	尼子經久鰐淵寺掟書	永正六年十月廿日	一七三
二四七	高橋元光契狀	永正七年三月五日	一七三
二四八	佐竹義舜人返起請文寫	永正七年十二月二日	一七三
二四九	山名致豊圓通寺壁書寫	永正八年八月廿三日	一七五
二五〇	山吉正盛本成寺定書	永正八年九月十七日	一七五
二五一	長尾房長書狀	十月七日	一七五
二五二	北畠具方條書	永正八年十月廿二日	一七六
二五三	越知家教常喜院掟書寫	永正八年十一月	一七六
二五四	河野明生興隆寺禁制	永正九年三月廿三日	一七六
二五五	吉川元經他八名契約狀	永正九年三月	一七七
二五六	長野尹藤契約狀	(永正九年ヵ)閏四月十一日	一七八
二五七	土岐政房華嚴寺禁制	永正九年八月十二日	一七八
二五八	中條藤資誓書	永正九年十月十七日	一七八
二五九	長野憲業壁書	永正九年十月	一七八
二六〇	宗瑞伊勢長氏父子武藏本目四ヶ村制札寫	永正九年十二月六日	一七九
二六一	朝倉教景西福寺條書	永正十年十一月十一日	一七九
二六二	朝倉教景西福寺禁制	永正十年十一月十一日	一八〇
二六三	某制札	永正十一年四月一日	一八〇
二六四	河野通宣伊豫國分寺禁制	永正十一年四月八日	一八〇
二六五	中屋常慶置文	永正十一年五月十日	一八〇
二六六	今川氏親長谷寺禁制	永正十一年八月十八日	一八三
二六七	朝倉教景定書案	永正十一年十二月十三日	一八三
二六八	大友義長條書	永正十二年十二月廿三日	一八三
二六九	大友義長追加條書	永正十二年十二月廿三日	一八四

二七〇 重清制札寫 永正十三年七月二日 一八五
二七一 齋藤利良汾陽寺禁制 永正十四年四月 一八五
二七二 庄元資遍照院禁制寫 永正十四年六月 一八五
二七三 赤松義村清水寺掟書 永正十四年十二月三日 一八六
二七四 北畠具國證文 永正十五年正月廿三日 一八六
二七五 山名誠豐小田井社法式案 永正十五年七月廿三日 一八七
二七六 北條氏定書 永正十五年十月八日 一八八
二七七 尼子經久鰐淵寺定書 永正十五年十一月十日 一八八
二七八 赤松義村光明寺法度寫 永正十六年四月廿一日 一八九
二七九 北畠具國證文 (永正十六年)七月六日 一八九
二八〇 妙全長井利隆華嚴寺禁制 永正十六年七月 一八九
二八一 無碍光衆制禁掟書 永正十八年二月 一九〇
二八二 浦上掃部助八塔寺定書 永正十八年九月 一九一
二八三 豐前宇佐宮作事法度案 大永二年三月 一九一
二八四 朝倉孝景瀧谷寺禁制 大永二年五月十四日 一九二
二八五 北條氏大井宮法度 大永二年九月十一日 一九三
二八六 齋藤利茂等連署神宮寺禁制 大永二年十二月十九日 一九三
二八七 長瀬永秀等連署山證文 大永三年二月三日 一九四
二八八 朝倉教景書下寫 大永三年七月十一日 一九四
二八九 大井俣窪八幡社法度 大永三年八月十九日 一九四
二九〇 近江早崎村條書 一九五
二九一 北條氏傳馬制札 大永四年四月十日 一九五
二九二 大内義興氷上山修二月會大頭定書 大永四年十一月十三日 一九五
二九三 大内氏德政定書案 大永四年十二月廿八日 一九六
二九四 武田信虎向嶽庵定書 大永五年八月二日 一九六
二九五 六角定頼奉行人奉書 大永五年九月十七日 一九六
二九六 北條氏關所定書 大永五年十二月十四日 一九七
二九七 紹僖今川氏親久能寺領浦定書案 大永六年六月十八日 一九七
二九八 中條藤資起請文 大永六年九月五日 一九七
二九九 三好元長等連署堺南庄定書案 大永七年三月廿三日 一九八
三〇〇 江戸通泰吉田山定書寫 (大永七年)六月廿三日 一九八
三〇一 持是院妙全齋藤利隆汾陽寺定書 大永七年十月二日 一九九
三〇二 豐前求菩提山法度 大永七年十二月十一日 一九九
三〇三 大内氏德政條書案 享祿二年三月廿四日 二〇一
三〇四 大内氏?壁書案 享祿二年五月卅日 二〇二
三〇五 陶興房松崎天滿宮造營法度案 享祿三年四月廿五日 二〇二
三〇六 吉見頼清等連署契狀 (享祿三年)十月廿六日 二〇三
三〇七 大友義鑑?置文案 享祿三年十二月六日 二〇三
三〇八 越後衆連判軍陣壁書寫 享祿四年正月 二〇五
三〇九 大内義隆老臣連署奉書 享祿四年五月十五日 二〇六
三一〇 武田元光正昭院定書 享祿五年三月廿一日 二〇八
三一一 秋山國堅等三名連署契約狀 享祿五年六月廿九日 二〇九
三一二 井原元師等三十一名連署起請文 享祿五年七月十三日 二〇九
三一三 今川氏輝昌桂寺定書 享祿五年九月三日 二一〇
三一四 朝比奈氏泰證文 享祿五年十月廿八日 二一一
三一五 武田信虎廣濟寺定書 天文二年八月廿七日 二一一
三一六 六角定頼奉行人奉書 天文二年九月七日 二一一

三一七	筒井順興新市興行定書	天文二年十月十二日	二二
三一八	齋藤利茂長瀧寺法度	天文二年十一月廿六日	二二
三一九	六角定頼奉行人連署奉書	天文三年二月五日	二三
三二〇	前波吉長書下寫	天文三年二月十三日	二三
三二一	宇都宮俊綱大湯屋定書	天文三年三月十七日	二三
三二二	青木景康等連署狀案	天文三年六月二日	二四
三二三	青木景康等連署狀	天文三年六月五日	二四
三二四	長井規秀華嚴寺禁制	天文三年九月	二四
三二五	武田信虎定書寫	天文三年十二月廿四日	二五
三二六	領中法度案	天文三年	二五
三二七	遠山綱景延命寺法度	(天文四年)八月七日	二六
三二八	北條氏陣中法度寫	十二月五日	二六
三二九	土岐頼藝龍德寺養源院禁制	天文五年二月廿六日	二七
三三〇	戸田宣成新關寄進狀	天文五年六月十五日	二七
三三一	小嶋入道雪悦定書	天文五年九月十二日	二七
三三二	今川義元安養寺定書	天文五年九月十七日	二八
三三三	大友義鑑屋山禁制寫	天文五年十二月十三日	二八
三三四	淺井亮政定書	天文五年十二月廿四日	二九
三三五	宮崎直定禁制	天文六年四月	二九
三三六	朝倉教景奉行人連署奉書	天文六年六月廿八日	二九
三三七	北條氏伊豆國中革作定書	天文七年三月九日	三〇
三三八	北條氏勸進間別錢定書寫	天文七年九月三日	三一
三三九	淺井亮政德政條書案	天文七年九月廿一日	三一
三四〇	淺井亮政大浦上庄所務定書	十二月十五日	三一
三四一	今川義元頭陀寺定書	天文八年二月八日	三三
三四二	某誓書案	天文八年十一月十三日	三三
三四三	齋藤利政奉美江寺禁制	天文八年十二月	三三
三四四	六角定頼奉行人連署奉書案	天文九年三月十日	三三
三四五	武田信豊金屋定書	天文九年三月十一日	三三
三四六	北條氏康桃源院禁制寫	天文九年三月廿九日	三四
三四七	武田信豊羽賀寺定書	天文九年六月朔日	三四
三四八	今川義元檢地定書寫	天文九年八月一日	三五
三四九	今川義元檢地定書寫	天文九年八月一日	三五
三五〇	武田信虎夫傳馬定書	命祿元年八月二日	三五
三五一	北條氏綱咎人走入定書寫	(天文九年以前)八月廿八日	三六
三五二	北條氏綱鶴岡社中法度寫	天文九年十一月廿一日	三六
三五三	今川義元遠江犬居三ヶ村定書	天文九年十二月十三日	三六
三五四	浦上政宗松原八幡社・八正寺禁制	天文十年正月廿五日	三七
三五五	北條氏綱走湯山法度寫	天文十年二月廿二日	三七
三五六	武田晴信廣濟寺禁制	天文十年十二月十日	三八
三五七	今川義元大石寺定書	天文十一年六月十二日	三八
三五八	三好長慶播磨濱田村禁制	天文十一年九月	三八
三五九	北條氏武藏戸部郷陣夫定書	(天文十二年)二月三日	三九
三六〇	尼子氏鰐淵寺造營掟書案	天文十二年三月五日	三九
三六一	今川義元定書寫	天文十二年五月廿日	三九
三六二	尼子晴久鰐淵寺領條書	天文十二年六月廿八日	四〇
三六三	穴山信友竹藪定書	天文十二年七月五日	四〇

三六四 六角定頼奉行人奉書案 天文十二年七月十日 二三一
三六五 今川義元瑞應庵禁制寫 天文十二年七月十二日 二三一
三六六 某壁書寫 天文十三年正月 二三二
三六七 今川義元皮留掟書 天文十三年四月廿七日 二三二
三六八 北條氏康鶴岡社中法度寫 天文十三年六月十二日 二三三
三六九 大内氏分國中法度寫 天文十三年六月廿九日 二三三
三七〇 六角氏奉行人奉書案 七月廿六日 二三四
三七一 斯波義統妙興寺禁制寫 天文十三年九月 二三四
三七二 某地下法度寫 天文十三年十月十日 二三五
三七三 武田信豐科人走入定書 天文十三年十二月七日 二三五
三七四 鎌倉荏柄天神社造營關定書案 天文十三年十二月廿七日 二三五
三七五 北條長綱相摸底倉禁制寫 天文十四年三月八日 二三六
三七六 今川義元制札 七月廿六日 二三六
三七七 三木直頼・同直弘連署年貢未進定書 天文十四年十一月十七日 二三六
三七八 井伊直盛脇者・下人定書 天文十五年八月廿四日 二三七
三七九 北條氏伊豆國中勸進棟別定書 天文十五年九月十九日 二三七
三八〇 豐後城井八幡社幷馬場法度寫 天文十五年十二月十五日 二三七
三八一 武田晴信向嶽庵壁書 天文十六年五月 二三八
三八二 今川義元三河山中七郷等借物定書寫 天文十六年九月二日 二三八
三八三 大内義隆奉行人飯田興秀條書 (天文十七年)九月十三日 二三八
三八四 土岐頼香華嚴寺禁制 天文十七年十一月 二三九
三八五 石巻家貞掟書 (天文十八年)三月廿八日 二三九
三八六 伊丹親興本興寺禁制 天文十八年四月六日 二四〇
三八七 長尾景虎越後大橋場掟書案 天文十八年四月廿七日 二四〇
三八八 今川義元皮作商賣定書 天文十八年八月廿四日 二四一
三八九 蘆名盛氏細工法度寫 天文十八年九月十八日 二四一
三九〇 織田信長尾張熱田八ヶ村中制札 天文十八年十一月 二四一
三九一 六角定頼奉行人奉書案 天文十八年十二月十一日 二四二
三九二 大友義鑑條書 天文十九年二月十二日 二四二
三九三 六角氏奉行人奉書案 天文十九年三月廿六日 二四二
三九四 北條氏公事赦免定書 天文十九年四月朔日 二四三
三九五 大内氏氷上山領定書 天文十九年四月廿五日 二四三
三九六 蘆名盛氏諏訪社掟書寫 天文十九年四月廿七日 二四四
三九七 十河一存攝津南郷五ヶ長弘寺禁制 天文十九年五月 二四四
三九八 北條氏懸錢定書 (天文十九年)閏五月十三日 二四五
三九九 三好長慶洛中洛外定書案 (天文十九年)七月十日 二四五
四〇〇 毛利氏家臣連署起請文 天文十九年七月廿日 二四五
四〇一 三好長慶山城革嶋庄禁制 天文十九年七月 二四七
四〇二 吉良頼康樂市定書 天文十九年九月十六日 二四七
四〇三 今川義元大樹寺定書 天文十九年十月十日 二四七
四〇四 今川義元遠江犬居三ヶ村法度 天文十九年十一月十三日 二四八
四〇五 北條氏被官法度 (天文廿年)六月十日 二四八
四〇六 武田氏音信法度 天文廿年七月五日 二四九
四〇七 北條氏新田定書寫 天文廿年九月朔日 二四九
四〇八 武田信豐若狭國中德政定書案 天文廿年十一月七日 二四九

四〇九 今川義元昌林寺制札 天文廿一年正月廿六日 二五〇
四一〇 陶晴賢安藝嚴嶋掟書寫 天文廿一年二月廿八日 二五〇
四一一 陶晴賢嚴嶋社定書寫 天文廿一年二月廿八日 二五一
四一二 北條氏武藏今井村百姓還住定書 (天文廿一年)三月十四日 二五一
四一三 島津忠將契狀寫 天文廿一年四月廿四日 二五二
四一四 今川義元東光寺定書 天文廿一年七月七日 二五二
四一五 山吉豐守等連署本成寺禁制 天文廿一年七月十六日 二五三
四一六 武田氏道路普請定書 天文廿一年十月六日 二五三
四一七 今川義元滿性寺定書 天文廿一年十一月晦日 二五三
四一八 織田信長免許狀 天文廿一年十二月廿日 二五四
四一九 六角義賢?條書寫 二五四
四二〇 伊達晴宗改判定書 天文廿二年正月十七日 二五六
四二一 北條氏奉行人奉書寫 (天文廿二年)二月二日 二五六
四二二 小早川隆景條書 天文廿二年二月十日 二五六
四二三 今川義元友野座定書寫 天文廿二年二月十四日 二五六
四二四 今川義元定書寫 天文廿二年三月廿一日 二五七
四二五 今川義元駿河富士上方百姓內德定書 天文廿二年三月廿四日 二五八
四二六 今川義元駿河村山室定書 天文廿二年五月廿五日 二五八
四二七 六角義賢奉行人奉書 天文廿二年七月十一日 二五九
四二八 毛利元就・同隆元連署條目 天文廿二年九月廿一日 二五九
四二九 淺井久政德政定書案 天文廿二年 二五九
四三〇 隅田一族利生護國寺法度起請文寫 天文廿三年正月十八日 二六〇
四三一 北條氏兵事定書 (天文廿三年)二月廿七日 二六二
四三二 武田氏百姓移住制禁定書寫 天文廿三年三月十二日 二六二
四三三 淨金(吉村哉勝) 置文案 天文廿三年三月 二六二
四三四 太田資正清河寺定書寫 天文廿三年四月八日 二六三
四三五 武田氏西念寺造營勸進定書 天文廿三年五月廿一日 二六四
四三六 北條氏船方法度寫 天文廿三年七月十二日 二六四
四三七 今川義元大樹寺定書 天文廿三年十一月二日 二六四
四三八 今川氏三河山中七郷百姓定書寫 天文廿三年十一月九日 二六五
四三九 今川義元石雲院定書 天文廿三年十一月晦日 二六五
四四〇 今川義元船形寺梧岡院定書 天文廿四年二月廿二日 二六五
四四一 井伊直盛遠江祝田使食定書寫 天文廿四年三月十三日 二六六
四四二 北條氏船番匠定書 (天文廿四年)三月十三日 二六六
四四三 北條氏移他家・唱門師定書 天文廿四年三月廿一日 二六七
四四四 宗心(上杉景虎) 越後府中條書 (天文廿三年—同廿四年)四月五日 二六七
四四五 今川氏大石寺定書 天文廿四年六月七日 二六八
四四六 今川氏駿河村山室定書 天文廿四年六月九日 二六八
四四七 井奉行起請文案 天文廿四年七月廿三日 二六九
四四八 北條氏大普請人足催徵狀寫 (天文廿四年)八月廿七日 二六九
四四九 某軍陣誓書案文寫 天文廿四年十月 二七〇
四五〇 安藝嚴嶋社邊家作制禁定書 天文廿四年閏十月十八日 二七〇
四五一 織田秀俊雲興寺禁制 弘治二年二月 二七〇
四五二 三好長慶本興寺禁制 弘治二年三月 二七一

四五三 北畠具教條書 弘治二年五月八日 二七一
四五四 今川義元河東勸進定書 弘治二年六月廿一日 二七二
四五五 松平元信大仙寺定書寫 弘治二年六月廿四日 二七二
四五六 武田氏被官定書 弘治二年六月廿八日 二七三
四五七 北條氏康條目 (弘治二年)八月十日 二七三
四五八 武田氏甲斐八日市場夜廻結番定書 弘治二年十月十日 二七三
四五九 北條氏大中寺寺領禁制 弘治二年十一月十八日 二七五
四六〇 武田氏伊豆田方郡法度條目 弘治三年正月九日 二七五
四六一 小早川隆景佛通寺制札 弘治三年二月九日 二七五
四六二 毛利隆元等連署契狀 弘治三年三月十二日 二七六
四六三 周防鯖川渡船賃定書寫 弘治三年四月十八日 二七六
四六四 田村隆顯福聚寺條書 弘治三年四月 二七七
四六五 松平元信高隆寺定書 弘治三年五月三日 二七八
四六六 北條氏下野梓・中方兩村禁制 弘治三年八月六日 二七八
四六七 肝付氏家中起請文條趣書寫 弘治三年八月九日 二七九
四六八 葛山氏元岡宮神領法度 弘治三年八月廿八日 二七九
四六九 武田信豐明通寺領內定書 弘治三年九月四日 二七九
四七〇 毛利氏禪昌寺掟書 弘治三年九月十五日 二八〇
四七一 毛利隆元乘福寺法度 弘治三年十月三日 二八〇
四七二 今川氏三河西尾在城定書寫 弘治三年十月廿七日 二八一
四七三 武田信豐若狹諸山寺僧法度 弘治三年十一月十日 二八一
四七四 北條氏棟別免除定書 弘治三年十一月廿七日 二八二
四七五 毛利元就等一揆契狀 弘治三年十二月二日 二八二
四七六 長尾景長鑁阿寺禁制 弘治三年十二月 二八三
四七七 長尾景長鑁阿寺禁制 弘治三年十二月 二八三

第二部 參考資料

一 北條實時書狀 (文永十年)三月廿九日 二八五
二 北條氏多田莊條書 文永十年十二月十七日 二八五
三 宗香定書 正平八年七月十六日 二八六
四 今川範氏奉行人安堵奉書 文和四年九月十一日 二八六
五 後迫兵庫・中崎道幾連署禮文 應永卅年九月廿四日 二八七
六 伊勢氏喧嘩合力禁令 (寛正六年八月)廿一日 二八七
七 石寺窪五郎九郎證文 應仁三年六月十一日 二八七
八 陶弘護等連署書狀 (文明三年)十月廿三日 二八八
九 細川勝元被官大田行賴奉書 (文明三年)十一月五日 二八八
一〇 上杉房定被官千坂定高奉書 文明四年三月三日 二八八
一一 落合實秀等連署起請文 文明十二年十月五日 二八九
一二 北畠具方書狀 (長享元年)九月十七日 二八九
一三 北畠材親書狀 (明應三年)九月六日 二八九
一四 北畠具方條書 明應八年八月二日 二九〇
一五 米鹽噲荷留 (明應八年九月)六日 二九一
一六 大友親治書狀 三月十五日 二九一
一七 大内氏奉行人奉書寫 文龜二年四月十日 二九二

一八 大内義興奉行人奉書 (永正二年)二月廿九日 二九三
一九 中屋常慶置文 永正七年四月十六日 二九三
二〇 赤松義村德政制札抄 (永正八年)十一月朔日 二九四
二一 朝倉氏?奉行人奉書案 永正十二年閏二月七日 二九四
二二 大内義興奉行人奉書案 永正十三年八月十二日 二九五
二三 大釣齋政道上坂定書 永正十八年六月九日 二九五
二四 大内義興奉行人奉書案 大永元年十二月十四日 二九六
二五 大内義興奉行人奉書 大永四年六月七日 二九六
二六 三好元長書下 大永八年七月十一日 二九六
二七 大友義鑑老臣奉書寫 享祿四年十二月廿三日 二九七
二八 立野吉井信榮書狀 天文二年三月四日 二九七
二九 今川氏輝奉行人奉書寫 天文五年二月十七日 二九七
三〇 細川晴元奉行人茨木長隆奉書案 天文八年十一月廿五日 二九八
三一 織田達勝書下寫 天文九年十月廿日 二九八
三二 細川晴元奉行人奉書 天文十年八月六日 二九八
三三 日蓮衆徒等連署請文案 天文十六年六月十七日 二九八
三四 大友義鑑雉法度書狀 (天文十八年以前)八月十三日 二九九
三五 北條氏反錢定書 (天文廿一年)八月十日 二九九
三六 北條氏康定書 天文廿一年十二月 三〇〇
三七 安藤良整書狀寫 四月十一日 三〇〇

補註

武家家法 II

第一部　法規・法令

一　北條泰時多田院定書案　〇多田神社文書

（攝津）
多田院間條ゝ

一　御寺修理事

右、前ゝ爲二庄役一遂二修理一云ゝ、早任二先例一可レ有二其沙汰一也、

一　日佛性以下陸石肆斗事

右、前ゝ納米内令二下行一云ゝ、早以二件米一可二下行一也、

一　寺主職事

右、件職如レ元無二相違一、可レ有二沙汰一也、

一　寺栗林事

右、當時無二別煩一云ゝ、仍非二沙汰限一也、

一　寺内犯過事

右、有二犯人一之時者、止二庄使之乱入一、爲二寺沙汰一可二搦出一也、若寺沙汰不レ及之時者、以二庄使一可二召取一也、

一　別當分并寺主分荢事

右、件分荢所レ令二免除一也、

以前六ヶ条、下知如レ件、

嘉禎四年三月十一日　　左京權大夫平（北條泰時）在御判

二　北條泰時攝津多田莊々務定書案　〇多田神社文書

（北條泰時）
前司入道殿御事書案文

（攝津）
多田庄条ゝ庄務事

一　當庄内山子役加納庄ゝ犯過人事

右、前ゝ者、彼庄ゝ内有二犯過人一之時者、自二當庄檢非違所一無二左右一令二搦取一云ゝ、而自今以後者、自二政所一

相㆓觸子細於本所㆒可㆓召渡㆒也、若又有㆓拘惜之所㆒者、
任㆓先例㆒自㆑庄可㆓召取㆒也、

一　検断事

右、犯過人出来之時、政所代相共糺㆓明犯否㆒之後、於㆓落伏重科輩㆒者、假令伍分内政所貳分、地頭代貳分、惣追捕使壹分、如㆑此令㆓配分㆒、可㆑致㆓沙汰㆒也、

一　御所修理事

右、修造之後年序相積之間、令㆑及㆓破損㆒云々、早支㆓配前々勤来郷々㆒、可㆑令㆑加㆓修理㆒也、以前条々、存㆓知此旨㆒、可㆑被㆑致㆓沙汰㆒之由所㆑候也、仍執達如㆑件、

嘉禎四年五月十一日

三　北條泰時攝津多田莊定書案　○多田神社文書

(攝津)多田庄内可㆑被㆓存知㆒條々事[1]

一可㆑令㆓安堵㆒人々者、皆給㆓御下文㆒畢、其外者、可㆑被㆑落㆓百姓㆒也、

一御家人給田事、先例者、等分一町之由、中内左衛門入道所㆓注申㆒也、然者、任㆓申状㆒各壹町可㆓宛給㆒也、其殘者、可㆑被㆑落㆓早〔于欤〕所當田㆒、但、地本者、如㆑本不㆑可㆑有㆓相違㆒、又本自於㆓不定一町之給田㆒者、非㆓沙汰之限㆒、

一野馬允跡事、有㆓御計㆒之程者、可㆑為㆓政所沙汰㆒矣、

以前条々、存㆓此旨㆒可㆑被㆑致㆓沙汰㆒之状如㆑件、

嘉禎四年五月十四日

四　定心澁谷置文　○入來院家文書

(端裏書)
「おきふミ」

三郎(澁谷明重)　四郎(澁谷重經)　五郎(澁谷重賢)　二郎三郎(澁谷重純)

讓状他筆也、　(定心)(花押)

定置　公事幷付㆓諸事㆒子息等可㆓存知㆒子細状

一公事田数事

(美作)河會郷本田数参拾壹町貳段配分也、

一三郎分拾柒町河會　又(上野)大類分玖町。利　加㆓(相摸)打毛地壹町㆒三々

但、公事定田玖〔拾々〕町

一四郎分貳丁参段河會　(伊勢)大功田拾町肆段

但、公事定田四丁参段
一五郎分肆町河會
但、公事定田壹町陸段
一二郎三郎分柒町五段河會　北打毛地利六《参》丁
但、公事定田肆《参》丁五段
已上[2]、田数者五十六丁六段
但、自二故入道殿《澁谷光重》一所二宛給一公事田数拾玖丁四段也、依レ之、色ヽ公事等、以二此田数一、年来所二勤来一也、然者、検二宛彼田数一定レ之畢、
一京都大番事、子息等四人か公事の田数分限ニしたかひ《従》てつとむ《勤》へし、
一鎌倉御神事の時とねり《舎人》をいたし《出》たつ《立》る事、一向ニ三郎かいとなミ《営》にてあるへし、
一鎌倉より人夫をめさるゝ《召》時、うちもちり、ふかや《深谷》《相摸》、ふち《藤》《相摸》こゝろやしき《意屋敷》たはたけ《田畠》のほとをハからひ《計》てあつへし、人夫あまた《数多》あたらん時ハ、女子のふん《分》にもさた《沙汰》すへし、三度ニ二《度》とハうちもちりよりまいらすへし、

一大ゆかの番ハ、五ニ二をハ三郎つとむへし、いま三をハ三人してつとむへし、おちあひの殿ハら《原》よりあふ事也、
一大庭御まきをひかん時ハ、ふかや、ふち心のさいけ《在家》ニしたかひて、一人もらさす百文のせに《錢》をはからひ《計》あてヽ、おちあひ、しもふかやの二百文のせに《錢》ヽくし《具》て、三百文にて人夫のいとまをハうけとヽむるなり、そのむねを存すへし、
一五所宮御まつり《祭》の《時》。もしハ御すり《修理》のあらん時ハ、せん《先》れい《例》をたつねて、ほと《程》にしたかひて、そのやく《役》をつとむへし、たいかん《對捍》すへからす、
一かまくら《鎌倉》のやち《屋地》ハ三郎ニとらす、たヽし、ゐこん《遺恨》なからんをとヽ《弟》にハすくせ《宿》さすへし、他人をハやと《宿》セとも、をとヽ《弟》にハかさ《貸》ぬ事おほく《多》ミるところ也、をや《親》のめい《命》をそむく《背》事也、きひしく《嚴》セいし《制止》セハ、上ニ申すへし、
一下人らのあひた《間》の事、かねて《兼》申つけ了、又セけむ《世間》のくそく《具足》セうく《少々》あらんをハ、こけあま《後家尼》ニ申あハせ《合》て、そのハからひ《計》にしたかうへし、

一女子ニゆつる(譲)さ(い)け田畠ハ、件女子はう(法)ニすき(過)たるふたう(無道)あらん時ハ、子息よりあひ(寄合)て、この事ハ一定かとよく〱たつねて、もし一定ならハ、件やしき(屋敷)を上まて申さすとん、おしとり(押取)て、子息等はいふん(配分)してしるへし、件女子のこなんと(子等)にとら(取)する事あるへからす、

一子息等中ニいかなる事ありとん、よる(寄)ましき人のもと(許)へより(寄)、はち(恥)をかへりミすふるまう(振舞)事あらハ、のこり(残)の兄弟同心ニなりて、件やしき(屋敷)をハ、上まて申さすとん、はいふん(配分)してしるへし、

一をや(親)のためにほうこう(奉公)ありて、心さしあらんもの(者)を、おや(親)死去之のち、いつしかとか(科)をいゐつけて、さん〱とあたる事、ゆめ〱あるましき事也、

一をや(親)のために仏事するよしいゐて、そのようとれう(用途料)ニ、とか(科)なからん人をせめ(責)てもの(物)をとりて佛事する事あるへからす、くとく(功徳)ニならぬ事也

一子息同まこら(孫等)か中ニ、やしきなんと(屋敷等)をはくやう(博奕)ニもうちいれ(打入)てしまとう(償)事あらハ、おの〱よりあひ(寄合)て、一と(度)ハひきたすけ(引助)、いま(今)よりのちにハさる事候ましと、き(起)しやう(請)をかゝせ(書)てをくへし、なほその心ありてくるう(狂)事あらハ、そのやしき(屋敷)をハ、をや(親)の申たる事なれハとて、をの〱(各々)わけ(分)てしるへし、

右、このうへ(上)にハさのミ申へきやうなし、この状をハ上下万人ひか事(僻)とハ候ましき也、一事といふとん、ゆめ〱たかふ(違)へからす、あなかしこ、

寛元三年乙巳五月十一日

僧(定心)(花押)　○紙継目裏花押アリ、

五　足利義氏掟書　○鑁阿寺文書

(足利義氏)(花押)

(下野鑁阿寺)堀内大御堂四壁之内、童部狼藉、市人往反、牛馬放入三ケ条事、各以㆓承仕下部㆒可㆑令㆓禁制㆒、就㆑中致(至)㆓当番之承仕下ア㆒者、不㆑可㆑出㆓四壁㆒、背㆓此状㆒致㆓懈怠㆒輩者、早可㆑令㆓改定㆒也、此旨可㆑令㆓存知㆒状如㆑件、

寶治二季七月六日

堀内大御堂供僧御中

六　定心（澁谷）置文案　〇入來院家文書

（端裏書）「定心（澁谷）大庭帳」

定置就二于公事并諸事一可二存知一子息等子細狀

一公事田数事

御公事本田十九町肆段、雖レ為二伊勢、大類（上野）之分一、相二具今所領一、令二配分一畢、

十町四段　大功田（伊勢）

九町　大類

参十壹町貳段河會（美作）

柒拾五町　入来（薩摩）

陸町　打鈍（鋘、下同ジ）（相摸）

已上百参拾壹町陸段

以レ之勘定拾九町肆段

一三郎分（澁谷明重）

九町　大類　十柒町四段河會

参町　打鈍　十捌町七段半　入来

但、公事定田七町四段

一四郎分（澁谷重經）

十町四段大功田　貳町参段河會

十捌町七段半　入来

但、公事定田肆町七段半

一五郎分（澁谷重賢）

肆町河會　十捌町七段半　入来

但、公事定田参町

一次郎三郎分（澁谷重純）

柒町五段河會　参町打鈍

十町四段大三十歩　入来

但、公事定田参町壹段

一六郎次郎分

捌町貳段大三十歩入来

一あら六分（澁谷範幹）

但、公事定田壹町貳段

貳町入来公田也、但、除二十九町四段御公事田数一定也、

右、各随二此田數一、色ゝ御公事、京都大番可レ令二勤仕一也、

一於二領家國司兩方御公事一者、以二入来院七拾五町田数一、可レ令二勤仕一也、

一子息等中自二此所領一得替事出来者、勘二合殘田数一、就二于得田一、於二三郎明重之沙汰一、御公事可レ令二支配一、於二得替所一者、不レ可レ勤者也、

一鎌倉御神事之時、舎人出立事、一向ニ三郎かいとなみ《（營）》にてあるへし、

一鎌倉よりめ《（召）》さるヽ時、うちもちり、ふかや《（深谷）（相摸）》、ふち《（藤）（相摸）》こゝろ《（意）》やしき《（屋敷）》たは《（ナシ）》たけ《（田畠）》のほとをハからひ《（計）》てあつへし、人夫あまた《（數多）》あたら《〔む〕》ん時ハ、女房のふん《（分）》ニもさた《（沙汰）》すへし、三度ニ二度《〔と〕》ハうちもちりよりあひ《（ナシ）》まいらすへし、

一大ゆかの番ハ、五ニ二をハ三らう《〔郎〕》つとむへし、いま三をハ三人してつとむへし、

おち《〔を〕》あい《〔ひ〕》の殿ハら《〔原〕》よりあふ事也、

一大庭御まきをひかん時ハ、ふかや、ふち心のさいけ《（在家）》ニしたかひて、一人・《〔も〕》もらさす百文のせに《（錢）》をハからひあてヽ、をちあい《〔ひ〕》、しもふかやの二百文の《（ナシ）》せに《（錢）》ヽく《（具）》して、三百・《〔文〕》にて人夫のいとまを・《〔八〕》うけとヽむる也、そのむねを存す《（ナシ）》へし、

一五所・《〔の〕》宮御まつり《（祭）》の時、もしハ御すり《（修理）》のあらん時ハ、せんれい《（先例）》をたつねて、ほと《（程）》にしたかい《〔ひ〕》て、そのやく《（役）》をつとむへし、たいかん《（對捍）》すへからす、

一かまくら《（鎌倉）》のやち《（屋地）》ハ三郎ニとらす、たヽし、ゐこん《（遺恨）》なん《（ナシ）》からんをと《〔お〕》ヽ・《〔い〕》にハすく《（宿）》せさすへし、他人をハやと《（宿）》セとも、を《〔お〕》とヽにハかさ《（貸）》ぬ事おほく《（多）》ミる所也、をや《（親）》のめい《（命）》をそむく事なり《〔也〕》、きひしく《（嚴）》せい《（制）》セハ、上ニ申すへし、

一下人らのあひた《（間）》の事、かねて申つけ了、又《（ナシ）》せけむ《〔ん〕》のく《（具》そく《足）》セう〱《（少ゝ）》あらん《〔む〕》をハ、こけ《（後家）》さた《（沙汰）》に申あハ《〔わ〕》セて、そのはからひ《（計）》にしたかふへし、

一女子ニゆつる《（讓）》さいけ《（在家）》田畠ハ、件女子はう《（法）》ニすき《（過）》たるふるま《〔たう〕》ひあらん《〔む〕》時ハ、子息よりあひ《（寄合）》て、この事ハ一定かとよく〱たつねて、もし一定ならハ、件・《〔の〕》やしきを上ま

て申さすとも、お《(を)》しとり《(取)》て、子息等はいふん《(配分)》してしるへし、件女子のこなん《(ナシ)》とにと《(取)》らする事あるへからす、
一をや《(親)》のためにほうこう《(奉公)》ありて、心さしあらん《〔む〕》ものを、おや《(親)》死去のゝち、いつしかとか《(科)》をいゐ《〔ゐゝ〕》つけて、さん〱にあたる事、ゆめ〱あるましき事也、
一を《〔お〕》やのために仏事するよしいゐて、そのようとうれう《(用途料)》ニ、とか《(科)》なから《(無)》ん人をセめ《(責)》て、もの《(物)》をとりて、仏事する事あるへからす、くとく《(功徳)》ニならぬ事也、
一子息同まこ《(孫)》らか中《〔ニ〕》・、やしき《(屋敷)》をなん《(ナシ)》と《本丁》をはは《〔く〕》やうにもうちいれ《(打入)》て、しまとう《(償)》事あらハ、お《〔を〕》の〱よりあひ《(寄合)》て、
一と《(度)》ハひきたすけ《(引助)》、いま《(今)》よりのちニハさる事候ましと、きしやう《(起請)》を《(ナシ)》かゝセてを《〔お〕》くへし、なをそのこゝろ《〔心〕》ありてくるう《(狂)》事あらハ、そのやしき《(屋敷)》をハ、おや《(親)》の申たる事なれハとて、お《〔を〕》の〱わけ《(分)》てしるへし、
右、このうゑ《〔上〕》ニハさのミ申へきやうなし、この狀をハ上下万人ひか《(僻)》事とハ候ましき也、一事といふともゆめ〱たか《(違)》ふへからす、あなかしこ〱、

建長二年庚戌《(戌)》十月廿日　僧《(定心)》在《(御)》判

○二通アリ、但、一通ハ書出ヨリ第二條「…於三郎明」マデヲ缺ク、校注ス、

七　足利泰氏鑁阿寺定書　○鑁阿寺文書

(花押)《(足利泰氏)》

被二定置一條《〔ヽ脱カ〕》

一未灌頂輩、不レ可レ被レ補二供僧一事

一以二他門僧徒一、同不レ可レ被レ補事

一不退居住壇所、不レ可レ用二代官一事

一新補供僧、可レ被レ尋二寺家一事

一一切経會料足幷御佛事修造等、悉以爲二年中行事沙汰一可レ令二支配一事

右、任下被二定置一之旨上、固可レ令二勤仕一、若於下背二此法一輩上者、相遞令レ糺二明之一、以二連署起請文一可レ令レ注二進之一、随二其狀一可レ有二沙汰一狀如レ件、

建長三年三月八日

（下野）鑁阿寺供僧中

八　佐々木泰清鰐淵寺中幷鳥居内別所書下　〇鰐淵寺文書

應レ令ニ早停止一鰐（出雲）淵寺中幷鳥居内別所等入ニ部郡使一事 3

右、得ニ彼寺解狀一偁、當山者、往古之聖跡、當洲之銘區也、□遮那、釋迦倶住ニ當崛一、顯敎、密宗並傳ニ此寺一、歸依有レ據、利生無レ疑、惣所之霊異、擧而不レ可レ稱者哉、但、寺中有レ一、不レ可ニ郡使乱入一云云、因レ玆修學之勤漸癈〔廢〕、住侶之數稍減、我山之衰微、只有ニ此事一歟、凡自ニ華□〔洛カ〕一至ニ邊土一、於ニ霊寺霊社一者、無ニ守護之綺一、況不レ及ニ郡使之乱入一歟、爰當寺苟爲ニ國中第一之伽藍一、何不レ蒙ニ御放免一哉、而適當ニ憲法之御奉行一、爭無ニ佛神歸依之捐（マヽ）一、然者、於ニ犯科人等一、雖レ無ニ一向御免之儀一、被レ止ニ使者之乱入計一、若謀叛殺害等之大罪出来者、爲ニ衆徒之沙汰一、欲レ出ニ進其身於守護所一、此條、且先先被ニ優恕一之上、縦雖レ爲ニ新儀一、被ニ寛宥一者、一寺之繁昌、舘下之御祈請、何事過レ之哉、加レ之若住ニ興隆之御志一、令レ遂ニ僧徒之宿望一者、爲ニ毎年不闕之勤行一、轉コ續〔讀〕大般若経一、捧ニ法施法味於蔵王大社之寳前一、奉レ祈ニ御一家繁昌、御願成就一之由、仍錄レ狀云云者、早如レ被ニ申請一、彼境内令レ停ヨ止入コ務郡使一訖、但、出コ来謀叛殺害以下重犯科人等一之時者、於ニ衆徒之沙汰一、不日可レ被レ召下渡於ニ其身一守護所上者也、抑爲レ名ニ國護征夷之職一、漂〔摽カ〕レ躰ニ断理方憲之官一、准レ彼就レ是、須レ政コ務之一者乎、雖レ然所レ奉レ宥コ如於當山伽藍一、蔵王權現大社明神、何於ニ此経結縁之仁一、應レ不レ被ニ擁護一乎、仍大衆各可レ令レ奉レ祈ニ天長地久、御願圓滿、武家泰平、國中安穏、民烟靜謐一之由之狀如レ件、

建長六年四月　日

守護人檢非違使從五位下行左衞門少尉源朝臣（佐々木泰清）（花押）

九　足利家時鑁阿寺定書　〇鑁阿寺文書

（足利家時）（花押）

定

於ニ當寺一（下野鑁阿寺）永代不レ可ニ違背一條ゝ事

一供僧可レ専二恒例臨時勤一事

右、於レ勤者、雖レ無二懈怠一、且守下酬二四恩之廣徳一、興二三寶之妙道一遺誡上、且恐下不レ祈二壇(檀)那一者、受二虚空信弛(マヽ)(施)一罪之文上、云二恒例一、云二臨時一、致二精誠一、不レ可二退轉一者也、

一御影供可レ爲二一烈一事

右、先例雖レ爲二東西各別一、於二自今以後一者、就二一味和合之儀一、可レ爲二一烈之交衆一也、

一年中行事

右、於二年中行事一者、先年雖レ有二其沙汰一、令二陵怠一之後、猥事等在レ之云々、自今以後、固守二先年之例一、東西兩堂供僧隨二其臈次一、毎年二人可レ被二奉行一也、且致二佛法興隆之志一、且仕二寺門繁昌之思一、云二修理一、云二御勤一、隨二境節一可レ有二其沙汰一也、

一常燈事

右、先例雖レ爲二夜燈許一、於二自今以後一者、東西兩堂者、可レ爲二常燈一之間、令レ加二増燈油員數一畢、於二中御堂一者、依レ爲二大御堂一廓一、如レ元可レ爲二夜燈一、凡於二燈明一者、如来常照之智火、衆生除暗之明光也、尤不レ可レ有二間斷一、仍云二年来油一、云二新加油一、付二于年中行事一調二納之一而、隨レ旬可レ被二下行一、是則爲二永代不一レ闕也、而承仕等若致二如在一、聊令レ消二燈火一者、殊可レ被レ處二重科一也、且年中行事常可レ被レ順二見之一、又番供僧加二精好一、猶致二懈怠一者、無二偏頗一被レ申之時、定有二御計一歟、能々可レ愼レ之也、

一夏中供花并例時事

右、於二夏花一者、佛閣莊嚴之勤、自利々他之行業也、而以二尫弱小童部、不肖法師原一、令二勤仕一之由有二其聞一、外見有レ憚、内信難レ通、若尓者、爭叶二佛意一、預二冥助一哉、自今以後者、偏住二佛法興隆之思一各不レ存二如泥一致二貞潔一、可レ被レ勤二仕之一、

次、夏中例時事、准二先條一、同不レ可レ有二懈怠一也、

一承仕等守二護堂舎一、不レ可レ違二背供僧下知一事

右、承仕者、隨レ旬當番、不レ去二堂内一、固可レ令二守護一之處、當番之承仕等一向住二私宅一、勤時尚不レ令二參堂一之由、有二其聞一、不忠之至也、自由之甚也、依レ之盗人伺二取重

寶一、風雨破二損佛像一、是偏承仕不住之所レ致也、於二自今以後一者、旬番承仕一向不レ立二去堂舍一、不退可レ奉レ守二佛像一、就レ中至二勤時一者、殊祇二候堂內一而、云二佛聖燈油一、云二供花燒香一、專隨二供僧命一、可レ致二其沙汰一、若於下背二制府〔符〕一之承仕上者、可レ被レ改二易彼職一也、

一可レ停二止御堂堀內牛馬放入、雜人横行一事

右、堂舍廓內者、清淨結界之地也、然間、先年可レ停二止雜人横行并牛馬放入一之由、被二仰下一云々、然近年猥雜人横行之間、動盜人得二其便一、仍仰二付承仕下部一、固可レ被二禁遏一、但、於二聽聞見物參堂之輩一者、非二制限一、

以前條々、固守二禁遏之旨一、各可レ有二其沙汰一之狀、所レ定如レ件、

文永六年己巳四月　日

○底本ニ返點、送假名アレド省略ス、猶、案文一通アリ、

一〇　大谷寺夜相撲禁制案　○越知神社文書

在御□〔判カ〕□

禁制

大谷寺〔越前〕七月十四日夜相撲事

右、件相撲者、非二佛事一、非二神事一、而者〔諸〕人會合之間、動及二吹毛喧嘩之禍一、尤爲二刄傷殺害之基一歟、其上雖レ致二寺中之煩費一、敢無二住侶之依怙一、禪徒之。儀〔威〕豈可レ然哉、自今以後、早可レ令二停止一之狀如レ件、

文永七年年七月廿日

一一　肥前杤井地頭尊光（國分忠俊）尊光寺定書　○高城寺文書

肥前國杤井內尊□〔光寺カ〕住僧等可レ被二存知一□□4

一毎月十五日衆徒令二會合一、可レ被レ勤二修念佛三昧一也、

一晨朝日沒同令二皆參一、可レ被二勤行一、不レ可二闕怠一□、

一香花備進之役令二結番一、無二懈怠一可レ勤レ之、

一寺領之生木不レ可レ伐、是則堂舍修理料也、

一於二寺內一雙六、四一半、目增已下博奕、一向可レ止レ之、

一住僧等之中、刄傷、殺害、盜犯、人勾引、放火已下重科事、无レ所レ遁者、衆徒同心可レ追二出寺內一也、

一寺務成敗事、寺内居住之衆徒等令二評定一、可レ依二多分之義一、就二于一義一不レ可レ致二沙汰一也、

右、守下令二定置一之狀上、宜レ被二存知一、若有二違犯之事一者、寺僧等一味同心、可レ被レ致二誡沙汰一也、抑頭陀乞食者、本師釋尊之化儀也、依レ之從二在世正法之昔一、至二滅後末法之今一、道〔心〕堅固之輩、令二乞食一求二佛道一、有心之人不レ輕レ之、邪見之誹何恥レ之、就レ中、當寺最狹少之所也、憑二寺得分許一之僧難レ令二止住一之間、請二頭陀之沙門一、補二當寺之供僧一、然者、各受二尊卑之供養一、可レ被レ修二念佛三昧一也、仍爲二後代一所レ定之狀如レ件、

文永八年辛未八月廿七日

肥前國杤井地頭沙弥尊光（花押）

比丘尼明阿弥陀佛（花押）

三　北條氏多田院造營定書〇多田神社文書

攝津國多田院造營條々[5]

一　荒神祭事

右、先募二所當之上分一、宜下潔二祭祀之中一、精中蘋蘩之礼上、敢勿二緩怠一矣、

一　鎭守社事

右、六所之和光者、一庄之鎭守也、而玉殿漸傾、紅扉已斜云々、如二前段一、早募二所當一、任二本跡一可レ令二造替一也、

一　本堂造營事

右、檜皮雨漏、蓮眼露冷、朽損之趣、從レ斯而始云々、寺之長久不レ如二瓦葺一者歟、早改二檜皮一、可レ用二土瓦一矣、

一　材木大小事

右、梁柱以下材木分際、各止二今案一、可レ守二舊儀一也、

一　杣採材木用捨事

右、偏不レ顧二庄内之大營一、强莫レ嫌二山中之不材一、但、勸進聖恒念并政所令二相談一、惣奉行可レ有二沙汰一也、次材木出人夫事、先令レ採コ置材木一之後、注コ申分限一之時、可レ有二沙汰一也、

一　祭、造營以下日時事

右、聖一向所二申行一也、尋コ問陰陽師一、聖可レ相コ計之一、

一　造營程聖居所事
右、別當并政所以二寺內便宜所一、早可レ令二計宛一也、
一　寺僧可レ与二于聖一事
右、寺社小破之時者、寺務以下且加二修理一、及二大破一者、頻可二注申一之處、無音歴二年序一之條、爲レ法爲レ世是非如何、所詮、寺僧相共可レ勵二造營一也、
一　寄進御年貢事
右、寺庫納済物、同交分者、本堂造營之程、一向可レ爲二寺用一也、次於下政所納二本所一御年貢并真如堂寄進及庄立用米以下事上者、如二前ゝ一〔可レ〕爲二政所沙汰一也、
一　給主等田畠得分事
右、地子并交分內各半分者、任二前御下知狀一、可レ加二納寺用一也、
一　秋畠以下所出物等事
右、任二正元ゝ年九月十九日御下知之員数一、代錢參拾貳貫貳佰文可レ納二寺庫一也、不レ被レ載二彼御下知一之雜物等者、近年不レ備二公物一之間、當時不レ及二沙汰一矣、
一　在庄御家人給田〔畠〕得分事
右、尫弱分限、假令過分壹町餘、継煙之構此外無二凴方一云ゝ、早以二憐愍之儀一、可レ免二除彼輩一加二土左、熊野、栗原庄一定、者也、
一　惣奉行事
右、聖、政所以下有二難レ計之事一者、雖レ須レ申二關東一、爲二遼遠一之間、可二延引一之上、定有二其煩一歟、然者可レ随二安東平右衛門入道之成敗一也、
以前條ゝ、聖、政所以下早存二知此趣一、各早速可レ勵二造營一之狀、依レ仰下知如レ件、

文永十年四月廿四日

左近衛將監藤原（花押）
沙弥（花押）
左兵衛尉平（時綱）（花押）
沙弥（浄心、尾藤景氏カ）勢

三　播磨大山寺定書　〇太山寺文書

（花押）6

仰出　　伊河(播磨)上庄大山寺住僧等所
　早任二先御下知旨一、可レ令二停止一條ゝ子細事
一寺田段別事　　一押取寺内菓子一事
一寺中大門竹林切取事　　一寺在家人等被二召仕一事
一寺在家人等桓(垣)内菓子被二押取一事
一寺内山殺生禁断、堺中被レ狩事
右、於二件條ゝ子細一者、奉レ廻向當山藥師如来御寶前一之處也、雖二後ゝ末代一不レ可レ有二違犯一、且至二内山(「庄内ヲ「内山」ニ書改ム)新田一者、爲二亡父御菩提一令二寄進一畢、但、寺在家人逃亡跡ニハ猶人を可二踞置一之處、稱二無足畠一令二耕作一之由、有二其聞一、甚無レ謂、若逃亡跡出来者、速可レ踞置人一也、又寺内犯科人出来時者、可レ令レ出二寺中一者也、若於レ令二抅惜一者、可レ爲二寺僧等同罪一也、仍條ゝ下知之狀如レ件、
　建治貳年潤三月廿六日

一四　北條實時置文案　○金澤文庫所藏聯句集紙背文書

7 先トシテ、タヽ上ヲカサリテヘツラヒモトメタルニテ候、ケニ重キ職ヲモ授ケ、家中ヲモアツケラレテ候ハん時ハ、必ス黨《□ウ》ヲナシ、羣《クン》ヲムスヒテ、主ヲクラマシ、人ヲ損シ候ハんスル也、サテサフラフ者トモノ中ヲ蕳(簡)ヒ候ニ、実直ヨノツネナル者ト覚候間定メ申候、家中ヲアツケ、大小事ヲ仰ラレ合テ、ヘタテナク召ツカハレ候ヘシ、此事身ノ器量ヲモハカラス、過分ノ望ヲ懸タルエせ物トモ、一定ソネミ申候ヌト覚候、ヨク〳〵心えラレ候テ、ハカラヒナトサレサせ給マシク候、サヤウノ輩ハナカク召ツカハルマシク候、カヽルエせ者ヲ召ツカフニ依テ、ヒカ事ヲモ引出、悪□又別ニ心ヤスキ者ヲモチテ、サネナ□ニヘタテ、□(其カ)□シ彼カ申ニ付テ、定タル事ヲモ、ミタリナトせラレ候ハん□□レテ正躰ナキ事ニテ、ヤカテ人心ゝニナリ、家中ミタレテ、勝事□也、イカニ不便ニ思者ニテ候ヘトモ、ソノ器量タラサル者ニハ□(大カ)事ヲキカセ、物ヲ申合ナトスル事ハ、アルマシキ事ニテ候、歸リテソノソ(衍)ノ者カ爲ニモアタニ成候也、ヨク〳〵心エサせ給ヘク候□(也)、

一　所領配分落居せサル事、コレ召ツカフ輩ラ、偏ニ上ヲ輕スル故ニテ候也、輕クせラル、故ハ、又ミタリニ人ノ云事ヲ用ヰ、賞罰《ハツ》ヲ明カニせサルカ至ス所。也ニテ候、ミタリニ事ヲ不ㇾ行、クハシク道理ヲタヽシ、貴ヲモナタメス、賤ヲモステス、カタク賞罰ヲ行テ、私シ無ランニ於テハ、人ミナ天ノ政ノ如クニ思テ、ウラミソネム所アルヘカラス候、設ヒ心ノ不ㇾ及ニヨテ、ヒカ事ヲ行ヒ候トモ、甚〔其〕心私ナクテ、人ノ爲、世ノ爲メヲ思テ行候ハんニハ、人ウラミヲ不ㇾ致ス(マヽ)、天ソノ徳ニクミシ候ヘキ也、カク私シ無ク□ハ、、ウラミソネミ候ハん輩ニ於テハ、召ツカハルヘカス〔ラ脱〕候、トカヲ行候牧《ホク》ノシハノ□ハレム至ニテ候也、一人ニ過ヲ行候ヌレハ、万人ツヽシミ候故也、〔コカ〕□ノハカリ事ナクシテ、一旦不便ナレハトテ、ソノ過ヲナ□メ候ヘハ、万人ヒカ事ヲ留メス、主ヲホロホシ、身ヲ指〔損〕シ候也、サレハ賞罰ヲ明カニせサルハ、人ヲ損シ、身ヲ損スル源ニテ候也、コトサラ貴ク重カラン者ノ罪ヲカラク行ヒ、賤カラン者ノ忠ヲ賞せラレ候へく候、コレ政ノ故実ニテ候也、タヽ政ト申候ハ、賞罰ヲカタク、明カニ行フヨリホカノ事ナク候也、此事トモクハシク披覽シテ、ヨク〳〵存知候ヘトテ、病モ日ニソヘテヲモリ、年ツモリ候テ、今ハ手モフルヒ、目モミヘス候ヘトモ、(假名)カムナニ自筆ニカキテ候也、仍執達如ㇾ件、

アナカシコ〳〵、

(建治二年以前)七月二日　　実(北條實時)ー

(北條實政)越後六郎殿

一五　攝津多田院殺生禁斷定書　○多田神社文書

制止[8]　殺生禁断事

右、爲(マヽ)二四至内一(攝津多田院)令二殺生一於二輩等一者、不ㇾ論二上下一、且令二關東注進一、且可ㇾ被二錢貳貫文科料一之狀如ㇾ件、

弘安四年四月十八日

　　　　　　　　　　(花押)

　　　　　　　　　　(花押)

一六　播磨永谷村地頭・下司連署殺生禁断定書　〇吉井良尚氏所藏文書

(播磨)法光寺并(播磨)永谷村殺生禁斷事、於二寺内一者、可レ爲二永代一候、於二惣村一者、可レ爲二二ヶ年一候、教養酒於二御堂内一飲事、永代□(可)二停止仕一候、村内酒者、一年可レ止候、以二此旨一可レ有二御披露一候、恐ゝ謹言、

弘安七年七月廿五日　下司康定(花押)

地頭代佐吉(花押)

小野行員(花押)

地頭小野氏女(花押)

一七　竹崎季長海頭社定書寫　〇秋岡隆穂氏所藏文書

(肥後)海頭郷御社　定置條條事奉寫 9

一御宮祭田分

下小原町壹町内

春祭田参段貳丈　付、南

五月五日會参段貳丈　付、水口

九月九日會参段貳丈　付、中　野副里一所参段　同里南壹丈

祭(マヽ)祭田参段貳丈　小原町内壹丈

釼御前祭田　一分屋敷北参丈

若宮祭田壹段　堂園北在レ之、

燈油田壹段肆丈　野副里在レ之、

一一祝藤井末成分

當時居屋敷壹所、田地岩下捌段、坪内南五段、祝絡(給カ)宛レ之、

一宣命　命婦等分

薦浦内壹段　甲佐一給　同坪内壹段　阿蘇一給　逆之谷壹段　辻若一給

一正月元節供田貳段貳丈北浦在レ之、

一御宮修理田岩下神前貳段、所當米毎年壹石於納レ之、爲二祝沙汰一定二器量之公文一、以二五把利一入二出擧一之時者、不レ論二親疎一、無二現質一者、不レ可レ入レ之、又雖レ募二(竹崎)季長之子孫威一、同無二現質一者、一切不レ可レ取レ之、但、春下秋

収時者、使共遂二結解一、可レ存二知其員數一、彼彼（衍）出擧米及二貳百石一者、可レ専二修造一、次建二立神宮寺於社壇内一、加二拝殿、炊殿、廳屋之修理一、又構二置命婦等装束一、御神事日可レ成二装束粧一、又所二定置一一二祝及命婦、發者等仁、歳末之時壹石宛可レ有レ下二行之一、將又公文并使仁免物分十石宛可レ与レ之、此外有二犯用一之時者、云二公文一、云レ使、處二罪科一改二易其役一、可レ仰二付于正直之仁一矣、

一御祭田若有二損亡一之年者、御祭田分不足撿二宛之一、彼出擧米於令レ下二行于頭人一、可レ遂二御祭一矣、

一所レ定二置于御祈禱之仁一輩中、於二博奕、盗賊并参勤不法懈怠、悪口之族一者、改二易之一、語二居器量之仁一、可レ致二精勤一矣、

以前條條、所二定置一如レ斯、仍祝、宣命、命婦等、正月七ケ日、二季彼岸、毎月朔日、五月五日、九月九日、春冬之御祭仁令二参勤一、致二 公家、武家之御祈擣〔禱〕一、次季長并子孫現當二世之祈誠可レ成二忠節一之状如レ件、

正應六年正月廿三日

地頭左兵衛尉季長（花押）

一八 上蓮（相良頼氏）置文 ○願成寺文書

（端裏書）
「十三通之内　　願成寺不出」

（肥後）願成寺供僧并時衆可レ被二存知一條々事

一當寺云二供米一、云二料田一、聊癈〔廢〕失事出來之時者、僧衆一味同心令二会合内談一而、就二宜儀一可レ致二沙汰一、若又自二檀那一有二違乱一、被レ沒二倒料田、供米一之事、自然出來歟、如レ斯事者、雖レ爲二僧一人之上一、爲二一味同心之沙汰一、不レ可レ見二放之一、於下背二此儀一之僧上者、速上〔止〕二寺中出仕一、可レ被レ補二件職於他僧一也矣、

一當寺僧中脱二自余一、以下有二別忠志一之由上、寄二意於檀那方中一、常令二經廻一事、尤可レ被二停止一、若雖レ有二沙汰一、訴訟事、一烈（マヽ）仁行二向彼所一、可レ被〔觸〕二事由一、而一人拔訓〔群カ〕行二向件砌一之處、有二事次一之時者、或謗二余僧之上一、或嘲二在家之短一之條無レ疑歟、仍恐二誹謗嘲哢之罪業一故、所レ加二自

他之誹〔炳〕禁一也、於二加樣僧一者、檀那強（毛）不レ可レ被二許容一歟焉、

一歳末方〻檀那節料等之事、自今以後不レ可レ有二其沙汰一、且月迫寒中之比、爲レ採二件用木一山入（事、）定爲二難治一歟、不レ如、以二件暇一被レ致二念仏勤行之功一者、併可レ爲二自他得益之大利一者歟矣、

一於二放場〔蕩〕不調僧一者、本自所レ被レ禁也、而不レ拘レ制、或好二博奕一、或巧二闘諍一、太以無二其謂一、如レ此僧忽可レ被レ止二出仕一、就レ中有二惡行号一之僧者、憖令二追放一、速可レ被レ補二件職於穩便僧一也焉、

右、當寺僧衆行儀作法用意事、依二故入道殿（相良長頼カ）之趣一觀仙房（相良頼親）被二定置一畢、随二彼趣一可レ被レ行、雖レ然於レ今者、僧（衆）者被レ癈〔廢〕二先師之作法一、檀那者被レ妄〔忘カ〕二父祖之素意一歟、因レ之條〻加二愚言一者也、僧衆、檀那相共、可レ被レ存二此趣一者歟、凡當寺者、蓮仏（相良長頼）御存日、（且）爲レ奉レ訪二竹御所（源頼家女、九條頼經室）御菩提一、且爲レ祈二自他法界得道一、被レ建二立之一、所レ令レ寄二進料田一也、爰檀那者併件孫子也、而彼料田當初者、爲二自名内一之間、令レ補二供僧一之事、可レ任二雅意一之由被レ存歟、若有二此等子細一時者、寺僧不レ可レ依二件進退一、其上被二違失一者、寺僧即及二上訴一可レ被レ仰二御裁許一、但、如二當時一者、雖レ無二別儀一、若有二如レ此子細一之時者、以二此儀一賴宗（相良）可レ觸二申檀那中一、猶以不二事行一者、賴宗引二立供僧一可レ令レ致二訴訟一、就レ之無二別煩一者、佛陀之感應無レ疑、父祖之遺命可レ助者歟、仍誹〔炳〕禁之狀如レ件、

正應六年七月十七日

沙弥（上蓮、相良頼氏）（花押）〇紙繼目裏一ヶ所ニ上蓮ノ花押アリ、

一九　北條貞時圓覺寺制符 〇圓覺寺文書

禁制條〻事[10]

一　僧衆不レ帶二免丁一事

一　禪律僧侶夜行他宿事

若有二急用一之時者、爲二長老之計一、可レ差二副人一也、

一　比丘尼并女人入二僧寺一事

但、許二二季彼岸中日、二月十五日、四月八日、七月盂蘭盆兩日一、此外於二禪興（相摸）寺一者、毎月廿二日、

於二(相摸)円覺寺一者、毎月初四日可レ入也、

一　四月八日花堂結構事

一　戒臘牌結構事

一　僧侶横行諸方採花事

一　僧衆去所不分明出門事

一　延壽堂僧衆出行事

一　僧侶着二日本衣一事

一　僧徒入二尼寺一事

一　四節往ヿ來他寺一作礼事

一　僧衆遠行之時送迎事

右條〻、於二違犯之輩一者、不レ論二老少一可レ令二出寺一也、若於レ有二子細一者、可レ指ヿ申其名一之狀如レ件、

永仁二年正月　日　(北條貞時)(花押)

二〇　崇演北條貞時圓覺寺制符　○圓覺寺文書

(相摸)圓覺寺制〔符〕苻條〻

一　僧衆事

不レ可レ過二貳百人一、

一　粥飯事

臨時打給、一向可レ停ヿ止之一、

一　寺中點心事

不レ可レ過二一種一、

一　寺參時、扈從輩儲事

可レ停ヿ止之一、

一　小僧、喝食入寺事

自今以後、一向可レ停ヿ止之一、但、檀那免許、非二禁制之限一、

一　僧徒出門、女人入寺事

固可レ守二先日法一、若違犯者、可レ追ヿ放之一、

一　行者、人工帶刀事

固可レ禁ヿ制之一、若有二犯者一、永可レ追ヿ出之一、

右、所レ定如レ件、

乾元二年二月十二日

沙弥《(崇演、北條貞時)》(花押)

二　沙彌道意等連署寄進狀　○圓覺寺文書

御年貢無二懈怠一可レ令二備進一者也、此外者雖レ爲二一事一、至二于後ゝ將来一、不レ可レ有二臨時課役、万雑公事并検断之綺一者也、但、於二現賊《(マヽ)》物犯人一者、被レ搦コ出其身一、不レ可レ及二三族之罪科一、於二地下一者、本主等不レ可二進退領掌相違一、若寄進上分之外、被レ致二其煩一者、令二悔返一可レ爲二別計一、仍爲二後代龜鏡一、寄進[11]之狀如レ件、

嘉元四年丙午十一月　日　　沙弥道意(花押)

※僧本性(花押)　　僧慈性(花押)

定心九郎(花押)　　刑部清光(花押)

海八二郎(花押)　　参河阿闍梨(花押)

沙弥觀西(花押)　　沙弥西心(花押)

刑部二郎(花押)　　源内入道(花押)

若太郎(花押)　　山家三郎(花押)

四郞太郎(花押)　　中嶋四郎後家(花押)

地藏二郎(花押)

三　蓮道相良長氏置文　○相良文書

「おきふみ」《(端裏書)》

てう〱《(條ゝ)》をきふミ《(置文)》の事

一かうれん《(迎蓮)(相良頼俊)》よりれんたう《(蓮道)(相良長氏)》にゆつりたふところ、ひこ《(肥後)》のくにくま《(球磨)》のこをり《(郡)》人吉のしやう《(庄)》ミなミかたけいとくしやう《(經德常》らくミやう《樂名)》のちとうしき《(地頭職)》にをきてハ、てんはく《(田畠》、さいけ《在家》、さんや《山野》、かりくら《狩倉》、やな《梁)》にいたるまて、たふん《(んふカ)》ものこさ《(殘)》す、ちやくし《(嫡子)》よりひろ《(頼廣)》にゆつりたふところなり、たゝし、このうちを三郎二郎《(相良朝氏)》、九郎《(相良祐長)》、十郎ニさきわけ《(割分)》て、をの〱田三丁その《(園)》三か所あてゆつりたふ事しゝやう《(實正)》也、た《(田)》のつほつけ《(坪付)》、さいけ《(在家)》のふん、ミなかれらかゆつり狀ニみゑたり、この狀ら、ミなしひつ《(自筆)》同日也、このほかハせん《(前》こ《後)》のゆつりありと申物あらハ、たといしひつ《(自筆)》たりといふとも、ほうしよ《(謀書)》とあるへし、

一りやうけねんく《領家年貢》ちうやく《重役》たるあひた、まいねんよね《米》ならハ五斗、しからすハようとう《用途》五百文を、よりひろ《頼廣》かゝた《方》に、三人なからさたすへし、

一さつま《薩摩》せ《瀬》のやな《梁》うたんときハ、三郎二郎ニきた《北》のにのす一けん、九郎ニ同三のす一けん、十郎ニミなミ《南》の三のす一けんうたすへし、

一てら《寺》のそうせん《僧膳》の事
二月のひかん《彼岸》のようそう《夜カ》せんハ、九郎、十郎よりあひ《寄合》てすへし、八月のひかんのようそうせんハ、いや三郎と三郎二郎とよりあひて、とうふん《等分》にすへし、にき《二季》のひかんのあさ《朝》そうせん、六月十日そうせんハ、よりひろ一人かやくたるへし、

一てら《寺》のゆ《湯》の事
正月二日、四月二日、同廿七日、五月二日、六月十日、
これハそうりやう《惣領》のふん《分》、
正月廿四日のゆハ、三郎二郎かやく《役》、
二月二日、九郎かやく、

三月二日、十郎かやく、

一けいこやく《警固役》の事、たゝはん《唯番》なんとの時ハ、九郎、十郎かわり／＼にともすへし、せけん《世間》そう／＼《忩々》ならん時ハ、ミな《皆》ともすへし、いかにありとも、むま《馬》一ひきハもちて、しりさき《後前》にたつへし、よりひろ《頼廣》ハあに《兄》たりとも、れん《蓮》たうと《道》をもい《思》て、いさゝかもめい《命》をそむく事なかれ、又よりひろハ、あてをとゝ《弟》とも《共》ハわかこ《我子》とをもい《思》て、はくゝみふち《扶持》すへし、むまくそく《馬具足》もたさ覽時ハ、むま《馬》もとらせ、物のく《具》をもとらせて、しりさきにたつへし、かくまて申へき事ハなけれとも、たかい《互》にふしん《不審》なる事もあらん時ハ、をや《親》の申をきし事そかしとをもい《思》もたさハ、なとか心あらん物ハ、一とハをもい《思》もなを《直》るかのため也、

一かせん《合戦》なんとしたらん時ハ、くんこう《勲功》をハはなし《話》て申さすへし、身せはき《狭》物ハ、さやうの時こそひろく《廣》もなる事なれ、わかふん《我分》ニこめんとすへからす、かまへてをとゝ《弟》とも《共》ハあてあにをゝや《親》とをもい、あにハあてをとうとをこ《子》とをもいて、たかいにあハれミ《憐》をいたさるへし、

一かれらかなか〻ふほう《(不法)》の人あて、しよりやう《(所領)》をもはく《(博》ゑき《奕)》にうち入、又た《(他)》人〻こきやく《(沽却)》する事あるへからす、もしさやうの事あらん時ハ、た《(田)》一丁に廿くわん《(貫)》とをりのようとう《(用途)》をほうしてとらせて、そうりやうちきやう《(惣領知行)》すへし、されハとて、こと《(事)》にさう《(左右)》をよ《(寄)》せて、たゝとる事あるへからす、

一あんと《(安堵)》を申さんときハ、めん〱に申てたふへし、

一こども《(子共)》のなか〻もしなんし《(男子)》なくハ、きやうたい《(兄弟)》のこ《(子)》をやうし《(養子)》〻て、あとハとらすへし、によし《(女子)》あらハ、きやうたいのこをむこ《(聟)》にとりてゆつるへし、たもん《(他門)》〻ゆつらん時ハ、そうりやう《(惣領)》をさくへし、

一かれらかたうし《(當時)》のいその《(居園)》ハゆつり《(讓)》にハいら《(入)》すといゑとも、かたミときのためにをくへし、ま事〻そゑんきやうはい《(疎遠向背)》のきあらん時ハ申〻をよハす、しからすハ、さをひ《(相違)》あるへからす、つるまさかよまてもこのむねをそんすへし、

一こけ《(後家)》ハいつれもしちほ《(實母)》なれハ、をろか《(愚)》のき《(儀)》あるましけれハ、へつ《(別)》にさしわけてゆつる事ハなし、一こ《(期)》のほとハ、をの〱ちうきん《(忠勤)》をいたすへし、

一によし《(女子)》ともにも、ふん〱にすこしつゝもをもい《(思)》あつへけれとも、わつか《(僅)》のところをさきわけ《(割分)》ハ、そうりやう《(惣領)》御くうし《(公事)》大事なるへきあひた、そのき《(儀)》なし、にうたう《(入道)》なからんとき、をと《(夫)》にもすてられたらん時ハ、たちまち〻まとひ《(惑)》物たるへし、めのまへ《(眼前)》にはうらん《(放濫)》せん事もあさましかるへし、をんなをや《(女親)》なれハ、とりをきてふち《(扶持)》せんとをもうとも、身たへ《(堪)》なくてハ、かなうましけれハ、にう《(入》たう《道)》かとらせたるところにてハなけれとも、はゝ《(母)》一このほとハ、なりつね《(成恒)》の御まい《(米)》を、一ねんに十石つゝわたすへし、めのまゑ《(豊前)》にをんなこども《(女子共)》のはうらんせん事ハ、身のためもめんほく《(面目)》なき事なり、さやうのはからいなくてハ、はゝもふちしかたきあひた、かやうに申也、

一きたかた《(北方)》よりまいねん四十八兩かくるちし《(地子)》のを《(苧)》、十二兩ハりやうけはう《(領家方)》のちしのを《(苧)》にりうよう《(立用)》、のこる三十六兩か内、廿りやうハこけ《(後家)》一こ《(期)》のほとハわたすへし、一このゝちハ、そうりやう《(惣領)》しんたい《(進退)》たるへし、たいりやく《(大略)》

しゝゆ《(旨趣)》のこさすといゑとも、もしをもい《(思出)》たす事あらハ、をて《(追)》かきをか《(書置)》んためニ、かミのをくをのこす也、いつれもこのをもむき《(趣)》をそんち《(存知)》して、たかいにふしん《(不審)》あらせしために、ミくるし《(見苦)》けれとも、しひつ《(自筆)》にかきをくところ也、あゑていほん《(違犯)》すへからす、こにち《(後日)》のためにをきふミ《(置文)》の狀くたんのことし、

ゑんきやう《(延慶)》四年二月廿五日　しやミれんたう《(沙彌蓮道)》(花押)

一かくハかきをくといゑとも、けいこ《(警固)》のときハ、九郎、十郎うちかへ／＼ともすへき事ハ、よりひろ《(頼廣)》一こたるへし、のち／＼ハをの／＼かこゝろたるへし、よて狀くたんのことし、

ゑんきやう四年三月五日　しやミれんたう(花押)

○コノ文書、紙繼目裏ゴトニ蓮道ノ花押アリ、

二三　武藏瀬戸橋内海殺生禁断事書　○金澤文庫古文書

一　金澤《(武藏)》瀬戸橋内海殺生禁断事12

於二内海一者、固可レ禁二断之一、若背二制禁一之輩者、不レ云二假行根本一、不レ論二下手張本一、御恩之輩者、一所小所、可レ被レ召レ之、無二御恩一并百姓等者、可レ被二追放一者也、至二凡下之輩一者、可レ被レ召二取其身一也、宜レ加二禁歇《(遏)》一、更不レ可レ有二緩怠之儀一也、

二四　沙彌某等連署定書　○阿波祖谷三木文書

□所へまいるへし、なを／＼せういん《(承引)》なくハ、はう《(法)》にまかすへし、

一かけいと、はかりまゆの事、かそうの事、せんれい《(先例)》にまかすへし、

一て酒事、大豆手ハ、仰によて御馬のまくされう《(秣料)》に、大豆を沙汰する也、次粟手酒事ハこれ《(うり)》をとゝむへし、此上ハ私といゝ、又他所他郷縁者等の色ゝの酒ちやう《(停止)》すへし、

右条ゝ、下知する旨ニおいてハ、自今以後是をちやう《(停止)》しすへし、いさゝかもそのへんかい《(變改)》あるへからす、若又事をさ《(左》う《右)》によせ、百姓等かきり《(限)》ある御公事をなんすせ《(難澁)》しめハ、そのとか《(科)》あるへし、仍下知如レ件、

正和二年正月廿七日　　久氏在判

頼久在御判

沙弥在御判

〇阿波國徴古雑抄ヲ以テ校注ス、

三五　竹崎季長海頭社定書　〇塔福寺文書

(肥後)海頭御社　定置條ミ事13

一　正月元節供田貳段貳杖、北浦在レ之、

一　釼御前祭田、一分屋敷北参杖在レ之、

一　若宮祭田壹段、堂薗北在レ之、

一　一祝藤井末成分

當時居屋敷壹所、田地岩下捌段、坪内付二南五段一、祝給宛レ之、

一　宣命給　野副四杖中　同坪内四杖中　惣壹給　薦浦内壹段　甲佐壹給　同坪内壹段　阿蘇壹給　逆之谷壹段　辻若壹給　屋敷付之新開七杖内水口壹段　二祝給

一　御宮修理田岩下神前貳段、所當米毎年壹石納レ之、御使并祝、御蔵公文相共以二五把利一可レ入二出挙一、不レ論二親疎一、無二見質一者、不レ可レ入レ之、但、於二百姓之農料分一者、以二連書(署)之状一可レ取レ之、御内人ミ者、至二十二月一壹石米之質入二給田四段一可レ取レ之、下部者、勘二此分一、質二入給田一、随二分限一可レ取レ之、

一　佛、正教(聖カ)、佛具不レ可レ取レ之、至二武具一者、申二合地頭方一、可レ取レ之、於二權門方之武具一者、不レ可レ取レ之、此外雖レ爲二季長(竹崎)子孫一、無二見質一而不レ可レ入之條、御使并祝、御蔵公文相共可レ書二起請文一、

一　春下秋收之時者、御使相共遂二結解一、可レ申二其員数一、此則爲レ全二神物一也、彼出挙米及二参佰斛一者、専二修造一、次建二立神宮寺於社壇内一、以二塔福寺(肥後)僧侶一、可レ致二御祈禱一、於二供料一者、毎年参石米可レ進レ之、正月七箇日、四季御祭、二季彼岸、毎月朔日、同十八日　仁王般若經一座、観世音經一巻可レ令レ讀二誦之一、

一　神宮寺燈油料五百文、同請二取之一、爲二供僧之役一可レ爲二定燈(常カ)一、

一 御宮燈油料五百文、爲二祝沙汰一可レ爲二定〔常カ〕燈一、
一 構二置御子裝束一、御神事日、可レ成二裝束之粧一、
一 所二定置一 一二祝及御子、發者十人分、以二十石米一、歳末壹石宛可レ与レ之、
一 御宮祭田壹町五段之種子、可レ下二行之一、
一 海頭百姓、同歳末壹人別貳斗米可レ与レ之、
一 御使并公文、毎年十石宛可レ与レ之、但、公文者、爲二御内御恩之仁一者、五石可レ与レ之、
一 祝、御藏公文并御使、雖レ爲二小分一、有二犯用一時者、改二易□〔之〕一、可レ仰二付正直之仁一焉、
一 十人社人毎月一度寄合、可レ掃二治社壇一、懈怠□〔之輩者〕、改二易所職一、可レ仰二付器量之仁一、
一 社司中於二博奕、盗賊并参勤不法懈怠、悪口之族一者、改二易之一、仰二付器量之仁一、可レ致二精勤一矣、
一 以前條々、所二定置一如レ斯、仍社司等正月七箇日、二季彼岸、毎月朔日、五月五日、九月九日、春冬之御祭令二参勤一、可レ致二公家、武家之御祈禱一、次季長并子孫現當二世之祈誠、可レ成二忠節一之狀如レ件、

正應六年正月廿三日 地頭左兵衞尉藤原季長(花押)

このをきふみ(置文)ハ正をう(應)六ねん(年)にさためをく(定置)といへとも、正わ(和)三年ニかきあらたむる(書改)あいた(間)、はんきやう(判形)にいたて(至)ハ、こ(後)日のはん(判)をす、ふしん(不審)のために、しひつ(自筆)をもてかきおく(書置)ところなり、

正わ三年正月十七日　ほうき(法喜、竹崎季長)(花押)

○缺損部分、秋岡隆穗氏所藏文書ヲ以テ校注ス、

二六 正心（早岐清基）置文案 ○詫磨文書

(異筆)「校正了」

さためをく正心[14](早岐清基)かりやうひこ(肥後)のくに六か(箇)のしやう(庄)おやま(小山)のむら(村)のちとうしき(地頭職)しよむ(所務)てう〳〵(條々)の事

一 おやま(小山)のむらのちとうしき(地頭職)をハ、せん日くらん人(藏人)にうたう(入道)正ゑん(圓)ニゆつりわたす(讓渡)といへとも、てう〳〵(條々)正心かこゝろ(心)ニたかう(違)あひた、これをくりかへし(悔返)て、まこきく(菊

ち《池》の九郎たかのふ《隆信》ニ、ほんせうもん《本證文》あいそへ《相副》てゆつり《讓》わたす《渡》ところなり、もし正ゐんはう《圓房》おやま《小山》のむらにいらん《違亂》わつらい《煩》をなさハ、正ゐんはうかこ《子》せんわうニゆつるはやき《早岐》のおりをせしんかい《新開》をも、九郎たかのふ《隆信》りやうち《領知》すへきなり、又とか《科》なからんにおいてハ、いらん《違亂》わつらい《煩》あるへからす、

一たミひやくしやう《民百姓》をあわれミ《憐》はこくミ《育》、ところをおたし《穩》くさた《沙汰》し、うれへそせう《愁訴訟》なきやうにけち《下知》せいはい《成敗》すへし、又ひふん《非分》の事を百姓ニあてゝせめとる《責取》事あるへからす、ゆめ〳〵ひほう《非法》のさた《沙汰》すへからす、

一りやうない《領内》ニはくゑき《博突》、ようち《夜討》、かうたう《強盗》、わるききこへ《悪聞》あらんものをく《置》へからす、よく〳〵これをきん《禁》すへし、

一れうねんはうニゆつる《讓》田やしき《屋敷》の事、そうりやう《惣領》ニあい《相》したかい《從》てちきやう《知行》すへし、御くうし《公事》ニおいてハふんけん《分限》ニしたかい《從》てさた《沙汰》すへきなり、きくち《菊池》の九郎ニあい《相》したかい《從》てすいきよ《水魚》のおもひ《思》をなしてすく《過》へし、もし九郎をきやうはい《向背》する事あらハ、ゆつる《讓》ところの田やしき《屋敷》ニをいてハ、。九郎たかのふちきやう《知行》すへきなり、又させるあやまり《過》なからんニおいてハ、いらん《違亂》わつらい《煩》あるへからす、

一おやま《小山》の村はやき《早岐》のおりをせしんかい《新開》のせつしやう《殺生》きん《禁》たん《斷》の事、正心かあと《跡》をちきやう《知行》せん人、ゑいたい《永代》をかき《限》て、これをかたく《堅》きんせい《禁制》すへし、かつう《且》ハ御下知けんてう《嚴重》なり、しゝそん〳〵《子々孫々》にいたるまて、かたく《堅》これをまほ《守》て、おこたる《怠》事あるへからす、

右のてう〳〵《條々》、これをかたく《堅》まほ《守》て、するゑ〳〵《末々》までもおこたる事あるへからさる状如レ件、

正わ三ねん三月十日　　　　正心在判（早岐清基）

二七　武藏金澤稱名寺寺用定書　○金澤文庫古文書

玉造《陸奥》郡二ヶ郷　米九斗五舛三合　錢一貫七百五十文

大森殿御分

埴生《上總》西大森郷　米七斗六舛三夕　錢一貫三百八十六文

佐ヶ尾殿御分

（下總）下川邊庄佐ヶ尾郷 米五斗八舛七合
錢八百六文

上総入道殿御跡

（豊前）規矩郡 米八石三舛三合一夕九才
錢十四貫六百六十三文

薬師堂殿御分

（近江）柏木御厨 米七石二斗二舛二合
錢十三貫百四十文
文

竹岸殿御跡 坂本□（郷） （肥前）佐嘉御領
下川邊庄内志摩郷 大野郷
米一石四斗六舛
錢二貫六百三十文

南殿御分

北郡 米六石
錢十一貫五百文

谷殿御分 （信濃）大倉郷 （信濃）石村郷
下川邊庄前林郷 河妻郷
米五石四斗七舛
錢九貫九百四十文

上総女房御跡

（上總）与宇呂保 米四石九斗三舛
錢八貫七百七十文
二石四斗六舛三合

右、於二（武藏）稱名寺一と用一者、自二故越州御時（金澤實時）一被レ定ニ置其法一畢、所謂歳中可レ皆ニ済之一、御方と同可レ觸ニ申其由一、翌季正月必云二御方と御沙汰之次第一、云二諸御領未進之員数一、寺家奉行人可レ注ニ申之一、若有二未進之輩一者、自二寺家一可レ被レ訴ニ申之一、於二罪科之篇一者、諸政所者、為二御内御沙汰一可レ被レ處二罪過一、於庶子御15

二八　藤原政貞禁制　○安養寺文書

禁制　安養（備前）□（寺）□□事

右、於二當寺一者、為二武家御祈禱所一、寺領内山河殺生固可レ令二制禁一之旨、代と御下知嚴重處、有二違犯之輩一由衆徒訴訟在レ之、所詮自今以後、任二關東御下知旨一、寺領山河中、東限於レ山者藤野堺、於二里河一者自レ谷東限三町、南限今溝古（河、）西限西窪薬師寺大門、令二殺生禁断一者也、若於二違背輩一者、不レ嫌二甲乙人一可レ為二参貫文科代一、見隱聞隱輩可レ處二同罪一也、仍為二向後一永代禁制之状如レ件、

文保元年 歳次丁巳 六月十九日

左兵衛尉藤原政貞16（花押）

○黄薇古簡集十二ノ寫ヲ以テ校注ス、

二九　市河盛房置文　○市河文書

定置御公事以下事

一 中野馬入道殿跡ニ御頭以下大小御公事あたらん時ハ、六郎《市河助房》惣領としてはいふん《配分》すへし、たとへハ壹貫文あたらん時ハ、四百文六郎、百五十文八郎、貳百五十文九郎《市河倫房》、貳百文十郎《市河經助》沙汰すへし、此ひきかけ《引懸》をもちて、自余の御公事もはいふん《配分》すへし、するゝゝまても、此とをりをまほる《守》へし、女子分の御公事ハ譲状にかきの《書載》セ畢、

一 志久見《信濃》御年貢ハ、六郎貳貫文、八郎六百文、十郎壹貫貳百文さたす《沙汰》へし、もちのほらん《持上》時ハ、此とをりをもちて、夫くらをあてゝ、毎年ニのほすへし、

一 か様ニめんゝゝ《面々》にゆつる《譲》といへとも、若不調の事もあり、母の心をたかへ《違》ハ、いつれのこまこ《子孫》にも、母のはからひとしてわかちたふ《分給》へし、男女に譲ところは、すゑゝゝまても他人にゆつる《譲》へからす、他人に譲ハ、子孫の中に申給て、わかち知行すへし、本分限にしたかいてわけへし、

一 遺物所従事、母のハからひたる《計》へし、見くるしく《苦》ゆい物《遺物》もつなといふ事あるへからす、たゝし、こさくら《小櫻》をとし《威》のきせなか《着長》、重代のよろいひたゝれ《鎧直垂》、はたハ六郎、又まつかわをとし《松皮威》のはらまきよろい《腹巻鎧》八郎、又こさくらをとし《小櫻威》のよろい《鎧》九郎にたふ也、そのほかさいゝゝ《細々》のくそく《具足》ともハ、はゝ《母》のはからひたるへし、いくほと《幾程》なきあひた、ゆつり状も見くるしきほとにかきあたへ《書與》ぬなり、

一 中のハ《信濃中野》ねんき《年紀》にうり《賣》をきて候へハ、盛房《市河》いかなる事も候ハんのち三年ハ、当時九郎にたひて候平林のきう分ハ知行セさせられ候へし、

一 御公事の分限の事、譲状にかきをき《書置》候うゑ、か様にさためをき《定置》候をそむき《背》て、そゑ《故》なき物なとにすゝめられて、わつらひ《煩》をいたし、兄弟中たかふ《違》へからす、諏方《信濃》御頭あらん時ハ、ミなうちつれ《皆打連》て、身の大事とさハく《捌》

るへし、御頭あたらん時は、六郎頭もとゝしてさハく(捌)

るへし、仍為二後日一書置処如レ件、

元亨元年十月廿四日　盛房(市河)(花押)

為二後日一自筆加所也、○紙繼目裏ニ盛房幷ニ某ノ花押アリ、

三〇 備前西大寺市公事定書 ○備前國西大寺境内市場圖裏書

17 定(備前)西大寺市公事國方地頭方事

酒屋御公事一年一家別百文宛、

市日ハ一家別酒二舛宛地頭方出、

魚座ハ一年三百文船艤別百文宛、

餅屋公事一家別一年百文宛、

莚座一年百文宛、

鑄物座一年ニ百文宛、

其外皆一座一年百文宛、

賣買ハ百文之内十文勝可レ有、

其外諸名主ニハ御公事ニハ賣買なし、

右、以二此旨一可レ有二沙汰一者也、

但、彼市之成敗ハ、地頭方与二別当一是をすへし、

三一 千葉胤貞置文案 ○光勝寺文書

胤貞(千葉)之罪障深重候之間、條ヽ申置事

一於二子孫一、于二本寺一背申、不レ可レ為二謗法一事

一家内謗法仁等、不レ可二召仕一事

一於二領中一、他宗之寺社不レ可レ為二安置一事

右、此條ヽ背於二子孫一者、

法華經中之三寶妙見大井之御罪を蒙候而、胤貞之跡一分不レ可二知行一候、仍為二末代一證狀如レ件、

正中元年甲子拾月十三日　胤貞

三二 崇鑑北條高時 圓覺寺制符 ○圓覺寺文書

(相摸)圓覺寺制符

一 佛法修行事

任二本願(北條時宗)之素意一、方丈可レ被レ執二行之一、於二世事一者、可レ有レ談二合于寺家行事一、是則先人(北條貞時)之遺命也、後昆宜二服

膺㆒焉、

一　寺官事

於㆓兩斑〔班〕頭、維那㆒者、行事伺㆓案內㆒、可㆓請定㆒、其外者、方丈、僧侶、行事相共加㆓談議㆒、以㆓厥器用㆒、可㆓撰補㆒也、

一　僧侶掛塔〔搭〕事

談㆓合寺家行事㆒、可㆑入㆓法器之仁㆒也、

一　大小耆舊事

請定之後、一回未滿者、不㆑可㆑載㆓名字於床曆㆒也、

一　僧衆事

不㆑可㆑過㆓貳佰伍拾人㆒、

一　小僧、喝食事

不㆑可㆑過㆓伍人㆒、

一　諸堂并職者布施事

佛殿、僧堂、舍利殿、輪蔵、御影堂司、庫子〔司〕　此外可㆑停㆓止之㆒、

一　粥飯事

大耆舊之外、止㆓請物㆒、可㆑着㆓僧堂㆒、將又臨時打給、一向可㆓停止㆒也、

一　寺中點心事

不㆑可㆑過㆓一種㆒、

一　寺領事

給主連〻迁替、庄務之煩費、済物之闕乏、職而由㆑斯、向後任㆓旧例㆒、都聞并行事可㆑致㆓沙汰㆒也、

一　住侶出寺事

随㆓其輕重㆒、可㆑有㆓沙汰㆒、以㆓片言㆒不㆑可㆓折獄㆒、亦於㆓出寺之時㆒者、可㆑被㆑談㆓合行事㆒也、

一　行者、人工帯刀事

固可㆓禁制㆒、且件輩動致㆓諍論㆒、剰及㆓刃傷㆒、僧中沙汰弛紊故歟、早寺家行事可㆑令㆓進止㆒也、

一　僧侶夜行他宿事

若有㆓急用㆒者、爲㆓長老之計㆒、可㆑差㆓副件僧㆒也、

一　比丘尼并女人入㆓僧寺㆒事

彼岸中日、二月十五日、四月八日、盂蘭盆兩日、每月四(北條時宗忌日)(時宗室安達氏忌日)日、九日、廿六日(北條貞時忌日)、此外可㆓禁制㆒也、

一 僧衆去所不分明出門事
一 延壽堂僧出門事
一 僧徒入㆓尼寺㆒事
一 僧衆遠行時送迎事
条〻可㆓停止㆒、於㆓違犯之輩㆒者、不㆑論㆓老少㆒可㆑令㆓出院㆒也、

右、所㆑定如㆑件、

嘉暦二年十月一日　沙弥（崇鑑、北條高時）（花押）

亖 熊谷直勝譲状 ○熊谷文書

譲渡所領事

子息彦「次」〔四カ〕18郎平直「高」〔氏〕所

武蔵國熊谷郷内田畠屋敷名田在家以下之地頭職并安藝國三入「本」〔新〕庄地頭職田畠山河以下栗林等事

右、西熊谷者、直「高」〔勝〕重代相傳之所領也、然間、直「滿」〔氏〕永代譲与畢、但、坪付四至境事、不㆑可㆑違㆓本譲㆒、關東御下文、御下知以下代〻手継證文等事相副、譲与畢、

一 御公事以下事、任㆓先例㆒可㆓勤仕㆒、

一 安藝國三入「本」〔新〕庄地頭職、直「高」〔勝〕重代相傳之所領也、於㆓亡父行蓮（熊谷頼直）之跡直「高」〔勝〕知行分㆒者、不㆑殘㆓段歩㆒、永代至㆓直「滿」〔氏〕之子〻孫〻㆒譲与畢、坪付四至境事者、本譲見、少モ不㆑可㆑違、尚有㆓別紙㆒、

一 當庄内有㆓各別相傳之直「高」〔勝〕當知行分之地㆒、是村〻爲㆓散在㆒、是四至境事同前、不㆑殘㆓段歩㆒、直「滿」〔氏〕永代譲与畢、

一 御本尊迎接曼陀羅御事、是者直實（熊谷）入道蓮性〔生〕、興㆓不可思議之大願㆒、信心强盛之發心云、誠行業功力ト云、如㆑此送㆓年季㆒之間、不思議之奇瑞等、及㆓數箇度㆒、爰此事法然（源空）上人被㆓聞食㆒、被㆓尋仰㆒之時、一〻事次第具被㆓申入㆒之間、サテハ三昧發得之人也、殊淨土門規摸、於㆓未来㆒可㆑有㆑益、三眛〔昧〕發得之時、奉㆑拜㆓見淨土樣上品上生㆒之時、如来如㆑此迎接在㆓一〻樣㆒、上人以㆓御筆㆒奉㆑圖㆓書御本尊御坐㆒、依㆑之奉㆑号㆓迎接曼陀羅㆒也、然已来選㆓信心强盛器量㆒、子〻孫〻中奉㆓代〻相傳㆒者也、故早興㆓行伽藍㆒、可㆑奉㆑入㆓彼御本尊㆒、爰直「高」〔勝〕依㆓京鎌倉公「私」大

事共一、聊延引、于レ今興行不二事終一、就レ其第一者、爲二此一大事一、選二器量一奉レ渡二直「滿〔氏〕」一者也、然者早可レ奉レ念二彼興行一、

一惣領内殺生禁断事、去嘉元年中、所レ被レ成ヿ置關東六波羅御下知御教書一也、若甲乙人等當庄及二乱入狼籍〔藉〕一、至〔致〕二狩獵一有下伐ヿ取草木一事上者、上申、任二御下知之旨一、可レ申ヿ行重科一、又直「高〔氏〕」之子孫中、若於二領内一如レ此不レ用レ所二申置一、聊至〔致〕二殺生一、於下背二此狀旨一之輩上者、子〻孫〻不敎〔孝〕之義、可レ爲二死骸敵對一、上申入、可レ申ヿ行重科一、

一同上人御自筆正教之御書、又蓮性自筆判形之狀置文以下日記、同相副所レ奉レ渡也、委細在二口傳一、

一彼伽藍興行者、遂何大事尋ヿ申道人一、奉レ滞二長老一、我身可レ仕二外護之役一、能〻可二信心强盛一、殊曾祖父直國〔熊谷〕、承久三年六月十三日於二勢多〔近江〕橋一懸ヿ破一陳〔陣〕一、行桁ハイワタリ、勝二万人一、於二西橋爪一打死畢、於二其勳功之賞一、當庄者拜領之地也、然間、乍レ云二同勳功之賞一、深可レ思ヿ入其跡一之處、凡子孫等見、大略不レ得二其心一、結句不可思議無道之輩多レ之、就二見レ其聞ㇾ彼、弥至〔致〕二眞實之志一、能〻入レ思、此事可レ被レ申、殊於二當庄一禁ヿ断殺生一、可レ興ヿ行伽藍一之由、代〻遺言也、就レ其選二器量一、事〻相傳畢、如レ此事等雖二事多一、末代子孫等爲レ令二存知一、取レ詮載二彼狀一畢、如二遺言一何〻興行事終者、彼伽藍申ヿ成勅願寺一、公家武家御代〻御菩提所立申、殊先祖代〻菩提深可レ訪者也、

一集福寺勤行事、代〻相續于レ今無二退轉一、被レ成二御下知一之上者、子孫中聊於下成二違乱煩一之輩上者、死骸敵對、父子敵對、可レ爲二不孝之仁一、即可レ申ヿ行重科一、

一彼供僧以下、曾不レ可レ有レ煩、増至〔致〕二寺家田畠山河栗林等一、聊不レ可レ有二違乱煩一、若下地損亡之時者、於二地頭沙汰一可二入立一、何〻事〻末代無二退轉一之様可レ有レ計、彼寺家分、同直「滿〔氏〕」有二管領一、可レ至〔致〕二興行一、

一惣堂御社、同鎭守弁才天御社可レ致二興行一、惣堂免田畠等、事〻可レ有二管領一、

一佐東倉敷事、直「滿〔氏〕」永代讓与畢、沙汰事者、自レ元存知

上者、不レ能二委細一、押領物事、泰継之時、被レ成二御下知一之上者、不レ可レ有二子細一、惣河之口、鵜舟以下事、彼沙汰時、於二三入新庄分一者、曾不二綺申一、惣可レ停二止河綺一之旨、泰継之時領掌畢、其旨能〻可二存知一也、

一山事、海山、今山、中山、高松、円山、同栗林等事、事〻之山河譲与畢、

一此内之荒野同譲与畢、

一公文得分之田畠、山野、栗林以下事、公文門田之屋敷者、直「高」〔勝〕自分之知行分、有二其外下地以下得分物一者、新庄分名〻散在也、純〔張〕有二蓮覚〔熊谷直行〕知行分一、其外庶子等拝領之内面〻在レ之、是名〻散在之間、公文得分之下地、事〻一円自二行蓮之時一、慥譲二給直「高」〔勝〕一畢、蓮覚始數子等、其公役之沙汰于レ今無二退轉一、是永代譲二与直氏一訖、就レ中行蓮之譲狀明鏡上者、何庶子不レ可レ有二違乱煩一、若聊於レ有下申二子細一之輩上者、可レ為二行蓮死骸敵對一、若左様時者、可レ申二行罪科一、

一地頭給、代官給、惣追補〔捕〕使給、散使給、事〻譲与畢、此

給皆自二預所方一綒〔浮〕免引所也、

一不断湯事、自二行蓮時一興行異二于他一、任二行蓮遺言一、直「高」〔勝〕、蓮覚共自二兩方一雖レ引二免田一、大方無沙汰也、此段蓮覚談可レ有二興行一、未〔末〕代無二退轉一之様、能〻可レ有二計沙汰一、

一當庄御公事役事者、行蓮有二計沙汰一之上者、少不レ可レ違二先例一、能〻可二勤仕一、禁事以下事、行蓮譲明鏡也、此旨可二存知一、

一八幡大歳御祭以下事、其不レ可レ違二先例一、能〻可二勤仕一、

一當庄本新兩庄自レ被二立分一已来之關東御下文、御下知、手継證文以下、事〻譲与畢、

一具足事、重代鎧以下、フシナワメ以下、其外事者、不レ及レ注、一分不レ可レ有二他妨一、事〻譲与畢、

一下人共事、不レ嫌二男女老若一、一人不レ可レ有二他妨一、事〻譲与畢、年来物共可二不便一之由、有二代〻遺言一、能〻存二其旨一、可二不便一也、

一子共アマタ雖レ有レ之、皆成二父子敵對一之間、事〻不孝畢、

若号二直「高〔勝〕」之子孫一、聊此跡煩申輩出来之時者、爲二不孝子孫一之上者、弥可レ爲二死骸敵對、父子敵對一、不レ可レ及二一言是非一、若左様之時者、直可レ申二行重科一、

一直「滿〔氏〕」孝行之志深、爲二器量仁一、彼所雖レ爲二少所一、武蔵熊谷之所領、安藝三入「本〔新〕」庄、云二方と大事御公事一、云二方と沙汰共一、殊領家番之大事共有、又伽藍興行之一大事云、万事一ニメ直「滿〔氏〕」事と譲与畢、

一直「滿〔氏〕」未依レ無二實子一、直「高〔勝〕」之末子龜用童養子計申付者也、

一尚無二實子一、又彼童所存チカイ、代と遺言可レ背所存見候ワン時者、一族中ニ何雖レ爲二末仁一、誠志其器量見候者、養子可二譲与一、若其可レ然無二器量物一者、雖レ爲二他人一、此狀趣守程器量候者、養子可二譲与一、矩亦雖レ爲二實子一、如レ此無二志之器量一、以二我志計一譲与事、努努不レ可レ有、

一子孫中不レ選二器量一、如レ此事相續、不當物出来、失二其跡一、還有二難儀一者、能と可レ存レ知二此旨一、

一彼伽藍興行之後、若子孫中無二器量一、誠不レ得レ叶之時者、此狀入二上見參一、所レ譲所領以下、皆事と可レ奉レ寄二進彼御本尊一、是偏ニ深爲レ訪二直國代と菩提一也、能と可レ令レ存二知此旨一、

右條と如レ斯、一と存二知此旨一、一分不レ可レ違二様と遺言一、仍譲狀如レ件、

元徳三年三月五日　　平直「高〔勝〕」（花押）

○紙繼目裏四箇所ニ直勝ノ花押アリ、本文中モトノ字ヲ擦消シテ書改メタル所ハ「　」ヲ以テ示シ、モトノ字ヲ傍注ス、

三四　阿波御衣御殿人契約狀　○阿波祖谷三木文書

契約19

阿波國御衣御殿人子細事

右件元者、御代最初御衣殿人たるうゑは、相互御殿人中自然事あらは、是見妨聞妨へからす候、此上者、衆中ニひやう定をかけ、其可レ有レ〔儀〕者也、但、十人あらは七八人儀につき、五人あらは三人儀付へきものなり、但、盗、强盗、山賊、海賊、夜打おき候ては、更ニ相いろうへからす候上

者、不レ可二口入及一、そのほかのこと、一座見妨へか〔ら脱〕す候、
但、この中ニいき（異議）をも申、いらん（違乱）かましきこと申物あらは、
衆中をいたし候へきものなり、此上ハ、一年ニ二度より（寄）
あい（合）をくわへて、ひやうちやう（評定）あるへく候、會合二月廿三
日やまさき（山崎）（阿波）のいち（市）、九月廿三日いちを可レ定者也、仍契約
如レ件、

正慶元年十一月　日　（略押）

中橋西信（略押）　北野宗光（略押）　高如安行
高河原藤二郎大夫　名高河惣五郎大夫　今鞍進士
杖〔藤〕三郎（略押）　治野法橋（花押）　田方兵衛入道
赤松藤三郎大夫　永谷吉守　大坂平六
三木氏村（略押）

○阿波國徵古雜抄ヲ以テ校注ス、

三五　正玄（志賀貞朝）重置文　○志賀文書

重定置

一豊後國大野庄志賀村通玄山法壽寺、至二彌勒下生一、長老檀那可二承知一条々等事

一同庄下村泊田畠并林木薗竹一圓爲二法壽寺所領《と》一、可下加二泊寺修理一、兼致中於當寺興行上也、又同庄筑紫尾寺事、先日定畢、

一法壽寺之寺地林木四至堺事、東限谷、北限水上堺、西限上尾立、至二于水上堺一、南限前垣古木櫻木、已上、

一長老職之事者、先日付二于演侍者一定畢、但、雖レ爲二演侍者之計一、背二開山素意一、不レ可レ讓二于餘僧或犯戒之僧一、若無二器量之弟子一者、請二大明國師（無關普門）之門徒一、可レ令二住寺一也、

一子々孫々崇二佛法一、重二僧衆一、可下祈二先祖之菩提一保中末孫之餘榮上者也、將又、寺地并林木堺等、不レ可レ致二違乱一、至二于此旨違背之輩一者、爲二正玄之子孫一、不レ可レ知二行所領一也、

一修理造榮〔營〕等事者、請二助成一可二修理一者也、何修理之事、可レ受二檀那支配一、至二于内者一、中尾、大森可レ致二奔走一者也、依レ爲二尫弱之寺一免一、所レ置レ定如レ斯、若背二此条々之旨一者、於二我代々子々孫々一可レ蒙二

御本尊、泊寺亦當寺之大伽藍之照罸一者也、爲二内者一者、
大小可レ守二茲旨一也、
一右條々、至二弥勒出世一、不レ可二違失一、仍爲二後日一所二定
置一如レ件、
正慶二季己〔癸〕酉閏二月三日　　　正玄〔志賀貞朝〕（花押）
法壽寺開山檀那菩薩戒弟子正玄大旦絁置文明々如レ此、
千劫萬劫令法久住故也、背二此旨一住持并僧宗〔衆カ〕可レ蒙二三
寶照罸一矣、
要翁　比丘　　玄綱
同正慶貳年己〔癸〕酉閏二月三日　　謹誌レ之、

三六　心省今川範國守護使入部免状 ○秋鹿文書

奉免

八幡宮(國府八幡宮)[20]領(遠江)中泉郷　守護使入部事

右、所レ免一レ許守護檢断使入部一也、但、於二大犯之輩出來一者、任二傍例一可レ令レ召一レ渡守護方一、至二少(小)罪事一者、可レ令レ停一レ止守護使入部一之狀如レ件、

建武元年十二月廿九日　　沙弥心省(今川範國)(花押)

三七　清長・賢秀連署禁制 ○秦文書

禁制　殺生禁断事

右、毎月十八日者、觀世音井(并)御縁日之間、所レ加二殺生誡一也、當所兩村[21]山野江海不レ可レ致二殺生一、若於下背二此制法一輩上者、可レ爲二拾貫文汃替(過怠カ)一、次或見及、或乍二存知一致(至)下不二告申一族上者、可レ爲二同罪一也、仍執達如レ件、

建武貳年三月三日　　賢秀(花押)

清長(花押)

三八　相馬重胤定書 ○相馬文書

定

於レ國(陸奧)可二楯築[22]一事書目六

一奥州行方郡内小高堀内構二城墎一并□凶徒等、可レ令二對治一之也、

一成二御敵一一族等并七郡御家人等事、相□助之廻二方便一可レ取二御方一之也、

一城内兵粮米事、須江九郎左衞門尉□貳佰石有レ之、可レ入二彼米一也、其外一族等并□分村ゝ仰二給主代一、可レ致二其沙汰一、然者員数□、

一京鎌倉御方雖レ聞一レ及劣軍一之、各ゝ□□[對]□不レ可レ有二二心一、爰有二二心一於二一族等一、任二連御□文之詞一、可二討取一者也、合戰習、雖レ弱一旦之□終レ期者歟、加レ之遠國間、敵等構二虚言一可二得心一、□捨二一命一、各ゝ恥二家疵一、可レ欲レ揚二弓箭名後代一者□、

一致二軍忠一於二一族、他人一者、分明可レ申二注進一、輕賞□

□勇見聞輩故也、仍大畧如レ此、
右、目錄狀如レ件、
建武三年二月十八日　平重胤《相馬》□
相馬弥次郎《光胤》殿

三九　菊池武重起請文　○菊池神社文書

よりあひしゆ《寄合衆》のなひたん《内談》の事
一天下の御大事ハ、なひたん《内談》のきちやう《議定》ありといふとも、らつきよ《落居》のたんハ、武重《菊池》かしよそん《所存》におとしつく《落着》へし、
一こくむ《國務》のせひたう《政道》ハ、なひたん《内談》のき《議》をしやう《賞》すへし、武重すくれたるき《議》をいたす《出》といふとも、くわんれいいけ《管領以下》のなひたんしゆ《内談衆》一とう《同》せすハ、武重かきをすてらるへし、
一なひたんしゆ《内談衆》一とう《同》して、きくちのこをり《菊池郡》におひて、かたくはた《畠》をきんせい《禁制》いし、やま《山》をしやうして、五しやう《生》のきをまし、かもん《家門》しやうほう《正法》とともに、りうけ《龍華》のあかつき《晨》ニおよはんことをねんくわん《念願》すへし、つしんて《謹》はちはん《八幡》大ほさつ《菩薩》のミやうセう《明證》をあほき《仰》たてまつる、
ゑん元三年七月廿五日　ふちハら《藤原》の武重（花押血判）

四〇　圓照小早川宣平市居住法度案　○小早川家文書之一（大日本古文書）

度[23]々仰せらるゝ市に居住の人事、或ハ屋敷を給ハると号、或ハ流に屬すと稱して、御舘の邊土《イ公》信跡をはなれて、御あたりをあらしよ所のことくなす事、返々いハれなし、且ハ不吉なり、且當座きとの事に御用を闕、もしいかなる事もあらん時ハ、御用に立かたし、仍度々制止ありといへとも、叙用せさるうへハ、所詮早跡に事を寄て、市に居住せしめん仁ニおいては、日々一期の間ハ、對面合顔あるへからす、もし此旨いつハりならは、沼田《安藝》七社御罰おかふ。る《む落字歟》へきものなり、但、今月中ハ日數なし、來月より此旨を守るへし、此上猶違犯の人の事、見聞隠たらん人ニおいてハ、同罪たるへき狀如レ件、
暦應三年卯月廿六日　圓照《小早川宣平》

四一　道鑑島津貞久歸陣催促状　〇比志島文書

合戰最中捨二軍陣一被二引歸一輩事、有二其沙汰一之處、或差ヿ置代官一、或自身歸宅之条、甚以無レ謂、〔所〕□詮今月廿五日以前可二馳越一之由、可レ被レ相ヿ觸歸宅一族等一、若於レ令二違期一者、載二起請之詞一、可レ被レ注ヿ申交〔名〕□一、隨二其左右一、可二注進一也、仍執達如レ件、

暦應三年十二月十八日　沙弥（道鑑、島津貞久）（花押）

比志嶋彦一（範平）殿

四二　攝津親秀置文　〇美吉文書

置文条〻24

一（攝津）能直并阿古丸母儀、就二内外大小事一、不レ可二相綷（綺）一、山岸藏人入道、加賀修理亮、石河木工助、増位民部大夫、榛谷大夫五人、不レ替二存生之時一可レ相ヿ計之一、雖レ存二一人異議一、有二四人一同之議一者、可レ隨レ之、異議及二二人一者、別人公方右筆、可レ令レ談ヿ合之一□、

一存生之時相計一族并家人以下給分地事

非二異儀一者、[不]レ[可]レ改ヿ動之一矣、

一能直、阿古丸、松玉丸等中、有二不怪（快カ）之事一者、三[人]共不レ可レ知ヿ行此跡一、載二先段一五人加二談合一、得レ讓人数内、相ヿ撰器用之仁一、令レ言ヿ上公方一、可レ用二于惣領一、一切非レ愛二子孫一、爲レ重二當家一也、

一得レ讓輩、於レ□二惣領一者、可レ申□□所矣、

一所〻御公事役并年貢事

至二年貢一者、云二□（公カ）家一云二武家一、相當分敢不レ可レ令二未進一、於二御公事役一者、可レ致二隨分勤厚一、更不レ可二緩怠一、次其[所]御公事者、就二給分之廣狹一、可二執進一、將又惣領催促惣□御公事、努〻[不]レ可レ有二等閑一、若於二無沙汰之輩一者、勘ヿ合彼公事分限一、可レ分ヿ給當所一也、

〔一〕（山城）□西山穢土、西芳兩寺事、爲二代〻墳墓一而、當家之子孫等、殊崇敬寺也、仍奉レ寄ヿ進夢窓（疎石）國師一畢、凡惣領能直爲二檀那一、可レ致二興隆一、雖レ然、爲二代〻墳墓一之上者、得二親秀（攝津）之讓一輩、成二同心合力之思一、可レ致二興隆之沙汰一也、聊

對二寺家一有二不法之儀一者、可レ爲二不孝之子孫一也矣、
右、守二此趣一、各不レ可レ存二異儀一、若於下背二此旨一之輩上者、
可レ爲二不孝仁一之上者、不レ可レ令レ知二行所分所領一者也、仍
置文之狀如レ件、

曆應四年八月七日　　掃部頭親秀

氏眞(浦)

四三　圓照小早川宣平父子連署置文寫　〇小早川家文書之一(大日本古文書)

圓照置文

一巨(安藝)眞山寺佛事公事等者、新田讓得之人等寄合、各隨二分限一、可レ被二其沙汰一事

一巨眞山寺修理掃除者、新田百姓可レ致二其沙汰一、堤修固大〔人〕夫等課役之外者、如二揔庄平民一、不レ可レ有二勤役一事

曆應四年十月十日

圓照(小早川宣平)
祖璿(巨眞寺應庵)
空圓(猪熊資平)
貞平(小早川)
氏平(小泉)

四四　能登若部保殺生禁制寫　〇永光寺舊記

禁制　在判[25]

若(能登)部のほう(保)の方にをゐて、殺生禁断の事
軍勢甲乙人等、かのかた(方)にをきて、かりそめのいき(生)物たりとゆふとも、これをとるへからす、もしこのむね(旨)をそむ(背)かんともから(輩)にをゐては、さふらひ(侍)たらは、名字を注進いたすへし、ほんけ(凡下)ならハ、その身をめしとり(召取)、府中へ可レ被レ出の狀如レ件、

曆應四年十二月五日

四五　菊池武士起請文　〇廣福寺文書

てんはつきしやうもん(天罰起請文)の事[26]
一せいたう(政道)の事ハ、しゆ(衆)人のき(議)まか《ち》り〳〵なりといふとも、しやうちき(正直)の人のき(議)をほん(本)とすへく□〔候カ〕、たとひ武士(菊池)すくれたるき(議)を申といふとも、つしまとの(對馬殿)(木野武茂)、はやしはらとの(林原殿)、

しまさきとの《嶋崎殿》、すやとの《須屋殿》〻一とう《同》なくハ、我き《議》をすて《捨》らるへく候、この人〻一とう《同》してさため《定》られて候き《議》をハ、あへてやふる《破》へからす候、
一つしまとの《對馬殿》〻申され候といふとも、人〻の一とう《同》なくハ、もちゐ《用》たてまつるへからす候、
一おほきとの《大城殿》、かたほたとの《片保田殿》も、ひんき《便宜》しからしめて、よりあは《寄合》れ候ハん時ハ、この人しゆ《數》に入たてまつるへく候、この人〻ハ、ミなしやうちき《正直》のき《議》をまほ《守》られ候あいた、せいたう《政道》の事においてハ、万事まかせ《任》たてまつり候、もしこのてう《此條》いつは《偽》り申候者、八幡大菩薩の御はつ《罰》をまかりかふる《罷蒙》へく候、

興國三季八月十日

（附箋）「菊池十四代肥後守武士」 藤原武士（花押血判）

四六 菊池武本書状 ○廣福寺文書

菊童丸扶持人之中、廣福寺《肥後》御寺中并寺領致二非分狼籍《藉》一之輩者、拾ヶ年間、可レ召二放給分三分一一候、但、於二重科之族一者、永可レ令二追出一、以二此□《旨カ》一可レ有二御心得一候、恐惶謹言、

八月五日[27]　伊豆守武本《菊池》上（花押）

進上　燒香侍者御足下

（附箋）「菊地九郎判官武敏ノ二男　武敏ハ肥後守武時入道寂阿ノ九男」

四七 石塔義元掟書 ○相馬文書

条〻[28]

一 謀叛人事

一 殺害人事

一 夜討、强盗、山賊、海賊事

右、於二實犯露顯輩一者究二明之一、可レ被レ注二進之一、就二交名一可レ處二罪科一之狀如レ件、

康永二年十月二日　左馬助《石塔義元》（花押）

相馬出羽《親胤》權守殿

四八 平政氏禁制 ○微考錄

禁制　　條ゝ事　　岩《(石)》峯寺（摂津）

一不レ可レ取二寺領池魚一事
一以二五六月用水一、不レ可二撫石溫屋溫涌一事
一不レ可レ取二樹木菓子一事
一不レ可下寄《(マヽ)》二事於兼作一百姓等召仕上事
一不レ可レ出二竹笋一事
一可レ任二寺領御寄進等先例一事
右條ゝ如レ斯、奉レ祈二天長地久之御願、庄家安穩、子ゝ孫ゝ繁昌、二世悉地成就圓滿一故也、雖二盡未来際一、守二此之旨一、不レ可二違失一、仍爲二後日龜鏡一狀如レ件、

康永三年甲申卯月十六日　　平政氏（花押）

四九　越智盛家等連署置文　○觀念寺文書

このてら《(寺)》ハこれそんあ《(尊阿)》さうりう《(造立)》のてらなり、ならひにせんそ《(先祖)》(越智盛氏)もりうちの御はかところ《(墓所)》也、さんほう《(三寶)》おあんち《(安置)》して、やうこう《(永劫)》たんせつ《(断絶)》あるへからさる物也、

一この寺ハしやうきやうちかい《(浄行持戒)》の寺として、しやうきやう《(浄行)》の僧しゆ《(衆)》あひついてちうち《(住持)》のしよく《(職)》おつくへし、
一寺の山林において、みたりに一さう《(草)》一木もきるへからす、おそらくハこれからん《(伽藍)》はいゑ《(廃壊)》のもとい也、
一寺田畠ニおいて、一反せう《(小)》六十ふ《(歩)》もみたりにちきやう《(知行)》すへからす、なかく僧しき《(職)》をうしなうもとい也、
一寺僧しき、さんほうもつ《(三寶物)》においてハ、「みた」《(補書)》りにしやくよう《(借用)》すへからす、した「次第永」《(補書)》こうおまねき、ならひに□らいおいたすへからさる物也、
「一てつき」《(補書)(鐵牛景印)》うしやうにん《(上人)》さいわいに當寺□きやうある僧し□うのもといなり、うゑハ、くわんねん□とにおきて、子ゝ孫ゝいさゝ□□の五ケ条のことにおきて、子ゝ□《(孫ゝ)》ともにこのむねおまほんてあい□《(そむ)》くことあるへからす、ゑいたいふき□□《(た)》めに狀如レ件、

てつきう上人御房

□《(康)》永三年十一月五日

越智兼信（花押）
越智盛忠（花押）
越智盛家（花押）

五〇　廻憑子契約状 〇田代文書

契約　廻憑子事

一懸錢事、二月十三日、十月十三日、人別壹貫文宛、現錢お持寄、於二当座一可レ被レ取二孔子一、於下無二現錢一輩上者、可レ放二孔子一也、現錢二ヶ度於二難澁之族一者、唯懸弃、爲二惣物一衆中可レ支二配之一者也、

一請人事、孔子取当仁、立二衆中二人一可レ被レ取レ之、無二請人一者、不レ可レ渡レ錢者也、

一乞二孔子一事、一事以上互可レ令レ停二止之一、随二輕重淺深一令レ避者、相互之云二遺恨一、依レ不レ可レ有二盡期一、堅令二停止一了、

一雜掌料足伍百、孔子取当仁廻可レ勤二仕之一、

一懸錢難澁之事、於下不レ取二当孔子一仁上者、先立定法畢、孔子取当仁、縱本人雖レ令二現在一、懸二請人一可レ被レ致二其沙汰一、若本人請人共以有二難澁一者、□以二衆中之使一可レ被二譴責一者也、

其時或立二当所領主於面一、或假二權門之号一、不レ令二叙用一者、爲二各一同一味之契約一之上者、可レ被レ申二行各別之罪科一者也、

右條〻、憑子契約如レ斯、相互守二此法一、不レ可レ有二違篇一者也、仍所レ定狀如レ件、

康永肆年乙酉二月十一日

人数次第不同

康永三年二月十三日取了、
祖父 顕綱(花押) 請人 貞行(花押) 政定(花押)

石丸

貞和二年二月十七日取了、
あはう 請人 理大(花押) 冨小路

利綱(花押)

貞和五年己丑十一月廿六日取了、
山城(花押) 請人 政宗(花押) 二町(花押)

なうに(花押)

久見 入衆

貞行(花押)

二町(花押)

玉巻

貞和三丁亥三月十一日取了、
理大(花押) 請人 利綱(花押) 眞叔(マヽ)(花押)

はひ(花押)

貞和四年九月廿七日取了、
和泉(花押) 請人 眞寂(花押) 政綱(花押)

祖母(花押)

眞寂(花押)

宗圓(花押)

又三郎（花押）

五一　憑支契約状　○田代文書

契約[29]　凖支條〻

合参佰文宛

懸銭事、可レ為二三季一、（二月廿日、九月廿日、十一月廿日、）現銭お持寄、於二当座一可レ被レ取二孔子一、於下無二現銭一輩上者、可レ放二孔子一也、

現銭二ケ度於二難澁之族一者、唯懸捨、為二惣物一衆中可レ支コ配之一者也、

請人事、孔子取当仁、立二衆中二人一可レ被レ取レ之、無二請人一者、不レ可レ渡レ銭者也、

乞二孔子一事、一事以上互可レ令レ停コ止之一、随二軽重淺深一令レ避レ之者、相互含二遺恨一、依レ不レ可レ有二盡期一、堅令二停止一了、

雑掌料足数一分、以二取当仁廻一、可レ被レ勤コ仕之一也、

懸銭難澁事、於下不レ取コ当孔子一仁上者、先立定法了、

孔子取当仁、縦本人雖レ令二現在一、懸二請人一可レ被レ致二其沙汰一者也、若本人請人共以有二難澁一者、相互不レ嫌二權門勢家一、御領内為二一同之契約一之上者、以二衆中之使一、可レ被二譴責一也、

右條〻、凖支契約如レ斯、相互守二此法一、不レ可

五二　山中氏一族契約状　○山中文書

定條〻　一族置文事

右、（近江）山中村地頭職者、覚阿（山中為顕）、道俊（山中）所領也、而云二警固一、云二土貢一、貞和二（丙戌）三月廿七日惣[30]領支配譲状分明也、先日契状等雖レ在レ之、三月廿七日契状以後、当村事、惣領庶子相互不レ可レ有二違乱一、但、当村者荒野多レ之、一族等之中仁開發輩出来者、為二分領一、惣領不レ可二相綺一、若存二異儀一者、放二一族号一、且得分之望不レ可レ有レ之、各令二違犯一者、可レ罷コ蒙仏神御罰一候、仍為二後日一状如レ件、

貞和二年（丙戌）三月廿七日

俊綱（花押）

賢海（花押）

霖俊（花押）

実秀（山中）（花押）

念西(花押)

三三 角違一揆契状寫 ○藥師寺系圖幷文書

契約條〻[31]

一鎭西安全者、依二當〔大友〕家御武略一之間、各被レ爲二同心一之人数、堅結二一揆一、成二英雄之思一、可レ廻二韜畧之謀一事

一合戰之時者、張二陣於一所一、内外加二談合一可二調儀一、於二不レ應二衆一者、敢不レ可〔脱アラン〕、拔懸儀、既背二一揆之旨一、不レ功者、啻匪二其身之楚忽一、可レ及二惣衆之調儀一歟、毎事随二合戰奉行之意見一、守二御方之大儀〔脱アルカ〕一戰功、若於二其場一或未練之仁出來、或手負以下見弃輩者、不レ謂二親子兄弟一、令レ披二露衆中一、速此衆惟聊非〔無カ〕二疑殆一、互嗜二弓箭道一、可レ立二公方之事一故也、可レ守二堅規式之準的一事

一諸方御籌策御勢仕之事、此衆中者、随二時宜一可レ有二其沙汰一、不レ可レ背二多分之儀一事

一此衆中或討死、或病死之時、幼稚之子孫等可レ加二養育一、若称二幼少一、就二佗〔他〕人之所望一、被レ沒二收彼跡一者、各加二扶持一可二歎申一事

一此衆對二餘人一所務以下珎事出来之時者、縦雖レ爲二理運一、憑二衆力一聊不レ致二狼籍〔藉〕一、謹經二上訴一、宜レ仰二御裁許一、若亦及二不慮之御沙汰一者、各自〔成〕訴之思、可二執申一事

一此衆各守二一諾之本意一、永不レ可〔有〕二異變之儀一、互成二水魚之思一、萬事不レ殘二心底一可レ申二談之一、次〔此〕御人数中、若不慮之儀出來時者、惣衆先馳二塞中途一、加二諷諫一、可レ廻二和睦之方便一、愛二其仁一於二未練一、不レ弁二理非一、不レ拘二教訓一、猶以令レ張二行無理之嗷儀一者、一同可レ見二継理運之仁一事

一或依二遊宴之興一、或就二当座之儀一而、致二博奕一輩前〻在レ之、忘二公私之大綱一、打二入馬物具一、失二前途〔之〕一儀職而由レ斯、於二此衆一者、堅可レ令二禁遏一者也、次依二酒宴醉狂一、口論以下珎事出來歟、爲二鬪諍之基一上、外聞不レ可レ然、若有下如レ然之〔ナシ〕輩上者、一篇加二教訓一、猶以不二承引一者、經二惣衆之評議一、可レ出二此衆一事

右、以前条〻、爲レ勿二違却〔失〕一、所レ定二規式一也、然則各可レ嗜二武畧之功〔名〕一者也、若此中〔衆〕雖二一事一、構二姧曲一存二矯

餝㆒者、
神文〔名〕
年號月日
角違一揆連名〔署〕　不次〔次第不同〕
※狭間兵庫助藤原英直　木付大炊(ナシ)助入道沙弥廣輔　吉
弘八郎入道沙弥一曇　六郷山執行〔僧〕圓藏　高崎七郎
左衛門尉藤原親于　疋田右近將監藤原利重　林藤内
兵衛尉藤原秀縄　林小次郎入道沙弥應感〔盛〕　藥師寺八
郎次郎橘泰房　長野新左衛門尉清原信治〔言房〕　田口彦六
藤原泰貞　疋田修理亮藤原利資　帯刀右京亮藤原輔
直　廣瀬工藤三郎藤原致長　市川五郎入道沙弥膺光
都甲九郎〔左衛門尉〕太神惟雅〔輔〕　賀来治部丞太神惟世　松木孫
太郎清原言郷　田代兵庫助太神惟綱〔治〕　伊美五郎入道
沙弥一梵　木付大炊助藤原直世　田原右京亮藤原泰
隆　向三郎次郎入道沙弥正邦　宇野河内〔三郎〕守源朝治
狭間新藏〔人〕入道沙弥覚宗　豊前藏人太郎藤原氏政
今村八郎左衛門尉藤原泰經　泥〔沼〕右京亮三枝輔盛　橋
爪〔作古〕掃部助太神惟爲　今村七郎藤原泰勝　舞三郎藤原
輔光　牧兵衛三郎藤原經泰　高山又七平泰忠　御
沓八郎五郎藤原氏朝　壇五郎清原公郷　佐藤主計亮〔允〕
藤原于〔十〕信　佐保掃部助藤原佐容〔谷〕　狭間又三郎藤原友
直　矢野掃部助橘公貞　恒松左衛門大夫〔郎〕入道沙弥覚(ナシ)
貞　首藤八郎次郎藤原輔道〔通〕　岡屋彦太郎入道沙弥平(ナシ)
時利　原与一藤原直茂　柴山大藏丞太神親幸　野
津七郎藏人入道沙弥(ナシ)宝秀　一万田太郎〔後ニ三河守〕右〔左〕衛門尉藤原貞
政　笠良木彈正左衛門尉藤原利重〔頼〕　野津権五藤原直
秀　矢野次郎左衛門尉橘匡行　荒木右京亮宇佐盛親
藥師寺九郎橘清世　下郡縫(マヽ)助入道沙弥直秀　江彦八
大江景義　堀〔城〕四郎左衛門尉源義茂　神崎彈正忠太神
惟兼　軸丸弥三郎藤原利秀　田口彦三郎藤原氏貞
下藤左衛門四郎太神惟行　小田原秀三郎藤原氏利
田原左京亮藤原氏高　佐保左衛門尉藤原貞佐〔作〕　津久
見久馬〔兵部〕左衛門尉(ナシ)入道信護　田口修理助藤原泰久〔直〕　藥
師寺伊豆守橘義業〔葉〕　後藤次郎藤原泰世〔久〕　津守筑前守

藤原氏貞　後藤三郎藤原親明

角違一揆御旗并合戰奉行

內談衆之事

一御旗役人

狹間筑前守　木付大炊入道　一万田越前入道

田原肥前守

一合戰奉行人

高崎尾張守　疋田淡路守　林美濃守　長野長門守

佐藤主計入道　木付大炊助　藥師寺伊豆守

一衆中

一万田越前入道　木付大炊入道　狹間筑後守

高崎尾張守　田原肥前守　疋田淡路守　林美濃守

長野長門守　下郡縫殿入道　宇野河內守　佐保備前守

木付大炊助

一奉行人

下郡縫殿入道　宇野河內守

朽網鄉一揆方支配之事

一上分弐拾人

狹間筑後守　吉弘左近將監　木付〔大炊〕入道　保見肥前〔後〕守

疋田淡路守　木付大炊助　吉弘禪門〔彈正忠〕跡　神崎彈正忠

賀來治部丞　伊美五郎　市川五郎　松木修理亮

長野長門守　佐保左衞門尉　佐藤主計入道

帶刀右京亮　津守筑前守　津久見兵部左衞門(ナシ)入道

疋田修理亮　六鄕山修〔執〕行

一中分九人

藥師寺次郎左衞門尉　廣瀨兵庫助　高崎尾張守

林美濃入道(ナシ)　田口駿河守　藥師寺伊勢守

田代兵庫助　向三郎入道　都甲九郎左衞門尉豊前侍ナリ、

一下分三拾〔十三〕人

○以下、『編年大友史料』所收田北政治氏所藏文書ヲ以テ補ウ、

矢野長門守　佐保肥前守　宇野河內守

野津權五　高山又七　小田原次郎　一萬田越前入道

恒松左太郎入道　田口左近將監　首藤八郎次郎
原彈正忠　野津七郎藏人入道　堀四郎左衞門尉
(マヽ)挾左馬助　矢野次郎左衞門尉　橋作古次郎　江右京亮
御沓掃部助　今村修理亮　牧兵衞三郎　荒木右京亮
岡屋彥太郎入道　柴山藏人入道　下郡縫殿入道
笠良木太郎左衞門尉　今村八良左衞門尉　後藤次郎
小田原新左衞門尉　生石遠江守　關長門守跡　壇五郎
下藤左衞門四郎　沼右京亮

○『編年大友史料』所收田北政治氏所藏本ヲ以テ大異ヲ校注ス、

五四　赤松圓心掟書案 ○太山寺文書

(別紙)「赤松殿法度之条と」(圓心)
(播磨)大山寺規式条と

一寺僧行儀事
於二修學者一と、專二顯密行學一、至二行人一者、可レ成二晝夜勤行一事

一諸方寄進寺領事
自レ古至二于今一、抽二信心一、付二公私一所領寄進趣者、爲二三寶莊嚴一也、堂舍修造以下寺用外不レ可二私用一、

一竹木不出事
山木竹林者、佛神之莊嚴也、依レ之、以二私領一寄二佛所一者、佛在世之例也、末世諸人、爭以二佛物一可レ私二用之一乎、然者、不レ恐二權門一、不レ憚二强緣一、一切可レ停二止之一也、

一爲二当沙汰人一、寺物等私不レ可レ借レ人事
或依レ人、或隨レ緣借レ之者、寺物闕如之基也、背二佛制一、借用人能借人、俱罪業因緣也、

一散用狀事
如二往古例一者、當沙汰人有レ限收納下行作二散用狀一、正月廿日滿山會合之時、披二見之一、致二善惡評判一之處、近年佛物已用人、爲レ遁二自科一、相二語當沙汰人一、整二出自由之散用狀一事、佛神照覽、尤可レ恐可レ恥、仍於二向後一者、当沙汰人可レ作レ之、

一當寺公文事

衆徒以二十老僧一、任二臈次一可レ廻レ之、毎年散用状奥書、
可レ載二起請之言一、
一毎年内検事
或依レ人或依レ縁、不レ可二高下相計一事、
一爲二寺大旦那一之時、費二寺物一者、恒例也、其外爲二私客
人一、不レ可二下用一之事
一於二寺領田畠一沙汰出来時者、冝レ經二惣評定一、糺二明理非一、
或付レ縁依レ人、曲レ理失レ道事、且違二佛制一、且背二人倫一
者也、堅可二停止一之事
右、守二此規式条〻旨一、可二勤行一、若於二違犯輩一者、追二出
寺院一、可レ放二寺僧号一者也、若僞申候者、
奉レ始二梵天、帝釋、堅牢地神一、惣日本國中大小神祇、殊
(伊河上荘)當庄惣社大明神、當寺三所權現御罰於可レ蒙二心中一者也、
仍起請之狀如レ件、
貞和二年六月十九日
(異筆)「尤其謂候也、
左衞門佐藤原範仲(花押)」

三五 一乘院領知行人等契約狀 ○長谷場文書

(端裏書)「□人〻御契約狀」

契約

一一乘院御領、[32] 依二面〻拜領仕候一、可二興行一事
一於二拜領地一他人競望之時者、不レ廻二時日一、契約衆中奉二
寄合一、捨二身命一、以二自粮米一、可レ申二見繼一候、此上者、
互一諸輩知行分、不レ可レ有二望之儀一者也、
一同心知行分煩出來時者、面〻致二合力一、可レ全二所務一事
右、如レ此申二契約一候上者、若和讒凶害仁出來時者、不
レ可レ叙二用之一、直可レ散二不審一候、但、此中違事候時者、
衆中加二評定一、可レ依二他〔多〕分之儀一者也、若此條僞申候者、
日本國中神祇冥道、殊 春日大明神御罰於、各可二罷蒙一候、
仍契狀如レ件、
貞和貳年十月五日
沙弥純阿(長谷場)(花押)
沙弥了心(花押)
小野盛政(花押)

小野政範(花押)
小野盛貞(花押)
沙弥道慶(花押)
源　正信(花押)
藤原實純(長谷場)(花押)
藤原久純(長谷場)(花押)

五六　渋谷重勝置文　○入来院家文書

置文條々

一子息乕松丸(渋谷重門)、舎弟乕一丸(渋谷重継)両人譲与所領事

四至堺見二本證文一矣、

一諸御公事任二先例一そのさた(沙汰)をいたすへし云々、

一定円(渋谷重基)、顯心のおきふミ(置文)にまか(任)せて、そのむねをそんち(存知)すへし、次庶子等事、北方ニおきてハ乕松かはからひたるへし、南方ニおきてハ乕一かはから(計)ひたるへし矣、

一乕松無二子孫一者、乕一仁つくへし、乕一無二子孫一者、可レ持二乕松一云々、女子仁おいてハ壱町壱箇所壹期分もつへし、両人分同前、

一於二養子一者、少分もゆつる(譲)へからす、

一雖レ有下帯二重勝(渋谷)譲状一族上、惣領并二郎北南ぉ面とゆつりあたふるもの也、於二此内一有二對論族一者、重勝跡ぉ不レ可二知行一云々、

右、於二二人跡一者、守二器用仁一一人仁ゆつるへし[33]、其外者一期分たるへし、至二子と孫と一、守二此旨一可レ令二知行一、若於下背二此旨一輩上者、重勝ぉ不(マヽ)レ可二知行一、仍置文状如レ件、

貞和五年閏六月廿三日　平重勝(花押)

五七　純阿長谷場置文　○長谷場文書

定　置文条々

一國衙領家御年貢、任二御下知之旨一、随二水田分限一、寄コ合兄弟一可二弁償一事

一地頭米藍佃、毎年不レ闕可レ致二其弁一事

一公方所役、無二懈怠一可二勤仕一事

右、守二此旨[34]一、兄弟相互成二水魚之思一、迄二于子と孫と一不

レ可レ有二相違一、若雖レ爲二段歩一、於レ沽二却他人一者、此家門中可二知行一也、至下背二此旨一仁上者、不レ可レ有二純阿子孫一、仍置文之狀如レ件、

貞和六年二月十五日　　純阿（長谷場）（花押）

五八　伊豫大通寺・宗昌寺規式案　○宗昌寺文書

豫州大通禪寺并宗昌禪寺所レ定規式事　○大通寺規式「定規」、「定置規」ニ作ル、

一當寺者、自レ始奉レ寄二進方丈一候上者、就二諸事一、雖レ爲二末代一、方丈御計を不レ可二違背申一、ともかくも當寺旦那方より子細を申へからす、

一向後代〻住持、塔主等事、いつれの僧にても御わたり候へ、方丈御定候規訓のことくにてあるへく候、

一當寺造営之間ハ、面〻随二其分一、諸事同心あるへく候、但、其人の願ありて、いつれの堂舎、いつれの佛閣にても、一人うけとりて、一宇を造畢仕候者、其子孫としてハ、後代まても自然ニ、其修理等ハ父祖之跡をわすれす、心にかけて可レ致二修造一者也、雖レ然或随二其分限一、或依二彼志願一、致二造営一事ハ、今も後も可レ随レ時者也、

一當寺造営事に、当山用木等を斫事あらハ、時の住持、若ハ僧衆よりして可レ有二御計一、旦那方より、寺の事なれハとて斫事あるへからす、

一当寺寄進地、子孫之中聊も不レ可レ致二違乱一、縦寄進狀等ニくわしからすとも、御寺よりして知行来事分明ならハ、いつまてもそのことく候へく候、或ハ文章をきわめ、或相傳をたゝして、我等か子孫之中ニ、わつらひを申へからす、若又他人よりして違乱申事あらハ、雖レ及二後代一、旦那之子孫としてハ、見はなち申へからす、面〻其力を合て致二其沙汰一、如レ本可レ付二当寺一者也、

一旦那方より、掛塔〔搭〕僧之挙あるへからす、

一在家出家之客を、寺中もてなす事あるへからす、

一於二寺中一、在家方よりして、もろ〳〵の遊雜談仕事あるへからす、

一当寺僧衆之間事、在家の身として是非申へからす、

一常住家具等、在家よりして、借用申へからす、

一寺領之山林木竹、在家よりして、所望申へからす、
一開山塔頭(大蟲全岑カ)宗昌寺と本寺との旦那、若ハ一族、或兄弟、或
父子之間にも、いかなる子細候とも、両寺之寺領、又ハ
僧衆の御事に、わつらひを申へからす、縦在家之間にハ
不和の義候とも、御寺へむけて、いつかたよりも子細を
思ひ申へからす候、
右、此條〻、為二後代一所二定置一也、若又子孫之中、万一
有二背申者一、可下得二不教之罪一、罷(マヽ)中三寶御罰上者也、仍所二
定置一之状如レ件、

観應元年八月四日

※沙弥長中在判　越智貞家在判　僧　宗信在判
沙弥宗珎在判　越智通員在判　沙弥祥存在判
沙弥祥呈在判　沙弥浄圓在判　越智朝義在判
左衛門尉通種在判　越智通名在判　越智朝康在判
越智通貞在判　越智朝興在判　（五行分空白）
宗昌寺旦那
比丘尼宗昌在判　越智經孝在判　（一行空白）
佐渡守通堯在判　左近将監通足在判　越智通門在判
越智通秋在判　越智通近在判　越智通名在判
越智通正在判　越智通淳《アツ》在判　大和守通村在判
左衛門尉(マヽ)在判　越智通本在判　越智通主在判
右馬助通居《ヤス》在判　佐土〔渡〕守通正在判
刑部少輔通凞《ヒロ》在判　越智通相在判　越智通泉在判
35 越智通光在判　越智通春在判

五九　某伊予國分寺山禁制　○伊予國分寺文書

禁制　國苻〔分〕(伊豫)寺山木事
右、甲乙人等伐二取當山木一之由、有二其聞一、於二向後一可
レ令二陦〔停止〕子一者也、若有二違犯之輩一、一木仁一貫可レ為二料帶〔科怠〕一
者也、仍制札如レ件、
正平七年四月十七日　(花押)36

六〇　蓮智宇都宮貞泰置文　○西禪寺文書

(端裏書)
「公方御寄進状」
(花押)(蓮智、宇都宮貞泰)

定置
西禪(伊豫)々寺條々
一横松山季貢事、毎季以二参拾参貫陸佰文一、雖レ寄二附當寺一、自然有二給主錯乱事一之時者、可レ有二懈怠一之間、相二宛彼土貢之分一、割二分當所之内一、以二下地一在所注二別紙一之、所レ寄二附之一也[37]、於二永代一不レ可レ有二相違一、但、於二行胤(津々喜谷)之子孫一者、爲二父祖之發願一、申二寄彼季貢於寺家一之間、定不レ可レ有二對捍之儀一欤、然者割二分下地一事、宜レ令レ談二合寺家一可レ致二其沙汰一也、若又雖レ爲二行胤之子孫一、背二父祖之素意一有二難澁之儀一者、固爲二寺家之管領一可レ令レ所二務下地一也矣、
一於二當寺一甲乙人等致二乱入狼籍(藉)一、幷於二寺敷一殺生切二取竹木一事、堅所二禁断一也、若於二違犯之輩一者、不日可レ處二重科一也、於二罪科之輕重一者、當郡檢断可レ致二沙汰一也、
右條々、所二定置一之狀如レ件、
觀應三季六月廿三日

六一　相摸寶戒寺造營關事書案　○寶戒寺文書

條々[38]
一　關所事
右、爲二寶戒寺(相摸)造營料一、所レ被レ寄二進甲斐國追分宿關所一也、致二其沙汰一、可レ被レ遂二營作功一、將亦寄二綷於左右一、不レ可レ致二呂法沙汰一焉、
一　關賃錢事
右、人別参文、於レ馬者可レ爲二五文一、更不レ可レ致二過分沙汰一、若亦旅人商人等背二此旨一致二狼籍(藉)一者、可レ被レ處二其咎一矣、
一　寺家非法事
右、徒費二關賃一、煩二往来輩一、不レ終二其功一者、可レ有二改沙汰一焉、

六二　源泰忠置文　○讃岐秋山文書

(端裏書)「いましめのしやう」

のち(後)のためにいましめ(誡)をく(置)てう〳〵(條々)の事 39

いよたいたう(伊豫大道)よりきた(北)ハ、おほちあくわん(祖父阿願)より、やすたゝ(泰忠)かゆつり(譲)給ハるところしち(實)なり、しかるを、ことも(子共)とい〔ひ脱〕、まことも(孫共)とい〔ひ脱〕、めん〳〵(面々)にゆつるなり、これによんて、おやめい(の命)とい〔ひ脱〕、きやうたい(兄弟)《も》とのなかにも、こ日にしさい(子細)お(親)、あいたかい(相互)にいふましき事、

一あるいハミやときミやう、あるいハなかしけミやう、あるいハとくたけミやう、あるいハ一のミやう(名)、あるいハのふとしミやう、又ハもりとしミやう(守利名)、又ハたけかぬミやう、又ハならのへミやう、このミやう〳〵(名々)のうちお、めん〳〵(面々)にゆつるなり、これによんて、そのいにしへ(古)ハたれ(誰)かつくり(作)のうち、むかし(昔)ハたか(誰)ミやう(名)のうちにてこそありしかなんとゐ(言)て、いさゝか毛《も》、このいましめ(誡)をそむき(背)、おや(親)のゆつり(譲)をそむくなりといふこともあらハ、なかくふけふ(不孝)の人なり、

一さた(沙汰)人のくんし(公事)、ならひにせちれう(節料)の事、すなんし(収納使カ)のくんし、せちれうに、又二郎ゆめ〳〵いろう(綺)へからす、くもん(公文)のくんし、せちれうに、まこ七いろうへからす、たんところ(田所カ)のミやう(名)のくんし、ならひにせちれうに、又二郎、まこ七いろうへからす

一いけ、かハ(池河)、おなしくいて(井手)の事、一日一やつゝ(夜)、ひんき(便宜)よりにしたかん(従)て、いる(入)へきなり、

一きやうと(京都)、くわんとう(関東)の御くうし(公事)あらハ、めん〳〵にふけん(分限)にしたかん(従)て、そのさた(沙汰)をいたすへし、

一十月の十三日の御事をハ、やすたゝ(泰忠)かあと(跡)をちきやう(知行)せんするなんし(男子)、ねうし(女子)、まこ(孫)、ひこ(曾孫)にいたるまて、ち《う》を(忠)いたすへし、へち(別)に御たう(堂)おもたて(建)申、このうちてら(氏寺)をそむき(背)も申まし《き》事、たといない〳〵ハ、きやうたい(兄弟)とい〔ひ脱〕、又ハいとこおち(従兄弟伯叔父)のなか、又ハいとこ(従兄弟)とものなかにも、うらむ(恨)る事ありといふとも、十三日にハよりあい(寄合)て、御ほとけ(佛)、上人(日蓮)の御ため、そうしう(僧衆)おもくやう(供養)申、しらひやうし(白拍子)、さるかく(猿楽)、とのハら(殿原)をも、ふん〳〵(分々)にしたかんて(従)、ねんころ(懇)にもてなし申へきなり、ない〳〵ハ、い(如

か(何)なるふしん(不審)ありとも、十三日、十五日まて、ひとゝころにあるへきなり、
一もしゆつり(譲)はつし(外)あらハ、ゆつる(譲)ところのミやう〳〵(名と)のうちならハ、ぬし〳〵(主と)ちきやう(知行)すへし、むかし(昔)いま(今)をきらハす、とのミやう(何名)のうちなりとも、やすたゝ(泰忠)かわけ(分)ゆつる(譲)うゐおそむい(背)て、いらん(違乱)をいたさんするこども(子共)の事、同前、
一もしこのしやう(状)をそむかハ、大上人、十らせち(羅刹)、八まん大ほさつ(菩薩)御ハち(罰)を、かふる(蒙)のミならす、やすたゝ(泰忠)かためにハ、七たい(代)までふけふ(不孝)の人として、ゆつる(譲)ところをハ一ふん(分)なりとも、ちきやう(知行)する事あるへからす、
一いつれもみな〳〵(皆と)しひち(自筆)なり、ハんきやう(判形)をまねたりといふとも、たひち(他筆)ならハ、ほうしよ(謀書)なり、
一めん〳〵のゆつり(譲)なかにも、又このいましめ(誡)のなかにも、し(字)のおちたるところもあり、いれし(入字)をしたるなり、これについてしさい(子細)をいふ事あるへからす、
一はゝ(母)の一こ(期)ハ、しんはまのねんく(年貢)ハ、しんたい(進退)たるへし、

はゝ(母)のめい(命)をそむかハ、やすたか(ゝ脱)ふけふ(不孝)おなし(同)事なり、
一時の大くわん(代官)として、わさん(和讒)をもして、なかをあしく(悪)もなし候ハんする人をハ、つかうましき事、
一このしやう(状)をそむい(背)て、すこしもいらん(違乱)をいたさんする人のふん(分)をハ、かミ(上)へ申て、きやうたい(兄弟)のなかに、はんふん(半分)をハちきやう(知行)すへし、いまはんふん(半分)をハ、御たう(堂)ゐきしん(寄進)申て、とふらひ(訪)たてまつるしやうりやう(聖靈)の御ため、やすたゝ(泰忠)かけふやう(孝養)にすへきものなり、
よんて、こ(後)日のために、しやう(状)くたんのことし、
文和二年《ミつのとのミのとし》三月五日　　源泰忠(花押)

六三　則祐 赤松 光明寺領内掟書　〇前田家所藏武家手鑑

(備前)三石庄光明寺
一於㆓寺領牓示㆒(内脱カ)者、可㆑停㆓止狩猟以下殺生之儀㆒、於㆓違犯之輩㆒者、可㆑追㆓出領内㆒之旨、普可㆑相㆓触庄内輩㆒、次狩猟時、不㆑可㆑相㆓催寺領住民等㆒、所㆓免許㆒也、可㆑有㆓存知㆒焉、

一当寺領山木等不レ可二伐取一、於二違犯之輩一者、罪過同前矣、
右、守二此旨一、可レ令二存知一之状如レ件、
文和二年三月廿三日　權律師(赤松則祐)(花押)

六四　安藝沼田莊市場禁制　○小早川家文書之一(大日本古文書)

禁制　(小早川貞平カ)(花押)
條々
一御内被官之仁等、於二沼田(安藝)市庭一、或屬二所縁一、或搆二宿所一令二居住一之段、自二故殿御時一、堅所レ有二御誡一也、而守二先制之旨一、可レ被二停止一事
一同住人之女、御内若殿原爲二妻妾一相嫁事、同所レ被二禁制一也、但、先立相互於レ令レ爲二所縁一者、今始不レ及二改沙汰一、此日限以後、若於下令二違背一輩上者、兩方共以可レ有二罪科一事
一同所檢斷并雑務以下沙汰、至二向後一者、於二御前一可レ有二其沙汰一事
文和二年四月廿五日

六五　足利基氏大小禪刹規式　○圓覺寺文書

大小禪刹規式條々
一　諸山住持事
寺院興癈〔廢〕宜レ依二住持一、不レ訪二儀於寺家一者、容易不レ可レ請二定人一、住持有二其闕一者、任二叢林法一、於二本寺大衆中一以二公論一議二定之一、擇二三名一被二注進一者、於二官家一可レ被二拈鬮差定一焉、
次小刹事、依二寡衆一、定不レ可レ及二公論一歟、仍訪二諸方公儀一、可レ被レ擇二三名一、子細同前、
一　三名擇用事
不レ論二國遠近一、可レ被レ登二庸其器用之仁一、且就二官方施行一、寺家可レ遣二專使一、但、常住淡薄者、詫〔託〕二其門下人一可レ被レ達二御教書一矣、
一　建長(鎌倉)、円覺(鎌倉)兩寺住持事
爲二大刹最頂等一之間、古今被レ重二其任一、闕二其人一□〔者カ〕有二一人兼住例一、不レ可レ依二取次昇進一、前住在世之間、重可

レ被二勸請一矣、
一　同寺等前板事
非二其器一者、衆心不レ可レ服、玆職欠レ人者、毎度可レ被レ請二名德一、諸山西堂若及二異儀一者、爲二官方沙汰一可レ被レ請レ之、將又出世人者、以二一衆公儀一可レ被レ擇二人才一矣、
一　西堂參ヿ暇同寺等一事
十刹西堂者、出斑〔班〕不レ及二子細一、於二諸山徒弟院西堂一者、不レ経二兩寺前板一者、雖レ爲二西堂一、可レ歸二本職位一矣、
一　諸山住院年記〔紀〕事
新命入院、毎度爲二寺家煩一之間、被レ定二年記〔紀〕一之處、動不レ拘二官家法一、不レ顧二常住費一、年記末〔紀未〕滿中、濫退院之條、甚不レ可レ然、向後有二違犯之儀一者、縦雖レ入二三名內一、不レ可レ及二拈鬮沙汰一矣、
一　僧衆行儀事
先事書委細被レ載之處、曾以不二叙用一、寺外晝夜之経廻于レ今不断、寺中利錢之計略遂〔逐〕レ日倍增之由、墮二巷說一、佛法衰微之基、不レ可レ不レ誡、住持評定°〔衆〕相共加二點檢一、有二違犯輩一者、不日可レ被二出院一、若又寺家沙汰爲二難儀一者、爲レ處二罪科一、可レ被レ相ヿ觸官方一矣、
一　職人等事
近年或号二官挙一、或稱二强緣一、猥以二非器人一補二其職一、加レ之、一年中及二数人交代一之由、普有二其聞一、甚不レ可レ然、大小職事守二先事書一、以二公儀一撰ヿ補之一、固可レ被レ遂二二節一、於二節末〔未〕滿之仁一者、不レ可レ載二名字於床歷〔曆〕一矣、次暖寮事、度ゝ被レ出二其法一之處、尙以寄二事於他一、致二経營一之由、有二其聞一、固可レ被レ停ヿ止之一、若尙令二違犯一者、子細同前、
一　塔頭事
所望人雖レ帶二御敎書一、於二敷地一者、寺家評定衆并官家奉行人相共見ヿ知其地形一、爲二山門一風水無二相違一者、就二寺家注進一、可レ有二其沙汰一矣、
一　徒弟院住持事
師門中不レ擇二器用一、任二臈次一定之由、有二其聞一、於二向後一者、雖レ爲二門徒吹挙一、毎度可レ被レ相ヿ尋諸方公儀一、

非二其器一者、不レ可二許容一、若師門中無二其人一者、廣於二祖翁門庭一擇二其才一、可レ被二倩請一矣、

一　寺中刀杖狼籍〔藉〕事

近来於二寺中一僧衆相互刄傷之由、連と有二其聞一、甚不レ可レ然、所詮、於二被レ疵人一者、不レ問二是非一、可レ被二出院一、至二犯人一者、嚴密尋二究之一、可レ令二出院一上、不レ可レ被レ許二諸方共住一、若糺明緩怠者、至二于露顯之期一、當寺并諸庵訴訟等、不レ可レ及二其沙汰一矣、

一　諸寺安衆、寺務事

安衆、大刹者動及二過增一、小刹却致二減少一、或号二修造一不二安衆一、或稱二安衆一不二修造一、共以過与レ不レ及也、於二大刹一者、固可レ被レ守二先事書僧員一、至二小刹一者、随二寺領現納土貢多少一、修造、安衆相二兼之一、可レ被レ致二寺家興隆沙汰一矣、

次寺用事、迁替之住持依レ不レ被レ知二寺家巨細一、知事或侵二用常住一、庄主或對二捍年貢一、仍送年寺家闕乏之間、僧衆弥難二止住一之由、有二其聞一、於二向後一者、知事對二官家奉行人一、可レ被レ遂二結解一、是則為下全二寺用一安中僧衆上也矣、

右、大小禪院暦應以来被レ定二置規式[40]一之處、法則尚以陵遅之條、甚不レ可レ然、於二向後一者、堅守二度と制法等一、不レ可レ有二違犯儀一之状如レ件、

文和三年九月廿二日　　　左馬頭源朝臣(足利基氏)(花押)

六六　道俊置文案　○山中文書

カサネ(重)テ申サシメ□御サ(座)ナク(無)□時ハ三聖寺、東福寺□シヤウ(請)[シ]申サルヘシ、又時ノ長老トシテ□エイタイ(永代)譲与事アルヘカラス、□

事書

二階堂事、無門御タカイ(他界)ノアイタ(間)、御テシ(弟子)ナカ、ソノキ(器用)□ノアンモンヲ寺ヘ進候、□トシニコノ正文ハアツケヲキ候ヘシ、ヨウイマタ御サナシ、ソノアイタハ、ナサカマツヲ(名坂松尾)ノ御

ソウノ(僧)□キヨウ(器用)ヲシヤウシ(請)申サレ候ヘシ、又ナサカマツ尾(名坂松尾)ヲ□□無門(師門)ノ御テシ(弟子)ノナカ、キヨウ(器用)イテキ(出來)タラントキハ、御シヤウシ(請)候ハンニ、サウイ(相違)アルヘカラス(候カ)、シタ御イキ(異議)候ハテ、アイカマエ(相構)〳〵寺住ヨキヤウニ御サタ(沙汰)候ヘ▨シ、イサヽカ指当違事候アイタ申サシメ候、タンハウ(檀方)ヨリ、ツネニシケ(寺家)ノ御ケ(結解)ヽヲアイトモ(相共)ニトケ(遂)申□チンモ寺物ニトクフン(得分)ノシン(親)ニハ、タンハウ(檀方)トルヘカラス、シケ(寺家)ノタメニテ候、ハシメ□タウソウ(堂僧カ)ヲアンチ申ト、コヽロサシ(志)イカニモシケ(寺家)ノ□ヌナ□(リ)ウ□イ□申サルヘシ、イマホト(今程)ハ、ソウ(僧)ハ一ソフチ□ハシヤウ所とノヨリアイ(寄合)ナリ、タンナサシハナチ(指放)申□□□タイアルヘカラス候、イ□□ム□□シトヲホシメス(思召)□タメ、ハヤクウシロミ(後見)申サハメテタカルヘシ、仍置文之状如レ件、

正平九年十月日　　道俊在判

六七　足利尊氏近習・馬廻衆一揆契状　○越前島津家文書

一揆条と事

一　此人数、[41]いさゝかも相互に異儀を存、各別の所存候ハヽ、面とけうくん(教訓)をくわ(加)ふへし、若猶もちゐ候はすハ、此一揆をはなつ(放)へき事

一　此人数の中に、馬にもはなれ、一騎もとゝまり候ハヽ、ともに見はなつへからさる事

一　此人数ハ、大少事いかなる事も候へ、あいたかい(相互)に各と身同事に存候て、就二内外一見はなつ事あるへからさる事

右件意趣者、此三ケ条若令二違犯一者、日本國中大小佛神、別者、八幡大菩薩、天滿天神の御罰を、此連判の人数罷蒙候へく候、仍起請文之狀如レ件、

文和四年二月廿五日

かすやの越前　了　義(花押)
はん四郎　助　長(花押)
こまさハの新藏人　義　員(花押)
嶋津薩广守　忠　春(花押)
いつミの五郎さへもん　師　忠(花押)
ふくのへ　氏　重(花押)
むらかミかうち　貞　頼(花押)
しまつ　忠　兼(花押)
やまと　氏　政(花押)
うつき　師　重(花押)
大くさ　持　継(花押)

さすのさへもんの大夫　道　幸(花押)
松岡彈正さ衞門尉　盛　時(花押)
三浦越中二郎左衞門尉　忠　連(花押)

むらかミのかもんのすけ　氏　賴(花押)
山口のたんしやう　氏　衡(花押)
山下のさきやうのすけ　氏　秀(花押)
うちかしま　泰　連(花押)
小笠原のミんふのせう　氏　長(花押)
嶋津二郎さへもん　範　忠(花押)
ふくのへしやうけん　貞　治(花押)
もりもと　顯　景(花押)
にへとみ　政　元(花押)
山口のかけゆさへもん　高　衡(花押)
やまとの弥太郎　政　行(花押)
たけたの兵广助　信　春(花押)
小林五郎二郎　久　信(花押)
おう屋三郎入道　性　善(花押)
たさきの三郎さ衞門尉　賴　重(花押)
いち　行　明(花押)
かけひのひやうこ　通　保(花押)

山下四郎さへもん　氏　鄕(花押)
いちのたんしやう　朝　明(花押)
いち四郎さへもん　信　明(花押)
市の九郎さへもん　春　明(花押)
市の太郎左衞門尉　氏　明(花押)
藥師寺かけゆさへもん　義　治(花押)
三村まこ七　爲　成(花押)
藥師寺しゆりのしん　義　夏(花押)
きたむらのさこんの大夫　守　忠(花押)
くらさハの三郎さへもん尉　盛　氏(花押)
井上　請〔靖カ〕　廣(花押)
かさわらの新さへもん　氏　匡(花押)
松浦十郎左衞門尉　源　持(花押)
山下左衞門大夫　政　秀(花押)
とうミふの五郎さゑもん　盛　幸(花押)
こおやの新五郎　經　光(花押)
とうミんふの新さゑもん　盛　信(花押)

志水　光宗(花押)
中村　時光(花押)
白井弾正左衛門尉　行胤(花押)
笠原中務入道　匡蓮(花押)
佐貫　宗綱□

六八　道俊重置文案　○山中文書

条〻

一当寺玉田寺勝福寺チウチ《(住持)》ノ御事、御キヨウ《(器用)》ニアラス□[カ]《(ハカ)》ナウヘカラス、本寺ノハウ《(法)》ニマカセ、十五日、晦日ノフサン《(賦算)》ヲ、コナワル《(行)》ヘシ、シカラハ《(然者)》ソノキヨウ《(器用)》ナラテハ、チウ□□《(カ)》ナウヘカラ[ス]、□《(モッカ)》トモキヨウ《(器用)》ヲヱラ《(選)》ハルヘシ、

一当住事、イマノシモンツニテハ、ソウ《(僧)》七人ヨリソウ《(増)》スル事アルヘカラス候、サウエイ《(造営)》ハ今年ハ明年ニノフル《(延)》トモ、アイカマエテ《(相構)》〱シチシキヤラ[ル]ヘカラス候事

一坊主御サタ《(定)》マリノホト《(程)》ハ、フウスツカサウト《(副寺都管倉)》テラ《(寺)》ヲモタセ給ヘキカ、シカラハ《(然者)》イカニ《(如何)》モシヤウチウ《(常住)》ノヲモイ《(思)》ヲナシテ、ちやくの心詣《(指カ)》、《ウ》ソノ御タメ、寺ノタメタカウヘシ□モ□給候ヘシ、タヽシ、御キヨウ《(器用)》ノフン《(分)》ハ、サイチウ《(再住)》ノ事衆儀《シウキ》□ヘチ《(別儀)》キタルヘシ、

一当寺内寺田、トノハラ《(殿原)》ノ式物ニケサク《(下作)》アテラルヘカラス、タンナ《(檀那)》□《(ハカ)》ウモン《(以)》テヲナシ《(同)》、

一法事、サウ《(造営)》ヱ《イ》ハ、寺田トウ《(等)》ソンマウ《(損亡)》、ケンミ《(検見)》等ハ、リヤウシニテ御サタ《(沙汰)》候ヘシ、

一御寺田、トキノハウス《(坊主)》カウヱイタイウリ《(永代賣)》、式《(或カ)》御テシトウ《(弟子等)》ニ譲□フ事アルヘカラス、サヤウノ事イテキタラ《(出來)》ハ、タンナハウ《(檀那方)》ソノトキハ寺家ノクワンレイ《(管領)》シタシヤウ申ヘシ、ソノトキ一ロノ子細ヲうけ給へかラす候、

一[リ]ヤウヱンホウシ《(法師)》御寺ニツタ《(傳)》エテメシツカ《(召仕)》ワルヘシ、時ノチウチ《(住持)》ノ御サウテン《(相傳)》ハアルヘカラス候、寺ニツタ《(傳)》ヘテ御サウテン《(相傳)》候ヘシ、重条〻定状如レ件、

正平十年三月十八日　道俊在判

六九　隅田黨一揆契狀　〇隅田文書

敬白　天罰起請〔文〕事 42

右意趣者、八幡宮《（紀伊隅田八幡宮）》の御神用に未進けたい《（懈怠）》をいたさん
ともから《（輩）》におきてハ、地頭分御宮へよりあい《（寄合）》て、けたい《（懈怠）》
をいたさん人ゝのところへ神寳をふるへし、あるいハ
をやこ《（親子）》、あるいハきやうたい《（兄弟）》、あるいハをちをい《（叔甥）》の中な
りといふとも、しんそ《（親疎）》をきらハす、一同申てふるへし、
一もしつくり《（作）》にけ《（逃）》をもし、又しにもし《（死）》た《〔ら脱カ〕》んときハ、地ぬし
にかけてさた《（沙汰）》あるへし、もし地ぬしけたい《（懈怠）》をいたさハ、
すなはち神寳をふるへし、
一御せち《（節）》米并に御神用かたのけみ《（検見）》においてハ、ゑれう《（會料）》のさ
た《（沙汰）》人よりあい《（寄合）》て、しんそ《（親疎）》なくけみ《（検見）》をして、ねんく《（年貢）》をけゝ《（結解）》
して、供僧、三昧のとくふん《（得分）》をたせう《（多少）》によて、きりふ《（切符）》を
おろすへし、
一神寳のひやうちやう《（評定）》の時、事にさう《（左右）》をよセて、あるいハ
いたわり《（病）》といゝ、あるいハたきやう《（他行）》なんと申さん人にお
きてハ、八幡宮の牛玉に起請文をかきて、しゆ中《（衆）》へいた《（出）》
さるへし、
一むま《（馬）》にものり《（乘）》ていつ《（出）》へからん人の、事にさう《（左右）》をよせ《（寄）》は、
このはちもん《（罰文）》にかき《（書）》のす《（載）》へし、43
若この衆中の人ゝ、一言も各ゝ虚言を申事候者、
奉レ始レ自二上梵天帝釈一、下堅牢地神、當庄鎭守八幡大菩薩、
金峯、熊野、王城鎭守諸大明神、惣者、日本國中六十餘州
大小之神罰冥罰、各ゝ八万四千毛孔毎ニ可レ蒙レ罷狀如レ件、

正平拾年乙未五月十八日

一次第不同

了覺《（葛原忠長）》（花押）　覺明（花押）
淨智（花押）　淨心（花押）
良□（花押）　心蓮（花押）
重氏（花押）　貞長（花押）
眞願（花押）　長俊（花押）
友安（花押）　重行（花押）
貞良（花押）　長良（花押）

弥太郎(花押)　重村(花押)
安村(花押)　忠秀(花押)
友□(花押)　彦六(花押)
良武(花押)　仙長(花押)
辰千代丸　友明(花押)
友時(花押)

七〇　大内弘世興隆寺定書　○興隆寺文書

條々

一當寺(周防興隆寺)社恒例勤行、祭礼以下致二興行沙汰一、可レ被レ専二祈禱一事

一同修理等、嚴蜜〔密〕可レ被レ致二其沙汰一事

一寺領等、修二復井溝一令二満作一、可レ被レ究二済年貢等一事

右、守二事書之旨一、寺僧面々令二同心一、可レ致二其沙汰一之狀如レ件、

正平十二年正月七日　散位(大内弘世)(花押)

興隆寺別当御房

七一　赤松則祐・寶林寺住持連署定書案　○寶林寺文書

定

(播磨)寶林寺[44]常住條々事

一住持職事、不レ選二耆舊前後一、爲二器用一者可レ被二選請一、次不レ可レ許二容官方挙狀一焉、

一一年兩度秉拂不レ可レ有二退轉一、假使雖二一人一、可レ有二勤行一矣、

一於二僧衆一者、不レ可レ過二百人一、此内沙喝十人焉、

一於二寺務并檢斷以下一者、老僧耆舊相共可レ有二談合一矣、

一於二寺門前之屋敷一者、侍品人不レ許二居住一焉、

一叢林可二勤行一禮數、不レ可二省畧一、恐レ使二保社荒凉一也矣、

一門徒僧衆、或号二徒弟院一、任二雅意一、惱二時住持一之輩者、不レ許二居住一、又長老宜レ依二本分一焉、

一中居力者貳人、小番一人、諸寮舎免小人工一人、但、東班都寺、監寺、維那、副寺、西序前後首座、書記、藏主

并焼香侍者單寮而已、
一蒙堂寮各人中行者一人、直廳一人焉、
一納所職事、可レ爲二常住一人、修造方一人一焉、
一所二定置一寺領等、不レ可レ有二改動一、若違二此旨一輩、可レ爲二不孝之子孫一者也焉、
一於二檀那一者、爲二家嫡一可レ有二管領一、又爲二檀那一者、爲二當寺開山和尚寶覺(雪村友梅)禪師門徒一可レ興二寺門一也矣、
一於二塔頭一者、除二寶所庵一之外、不レ許二建立一焉、右、所二定置一式目、凡爲二我子孫一而相二續家門一之族、至二尽未来際一不レ可レ有二改動違輩(背)之儀一、若爲二寺家之沙汰一有二改動一、固可レ禁二制之一、若雖二少年一、於二改変之輩一者、我永乘二佛法大願力一、以二天眼一視レ之、以二金剛杵一摧二伏尓一矣、且可レ負二當寺諸佛、薩埵、土地、護法善神之冥慮一者也、
已前條々、所二定置一誠(誡カ)言併奉レ仰二三寶龍天之照鑒一矣、

延文二丁酉年十一月日

権律師則祐(赤松)判
住持　啓初(大同)判

七三　大谷寺規式定書　○越知神社文書

(花押)

定　大谷寺(越前)規式事
一講堂造營嚴密可レ致二其沙汰一事
□(一)越知(越前)山并於二當寺佛神事等之勤行一、守二舊□(規カ)一、不レ可レ有二懈怠一事
□(一)當寺乱行之打入起請文、任二先例一可レ有二其沙□(汰)一事
一女拂守二舊例一、同可レ有二沙汰一事
一寺家御使不レ可レ被レ定二一人一、時而可レ被二仰付一事
一家風之輩於二寺家一致二自由狼籍(藉)一者、侍者、給田内可レ被レ召二三分一一、中間下部者、永可レ被レ追二放其身一、次候人等下部事、懸二主人一罪科可レ爲二同前一、此□若以二隱密之儀一、内々有二違犯之儀一者、寺僧等□(可カ)レ致二直訴一事
一於二登寺之時雜事等一者、正三兩月者、可レ爲□、其外臨時入寺者、不レ可レ有二寺家之煩一事
右條々、爲二永代一定置之上者、至二子孫一、堅守二此法一可

レ有二其沙汰一、更不レ可レ有二違犯之儀一、仍所レ定如レ件、

延文三年七月一日

別當(弘賢)僧正御房

一七三　鎌倉公方足利基氏禁制寫　○相州文書十八鎌倉郡鶴岡八幡宮莊嚴院藏

(相摸)鶴岡八幡宮社内并近所禁制條々

(一)□供僧等乱行事

一　當社谷々在家人居住事

一　持二太刀一輩出-入社内一事

一　乘輿輩往-還社内一事

一　放-入牛馬於瑞籬内一事

一　瑞籬外三方堀汚穢事

一　持二魚鳥一輩往-反社頭一事

一　供僧并社司社官住所軍勢等寄宿事

一　雪下釘貫内乘馬事

右條々、固可レ令レ停-止之一、若雖レ爲二一事一有二違犯輩一者、
爲レ處二罪科一、可レ被レ注-申交名一之狀如レ件、

貞治元年十二月廿七日　左兵衛督(足利基氏)(花押)

一七四　道達馬淵義綱竹生嶋定書　○竹生島文書

(端裏書)「惣政所御書　馬渕殿」

定置　制法事

右、於二當嶋(近江竹生島)一、郡使等可レ停-止檢断以下非分催促一、但、於二罪科之輩一者、爲二寺中沙汰一、可レ被レ退二當嶋之居住一、將又至二寺領(寶嚴寺)一、郡使等就二是非一可レ止二入部之儀一也、次寺領檢断等事、爲二同寺家之計一、可レ有二其沙汰一之狀如レ件、

貞治二年十二月八日　沙弥道達(馬淵義綱)(花押)

一七五　播磨大山寺制符　○太山寺文書

(花押)

禁制　大山寺條々 45

一　不レ可レ伐-取寺門山林竹木一事

一　於二寺内山野一、不レ可レ致二狩獵殺生一事

一　乱-入寺中一、不レ可レ致二狼藉一事

一押㆓取僧坊菓子、紫笋㆒事

一爲㆓犯僧身㆒雑㆓居淨行僧侶㆒條、既背㆓經教戒行㆒上者、一切可㆑停㆓癈〔廢〕彼等出仕㆒事

一里法師等相㆓綺寺田畠所務㆒、及㆓其煩㆒云ゝ、令㆑停㆓止之㆒、山上常住輩致㆓執務㆒、且成㆓寺家興隆㆒、且毎年於㆓寺僧中㆒、可㆑遂㆓勘定㆒事

一溫室者、爲㆓山住淨侶㆒構㆑之、然者、守㆓番ゝ㆒、院主已下令㆓所用㆒者、爲㆓先例㆒處、近来乱㆓次第旨㆒致㆓沐浴㆒間、濫吹也云ゝ、堅守㆓法例㆒、猥不㆑可㆓乱入㆒事

一寺領百姓被㆓召仕㆒條、難堪云ゝ、須㆘任㆓先規㆒致㆗沙汰㆖事

右、制苻〔符〕如㆑斯、宜守㆓此旨㆒禁断、若有㆓違犯之輩㆒者、依㆓寺僧注進㆒、可㆑處㆓重科㆒之狀如㆑件、

貞治三年三月四日

七六　藤原某禁制案　○廣福寺文書

禁制[46]

(肥後)玉名庄石貫村野燒事

右、自㆓遙拝并河床堺㆒、自付㆑火燒之輩者、侍者、可㆑爲㆓參貫文過代㆒、迄㆓于百姓以下之族㆒者、可㆑爲㆓壹貫文㆒、縱自身雖㆑不㆑燒㆑之、不㆑打㆓消捨火等㆒輩者、与同罪矣、仍狀如㆑件、

正平十九年七月十六日　藤原判

七七　吉良滿貞鴨江寺定書　○鴨江寺文書

(吉良滿貞)(花押)

遠江國濱松庄鴨江寺衆徒等申條ゝ[47]

一停㆓止檢断使乱入㆒、犯科人出來時者、爲㆓寺僧㆒可㆑召㆓渡其身㆒事

一可㆑令㆑免㆓除寺用田雜役㆒事

一可㆑禁㆓断寺領内殺生㆒事

一不㆑可㆑補㆓別当㆒事

一立野立山之外、不㆑可㆑制㆓止草木㆒事

右、五ケ条并報恩寺以下寺中坊敷等事、任㆓先例㆒、可㆑致㆓

沙汰二之狀如レ件、

貞治五年四月八日

常阿(花押)

実(花押)

七八 肥前宇久・有河住人等連署置文寫 ○青方文書

就二青方覚性(高繼)沽券狀等一、直(鮎河)、進与二重(青方)、能阿(神崎)一相論赤濱(肥前)網代事、聊及二□論一之間、宇久(覺)、有河(全)爲二左博一令レ談二合兩方理非於一、以二和談之儀一、直、進方仁□(件カ)赤濱参番網代并那摩內波解崎之崎網代、数(祝言)家之前倉網代等一円仁沙汰付畢、但、赤濱者、又六番母可レ爲二直、進方一、此上者、於二向後一、可レ被レ成二一味同心之思一也、若以二非分之儀一、重及二異論一、背二一揆之治定之旨一、有二違篇之儀一者、任二請文事書旨一、違犯人ゝ於宇久(肥前)、有河(肥前)中於永可二擯出一之狀如レ件、

正平廿一年八月廿二日 孔子次第

授(花押)48

全(有河)(花押)

高(花押)

答(花押)

覚(宇久)(花押)

七九 澁谷重門軍忠料所給付定書 ○入來院家文書

(端裏書)「置文」

定

依二合戰忠節一、料所可二沙汰一条ゝ事

一其忠有二抽出事一者、可レ有二常一倍之沙汰一也、

一討死跡事、有二子息一者、本知行之上、重料所出來之時、可レ有二其沙汰一也、次於二女子一者、本知行半分事、一後(期)之間不レ可レ有二子細一之也、次於二後家一者、可レ爲二女子同篇之沙汰一、但、別男被二相具一者、不レ可レ有二知行一之也、

一其跡無二子孫一者、田地一反永代可レ有レ寄二進寺家一也、

右、此之趣、至二子ゝ孫ゝ一、於下背二此之旨一之輩上者、不レ可レ有二重門(澁谷)之子孫一之也、仍爲二後日一、所二定置一如レ件、

正平廿二年正月廿九日　重門(花押)

八〇　赤松則祐寶林寺定書案　〇寶林寺文書

(播磨)寶林寺條々

夫當寺者、則祐(赤松)爲レ懺二過去罪根一、欲レ求二未来勝果一、投二雪村(友梅)和尚一、依二三歸五戒之法一、受コ持衣鉢一、自佛法難レ値、師恩難レ報、是故拜コ請雪村和尚開山一創レ寺、扁曰二寶林禪寺一、仍賜二武家公文一、爲二諸山之列一、又自二　王城一擬二睿願一、以賜二　宸翰之勅額一、一祈二天下静謐、武運長久一、二爲丁先考先妣薦二亡魂於覺場一、三使丙乃子乃孫保乙家業於累世甲、然則、當家盛衰、可レ依二當寺興廢一、云二僧衆一云二子孫一、守二置文之旨一、可レ爲二永代之規式一者也、

一本寺乃爲二開山雪村和尚門徒寺一而、住持勸請之時、檀那与二都鄙法眷一加二評定一、擇二其中器用一、可レ補二其職一、則祐在日爲レ崇コ重山門一、有下勸コ請大方尊宿一之事上、是爲二先例一、於二沒後一他人住持事、更不レ可レ有二其儀一、

一則祐遺跡相續之仁、雖レ爲二後と末代一、爲二開山門徒一、可レ爲二當寺檀那一、即是可レ爲二當家嫡流之支證一、若入二他門徒佗(他)宗一、爲二不孝之子孫一、不レ可レ有二嫡流之号一、

一新命長老公議治定之時、須給二　公方御教書一可レ致二迎請之議(儀)一

一常住錢穀收支所職之人、每年於二住持并耆舊之前一、收納下用之分、委細可レ被レ遂二勘定一、若有二折損等事一、一々以二私財一倍還、可レ補二常住一、若有レ違レ此者、在寺無益、

一凡於二寺領一、永代自二寺家一差レ人、可レ有二管領一、於二檀那親族等一、可レ停コ止其綺一、

一寺領之內、若有二犯科之輩一、自二寺家一召二其輩一、可レ渡二檀那方一、縦雖二權門勢家一、於二寺領一不レ可レ有二追捕狼藉等之事一

一寺領山川殺生禁斷、尤可レ致二嚴密之沙汰一、若有二犯者一、自二寺家一、不レ云二權門勢家一、深可レ止二其罪悪一、不レ可レ有二宥恕一、

一寺領山林、擬二當寺修理一、所二養立一之材木也、雖レ爲二何人一、不レ可レ有二截採之事一、

一寶所庵者、乃則祐奉コ爲開山雪村和尚一、所二造立一塔頭也、

則祐已卜二其側一爲二壽塋一、後年於二兩忌日一、自二常住一弁レ齋、可レ致二愼終追遠之功一、

一寺邊山野風水難レ侵、除二寳所庵一之外、後代住持不レ可レ造二塔頭一、況復称レ有レ功二于山門一、準二擬開山一、別建二塔頭一之事、固停二止之一、

一或前住、或耆舊、不レ可下以二自力一建二立寮舎一而聚中徒属上、

一則祐子孫之中、於二當寺一有下欲レ收二遺骨一者上、悉可レ歸二寳所庵一、

一常住公界之事務、雖レ爲二當住持一、各可レ被レ守二此規式一、

一旦以二私議一不レ可レ有二自專一、

一當寺住侶中、或号二久住耆舊一、或假二檀方權威一、不レ随二住持所勘一、有下致二寺家違乱一者上、住持与二諸耆舊一勘二驗罪過之軽重一、可レ被レ行二先德所定之法一、猶以及二異儀一、自二檀方一可レ有二其沙汰一、

一凡雖レ爲二段歩一、於下帶二則祐讓一之輩上、爲二開山門徒一、至二末代一、以二當寺興隆一而爲レ志者、万世保二其家一而蒙二其福一也、不レ然者、不レ遵二父祖遺命一、可レ爲二不孝之子孫一也、各宜レ愼レ之、

右、十五箇條、爲二佛法弘道、家門盛大一、致レ誠所二定置一如レ件、

三寳證明

諸天洞鑒

貞治六年丁未三月日　　權律師則祐判

八二　佐々木氏頼守護使不入書下　○竹生島文書

(近江)竹生嶋事、殊所レ有二崇敬一也、而動守護使等、寄二事於左右一、乱二入当嶋并寺領早崎村一、号二檢断一成二非分之煩一云々、太無レ謂、於二向後一者、所レ令レ停二止守護使入部一也、犯人出来時者、觸二置在所一、可レ伺二上裁一、若令レ違二背一者、可レ有二殊沙汰一之状如レ件、

貞治六年七月八日　　(佐々木氏頼)(花押)

目賀田(玄仙)彈正忠入道殿[49]

〔八二〕 細川頼基善通寺興行定書案 ○随心院文書

(端裏書)「武州(細川頼之)置文案　号永泰院殿」

善通寺(讃岐)興行條々

一諸堂勤行并鎮守神事等、任二先規一可レ致二勤厚之沙汰〔条〕一、供僧并寺僧等、不レ可レ存二緩怠之儀一、次寺僧行儀、於二向後一者、可レ致二清撰之沙汰一矣、

一寺内坊中軍勢甲乙人等、不レ可レ有二寄宿一事

一寺僧帯二弓箭兵杖(仗)一之條、向後一切令二停止一事

一寺領并免田等事、(ナシ)地頭、御家人、甲乙人等停二止押領一、可レ全二寺用一、

一同寺領以下諸方免田等事、縦雖レ為二相傳一、不レ令二寺中居住一、為二俗躰一令二管領一事、固所二停止一也、於二向後一者、寺領免田等内知行輩事、止二俗人之綺一、可レ居二住寺家一也矣、

一号二罪科人跡一、稱レ宛二賜恩賞一、寺領并寺僧供僧免田等相混被二知行一之段、於二向後一者、縦至二其身一者雖レ有二罪科一、於二所帯一者為二寺領一上者、寺中之計所可レ致二沙汰一矣、

一寺務之仁不レ抑二留寺用一、可レ専(守)二懃行并修造一矣、

一寺内乗馬事、自今以後可レ令二停止一矣、

一寺領之境内殺生事(ナシ)、任二先例一可レ令二停止一、次山林竹木任二雅意一伐取事、子細同前、

一守護使任二先例一不レ可レ令レ入二ア寺領一事

右条々、為二寺家興行一、所レ定二置規式一也、守二制法之旨一、雖レ為二一事一、不レ可レ有二違犯之儀一、若背二此旨一輩、為レ被レ所(處)二罪科一、可レ注二進交名一之状如レ件、

貞治六年七月廿五日

右馬助(細川頼基)在御判(ナシ)

○善通寺文書ヲ以テ校注ス、但シ、端裏書ヲ欠キ、差出書日下ニ在リ、

〔八三〕 帯刀左衛門尉盛道書下 ○小松文書

大忍庄(土佐)之内拔山のかりふきやう(獵奉行)の事、石内新兵衛尉に申付候了、庄内にかくれ(隠)かり(獵)をもしたらん物においてハ、さい(罪)

くわ（科）たるへき也、名とかり人は、しんひやうへ（新兵衛）尉はからい（計）
たるへき也、仍狀如ㇾ件、

應安貳年二月十七日

帶刀左衛門尉盛道（花押）

石内新兵衛尉殿

〈八四〉 島津氏久條目寫 ○前編舊記雜錄廿七安養院文書

条と

一しうてんならひにしへき（四壁）をこほ（毀）す事
一すわ（諏方）の御はやし（林）の木竹をきる事
一すわの御まへの道をとをる事
一御うち（内）のしへき（四壁）のうちに馬牛をはな（放）す事

この条と、人ニよらす、不日ニさいくわ（罪科）にをこなうへく候、此条男ニをいてハ、すなハちちうす（誅）へく候、女子にをきてハはつけ（磔）50すへく候、正八幡、すわの。（大）みやうしん（明神）もせうらん（照覽）あるへく候、いつはり（偽）あるましく候、

51 應安三年正月十一日　（島津氏久）（花押）

〈八五〉 沙彌了宗金山觀音寺定書 ○金山寺文書

定置

金山（備前）觀音寺事

右、於二當寺一者、孝謙天皇勅願寺　將軍家之御祈禱所、本尊者、是　法恩大師御自作　千手千眼也、抑我等先所〔祖〕自二當國仁下向一已来、号二氏寺一、然則幼少之時者、弁二黑白之理非一、長大後者、懸二祈禱於當山一、而於二現世一、息災安穩於祈二伽藍一、致（至カ）二末期一、成佛得道於奉ㇾ憑二本尊一者也、爰及二末世之曉（澆）季一、不ㇾ知二此子細一子孫一族等并不知案内之新參中間下部等、於二寺內一小法師原、同東坊、至二于大平井之下人等一、寄二于事左右一、爲二市町路次一當二夫役一、無二是非之子細一召遣事出来歟、此等子細可ㇾ被二停止一、依ㇾ之向後一族、同領内之百姓、至二于中間下部等一、寺中之竹林山木於不ㇾ可二伐取一、寺僧山里上下共加二制止一、可ㇾ致二守護一、爲二後と將来之禁一、定置之狀如ㇾ件、

應安三年三月十八日

沙弥了宗(花押)

八六 沙彌宗光奉書 〇多田神社文書

(攝津)多田院殺生禁断事、於二制分堺内一令二違犯一輩、於下有二名字一御家人等上者、可レ被レ收二公所帶名田等一者也、至二其身一者、可レ被二領内追出一候、於二凡下族一者令二出家一、同可レ有二領内追出一候、為二無沙汰一者、奉行等モ可レ被レ處二同罪一候者也、依レ仰執達如レ件、(此旨代官方へも申付候了、此上者不レ可レ有二子細一候、)52

應安三年八月十九日　沙弥宗光(花押)

多田院御寺

八七 隼人佑武蔵鶴見郷新市禁制 〇塚本文書

禁制53

(相模)建長寺正統菴領武蔵國鶴見郷同新市事

右、於二当菴領同新市庭一、甲乙人等不レ可レ致二押買以下濫妨狼藉一、若有二違犯之輩一者、可レ被レ處二罪科一之狀如レ件、

應安四季十月五日　隼人佑54(花押)

八八 導譽(佐々木高氏) 清瀧・西念兩寺定書 〇德源院文書

(近江)清瀧西念兩寺と務條と55

一 殺生禁断事

當寺敷地內永可レ令レ禁二断殺生一旨、自二上古一所二定置一也、若於下背二制苻(符)一之輩上者、為二寺家被官仁一者、不レ擇二甲乙老少一、可レ追二出寺領之內一、為二庄家族一者、須レ加二嚴蜜(密)之制止一、若於下不二叙用一輩上、不レ擇二權門一、可レ有レ注二進交名一、任レ法可レ處二罪科一、

一 寺領山木事 付、屋敷樹木

凡庄家散在之輩、雖レ為二一枝一、輙不レ可二切用一、制法代と事舊畢、然而嚴密雖レ加二制法一、動者庄內之土民盜切之条、希恠(奇)之次第也、將又或号二手拾一折二生木之枝一、或以二抹(マヽ)掘一穿レ根条、無方之至極也、所詮十五歳已後付二是非一不レ可レ入レ山、又甲乙人屋敷內至二往古之古木一、輙不レ可レ切、若違二背此禁制一領內輩者、懸二主人一、

随二所犯軽重一可レ處二罪科一、

一　寺僧坊中前後木事
凡山寺坊中、殊更以二竹木一爲二惣別之荘厳一、然而近年往入之若輩、或号二私物一、或不レ弁二當所制法一歟、猥違二犯本願(佐々木氏信)已来代々規式一、任二雅意一切二坊中木一条、不可思議之振舞也、能々可レ有二禁制一、若不二叙用一寺僧不レ擇二老少一、随二交名注進一可レ令二追出一、

一　諸塔頭事
右、雖二塔頭居住僧衆一、不レ蒙二寺務之免許一者、雖二一枝一、任二雅意一、其近邊之木不レ可二切用一、如レ此制法不レ可レ有二親疎一、可レ守二其法一、

一　両寺惣門中不レ可二騎馬一事
右、伽藍結界之内、爲二三寶之依所一、尤可二敬重一也、其上納二一族之遺骨一、庄内之道俗、爭無二崇敬之儀一乎、

一　敷地内甲乙輩犯過狼迹〔藉〕出来事
爲二寺務計一、窮二是非之渕底一、可レ被二成敗一、但、有二難治事一者、可レ有レ談二合代官一云云、

一　寺領百姓公事課役惣庄不レ可レ有二支配一事
右、清瀧寺領之百姓等事、如二故谷殿(佐々木氏信カ)之時一、惣庄不レ可レ有二支配一、若以二別義一人夫等事、可レ申子細出来之時者、寺家直其子細可レ申、万一代官等依レ無二存知一、不レ可レ致二混乱之沙汰一云云、

一　椙殿村人々可レ守二護寺家一間事
右、杉殿村人共、寺領敷地居住之上者、於二寺家一聊不レ可レ存二員外一、殊更長老出行留守等時分、爲二結番一、専至〔致〕二宿直一可二警固一、寺家并殺生禁断等事、同不レ憚二權門一、及二見聞一輩可レ申二注進一、

一　下僧屋敷等事
右、下僧管領屋敷居住之人、年々地子無沙汰由歎申、事實者不便之次第也、於二向後一不レ擇二強弱一、有二難澁之輩一者、任二交名注進一可レ致二其沙汰一、

一　於二寺邊一不レ可レ放二牛馬一、此条、先年堅令二停止一畢、若不レ被レ拘二制禁一、任レ法可レ致二其沙汰一、

一　西念寺堂塔修理事

右、轉二舍利會要脚一充二彼修造一本意、偏爲レ補二堂舍之小破一也、若乍レ停‐止會式一、不レ加二修理一者、更無二其所レ詮、自二寺務一可レ被レ加二催促一、

一　坊中補任相續事

縱雖レ帶二先坊主之讓一、於二非器量仁一者、不レ可レ補二其跡一、殊他山往入之仁、一旦爲レ貪二得分一致二競望一輩多レ之、能ヽ可レ有二用捨一、將又舊住之寺僧晝夜結番時、大鼓等寺役有二緩怠之仁一、任二糺明一可レ有二罪科一、

一　寺僧等大小事可レ爲二寺務成敗一事

先代規式委細被レ〔載〕裁上者、任二先規一可レ有二興行一、特御祈禱已下勤行不レ可レ有二懈怠一、稽古、鑽仰、眞言、加行等事懈怠不法輩、可レ爲二寺住無益一之由、連ヽ可レ被二教誡一

一　舍利會事

右、以二料物一被レ成二修理一上者、舞童已下儀式可レ被二大營一歟、雖レ然、每年三月六日兩寺會合、如レ形法會無二闕怠一可レ被二執行一、

一　紹‐隆佛法一顯密行學事

右、長日之勤行并代ヽ幽儀忌日之訪者、自二先代一被二定置一旨、不レ可レ有二懈怠一、其外勵二於稽古修學一、可レ相‐續顯密之惠命一、兼亦相‐助眞俗兩輪一、可レ專二大小寺要一、是則一寺建立之本意、僧衆同住之肝要也、仍狀如レ件

應安六年三月十日　　沙弥（花押）（導譽、佐々木高氏）

八九　松浦黨一揆契狀寫　○青方文書

（宇久有河青方多尾一族等）

〔契約條ヽ〕　○以上二行、青方家譜ニ據リテ補ウ、

〔一〕□君御大事時者、〔成〕□二一味同心之思一、於二一〔所〕□一可レ抽二軍忠一、聊不レ可レ有二思ヽ儀一矣、

〔一〕□於二此人数中一、所務弓箭以下相論出来時者、加二談合一、依二多分之儀一、可レ被二相許〔計カ〕一、若有二異儀輩一者、不レ依二緣者重緣一、一同可レ爲二道理方人一云ヽ、次於二此中一、就二公私一一人大事者、面ヽ一同大事可レ被レ思者也矣、

一此人数中有二沙汰一時、不レ依二兄弟、俶〔叔〕甥、縁者、他人一、理運非儀意見、不レ殘(可レ)二心底一者也矣、猶と不レ可レ有二偏頗私曲一、
一此人数於二多分之儀違背輩一者、於二向後一、此人数中於永可レ被二擯出一者也矣、
一郎従以下中仁雖二弥事猿〔狼〕藉出来一、不レ相二待多分之儀一、爲二一人一不レ可レ遂二宿意一云と矣、
若此条僞申候者、
八幡大菩薩、天満大自在天神御罰お可レ蒙候、仍連署誓文如レ件、

應安六年五月六日 孔子次第

稱(花押)
※(有河)全(花押)　頓阿(花押)
(有河カ)道阿(花押)　(神崎)能阿(花押)
来阿(花押)　(松尾)尉(花押)
(青方)重(花押)　弘(花押)
(宇久高瀬)廣(花押)　秀(花押)
(青方)固(花押)　禪芳(花押)
聞　増
三(花押)　祝
撰　興阿
(鮎河)直(花押)　遊
有(花押)　性智(花押)
省(花押)　敎阿(花押)
集(花押)　深(花押)
安　淸(花押)
長　備(花押)
(宇久)覚(花押)

九〇 一揆契約状案 ○禰寝文書

(端裏書)「一揆契約状神水案文」

一揆契約条と

右、天下間事者、爲二將軍家(足利義満)御方一、一味同心可レ致二忠節一候、
一嶋津伊久、氏久事、降參治定上者、向後彼退治事者、重

公方御意ぉ請、可レ廻二籌策一候、雖レ然彼兩人乍下参二御方一
候上、此一揆人と知行分仁競望ぉ成、及二合戰一候時者、公
方御意をも不二相待一、其在所仁馳寄、可レ致二防戰一候、
一於二此契約衆中一、所領相論以下煩敷事出来候時者、各加二
談合一、仰二上裁一、以二多分之儀一、任二理運一、可レ致二口入一候、
被レ背二其儀一候人者、被レ破二此一揆一可二相当一候之間、不
レ可レ有二同心之儀一候、
一或者本領再住、或者新恩地仁入ア事、公方御意ぉ請、能
と加二談合一、衆儀〔議〕調可レ然以二時分一、各可レ致二其沙汰一候、
一揆衆中ぉ湧、楚忽沙汰候時者、一向不レ可レ有二合力之
儀一候、如レ此申定候上者、公方訴訟事をも、以二理運之
儀一、一同仁可二歎申一候、
若此条と令二違變一候者、
日本國中大小神祇、殊者　天照大神宮、八幡大菩薩、当国(大隅)
鎮守霧嶋權現御罰ぉ、各可二罷蒙一候、仍契狀如レ件、

永和三年十月廿八日　　久米代 大膳亮爲頼在判

※水俣 藏人大夫武宗、　　相良 參川權守右頼、

平川 兵庫允師門、　牛屎鳥越 隼人佐義元、
牛屎青木 沙弥元生、　奥野代 源助景、
牛屎牛野 備前守元英、　牧 圖書助重親、
和泉朝岳 刑ア丞保種、　佐敷代 備前權守國顯、
曾木 大和守元義、　和泉知色 左衞門尉兼光、
田浦 因幡守國家、　相良 近江守前頼、
牛屎太田 沙弥元清、　馬越 對馬守高賛、
須恵 修理亮重宗、　村角 豊前介公義、
恒松 石見權守定峯　肝付 出羽守兼家、
肥後 豊前介高基、　中野 出雲守幸重、
平良代 縫殿助重秀、　梅北 右京亮久兼、
岡本 越前守頼季、　湯浦代 彈正忠俊宗、
和田 土佐守久宗、　和泉井口 左近將監保合、
和泉上村 沙弥道一、　口黒代 兵庫允國家、
伊藤 左衞門尉祐一、　税所 但馬守祐平、
津歎栗 左衞門尉武実、　久多良木 左京亮國貞、
澁谷 遠江守直重、　大村代 平前重　、

大溝 左近將監高岡、
高木 修理亮久勝、
宮原 橘公冬 、
和田 備前正久、
東郷 信乃守久道、
相良多良木 遠江守頼忠、
牛屎羽月 石見守元豊、
和泉杉 民ア丞兼義、
和泉 縫殿允村保、
野邊 薩广〔摩〕守盛久
大津保 沙弥重功
左近將監

牛屎 河内守元息、
永里 大和權守武綱、
野邊代 丹波守助國、
橋口 伴鬼王丸、
救仁郷 沙弥宗世、
牛屎山野 左衞門尉元詮、
高木 長門守久家、
北原 備前權守頼兼、
篠原光武 左衞門尉忠秀、
税所介祐義
敷祢 左衞門尉親宗
左衞門尉

九一 道階（大内弘世）興隆寺寄進地所務事書 ○興隆寺文書

定56

（周防）興隆寺御寄進所〻所領所務事書次第

條〻

於二余田、新田一者、下地者、可レ付二本田一也、至二年貢一者、收二納一所一、可レ有レ配二分十坊一也、但、於二向後開發一者、可レ爲二其地頭一人之進退一事

十坊中、若一人聊致二非法一、或及二百姓之强訴一、或招二傍人之誇難一之時者、余九人相共致二教訓一、不レ可レ墜二不義一、若又百姓等致二比興之訴訟一者、十人令二同心一可レ致二怱緒一事

拈鬮定二事書一之上者、於二向後一、縦雖レ有二何子細一、聊不レ可レ有二異變之義一、若又一人存二異義一、於レ企二違乱一者、爲二衆中之計一、可レ有二殊沙汰一事

寺領百姓中、致二刄傷殺害等之罪科一、及二難義之沙汰一之時者、不レ可レ論二自他之義一、十人相共令二內談一、可レ廻二籌策一也、不レ可レ成二一人之煩一事

於二此配分中一、聊境相論等之沙汰出来之時者、十人相共令二談合一、宜レ任二道理一事

九二 某條目案 ○防府博物館所藏毛利文書

一父□下ア□召仕

不可□

一代ゝ殺生禁断地、可レ加二堅械〔誡〕二□〔事〕

一雖レ有レ志、面ゝ知行分不レ可レ有殺□

一山河不レ分コ別自他一事

一栗林、竹、其外立山事ハ、自他堅いまし□〔め〕をくわふへき事

一中間、下ア、若黨口論事、一方及□不レ及二是非糺明一可レ誅事

一於二領内一、何様雖レ(有二)無礼者一、とかめ不レ論□人には〔恥〕ちをかゝする事あるへから□〔さる事カ〕

一山賊、海賊、夜討、强〔盗〕道、其外路次□盗人事、随二聞及一自他堅可レ有□

右、守二此条ゝ旨一、堅可レ有二其沙汰一□

康暦元年十一月日　　元57□

毛利治〔廣房〕ア大輔殿

九三　大内義弘検断定書　○前田家所藏文書古蹟文徵四

〔山城東福寺〕寺領検断事、大犯三ヶ条出来之時者、以二奉書一可レ相コ尋之一、但、無二訴人一者非二沙汰之限一、下部等乱入狼籍〔藉〕事、堅所レ令二停止一之狀如レ件、

永徳元年五月十四日　　〔大内義弘〕左京權大夫（花押）

〔周防〕得地上下庄主

九四　大内義弘長門一宮禁制　○住吉神社文書

長門國一宮

禁制條ゝ

一於二社壇咫尺一、犯二汙穢不淨一事

一有レ限贄狩外、境内殺生事

一山野竹木立林採用事

一社頭高聲敖論事

一放コ飼牛馬於社頭近邊一事

右、自今以後可二禁遏一、於二違犯輩一者、爲レ處二其科一、可レ令レ注コ申交名一之狀如レ件、

永徳二年正月十一日　　〔大内義弘〕左京權大夫（花押）

九三 祥兼益田兼見置文 ○益田文書

置文条ゝ

(益田兼見)祥兼本領等者、先祖兼榮、兼高父子、元暦以来帶二三代將軍家安堵御下文一所領也、祥兼爲二當家嫡ゝ一令レ相二續惣領職一、至二于今一無二中絕一、仍賜二代ゝ公驗一者也、然間、分二件所領等一讓与畢、守二此狀之趣一、各可レ全二知行領掌一、

一　嫡子次郎兼世讓与所領
　石見國益田本鄕　(石見)納田鄕內岡見村号二三隅一、
　弥冨名　(石見)長野庄內飯田鄕加二虫追河關所一、

一　次男孫次郎兼弘讓与所領
　(石見)東山道鄕　益田本鄕內久ゝ毛村、大谷、平原、加二浦役一
　(石見)伊甘鄕号二國府一、　(石見)(石見)乙吉土田兩村

一　三男弥次郎兼政讓与所領
　(石見)北山道鄕　益田本鄕內得原右近允名、

一　兼世、兼弘、兼政兄弟三人、永德三年八月十日以二祥兼自筆一同日讓与訖、相互可レ守二此狀一矣、

一　分讓所領等堺事、於二各別所領一者不レ及二子細一、割二分一所一讓渡在所、宜レ任二田文目錄一、互不レ可レ成二違乱煩一矣、

一　惣領兼世若無二子孫一者、孫次郎兼弘子孫中可レ相二續惣領職一、兼弘又無二子孫一者、弥次郎兼政子孫中可二相續一、將又兼弘、兼政以下庶子等無二子孫一者、可レ爲二惣領進退知行一矣、

一　諸御公事、軍役已下事、惣領兼世隨二催促一可二勤仕一、聊不レ可レ背二兼世素意一、又兼世令レ扶二持兄弟等一、可レ成二宏宥之思一、凡自國他國見二他人之振舞一、兄弟親類自二霍執不和之儀一事起、或離二所領一或失二其家一、相構一味同心成二水魚之思一、公私共可二談合一、凡生二弓箭之家一族等、雖レ有二少越度一、可レ存二大不覺一、能ゝ致二用意一不レ可レ有二聊尒一矣、

一　女子分所領事、一期相傳任二祥兼讓狀一可二知行一、子孫等又不レ可二女子永領讓与一、女子一期之後者、可レ付二惣

領方二　矣、

一　扶持人等事、就二所領給分足一可レ致二奉公一、又兄弟等分領中ニ、給分懸對之仁分、現在實子兄弟等於レ致二奉公一者、本給分不レ及二召放一歟、但、令二振舞参差一者、宜レ為二領主計一、凡給恩多少雖レ有二其恨一、依二奉公之勞一可レ依二忠淺深一乎、雖レ然不便之志、敢不レ可二親踈一、雖二忠凝〔疑カ〕一可レ行レ賞、雖二罪正一猶以可レ有二宏宥之儀一　矣、

一　子孫等所領沽却事、聊依二大切用一令二沽券一之条、非二制限一、但、權門方、他人賣二所領一事、曾可二停止一　矣、

一　扶持人給恩之地沽却事、是又依二公私大用一賣二給分一事、于レ今不レ始、但、年記事外久沽却非二遠盧〔慮〕(マヽ)一歟、奉公人始修〔終〕不レ可レ有二前途一、殊更軍役、所役無二手足一者、不レ可二相叶一、以前沽却之地不レ及二改沙汰一、於二向後一者、年記十ケ年定レ之、買得方可レ存二知此制法一、聊奉公痛崛之時、召二放給分之地一、兩方損亡基也、可レ守二此法式一　矣、

寺社事

一　崇觀寺者、祥兼申二成諸山烈〔列〕一、殊當家可レ申二賞翫一寺也、開山塔頭〔龍門長原カ〕凞春庵　以同前、次崇觀寺住持職事、可レ申二談本寺庄嚴藏院〔山城東福寺〕一、不レ帶二御教書一者、不レ可二請申一、寺領事、任二寄進狀一不レ可レ有二依〔違〕と相違一　矣、

一　醫光寺山寺、高崎、得原比丘所以下領内小庵等子細同前、不レ可レ有二退轉一　矣、

一　御道場事、祥兼以二信心一致二興隆奔走一、申二成本道場一者也、然云二本願一云二信仰一、至二于末代一不レ可レ有二退轉一、子孫等可レ守二此趣一、仍寺領事、可レ任二祥兼寄進狀一　矣、

一　伊甘郷安國寺本寺号福園寺、并泰林寺事

當寺者、先祖阿忍〔益田兼長妻〕御建立寺也、草創年久、相二當祥兼之時一、相二兼諸山安國寺一、住持職事可レ為二圭昌庵御計一、子細同前、泰林寺者、阿忍塔頭所也、兩寺共可レ奉二賞翫一　矣、

一　臼口大明神事、号二御神本大明神一、　當家名字号二此神一、然間、自二往古一一族等於二伊甘郷一令レ勤二仕頭役一遂二神事一、近比

於二面〻自領一奉レ祭レ之、自二祥兼祖父（益田兼弘）之時一此大明神ぉ奉レ遷二東山道郷一遂二祭礼一、彼頭役任二恒例一不レ可レ有二退轉一、子孫等尤可レ有二奔走一祭也、

一 瀧蔵、春日、八幡宮、惣社大明神、爲二當所根本大社一、御祭礼神役、任二先例一不レ可レ有二退轉一、其外在〻所〻神社子細同前、聊破壊顚倒之時者、仰二別當、神主一、嚴重令二催促一可レ加二修理造營一、但、可レ依二免所分限一歟、誠社家之族有二緩怠一者、爲二領主計一可レ改二當職一矣、

一 社領并伽藍堂免田畠等沽却事、爲二修理興行一賣買事、不レ及レ禁レ之、恣爲二自用一任二雅意一令二沽却一之条、罪業甚以可レ有二其恐一、賣買共以僻事也、能相尋可レ禁レ之、尚以違儀之輩者、可レ改二神職、寺務一矣、

一 博奕事、固可レ相｣禁領内一、就レ中所領ぉ博奕仁打入事、罪科之上狼藉也、爲二闕所一可レ召｣放其地一、博道之甲乙人、又任レ法可二追放一矣、

一 東山道八幡宮放生會御祭礼事、自二往古一爲二兩山道所役一、於二向後一可レ任二先例一矣、

一 祥兼所領者、守護不入地也、仍不レ可レ有二國役、諸御公事一、仍元亭〔亨〕御下知近年證状明白也、但、自二京都一臨時之儀、有二直御教書等一者、面〻加二談合一、無二後日之煩一様可二相計一歟矣、

右、爲二子孫一条〻所二定置一也、可レ守二此旨一、仍置文之狀如レ件、

永德三年八月十日　　祥兼（花押）

九六 松浦黨一揆契状 〇山代文書

一揆契諸條〻（ナシ）之事

一 於二公私一成二一味同心・思〔之〕一、可レ致二忠節一、或一人自二公方一失二面目一、或就二公私一雖レ成レ恨〔根 成〕、於二一揆中一加二談合一、依二衆儀一可レ相｣計之一、以二一人儀一不レ可レ乱二於事一矣、

一 依二市町路頭乗合、笠咎、酒狂、戯以下之事一、不慮・外〔之〕、雖二弥事出来一、無二是非一任二雅意一、各取｣成弓箭〔矢〕一事、甚

以不レ可レ然、一揆衆中馳寄、令レ撿ヨ別理非一、可レ有ニ其沙汰一焉〔矣〕、

一　夜討、强盗、山賊、海賊并諸財物、田畠作毛以下盗人等之（ナシ）事、實犯現形者、見合可ニ討留一、若以ニ支證一有ニ差申族一者、先召ヨ取科者一、依ニ白狀一可レ有ニ其沙汰一矣、

一　令レ抑ヨ留地頭得分負物一、或無レ故令ニ逃散一土民百姓等之（ナシ）事、相互不レ可レ扶ヨ持-置領内一矣〔云と〕、

一　所務并境相論之事、一揆中寄合、令レ披ヨ見兩方文書一、任ニ理非一可ニ落居一、聊率〔楚〕忽不レ可レ及ニ喧嘩一焉〔矣〕、

一　各下人等捨ニ主人一、令レ居ヨ住他村一之事、随ニ聞及一而、於ニ扶持領主一致ニ訴訟一之時者、任ニ定法一、直可レ被レ渡ニ主人方一、若有ニ異儀一者、爲ニ一揆中之沙汰一、令（ナシ）レ糺ヨ明理非一、可レ被レ出レ之否云と矣（ナシ）、

一　他村仁放入牛馬之事、随ニ聞及〔及聞而〕一致ニ訴訟一之時者、任ニ定法一、互可レ被レ出レ之焉〔矣〕、

右條と、若僞申候者、
日本六十余州大神小神、殊者
八幡大菩薩御罰各可ニ罷蒙一候、依〔仍〕一揆各〔諸〕契約之狀如レ件、

永徳四年二月廿三日　孔子次第59　　源《ひらと》　湛(花押)
駿河《※たひら》守定(花押)　　遠江《やましろ》守栄(花押)
伯耆《おうしま》守徳(花押)　　越前《ひう》守純(花押)
壹岐《しさ》守調(花押)　　左衞門《たんこ》尉遙(花押)
伊豆《うく》守勝(花押)　　三河《ミくりや》守守
鬼益《あいのうら》丸代(花押)　　長門《さゝ》守相
備前《こさゝ》守　　能登《あいのうらのはら》守超
薩摩《おうら》守廣　　伊豆《いまり》守高
若狭《ちきた》守助　　薩摩《しやうやま》守連
常陸《まつのかわ》介授　　周防《つきのかわ》守續
因幡《つよし》守安　　長門《ふねのはら》守茂
大和《いきつきの一ふん》守　　常陸《いきつきのかとう》介
伊勢《いきつきのかとう》守　　石見《させほ》守元
左京《させほのいまふく》亮　　若狭《ありたのよしの》介
周防《ミやち》守聞　　因幡《ふくの》守
諸龜《くすく》丸代叶(花押)　　因幡《きす》守壱

沙弥《ふく井》源光
源《ミくりやのさかもと》　宥
石見守《ひらと》武(花押)
因幡守《うくのたかせ》廣(花押)
近江守《うくの江》傳(花押)
伯耆守《うくのまつお》剛(花押)
石見守《しさのまつのお》信
但馬守《しゝき》重(花押)
白濱後家《しさのしらはま》代弘
若狭守《ひらとのおうの》廣
若狭守《うくのふちわら》貞(花押)
石見守《ありかわ》全(花押)
豊前守《あをかた》固(花押)
式部《なる》丞貞
有河代圍(花押)

○青方文書ヲ以テ本文ノミ校注ス、但シ第五條「披見」ヨリ「聊」ニ至ル十三字ヲ缺ク、補註參看、

九七　赤松時則書下　○多田神社文書

(攝津)多田院殺生禁断事、於二制法之堺内一、令二違犯一之輩者、於下有二名字一御家人等上者、被レ収一レ公所帯名田等一、至二于其身一者、可レ被レ追一レ出領内一者也、於二凡下一者、成二出家之身一、同可レ令レ追一レ拂之一、爰本田方公文代關三郎之子息左衞門次郎、去月廿九日於二金瀬河原一、射一レ取完一条、依レ不レ軽二其科一、欲レ行二重科一之處、即令二逡〔逐〕電一畢、所詮於二向後一、雖レ経二年記一、於レ令二庄内出入一者、相一レ懸親類等一、可レ行二罪科一者也、然ぉ其身逡〔逐〕電之上者、於レ無二依儀一者、其親不レ可レ懸レ科之處、彼關三郎構二私曲一、於二金瀬一射一レ取完一之条、非二制法一之由、以レ狀申之間、尋糺明之處、無二跡形一姧曲也、是即所レ欲レ助二罪科人一、令二露顯一者歟、此条、非二一旦之姧謀一、違二末代之制法一者哉、就二此段一、其親ぉ所レ成二出家之身一也、忽依レ非二其身科一、於二領追出之段一者、被レ宥二免一之条、不レ可レ成二自余之引懸一者也、此上者、向後弥於二禁制之堺内一、致二殺生一之輩者、可レ被レ行二重科一之狀如レ件、

永徳四年三月五日
(符箋)「赤松參河守」
源時則(花押) 60

九八　行妙長江重景　妙應寺制法　○妙應寺文書

於二(美濃)妙應寺一末代制法置文事
一引二客人一入二風籠一事
一引二客人一飲酒事

一蹴鞠事

一居㆑鷹并引㆓鷹犬㆒入㆓寺門㆒事

一乗打、乗輿事

右、於㆓向後㆒停㆒㆑止之㆒、若行妙(長江重景)於㆓子孫之中并一族若黨之中㆒、[61]於㆘背㆓此旨㆒輩㆖、行妙跡謂㆓段歩㆒不㆑可㆑知㆒㆑行之㆒、仍置文制法之狀如㆑件、

至徳元年後月(閏九月)十六日　　行妙(花押)

九九　沙彌行妙 長江重景 以下十八名連署起請文 ○妙應寺文書

（美濃）青坂山妙應寺末代定置候趣

再拜〻〻

敬白立申起請文之事

右、件起請文事、於㆓当郷(居益郷)㆒殺生禁断事

但、除㆘對㆓夜打、强盗并合戰㆒、對㆓身敵㆒、公界[62]事㆖、犯㆓此旨㆒候者、

上梵天、帝尺(釋)、四大天王、燗魔法王、五道冥官、太山府(君脱カ)、四河、四陸、日月、星宿(星)、下堅窂地神、四海龍神、三山護雄、殊者伊勢天照大神、皇城領(鎭カ)守賀茂、春日、稽荷、八幡、祇(祇)薗、日吉山王、北野、貴布祢、松尾、新羅五所明神、別當国(美濃)領(鎭カ)守南宮、伊冨貴、當郷四所大神明可㆑蒙㆘御罸四十四継節、八十三折骨、毎㆓九億毛孔㆒罷㆖、殊於㆓今生㆒受㆓白癩、黑癩罪㆒、於㆓後生㆒可㆑沈㆓無間業㆒候、仍起請文狀如㆑件、

至徳元年甲子後九月十九日

沙弥行妙(長江重景)(花押)　沙弥行善(長江景康)(花押)

左京亮(花押)　多賀五郎(花押)

多和田(花押)　深谷[63](花押)

阿嶋(花押)　水野(花押)

比企將監(花押)　同弥次郎(花押)

幸信 掃ア(花押)　満信 孫九郎(花押)

範光 菅六(花押)　太郎(花押)

八郎(花押)　片岡(花押)

六郎　左衞門五郎

一〇〇 道合(上杉憲方)置文 ○上杉文書

置文64

所帯諸職事

右、爲二家督分并庶子分一、面々讓コ与所領一之上者、各一レ心而可レ致二奉公一、若此中有下背二惣領一之輩上者、惣領可レ知コ行彼跡一、亦惣領寄二事於左右一不レ可レ有レ煩、庶子事、縦雖レ有二數輩子共一、於二家督一者、可レ立二一人一、次於二後家、女子一者、可レ讓コ与一期分一、一期之後者、可レ付二惣領一、又有二讓余一者、雖レ爲二何ケ所一、惣領可レ致二知行一、至二于不知行所領等一者、依二時分一致二訴訟一、同惣領可レ知コ行之一、敢不レ可レ讓コ与他人一、將又、(伊豆)65國清寺、(相摸)報恩寺、(相摸)明月庵以下所々寺院事、惣領可レ致二外護一、若有二非法之儀一者、可レ爲二不孝第一一、及二子々孫々一、永代可レ守二此置文一之状如レ件、

至徳四年九月廿日　　道合(上杉憲方)(花押)

一〇一 大中臣實□金光寺禁制写 ○古案敷写

(丹波)金光寺

禁制条々

一當寺者、以二蜜(密)宗一被レ爲レ旨之間、四度加行可レ有二勤行一、若於二不レ然輩一者、不レ可レ令二寺住一事

一修学爲レ本、乍レ着二法衣一帯二兵具一、可レ被二一向停止一事

一酔狂者、騒乱闘諍基本、一向可レ令二停止一事

一異形無二威儀一仁寺中俳佪(徘徊)、固可レ令二禁制一事

一悪口両舌闘乱基、殊更可レ令二禁制一事

一依二少事一口論、無二左右一人令二打擲一輩事、甚以不レ可レ然、固可レ被二重科一者也、將又於二被レ打仁一者、存外無極歟、雖レ然、且寺家之煩存、且未来之罪業存、不レ致二其報當一条、慈恩之至、感歎有レ余、眞實可レ被二許容一事

一凡於二寺中成敗一者、可レ爲二老僧中之間(マヽ)一事

鎭守

三岳蔵王權現社頭勤行事

一安居九旬之勤行者、坊別所役可レ被レ定事

一當寺居住之仁者、安居一夏、山上山籠可レ有之事

一御供等成敗者、可㆑為㆓年行事所役㆒事

右条〻、應安三年八月日雖㆑被㆑定㆓規式㆒、尚〻依㆑有㆑乱進〔重カ〕定㆑之、若此旨有㆓違背之仁㆒、為㆓老僧中之無沙汰㆒之間、自㆓檀那方㆒可㆑被㆑行㆓重過㆒者也、仍所㆑定如㆑件、

嘉慶二年二月　日　　左衛門尉大中臣實□〔宗カ〕（花押）

一〇三　下松浦一族一揆契状写　○青方文書

（肥前）□〔下松〕浦一族一揆契諸条〻事

一於㆓公方御大事㆒者、不㆑云㆓分限大小㆒、令㆓會合㆒、中途加㆓談合㆒而、随㆓多分之儀㆒、急速可㆓馳參㆒、但、火急之御大事出來者、承及次第可㆓馳參㆒云〻、

一於㆓一揆□〔中カ〕㆒、所務弓箭、境相論并市町路頭喧嘩闘諍出來之時者、先近所人〻馳寄、可㆑宥㆓時儀㆒、若猶以及㆓難儀㆒者、一揆一同令㆓會合㆒、任㆓道理㆒可㆑令㆓成敗㆒、聊不㆑可㆑許コ容僻事㆒、次若於㆓一揆中㆒、有㆓讒言凶害之儀㆒之時、無㆓是非㆒不㆑可㆑含㆑恨、相互可㆑窮〔究〕㆓実否㆒云〻、

一於㆓夜討、强盜、山賊、海賊、放火、田畠作毛盜苅族㆒者、證據分明者、直可㆑行㆓死罪㆒、聊以㆓検〔嫌〕疑㆒不㆑可㆑致㆓理不盡之沙汰㆒、次同類之事、為㆓衆中之沙汰㆒、可㆑被㆓罪科㆒云〻焉、

一此一揆中之人与㆓一揆外之人㆒相論出來之時者、縱雖㆑為㆓重縁㆒、先閣㆓一揆外之人㆒而、馳コ寄於一揆中方㆒而、令㆑勘コ弁両方理非㆒、為㆓道理㆒者、可㆑見コ継一揆中㆒、若雖㆑為㆓一揆中㆒為㆓僻事㆒者、一同令㆑教コ訓之㆒、不㆓承引㆒者、両方共不㆑可㆑見コ継之㆒、但、一揆外之人計相論之時者、或依㆓重縁㆒、或任㆓道理㆒、可㆑見コ○〔継〕之㆒者也矣、

一就㆓百姓逃散㆒、相互可㆑扶コ持之㆒否事、所詮為㆓本地頭㆒無㆓不忠之儀㆒、負物、年貢以下無㆓怠勘㆒者、可㆑扶コ持之㆒、若負物、年貢等無㆓弁済㆒者、不㆑可㆑令㆑扶コ持之㆒云〻焉、

一一揆中相傳下人之事、若隠コ居彼衆中之領内㆒之時、主人致㆓訴訟㆒者、或依㆓支證㆒、或被㆑相コ尋近所人〻㆒而、為㆓下人㆒条分明者、任㆓傍例㆒可㆑被㆑渡㆓主人方㆒云〻矣、

若此条〻偽申候者、八幡大菩薩御罰於各可㆓罷蒙㆒也、

嘉慶二年六月一日 次第不同

※宮地 周防守聞

大曲 正奉

松河 長門守勝

値賀女子代公武

肥前守湛(平戸)(花押)

若狭守廣(平戸大野)(花押)

長門守公和(花押)

圖書允隱

山城介秀明(花押)

家益(花押)

因幡守家重(花押)

津吉立石 掃部助栄(花押)

御厨 三河守守

調河 熊房丸

津吉巨田 兵庫允有(花押)

大河内 保闔

林 越前守定

宮村 伊勢守力

庄山 薩广守連

丹後守五

石見守武(平戸)(花押)

周防守崇(花押)

新左衞門尉固(青方)

相神浦 鬼益丸

大坎〔炊〕助与

周防守守資

津吉 因幡守安(花押)

生月山田 彦犬丸代兵庫允義本

御厨田代 近

志自岐 但馬介重(花押)

田平 駿河守定

一〇三 播磨松原・的形・福泊三莊堺置文 ○松原八幡神社文書

松原庄(播磨)与的形(播磨)、福泊(播磨)与両庄堺置文事[66]

南者、東の立岩の中を北へ、今度中分畠の中を堺て北へ、弥三郎作畠中をさかふ、彼畠より侍従谷乃東の小たわまて作分者松原領也、山の林きわまては福泊領也、侍従谷の東の小たわを上へ、古つゐ地のはなをかきり北へ、峯分ニ高坪の中を北へ下坂まて、下坂の北ハ畠山号田山、辻を北へ、烏谷の上へ、西のそわと言山を峯切に北へ、東者的形領、西者松原領也、又烏谷の北の山者、山の腰中をなめらを堺て、なめらより上を北へ緋田堺まて上者松原領、なめらよ○コノ所ニ裏書①アリ、り下を北へ緋田堺まてハ的形領也、南の立岩を始て北の緋田堺まて、堺しるし植木岩くろ等数ヶ所在レ之、末代守二此旨一、可レ有二管領一也、若越二山野堺一、草木を盗伐事令二露顯一者、縦雖レ為二神人一、任二制札之法一、可レ被レ致二其沙汰一也、又雖レ為○コノ所ニ裏書②アリ、二守護領名主百姓一、同可レ被レ處二罪科一者也、就レ中至二制札違犯之輩仁一、聊雖レ及二打擲刃傷一、令二罪科至極一者、

相互不レ可レ及二宿意一、仍所レ定如レ件、

康應貳年庚午三月二日

彈正忠則政(花押)

左衛門尉助行(花押)

(紙繼目裏書①)

御使

小河新左衛門尉

助行(花押)

御使

佐谷彈正忠

則政(花押)

(裏書②)

地藏院

堂達大法師暹秀(花押)

横瀬　御代官

小野左衛門尉助吉(花押)

一〇四　光頼森林伐採定書　○健田須賀神社文書

(異筆)「禁制」

当社森林之事

任二十一月六日御せひはい(成敗)一、ゑたくちき(枝朽木)とかうし(號)てきる事、

寺僧、神管(官)ハその所をはいちらす(奪散)へきなり、地下人ハ一人

参貫文つゝのくわたい(科怠)たるへし、此旨そむき(背)たるともから(輩)

あらハ、いそき具そく(足)をおさへ(押)、可二注進一也、

明德元年十一月十二日

光頼(花押)

一〇五　周防興隆寺條書案　○興隆寺文書

(端裏書)「氷上条と」

(周防興隆寺)氷上事書条と 67

一可レ被レ造二舞屋一事、尤可レ然之、以二寺家造営料所得分一、

可レ有二其沙汰一矣、

一当寺門前可レ被レ立二町屋一事、寺家与二官方一、在所以下事

有二談合一、早と可レ被二沙汰一之矣、

一下総房祐尊、既被レ拂二当寺一之上者、於二円輪坊一有二衆徒

談合一、可レ被レ差二置器用仁一焉、

一廳屋上葺事、是又以二寺家料所得分内一可レ有二其沙汰一之

焉、

一当寺諸公事如レ此大綱等沙汰之上者、可レ被レ閣之矣、

一当寺奉行人事、沓屋兵庫允在京之間、森(良智)大和入道可レ有二取沙汰一之矣、

右、守二条ゝ事書旨一、嚴密可レ有二沙汰一之状如レ件、

明徳二年六月廿九日

○紙背ニ、三名ノ花押アリ、

一〇六 今川貞臣禁制 ○廣福寺文書

禁制

石貫(肥後)村并寺領内竹木同笋等事

右、軍勢并甲乙人等、号二公方使一令二乱入一、山林竹木、笋以下、任二雅意一押而剪取之條、堅所レ令二禁制一也、於レ有二違犯之輩一者、可レ被レ処二重科一也、但至二凡下之族一者、直可レ搦二進其身一之状如レ件、

明徳参年五月日　陸奥守(今川貞臣)(花押)

一〇七 松浦黨一揆契状寫 ○青方文書

〔一揆契諸條ゝ

一君御大事之時者、成二一味同心之思一、早ゝ馳参可レ致二忠節一云ゝ、但、火急之御大事之時者、馬立次第可二馳参一也矣、

一就二私□〔所〕務雑務之弓火以下子細一〔珍事闘諍出來之時者、先近所人ゝ馳寄而、無為被レ事可二宥申一也、至二于理非一者、一揆一同加二談合一、僻事方令二教訓一、任二道理之旨一、可レ有二落居一也矣〕、

一於二一揆人数之中一公□〔方〕有二申事一時者、先就二是非一、一同可レ有二吹挙以下一云ゝ矣、

一百姓逃散之事、自二領主一於下有二訴訟一物上者、不レ論二是非一、領主方可レ被二返付一也矣、

一大犯三ケ条之事、且任二本条之旨一、堅可レ有二其沙汰一云ゝ矣、

右、雖二子細多一、先日契諸状ニ条ゝ被二書載一之間、多分令二省略一者也、若此条ゝ偽申候者、

八幡大菩薩、天満大自在天神御罰、各可二罷蒙一候、仍起請文一揆之状如レ件、

明徳三年七月五日　　　　民部丞省(花押)

※兵庫允義本 次第不同　　伊賀守正(花押)

沙弥善栄　　沙弥妙怡(花押)

宮内允授　　美濃守應

兵庫允重　　右京進長

安藝守祝　　勘解由左衞門尉一

壹岐守宥　　近江守照

若狭守貞(花押)　　越前守聞

淡路守崇(花押)　　沙弥道信

常陸守景義(花押)　　沙弥淨覚(青方重)

備前守勤(花押)　　若狭守廣(平戸大野)(花押)

伊勢守授(花押)　　幸王丸

伊豆守高(伊萬里)(花押)　　沙弥禪源(花押)

伊豆守勝(宇久)(花押)　　幸増丸

豊前守固(花押)　　丹後守定(花押)

岑什(花押)　　安藝繁

右京進長(花押)　　彈正忠合(花押)

小法師丸

○『南北朝遺文』ニ據リ、青方家譜ヲ以テ缺文ヲ補ウ。補缺ノ文字ハ〔　〕中ニ入ル、

一〇八 島津元久段銭定書写 ○前編旧記雑録三十

（島津元久）
（花押）

段銭事 五十宛 寺社百宛 68

右、来十月中可二調進一、三ヶ度可レ加二催促一、猶以有二無沙汰輩一者、所詮可二向背一也、仍所レ定如レ件、

若此条偽申者、

正八幡大菩薩、天満大自在天神、諏訪上下大明神御罰お可二罷蒙一候、

明徳二二年六月日

一〇九 島津元久段銭定書写 ○前編旧記雑録三十

（島津）元久公（花押） 御花押

定

段銭事 三十文 寺社五十文 69

右、来十一月可二調進一、三ヶ度可レ加二催促一、尚以有二無沙汰輩一者、所詮八幡大菩薩御照覧候、未進分際田数可二取放一也、仍所レ定如レ件、

明徳二二年六月日

一一〇 島津元久福昌寺制札写 ○前編旧記雑録三十一

（島津元久）
（花押）

制札

於二（薩摩）福昌寺一條々事書

一寺山竹木不レ可レ伐、後境谷

一寺山不レ可レ為二殺生一、放レ鷹入二寺山一不レ可レ取、

一於二門前河一、不レ可レ為二殺生一、境目懸、

右、於二此条々一、若違背輩可レ処二罪科一者也、仍制札如レ件、

応永貳年乙亥正月日

一一一 河野通之善応寺領幷末寺領定書 ○善応寺文書

定

（伊予）善応寺領并末寺領事、与二諸給人之所領一、或其堺論、或同所異名論、或依二名主職寄進一論在レ之歟、因レ茲於二寺官庄

主之所一、可レ經二事子細一之處、于二理不盡一於二百姓之許一致二
呵嘖一之條、於二向後一者、固令二禁竭(遏)一者也、若復庄主於
レ有二無沙汰一者、於二評定所一可レ決二断理非一之狀如レ件、

應永二季卯月廿三日　通之(河野)(花押)

一二二　小島高光久米多寺禁制　○久米多寺文書

(附箋)「佐々木三郎盛綱七代孫
小鳥(島)備中守高光」

禁制　久米多寺(和泉)

一不レ可下山林之用木任二雅意一伐取上、若池大破之時、任二往古之例一、可レ經二寺家於案内一事

一魚用水事、任下被二定置一本願行基菩薩之分量上、專可レ被レ守二其跡一事

一殺生禁断事、勅裁并關東六波羅之御下知明鏡也、然而放逸之輩不レ憚二寺邊一、或臨二池水一捕二魚鳥一、或入二山林一狩二猪鹿一云々、自今以後、堅可レ有二禁遏一事

右條々、且守二本願菩薩之御意趣一、且任二公武代々之支證一、当寺四至之內、堅可レ被二制断一、若於二違乱之輩一者、

嚴蜜(密)可レ處二罪科一之狀如レ件、

應永参年六月　日　備中守(花押)

一二三　宗順(小早川春平)置文案寫　○小早川家文書之一(大日本古文書)

天心置文(小早川春平)

夫當寺(安藝巨眞寺)者、地頭小早河美作守平茂平、法名本佛、為二願主一、嘉禎元年歳次乙未開山創寺、号二巨眞山寺一、意趣所以者何、為レ奉レ祈二三代將軍之頓證菩提一也、然則無レ幾功既畢、同四年十一月十一日、白二一條入道殿大(太)政大臣家(藤原公經)一、開二當庄之內鹽入荒野一、為二地頭一圓之計一、可下歸(寄)二附當寺一申上之免狀在レ之、同年改元之歳也、曆仁元年十二月一日、關東之御教書拝二領之一、又安直(安藝)本鄉內十餘名名与(支)配段別四斗六升代五町年貢(但、在所不定差物也、号二巨眞山給地下一、)文書見レ之、被レ充二諸堂佛餉、灯油、修理等一、自レ爾以來、奉レ、祈二代々將軍之現世安穩、後生善處一至二于今一不二退轉一、寺領等又無二相違一者也、數通之寄進狀、規式、置文等高山城回祿之時、悉燒失畢、而間寺務者、効(傚)二舊儀一、寺領者、任二當知行一無二相違一可二相續一由、

以二當檀那沙彌宗順（小早川春平）置文一、可レ為二末代之与證（支）一者也、仍代々將軍家之御菩提幷當御代御祈禱、可レ被レ致二誠精一之狀如レ件、

定規式事

一晝夜勤行不レ可レ有二退轉一事

一山中用木寺用之外不レ可レ截事

一於二當寺之所領一段錢以下官家諸役可二停止一事

右、任二條々往古之例一、可レ有二其沙汰一之狀如レ件、

應永五年戊刁十月八日　宗順在判

一一四　長基（上杉憲定）書下　○三島神社文書

伊豆國三嶋宮中犯過人事、於二謀反人一者、不レ憚二在所一可レ有二其沙汰一、於二殺害人幷盜賊以下一者、任二舊規一相二觸社家一、可レ召二渡其身於守護所一之由、所レ令レ下二知代官一也、可レ被レ存二其旨一之狀如レ件、

應永六年九月十三日　沙弥（長基、上杉憲定）（花押）

三嶋宮伊豆守（盛平）殿

一一五　常凞（山名時凞）大同寺條目案　○大同寺文書

一大明寺殿（山名時凞）規式　御判（山名時凞）

定

一當寺者、与（但馬大同寺）（為カ）二郡內一圓拜領一之間、定二置祖父菩提処並後代　常凞（時凞）歸處一事

一行事等者、可レ被レ守二本寺法度一事

一於二寺家領中一、令レ停二止諸公事一上者、公私之祈禱不レ可レ有二其怠一事

一山林之（中）於二一草一木一、寺用之外、不レ可レ用二他之用一事

一山中門前殺生禁断事

一於二当寺一者、眞俗之違乱狼藉之輩、任レ法可二成敗一事

一於二寺家敷地一為二火防一小寮造立禁事

右、為二後住思量一書二此条目一者也、

應永七年十一月念八日　大同寺茂林（興樹）和尚　太田垣通泰有裏判

二一六　大内盛見興隆寺條書　○興隆寺文書

(周防)氷上山興隆寺條〻

一神事法會以下之寺家行事、且守二先規一、且専二興行一、各可レ被レ致二嚴蜜(密)沙汰一、敢不レ可レ有二聊尓一矣、

一檢断事、於二寺内一者、自レ元守護諸司使等不入之地也云〻、任二舊規一可レ令レ停二止乱入一、檢斷出來之時者、当奉行可レ有レ糺二明之一、寺領所〻同前焉、

一寺家沙汰事、当奉行披露不レ可レ有二遅怠一矣、

右、当山者、依三崇敬異二于他一、代〻公役免許之先證惟多、具被レ載二正平九年御下知一畢、守二事書之旨一、可レ被レ致二沙汰一、次菅内、小野、實相寺爲二四ヶ寺一上者、被レ因二准氷上山一、条〻不レ可レ有二相違一之状如レ件、

應永九年十二月七日　多〻良朝臣(大内盛見)(花押)

二一七　勝宗用水置文案　○辛島文書

(豊前)くすわら(葛原)の郷いつミ(泉)のめんてん(免田)ニかゝる用水の事、ほうきやうし(法鏡寺)とあいあふてさた(沙汰)をいたすハせんき(先規)なり、しかるニ先年久下のけうくわん下向のとき、いさゝかさた(沙汰)あるによて、正和神領興行御下知をなされ了、しかつしよりこのかたさうい(相違)なし、いひ(井樋カ)のふんけん(分限)この御下知ニみへたり、しかるニいま平田(豊前)の別苻(府)を木付方よりさた(沙汰)ある時分、平田の地下人等かけうかい(凶害)ニよて、せんき(先規)をやふ(破)られ、このようすい(用水)をとゝ(止)められ了、ほうきやうし(法鏡寺)よりとかく(兎角)申ニよて、せんき(先規)のいひ(井樋)をやふり、せうふん(少分)のいひ(井樋)をふ(伏)するといへとも、兩方の用水たいてん(退轉)せしめ了、神領かんそん(旱損)ハ御きたう(祈禱)のたいてんなり、御さた(沙汰)あらん時ハ、興行御下知をもて申さたし、相違なくハこのミそ(溝)の水はんふん(半分)をもて、大まちかとたいけ(以下)ニ、はんふんあて(半分充)ニひ(引)くへし、かうりよく(合力)の人あらハ、このミその水はんふんニてしはい(支配)すへし、かうりよく(合力)の仁なくハせひ(是非)ニ及ハす、むかし(昔)より、はんふんハいつミ(泉)のめんてん(免田)ニかゝる水なり、くハしくハ御下知せうもんら(證文等)ニミへたり、ゆめ〱ろん(論)をいたすへからす、よて爲二後證一しるしおく状如レ件、

應永十年二月三日　　勝宗在判

一一八　直會（熊谷宗直）置文　〇熊谷文書

至二子と孫と一可レ有二存知一條と事[70]

一桐原（安藝）、恒松、袴川者共者、重代相傳家人也、若有二不儀振舞一、領中退散仕者、任二此置文旨一、返沙汰、可二召仕一也、

一於二中間共一者、小六之兄弟部類、水落之形〔刑〕部入道之子孫部類共、林下入道之子孫共、弥三郎之子孫部類共、彼者共者、重代相傳下人タル間、爲レ法沙汰返、召可レ仕也、彼等部類、四郎在直（熊谷）計トシテ、末之子共ニ可レ取也、

一南村之鵜生大郎兵衞之部類、衞門尉之部類、同南村之武行之入道之子孫部類者、重代相傳下人也、有二領内退散一者、返沙汰、可二召仕一也、

一寅乙喝食ニ雖二妙覺寺讓渡一、若誤而不レ有レ僧者、惣領涯分可二扶持加一也、

一舍弟左馬助、依レ有レ志、一分方内ヲ取するなり、彼仁一期之間者、不〔レ可〕レ成二違乱煩一、一期後者、子共中ニ依二器量一可レ加二扶持一也、背二此置文旨一輩者、不孝仁而直會（熊谷宗直）讓所不レ可二知行一也、爲二後證龜鏡一置文狀如レ件、

應永十年二月廿八日　　尾張入道直會（花押）

一一九　大内盛見國清寺條書案　〇常榮寺文書

置手之狀也、
國清寺（周防）「条と」（貼紙）[71]　〇東京大學史料編纂所所藏影寫本ニ書寫ス、

一當寺不レ可レ有二他門住持一事

一縱雖二世上動乱一、寺領人夫以下諸役等、一向可二停止一之事

一寺領殺生禁断事、若違犯、於レ侍者、可レ收二公給恩一、至二凡下輩一者、可レ追二放其身一矣、

一掛〔搭〕塔僧事、官方吹挙可二停止一之▨（焉）、

一寺領檢断、令レ停二止守護使入部一、可レ爲二当寺奉行人之沙汰一矣、

一温室事、在家人等無二左右一可〔不レ〕レ入焉、

應永十一年二月十日　　　　　　　　　　（大内）盛見在判

一三〇　陸奥國人一揆契狀寫　○楓軒文書纂九十一　白河證古文書二

連署之事[72]

右、各致㆓味方㆒上者、雖㆑無㆓是非㆒、取分應㆓上意㆒、同心可㆑致㆓忠節㆒、且於㆓私大小事㆒申談、可㆑罷㆓立用㆒、公私共以殊不㆑可㆓等閑㆒、次就㆓公私事㆒無㆑理申事并無㆓正躰㆒振舞候方ハ、不㆑可㆑有㆓許容之沙汰㆒、同心於㆘被㆓加判㆒人㆖者、可㆑被㆑守㆓此旨㆒云〻、此条〻於㆓背輩㆒者、

日本國中大小之神祗〔祇〕等、別而伊豆、箱根兩所權現、三嶋明神、八幡大菩薩、天滿大自在天神、塩釜六所大明神之御罸〔罰〕各可㆓罷蒙㆒者也、仍而起請文如㆑件、

應永十一年七月日

藤原滿藤（花押）
稲村
刑部少輔行嗣（花押）
佐々川
藤原滿詰（花押）
伊東下野七郎
藤原祜時（花押）
窪田
修理亮祜守（花押）
高倉
遠江守顯眞（花押）
大豆生田
沙弥道綱（花押）
小峯
藤原滿政（花押）
下枝
沙弥性善（花押）
御代田
平季秀（花押）
中津河
参河守秀清（花押）
河田
宮内大夫季隆（花押）
猪苗代
参河守盛親（花押）
河田
藤原祜春（花押）
多田野
沙彌聖久（花押）
河田
左衛門尉祜義（花押）
名倉
藤原祜清（花押）
阿子嶋
藤原祜善（花押）
社谷田
沙弥慶勝（花押）
中地
沙弥性久（花押）

○白河古事考四ハ年次ヲ「應永二年」ニ作ル、尚、神文部分同書ヲ以テ校注シ、傘連判ハ諸家文書纂二ニ據リテ掲グ、

一二 大内氏奉行人連署奉書寫 ○兄部文書

あい物商人方之賣物事
一魚塩事
一足鍋事
一大小斗斛はかり物事
一あを物事
一色〻海之賣物事
一竹さいく賣物事
其外色〻あい物方賣物進退事、弥五郎大夫重守か所へ、背ニ此旨一輩ハ、上より可レ致ニ罪科一也、仍執達如レ件、
應永十一年八月一日
彈正忠（杉重貞）
沙弥
伯耆守（杉重綱）
73

一三 安藝國人一揆契狀 ○毛利文書 74

安藝國〻人同心條〻事 次第不同
一無レ故至レ被レ召ニ放本領一者、一同可ニ歎申一事
一國役等事、依ニ時宜一可レ有ニ談合一事
一於ニ是非弓矢一大事一者、不レ廻ニ時剋一馳集、為ニ身〻大事一可レ致ニ奔走一事
一於ニ此衆中一相論子細出來者、共令ニ談合一、就ニ理非一可レ有ニ合力一事
一京都樣御事者、此人數相共可下仰ニ上意一申上事
若違ニ背此條〻一者、
日本國中大小神祇、別者 嚴嶋大明神御罸各〻可ニ罷蒙一候、
仍連暑〔署〕之狀如レ件、
應永十一年九月廿三日
小河内 沙弥妙語（花押）
※鄉原 修理亮清泰（花押）
窪角 左近藏人氏則（花押）
横山 右近藏人高實（花押）
山縣 八郎左衞門尉親正（花押）
久芳 上野守秀清（花押）
兒玉 豊前守廣家（花押）

長江 丹後守景光
遠藤 修理亮直俊(花押)
市河 左近將監信貞(花押)
完戸 右京亮在家(花押)
香河 修理亮之正(花押)
毛利 越後守元衡
毛利 沙弥宗護(花押)
熊谷 沙弥直會(宗直)(花押)
天野 沙弥昌儀(花押)
毛利 大江廣身(花押)
嚴嶋 安藝守親頼
平賀 沙弥妙章(弘章)(花押)
能冨 刑ア少輔之氏(花押)

忍 次郎右衛門尉景貞(花押)
横山 若狭守高經(花押)
金子 勘解由左衛門信親(花押)
井原 美作守在教(花押)
三須 次郎兵衛尉忠清(花押)
毛利 大江親秀(花押)
品河 近江守實久(花押)
温科 出羽守親理(花押)
伴 兵部大夫經房(花押)
小幡 山城守親行(花押)
毛利 備中守之房(花押)
天野 式部大輔宗政
のうミ ちくせん守□□(花押)

一三三 某豊樂寺定書案 ○豊樂寺文書

定豊樂寺(美作)條々事

一 寺領殺生竹木禁断事

一 寺家諸事令レ停二止課役一事

一 可レ入二湯屋一次第事[75]

一番寺僧、次名主沙汰人、次雜人等

右條々、所二定置一也、若於二違犯之輩一者、固可レ被レ處二罪科一狀如レ件、

應永拾壱年十一月日

御判在

一三四 伊達政宗名取熊野堂條書 ○陸前熊野神社文書

(伊達政宗)(花押)

名取(陸奥)熊野堂へ被レ下事書條々

一御祈禱事、無二退轉一致二精誠一、可レ被レ進二巻数一候、

一公方之御成敗之外ニ、於二当社之領中一、爲レ私致二沙汰一輩於二出來一者、不レ移レ時罸文以、衆徒中同心ニ可レ被レ捧二注進一候、更以不レ可レ有二許容一者也、

一宮中修理之事、曾以不レ可レ有二無沙汰儀一候、隨二而造栄〔營〕所出来一、毎年可レ被レ捧二注進一候、

右、此間社家之沙汰依違、爲二向後一所レ被レ下二事書一也、於二宮中一不慮沙汰出來者、早と可レ有二注進一候、自レ外被二聞召一候者、衆徒中之方へ可レ有二殊御沙汰一候、可レ被レ守二御事書旨一之狀如レ件、

應永十參年七月晦日　　沙弥聖任(花押)

名取熊野堂衆徒御中

一三五　北嶋資孝、同幸孝連署杵築社領内掟書　〇千家文書

於二大社領内《(出雲杵築社)》一下部のらうせき《(狼藉)》を沙汰あるへき条と事

一人を害たらん物をハ、見あひ《(討)》ニうたるへし、若召とられて可レ有二沙汰一子細あらハ、儀ニよつて頸の代を沙汰させて、おいはなたる《(追放)》へし、又ちうせらるへき重科あらハ不レ及二沙汰一、

一罪科人行かたしらすちくてん《(逐電)》あらハ、けしゆ《(下手)》人の沙汰あるへからす、

一かやうのさいくわ《(罪科)》人、若ほと《(程)》へてもめさるゝ子細なく、当所のけらい《(家禮)》あらハ、となたによらす、たいち《(對治)》をくわへらるへきなり、

一罪科人の家中ニおいてたんかう《(談合)》あつて、其沙汰あるへし、

一人をちやうちやく《(打擲)》したらん物は、けんするふん《(るカ)》壱結のくわたい《(過怠)》を沙汰あるへし、ちやうちやく《(打擲)》せられたらん物ハ、半分のさいくわ《(罪科)》たるへし、

一ぬす人のとうるい《(同類)》にやと《(宿)》をもしたらん物ハ、あくたう《(悪黨)》ふち《(扶持)》の沙汰あるへし、仍爲二後日沙汰一度《(法脱カ)》書之狀如レ此、

應永十四年八月日　　資孝《(北嶋)》(花押)
　　幸孝《(北嶋)》(花押)

一三六　道範（一色満範）明通寺定書　〇林屋辰三郎氏所藏文書(小浜市史)

棡山《(若狭)》明通寺被二定置一条と

一不レ可レ有下當寺内女人夜宿并号二御□一坊中居住上事

一於二寺内一耕作停止事、除二里坊一之、

一停二止守護被管人違乱煩一事

一号二當郷領主一停二止寺内違亂一事

一當寺本知行段錢免許事

右、當寺者、當國最初靈地之間、以二敬信儀一、以前条と所レ被二定置一也、然者、可レ令レ専二寺役并諸社役勤行等一之狀如レ件、

應永十四年十二月廿九日　　沙彌道範（一色滿範）（花押）

一三七　大内盛見興隆寺條書　○興隆寺文書

（大内盛見）（花押）

（周防興隆寺）氷上山　條と

一　二月會之時、当山用木等甲乙人等任二雅意一不レ可レ剪レ之、檜葉以下同前矣、

一　祭礼日見物輩、上二石築地一事、堅可レ禁二遏之一焉、

一　塔婆内陣棧敷可レ有二斟酌一、但、除レ緣、矣、

一　管絃者、坊中各可レ令二奔走一焉、

一　安養坊爲二管絃稽古人と一、半年可レ令二住寺一矣、

一　右条と、守二此旨一可レ有二沙汰一之狀如レ件、

應永十五年五月六日

一三八　陸奥五郡一揆契狀　○相馬文書

五郡一揆之事

右條者、就二大小事一、堅相互見繼被二見繼一可レ申候、於二公方之事一者、五郡以二談合之儀一致二沙汰一、私所務相論□（者）、任二理非一可レ有二其沙汰一候、若此条僞申候者、

八幡大菩薩御罸お可二罷蒙一候、仍契狀如レ件、

應永十七年二月晦日

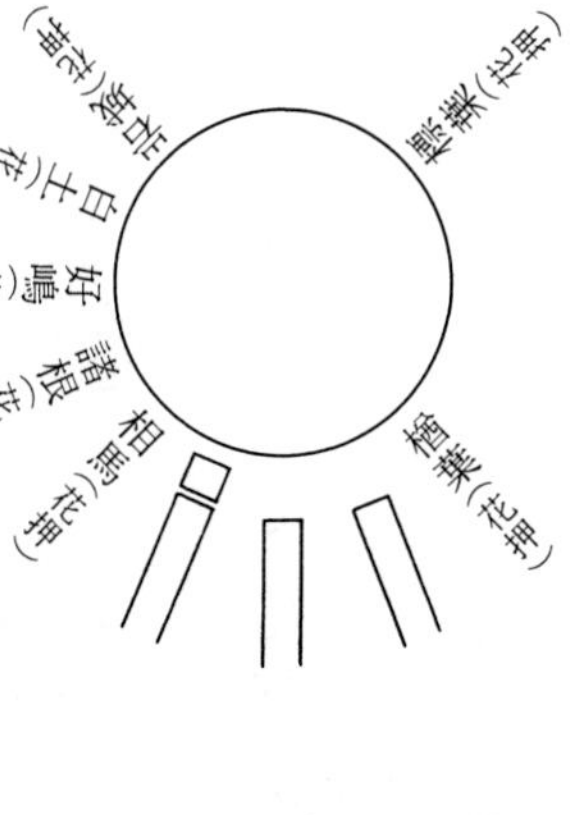

一二九　河尻實昭契狀　○阿蘇文書

（端裏書）「肥後河尻ニ住ス　河尻殿契狀　惟郷代」

申定

契狀条々事

一世上之忩劇、於㆑今者相㆓極于当國（肥後）㆒候欤、然□（云）㆓守護爲㆒、云㆓各々大事㆒、於㆓敵方先立方㆒一□（味同心）致㆓奔走㆒可㆑申㆓合力㆒事

一於㆓契諾之衆中㆒、自㆓守護方㆒、若預㆓不慮□（沙汰）㆒之時、無㆓自他之隔㆒、一同雖㆑令㆑致㆓愁訴㆒、無㆓信用㆒□（者）、就㆓是非㆒相互捨不㆑可㆑被㆑捨事

一於㆓衆中㆒万一有㆓嗷訴方㆒者、同心可㆑奉㆑加㆓諷□（諫）㆒、於㆑無㆓承引㆒者、向後毎事不㆑可㆓申談㆒事

右、如㆑此條々申定候上者、至㆓于盡未來際㆒、□（更）不㆑可㆑有㆓違變之儀㆒也、若申㆑僞候者、

日本國中大小神祇、殊者當國鎮守阿蘓大□（明神）御罰可㆓罷蒙㆒者也、

應永十七年庚寅九月廿七日　源（河尻）實昭□

阿蘓（惟郷）殿

一三〇　五島住人等一揆契狀寫　○青方文書

一せん日こうし（公私）について、うら（浦）のうちあいたかい（相互）に御くう（公事）しの時、さしあハせ（差合）あるへき事、かさねてあらため申候也、しセん（自然）のときハ、そのぬし（主）からはんふん（半分）、又はんふんハ浦の中として、よりあい申候て、れうそく（料足）をかう（合力）りよく申へく候、きやうこう（向後）においても、このむねをまふりて（守）、一人のたいし（大事）の時ハ、一とう（同）の大かう（剛）とそん（存）すへき也、もししセんきせ（議）さるしき（時儀）候ハんときハ、かのけいやく（契約）のまゝおて（追）そのさた（沙汰）をいたし申へく候也、

一くはう（公方）のさつしやう（雑掌）の時ハ、そうりやう（惣領）はんふん（半分）、又うらのうちとしてはんふん、これをせん日のふそ（父祖）のさためられ候まゝたるへく候、よて爲㆓後日㆒けいやく狀如件、

應永十八年太歳辛卯五月十六日　讃（中野）（花押）

栄

三(花押)
昵(鮎河)(花押)
近(青方)(花押)

一二　高瀬武楯清源寺定書　○清源寺文書

定　於㆓玉名郡(肥後)高瀬山青(清)源寺㆒法□(式カ)

一當寺門徒中、於㆓近所㆒、悉可㆑被㆑掛㆓塔(搭)□(當カ)㆒、縱雖㆑有㆓私院㆒、至㆓其身㆒者、可㆑被㆑居㆓住當□(寺)㆒、無㆓其分㆒者、不㆑可㆑爲㆓門中㆒事

一昏鐘鳴以後、無㆑伴而不㆑可㆑有㆓門外出入㆒、同女人經回、堅可㆑有㆓制禁㆒事

□(一)於㆓寺中㆒僧達剃刀之外、不㆑可㆑被㆑持㆓刀類㆒、若猶有㆓其沙汰㆒者、爲㆓住持㆒可㆑被㆓擯出㆒之事

一於㆓寺內㆒飲酒事、雖㆑有㆓大切客㆒、徒不㆑可㆑被㆑用之事

一對㆓檀方㆒、雖㆓年始㆒、不㆑可㆑有㆓巨多之礼㆒、以㆓紙扇㆒可㆑被㆑表㆓其礼㆒、聊不㆑可㆑被㆑致㆓寺家之費㆒事

一或祈禱、或佛事外、雖㆓小事㆒、爲㆓寺家㆒、不㆑可㆑成㆓其煩㆒事

一寺家人夫事、雖㆑有㆓如何樣子細㆒、爲㆓檀方㆒不㆑可㆓召仕㆒之事

右條々、別而依㆑有㆓寺家再興之志㆒、所㆓定置㆒也、爲㆓武楯(高瀬)子孫㆒、若於㆘破㆓此法式㆒之輩㆖者、不㆑可㆑爲㆓其子孫㆒、將又於㆓僧中㆒、被㆑破㆓此旨㆒者、當住持共㆓檀那㆒申談、可㆑有㆓其沙汰㆒矣、仍爲㆓後日㆒所㆑定如㆑件、

應永十八年辛卯十一月十五日　藤原武楯(花押)

一三　三浦和田寒資置文　○中條文書

さた(定)むるせいはい(成敗)の事

一みなミとのおやこ(親子)のことにおきてハ、身かなに〻もなり候てのちにハ、うち(氏)の人たちたれ〳〵(誰々)にてもふちきよよう(扶持)(許容)をする人あらハ、わかうかなか(中)をたかふ(違)へきなり、ましてかけの物なと、ことさら(殊更)かたく(堅)さいくわ(罪科)おすへし、もしそむく(背)物あらハ、□(ち)き□(カ)くひ(首)をきら(切)すへきなり、ふかく(深)そん(存)するしさい(子細)あるによりて、かたく申おく(置)とこ

ろなり、よつてのち(後)のために、さ□(たカ)めおく狀如件、

おうゑい十九ねん二月九日

平寒資(花押)

一三三 肥前宇久浦中一揆契狀寫 ○青方文書

(肥前)宇久浦中御契諾條〻之事[76]

一宇久名代之事、松熊丸(宇久勝)可ㇾ被㆓持申㆒由、浦内面〻われ〳〵堅申定候畢、

若又万ケ一、宇久のしんるいとして、企㆓不慮儀㆒雖ㇾ有㆓相論之方㆒、一同ニ松熊丸ぉ可ㇾ被㆓取立㆒段云云、

一於㆓浦中御一族内人〳〵㆒、自然如㆓先日之㆒思外荒説出來候者、一同ニ申談候而、理非可ㇾ有㆓御落居㆒候、

一於㆓此人数中㆒、被ㇾ捨㆓先日之事㆒、自今以後非道非例之振舞候者、衆中加㆓談合㆒、可ㇾ打人者うち、おいいた(追出)され候する方〻者、不ㇾ及ㇾ申候哉、

一宇久浦中之御一家、各〻御知行之所領境山野河海のかりすなとり、同木松竹きり、其外付㆓萬事㆒、他の境ニこゑ

てせんき(先規)の外、かい(雅意)ニまかせられ候ハヽ、そのともからひしゆつ(擯出)あるへく候、

一百性(姓)下部逃散之事、相互被㆓仰定㆒候上者、理非ぉたゝさ(糺)れ、りやうしゆ(領主)主人ニつけられ候へく候、仍めん〳〵われ〳〵か子〻孫〻、かたくこの旨を可㆓守申㆒候、若此條〻偽申候者、

ほんてん(梵天)、たいしやく(帝釋)、したいてんわう(四大天王)、惣日本國中の大小の神き、ミやうたう(冥道)、当庄の鎮主(守)ニハしゝき(志自岐)大ほさつ、当嶋の大神いひら八幡、同神嶋大明神の神罰明罰(冥)、おの〳〵まかりかふるへく候、

應永二十年五月十日

貞方しんゑもん 頼重(花押)

※あのゝしゆり 納(花押)

よしたけき 永(花押)

なかかハら 備(花押)

わたせ 生(花押)

おはま 道勝(花押)

こは 淨圓(花押)

大くほたちわき 語(花押)

あの 有(花押)

かめのふち 度(花押)

こんとうさきやう 好(花押)

たちさや 馮(花押)

安永ひつちう 般(花押)

貞方さと　頼繼(花押)
安永しもつけ　之(花押)
おにつか入道　融金(花押)
いつミ　極(花押)
あの丶ひこ　与(花押)
貞方入道　良長(花押)
貞方うた　頼敎(花押)
なかむらあき　固(花押)
貞方いつ入道　與慶(花押)
おにつかふんこ　和(花押)
あの丶二郎さへもん　全(花押)
やまくち　道海(花押)
大くほ入道　祥信(花押)

一三四　徳雄(大内盛見)國清寺藏院定書　○常榮寺文書

香山國清《(周防)》禪寺藏院須知

凡經典、若有レ缺者補二完之一、蒸潤者焙二拭之一、残斷者粘二綴之一、或有二簡編亂次一者須レ正レ之、是典藏者常規也、不レ可下以二臆見一輒改中易經字上、華嚴之大琉璃、清涼尚不レ改レ焉、足三以爲二明鑒一也、況又梵音訛舛、借音通用、依二翻譯之師、筆授之人一而有二少異一耳、宜念レ諸毋レ忽、大率看二一經一看二一論一、日有二課裡《程》一、而緇白之徒、間有下抱レ經東《束》レ書、正二其錯謬一、切中其句讀上、雖レ非二悪因一、有レ妨二看敎一、努力禁レ之、看經之《法》。制心一處、無理餘事、念文坐禪、不三必隨二多衆一也、住持亦不レ可三匡以二規矩一矣、一函乃至一巻、不レ可三謾出二寺外一也、幀《愼》護二爐燭一、宜レ妨二不虞一、寺中僧徒不レ可下無レ事經二過藏院一、遊談移上時、自他無益、右條々、看經上士、宜レ悉レ焉、

應永廿一年龍集甲午良月日

徳雄《(大内盛見)》謹白

一三五　五島住人等一揆契狀寫　○青方文書

うら《(浦)》のうちいち[と]□《(一同)》《(う)》にさため申すきしき《(規式)》の事

□《(一)》[ふ][そ][の]ゆいしよもんしよや《(由緒文書)お》ふんて、ひき《(非儀)》のさた《(沙汰)》おいたさんともから《(輩)》ハ、このにんしゆ《(人衆)》さんと《(三度)》けうくん《(教訓)》申てかなハすんは、ゑいたい《(永代)》ひしゆつ《(擯出)》申すへく候、

一しんるい《(親類)》、わかたう《(若黨)》、ちうけん《(中間)》、ひやくしやうら《(百姓等)》にいたるまて、きよせつ《(虚説)》お申いたさんともから《(輩)》ハ、とか《(科)》のきやうちう《(輕重)》によて、そのさたいくわ《(罪科)》におこない申へく候、

一けんくわ《(喧嘩)》、とうしやう《(闘諍)》いてきたらんときハ、おやこ《(親子)》にかきるましく候、りやうはう《(兩方)》二人おうしない《(失)》申すへく候、

一りやうしゆ《（領主）》のいましめたらんものハ、あいたかい《（相互）》にかや《（返）》しかやされ申すへく候、
一かやうに申さため申候うゐハ、こき《（濃）》うすき《（薄）》によて、いさゝかひいき《（贔屓）》のさた《（沙汰）》お申すましく候、
もしこのてう《（條）》いつハ《（僞）》り申候ハゝ、ほんてんたいしやく《（梵天帝釋）》、おはしめ《（始）》たてまつりて、にほん《（日本）》のちんしゆ《（鎭守）》いせてんせう《（伊勢天照）》大しん、八まん、てんしん《（天神）》、ひこ、くまの、尺かさんわう《（迦山王）》、そう《（惣）》して六十よしよ《（うカ）》の大小のしん《（神）》の御はつ《（罰）》おおの〳〵《（各々）》かうふ《（蒙）》り申すへく候

おうゐい廿一ねん十二月十一日　おんあ《（穏阿）》(花押)
※れうかく《（了覚）》(花押)　かいけん(花押)
む[つ]ふ《（鮎河昵）》(花押)　さたむ(花押)
たかし(花押)　す丶む《（青方進）》(花押)
さたし(花押)　あつむ(花押)
つかう(花押)　さつく(花押)
のたミかく(花押)　三郎二郎いさむ(花押)
六郎二郎ひろし(花押)　三郎二郎《なかた》ミつる(花押)
二郎四郎ひろむ(花押)　まこ四郎なかし《（那摩永）》(花押)
いやなか〳〵ハたけし(花押)　うしとう丸(花押)
ひこ四郎　とくかめ丸(花押)
ほむる《（中野讃）》(花押)
ひかとう丸(花押)　れうほん
近《（青方）》(花押)

一三六 賢榮 佐波正連 置文 ○中川四郎氏所藏文書

おきふミ《（置文）》の事77

一孫四郎、同こんなう《（こんなう丸）》さたすへき事
一公方さま、守護殿《（京極氏）》の大事の時、きやうと《（京都）》へのほるへき事候ハゝ、たんせん《（段錢）》、五十分一、わうはん《（垸飯）》ハさしさたまりて候、そのほか赤穴《（出雲）》の大事ハ一人ニかきらす、物の入候ハゝ、ふけん《（分限）》ニしたかつてさた《（沙汰）》すへき物なり、もし不沙汰あらは、ふけう《（不孝）》の子として讓狀共ニ法師《（法師丸）》かたへかゑ《（返）》さるへきなり、
一公方事なくて在國の時ハ、百文たんせん《（段錢）》、五十分一、わうはんれう《（垸飯料）》そく《（足）》共ニさた《（沙汰）》すへき也、返とふさた《（無沙汰）》ある

へからす候、

一とのはら（殿原）、ちうけん（中間）のきうふん（給分）の事

公方の大事の時ハ、百たんせん（段銭）を二百文つヽさたす（沙汰）へきなり、もし公方の大事なくハ百文つヽさたす（沙汰）へし、

一夫ようとう（用途）ハ十文つヽ、のこり（殘）なくさた〔す脱カ〕へし、

仍のち（後）のためニおきふミ（置文）状如レ件、

應永廿二年卯月五日　　沙弥賢榮（佐波正連）（花押）

一三七　隅田一族定書　○隅田文書

一隅田、政所御一族□〔中カ〕御ひやうちやう（評定）の事

一きやうへ（京）の御使者の事、すた（隅田）ハすた□〔に〕て御さため、まんところ（政所）ハ政所にて御さためあるへし、

一らう物（粮）ハ一日ニ二百文つヽ、やとちん（宿賃）ハ三十日ニ五百文、りやうはう（両方）□〔よ〕□〔り〕御□〔出カ〕あるへし、

一河内との（殿）へ一貫文、りやうはう（両方）より御出あるへし、

一夫、中け（家）ハ御のほりあし（上足）御つれあるへし、

一きやうと（京都）へ御のほり（上）いせん（以前）に、もし下山とのあんと（安堵）せらるヽ事候ハヽ、一人ものこり（殘）なく御のほりあるへし、もし御のほりなき人御入候ハヽ、かの人数お□〔は〕つしはつされ申候へし、

一らう物（粮）を御ふさた（無沙汰）の人ハ、おなしく人数おはつしはつされ申候へし、

右、御定之状如レ件、

次第不同

大野（花押）　かめおか（亀岡）（花押）　谷（花押）

小田（花押）　松岡（花押）　高坊（花押）

新《すた》（花押）　坪坂（花押）　□〔竹カ〕内（花押）

もり（花押）　葛原（花押）　はしや（橋屋）（花押）

西（花押）　今西（花押）　中《すた》（花押）

中《まんところ》（花押）　南（花押）　尾崎（花押）

上田（花押）　山田《南》（花押）　中嶋（花押）

中山　小西（花押）　池田（花押）

兵庫（花押）　いもう（芋生）　たるい（垂井）（花押）

辻（花押）　山内（花押）

應永廿二年九月十七日

一三八 沙彌正光請文案 ○出光佐三氏所藏文書

（端裏書）「安心院入道請文」

（豊前）宇佐宮条〻請文

一当社御祭礼并修《造》理等事、不レ可レ有二緩怠儀一之矣、

一雖レ為二社訴一、不レ請二御吹挙一者、一切不レ可レ致二訴訟一、此外神官社人以下不レ應二（到津）公増所諫一、雖レ及二□（嗷）訴一、除二其一人一令二注進一、有レ限御神事可レ遂二其節一之矣、

一於二社例一者、雖二執申一、至二非儀一者、以二神威一申之輩雖レ在レ之、更不レ可レ令二許容一之矣、

右、請文如レ件、

應永廿二年十月七日　　沙弥正弘

（重綱）杉伯耆守殿

（日付裏邊ニ）「来有龍會御神事執行」

一三九 常嘉小早川則平 證文 ○佛通寺文書

（安藝）佛通寺山堺事、上者限二六郎丸一、下者櫛平南北河面限二大峰一、為二御寺山一也、地下材木、炭木等事令二停止一、御寺四方一里内者、不レ論二堺内外一、殺生事令二禁断一、為二後日一亘細注申候、恐惶敬白、

應永廿三年六月十五日　　（小早川則平）常嘉（花押）

仏通寺典座禪師

一四〇 明かん葛原 定書 ○葛原文書

くはう《公方》のくんやく《軍役》の入目おもんてさたむる《定》ところ

一きやうと《京都》の事ハ百卅文、つかい《使》のほかにやとちん《宿賃》あるへし、

一そのほかの事ハ、一日ヲ百卅つかいにてあるへし、

一くはう《公方》のいたしせ《出銭カ》に八日記おもんてとくふん《得分》にあてけん《結解》く《けカ》おしていたす《出》へし、よんて状如レ件、

應永廿四年《ひのととり》二月廿二日　　明かん（葛原）（花押）

三郎（花押）

一四一　伊豆守護上杉憲基書下　○三島神社文書

伊豆國三嶋宮中犯過人事、於二謀反人一者、不レ可レ憚二在所一、可レ有二其沙汰一、至二殺害人并盜賊以下一者、任二舊規一相二觸社家一、可レ召二渡其身於守護所一之由、所レ令レ下二知代官一也、可レ被レ存二其旨一之狀如レ件、

應永廿四年五月廿二日　前安房守（上杉憲基）（花押）

三嶋宮神主殿

一四二　孝久佐木浦定書　○北島文書

（折紙）（題箋）「應永廿四年 孝久鷺浦 山境 證文」

佐木（出雲）之浦山境之事

一東ハりうのまゐのまるをゝくたりに、おもてか坂をいまい嶋をさかう、

一南ハ杵築おもての道祖の松より、ミとせ谷のたて岩を、佛かたわを荒田の道をさかふ、

一西ハくるまか谷をめいの高尾を下りに、おかかしろまて也、此内をかたく禁制すへき者也、但、切捨ひろ（拾）い木なとの事、自然舟一そうほと（艘程）、時との事ハきんせい（禁制）すへからす、

一かち（徒荷）に、こり（樵）の事

何の在所ニて候共、たち木、ふせ木の事、堅可レ致二成敗一者也、仍狀如レ件、

應永廿四年八月廿二日　孝久（花押）

佐木浦百性（姓）中

一四三　德雄（大内盛見）宇佐宮條書　○小山田文書

（端裏書）「宇佐宮御事書」

（德雄、大内盛見）（花押）

（豊前）宇佐宮御造營之間条と

一此内或番匠、或人夫、其外出入甲乙人等事、悉可レ令二潔

齊一之旨、堅固相コ觸之一、且社家令ニ談合一、任ニ旧例一可
レ有ニ其沙汰一之矣、
一同時社職仁等、寄ニ事於此節ニ[至]下企ニ訴訟一輩上者、一切不
レ可レ令ニ許容一、於レ有ニ理運一者、連ゝ可レ令ニ言上一、慥可
レ加ニ裁斷一之矣、
一同時人夫事、雖レ爲ニ寺社領一、雖レ爲ニ人給一、随ニ其所分際一
令ニ催促一、可レ専ニ社用一、若有ニ違儀輩一者、不日可レ有ニ注
進一之矣、
一当國中殺生事、堅可レ令ニ禁断一、敢以不レ可レ有ニ緩怠一之矣、
一御造営材木事、雖レ爲ニ寸木一不レ出ニ宮中一、慥可ニ納置一、次
於ニ御材木採用在所一、御神用外不レ可レ伐ニ木竹一之段、可
レ相コ觸郡ゝ奉行人一、殊可レ令ニ存知一之矣、

　應永廿五年十二月十七日　○奥ノ紙繼目裏下部ニ花押ノ左半分在リ、

一四四　香河元景鑁阿寺禁制　○鑁阿寺文書

禁制　（下野）鑁阿寺

一於ニ当寺内一、牛馬放入、雜人横行、甲乙人等狼籍〔藉〕等事

一於ニ当寺領山野流水等一、不レ可ニ殺生一事
一於ニ当寺坊中以下寺領百姓等所一、竹木所望并牛馬雜具等、
雅意借用等事
右条ゝ、守ニ御本願（足利義兼）掟一、且任ニ代ゝ先君御下知一所レ定也、
若有ニ違犯輩一者、可レ處ニ重科一、且可レ有レ注コ進交名一之狀
如レ件、

　應永廿七年二月六日　　香河下野守元景（花押）

一四五　徳雄（大内盛見）國清寺條書案　○常榮寺文書

（周防）國清寺條ゝ

一僧堂若有ニ被位闕一者、以ニ方丈僧一可レ被レ安コ置之一矣、
一衆僧事、無レ伴而門外仁不レ可レ被レ出レ之矣、
一不レ謂ニ老若一、強義僧不レ可レ有レ許コ容之一矣、
一僧達市町仁不レ可レ被ニ俳佪〔徘徊〕一之矣、
一当寺領庄主乗馬可レ停コ止之一矣、
一行堂下ア廿人之外不レ可レ然、但、於ニ衆僧加増一者、可
レ有ニ了簡〔簡〕一之矣、

一　常住下部外仁、私下部不レ可レ有レ之矣、
一　寺家米錢外仁、別米錢利平不レ可レ有レ之矣、
一　當寺領百姓仁、自二僧衆一不レ可レ預二米錢一之矣、
應永廿七年二月廿四日　　沙弥（徳雄、大内盛見）

一四六　沙彌大蓮契狀　○阿蘇文書

契狀條〻事
一今度大少事申談候間、本末堅可二□〔申〕承一事
一当（肥後）國之事、誰〻雖レ有二奉行一、申二談於衆中一、不慮預二沙汰一者可レ爲二同心一事
一子〻孫〻及堅固可二申承一事
一申談於レ中荒説出來者、可二申披一事
一就二何方一申二談衆中一、可レ爲二同心一事
一自他以大縄〔剛カ〕之時者、不レ移二時日一可レ有二合力一之事
右、此條〻若僞申候者、
日本國中大少神祇、殊阿蘇、甲佐大明神可レ罷二蒙御罰一也、
仍契狀如レ件、
應永廿七年十二月二日　　沙弥大蓮（花押）
阿蘇（惟郷）殿

一四七　豐後山香郷法式寫　○志手愛子氏所藏文書

法式　豐後速見郡山香郷
一段別号二准田一、其年之随二善悪一、定二員数一可レ調事
一百性〔姓〕依二罪科一加二政道一時者、於二在地頭一一往之届、至二懸持仁一者、不レ及二其届一可二成敗一矣、諸〔所カ〕従雑具以下者、可レ爲二検断物一、於二諸穀一者、可レ附二與地頭一事、
一同成敗跡田地、三之二者付二地頭一、一者政所以二進止一可レ調二要用一事　付、作毛准レ之事
一同成敗跡屋敷、山河、政所可レ爲二進止一之事
一同依二其科輕重一者、可レ立二子孫一之、謂二政所一謂二地頭一令二受用一者、可レ闕二諸用一基歟、所詮雖二他之仁一、可レ定二百性〔姓〕一旨可レ爲二弟〔第〕一一事
一大山野、政所可レ爲二進止一之事
一所二定置一所用済〻勝二余郷一之條、且云二給人一、且云二寺社

諸奉行一除レ之畢、而一圓政所可レ爲二進止一之事
一境相論時者、可レ守二貞永式目一事勿論焉、猶兩方共以不レ止二相論一者、件之論所、政所可二中分一之事
一爲二半公領一諸用調上者、百性(姓)雖レ有二異儀一、地頭一雅意仁不レ可レ任二所存一事
一貫涯之儀、本郷者以二德田一沙汰、末郷者以二貫別一沙汰仕来之旨、以二引付一申レ之、今以可レ爲二同篇一之事
一或者爲二堺目治世一、或者依二狩山等一在郷時者、自二其所と一、云レ宿云レ拵可レ調之事
右、爲二末代亀鏡一治定畢、堅爲レ令レ守二此十一箇條一書出所如レ件、
應永貳拾八稔三月廿日　　御在判
政所
鄕司野原對馬守殿
大友義著公御下知

一四八　神事祭料所役等掟書案 ○阿蘇文書

定
一御神事さいれい(祭禮)役職、やく所を知行の人と、如二先例一け(懈)たひな(怠)くきんし(勤仕)あるへき事
一去年の御さいれう(祭料)の御米無沙汰ニよて、当年の御祭悉御渡なき之由聞候、無二勿躰一存候、ミしん(未進)分事、堅さい(催)そく(促)あるへき事
一当年御米も、さくもう(作毛)の内ニ、法のまゝけんち(検注)[う]をとけ、御祭料米宮倉に可レ被二納置一事
一庄公事前とのまゝ無二違變一催促候て、当陣ニ人夫等可レ遣候、若いき(異議)の方ハ、其さたをいたすへき事
一所出替物ようとう(用途)の事、今月中ニさいそく候て、おさめらるへき事
一鞍形尾城に足弱共ニ可レ被レ居人と内、番替ニ可レ有二勤仕一人と、°同ちやくたうを付候て、以二罸文一注進あるへく候、彼城しのひ候へき由、分明聞候之間、堅さいそくをいたし候事

右、此条ヽ堅さいそく（催促）あるへく候、若無沙汰方候時者、其やく所をかいゑき（改易）すへく候、又ハ中司ふさた（無沙汰）たるへく候と可レ存候之間、可レ被二了簡一候、仍所レ定如レ件、

應永廿八年八月　日

（安永）般（花押）　宥（花押）
弓（花押）　与（花押）
（木場）浄円（花押）　等（花押）
契（花押）　（上有河）收（花押）
鋭（花押）　闞（花押）
道清（花押）　奈留代□據（花押）
道應（花押）　松熊丸

青方殿

一四九　道機等連署押書狀案　○青方文書

肥前國宇野御厨庄下松浦五嶋西浦目之內、鵬下、尾礼嶋兩嶋事

平戸殿与二青方殿一御相論候、既及二大鬪一候之間、宇久松熊丸相懸□和与畢、所詮彼兩嶋之事、於二得分一者、自二先日一相定候、牧并木陽畑以下者、兩方可レ爲二相持一之由、堅令二落□一畢、以二此下一者、自今以後何樣之雖レ有二證狀一、相互御越訴可レ有二停止一□旨、至二于後ヽ將來一御知行不レ可レ有二相違一由、一同押書之狀如レ件、

應永廿九年壬刁五月十三日　□孔子　（江）道機（花押）
※（鮎河）延（花押）　正（花押）
武（花押）　惠（花押）

一五〇　芳傳長尾忠政勸進關書下　○金澤文庫古文書

（武藏）金澤稱名寺造營用脚勸進關事

右、於二（武藏）六浦庄內常福寺門前一、人別二文、馱別三文充宛一取之一、可レ被レ修二其功一之狀如レ件、

應永廿九年七月十七日　（芳傳、長尾忠政）沙弥（花押）

一五一　豐前宇佐宮條書案　○到津文書

（端裏書）「宇佐宮御事書條ヽ同御奉書案文　應永卅年四月十六日」

(豊前)宇佐宮條ゝ[78]

一年分僧不斷令二宿直一、可レ致二御祈禱一之處、不レ勤云云、次旧例所役無沙汰、旁以不レ可レ然、猶致二不義一者、早ゝ可レ有二注進一之矣、

一御前定直三杖(校)人乍レ請二相節一、内院掃除以下無沙汰子細同前矣、

一御前檢校并花摘定直事無沙汰、就二注進一可レ被レ止二相節一之矣、

一放埒行脚僧、其外帶二武具一輩等、猥出二入社頭一云云、且先例在レ之者歟、早仰二付定直、神官、社僧一、可レ有二禁制一(之)矣、

一進宮物事、任二先規一可レ被二成敗一、敢以面ゝ不レ可レ及二違論一之矣、

一當社打二鳴磬、鰐口一事、可レ任二先例一矣、

一御炊殿近邊木竹以下、任二雅意一伐取云云、社司光世(永弘)、御前檢校等相共二(ナシ)、堅固可レ致レ禁二制之一矣、

一於二　上殿番屋一、酒宴、同燒火等、任二雅意一致二狼籍(藉)一云云、一向可レ被二停止一、不レ令二承引一者、可レ被レ注二申交名一之矣、

一毎月例講其外神事法会出仕輩、如二風聞一者、成二随意儀一移二時剋一、剰入レ夜行レ之云云、狼籍(藉)至也、早衆中令二談合一定二時剋一、其以後出仕之仁者、可レ有二注進一之矣、

一諸神事法會毎度進二非器代官一云云、太狼籍(藉)也、惣別代官事、或病氣、或差合免二許之一、不レ然者、不レ可レ有二闕怠儀一、猶不レ令二承引一者、可レ有二注進一之矣、

一毎月手(千)手陀羅尼面ゝ可レ有二奔走一、代官進之事一切停二止之一矣、

一法華、大般若兩經番事、子細同前、

一諸神事、法會、以二衆儀一可レ有二其沙汰一、敢任二雅意一(者)可レ放二衆儀一之矣、

一社頭近邊并坊ゝ門内沽酒事、堅可レ被レ停二止之一、惣別在家仁混乱儀、尤所レ被二禁制一也、不レ應二事書一者、可レ被レ拂二宮中并在所一之矣、

已上

右条ゝ如レ此、縦雖二此外一可レ然神事仏会当座儀、面ゝ令二談合一、可レ被レ成二其功一、且天下御祈禱也、且又社頭繁昌也、更不レ可レ有二私曲一之矣、

應永卅年四月十六日

○到津文書ノ異本ヲ以テ校注ス、

一五二　益田兼理置文　○益田文書

定置手之事 80

右、兼理（益田）逝去之後、定可レ有二雑説等一、為レ令レ停二止其物謂一、當所一族若黨不レ殘以二罸文連暑（署）一、益田相續仁之外、不レ可レ渉二余議一之狀明鏡也、然間、自然構二讒言一、無レ謂說お申出輩者、永代違レ中、可レ令レ放二逐當所一者也、若又無二正躰一者、就二申口一無二現形一以前、楚忽致二其沙汰一者、為二不孝仁一、不レ可レ領二知兼理本領一之處也、仍為二後ゝ一如レ此通、堅為二申定一、以二誓文一所二申置一如レ件、加樣申置處偽候者、奉レ始二梵天、帝（釋脫）、四大天王一、日本鎮守伊勢天照大神宮、熊野大權現、天滿大自在天神、當国（石見）余社諸神、別者、当社瀧藏大權現、春日四所大明神、惣社大明神、惣日本国大小諸神御罸可二罷蒙一候、仍為二後日一起請文狀如レ件、

應永卅三年丙午七月十三日　　左近將監兼理（花押）

重定置手之事

當所庶子　太草　波田　苻　乙吉　山道等之事、永代是等子孫末葉、當所へ不レ可二還入一、或就二權門一、或就二贔屓一、彼等お可レ歸由於二一族若黨一有二申輩一、心二得野心仁一、惣以二談合一、可レ致二其沙汰一、若又兼理至二子ゝ孫ゝ等一承伏、我ト彼等部類お□許容、有下可二還入一事上者、一族若黨等同心加二教訓一、敢以不レ可二承引一、若背二此旨一者、兼理可レ為二不孝仁一、仍為二後代一、重書二載誓（文）□一□、

七月同日　　兼理（花押）

一五三　細川滿俊賀集八幡宮定書　○護國寺文書

（淡路）賀集庄於二　八幡宮一定置条ゝ事 80

一神主并諸給人等、近所之輩雖レ為レ聊、敷地之百性（姓）不レ可二召仕一事

一神領之木竹等事、就㆓造営㆒者、可㆑任㆓社家所用㆒處、給人等及㆓違乱㆒之条、無㆑謂者也、於㆓向後㆒者、可㆑為㆓社家進止㆒、若又号㆓造営㆒、社僧神官恣有㆓切取事㆒者、可㆑處㆓重科㆒事

一造営并勲行等事、尤可㆑専㆑之者也、万一有㆓無沙汰之儀㆒者、罪科可㆑為㆓同前㆒事

右、為㆓向後㆒、堅条ゝ所㆓定置㆒之状如㆑件、

應永三十三年十月七日　満俊《細川》(花押)

一五四　道壽長井廣里置文　○田總文書

广永卅四年正月十一日　道寿《長井廣里》(花押)

譲状幼少之時候間、いさい《委細》心ゑらるましく候間、おきてニ別ニしたゝめて候、81

一公方役之事、そりやく《疎略》あるましく候、

一親類共之中ニ、各別之譲をもんて、惣領之衆儀ニちかい《違》候ハヽ、その支證立ましく候、身の扶持にて候間、中をたかわれ候ハヽ、給分の事にて候間、御計たるへく候、

能ゝ此条心ゑられて、非儀をいたさるましく候、

一おとゝ《弟》共之事、一所にても候へ、ゆつり《譲》セす候、そのきりやう《器量》ニよんて、扶持あるへく候、

一喝食か事、長谷畠六段、田五段、あの一期ハもたせらるへく候、

一[安]田の女性、安國名一名、あの一期もたせらるへく候、

一とくまき名、大殿一期ハ御はからひ《計》たるへく候、并ニおこし三か□《たカ》御一《期》この後ハりやう《靈》供田ニとのふろへきしん《寄進》[申]へく候、いかなる当用ありといふ共、下地等□沽却し、しやうたい《正躰》なき事あるましく候、若又としころ《年頃》とて不忠をいたさは、□《とカ》く中をたかわるへく候、譜代の者共さしたる事なく候て、かんたう《勘當》あるへからす候、

一賀茂《備後》郷御屋形《山名時熙》より給分ニ給候、是又此間所務之むきニちかわす沙汰あるへく候、

一当所《備後小童》祇薗領なかい《長井》ハ先よりけいこ《警固》の地頭ニふせ《補》られ申候、御屋形御うけニ御立候事にて候、御年貢等をふさた《無沙汰》なく候ハヽ、可㆑為㆓本領㆒候、彼御年貢八十七貫、長夫一人、

祇薗□御遣あるへく候、暮と此条とをちかへす可レ有二沙
汰一候、仍爲二後日一置手狀如レ件、

一五五 伊勢守護代禪久（遊佐豐後入道） 金剛寺禁制 ○醍醐寺文書

禁制
伊勢國朝明郡山村金剛寺
一於二寺領一殺生事
一甲乙人等押二入寺領一、住レ宿不レ可レ苅二伐草木一事
一可レ止下於二寺領同名田等一臨時諸役上事
一住僧并門徒中、若不善悪行輩出来者、爲二衆徒群儀一可二停癈〔廢〕一也、
右、於二違犯輩一者、可レ處二罪科一之狀如レ件、
應永卅四年十月日　遊佐豐後入道 禪久在判
82

一五六 芳傳（長尾忠政） 造營關禁制 ○金澤文庫古文書

禁制
金澤（武藏）稱名寺造營關所事
右、甲乙人等不レ可レ有二濫妨狼籍〔藉〕一、若有二違犯之輩一者、可
レ有二其科一、仍執達如レ件、
應永卅四年十二月廿六日　沙弥（花押）（芳傳、長尾忠政）

一五七 德雄（大内盛見） 國清寺定書案 ○常榮寺文書

國清寺（ナシ）
条と
一眞俗之間、依二其志一、以二田畠并寺菴一有下寄二附當寺一人上
者、先門中有二許〔評〕義一而、請二檀方儀一可レ被二請取一事
一他寺行力有下望二当寺給仕一輩上者、急〔兼〕尋二究事子細於本所一
可レ被レ許事
一行力普請三里間者、可レ被二召仕一事
右条と、所レ定如レ件、
正長二年九月日　（德雄、大内盛見）在判（ナシ）
○防長寺社證文一六香山常榮寺下ヲ以テ校注ス、

一五八　樺山孝久置文　○傳家亀鏡

(切紙)雜務之沙汰之事、なにとしてもよく(欲)つりひいき(贔屓)によて、しやう(性)つよく申候事つね(常)のならひ(習)にて候、少事か大事ニ成事うたかひ(疑)なく候、しよむろん(所務論)、下人さた(沙汰)、ぬす(盗)人さたなとハ、地はん(盤)はちと物よハくあるへく候、必沙汰を大にしなし候て、わかうセ候するニ成候てうちすて候事、いま程ある事にて候、不レ可レ然候、また(未)しき時、物よハく候ハ、外のひハう(誹謗)をハ請ぬ事にて候、相構とかんにん(勘忍)あるへく候、尚とまたしき時、しやうこハく候事もつたい(勿體)なく候、よく〳〵談合候て、相計ハれへく候83、

(永享四年)七月十三日　(樺山)孝久(花押)

おとな若衆御中

一五九　平田重宗契約狀寫　○前編舊記雜錄三十六

牛王　契約84

一仰ニ好久一、雖レ為ニ世上如何様轉変一、一味同心御用可ニ罷立一事

一無レ謂自訴お申、公方お恨申候者、不レ可レ然通雖ニ催促一、無ニ承引一ハ、其仁一人お同心ニ可レ捨事

一公方より無理之子細一人ニ被ニ仰下一者、同心ニ侘申、無ニ承引一者、身之大綱と存、相共ニ可レ為ニ一味一事

一就ニ境目所務等事一無レ謂事お他所へ申懸者、是又致ニ催促一、無ニ承引一ハ、一向ニ合力申ましき事

一如レ此申談候上者、大小事不レ殘ニ心底一可ニ申承一候、若不慮(有)在ニ讒者一、和讒、凶害、荒説出來者、直申披き可レ承事、

若此条と僞申候者、

日本鎮守伊勢天照大神　熊野三所權現　当國(大隅)鎮守正八幡大菩薩　諏訪上下大明神　天滿大自在天神　霧嶋六所大權現　新田八幡大菩薩　開門九社大明神　十五社大明神之御罸子と孫と可レ蒙レ罷候、

永享六年六月廿四日《廿二日》　右馬助姓宗(平田重宗)(花押)

山田（忠尚）殿

一六〇　上杉持朝壁書　○覺園寺文書

壁書

一常住方、金目（相摸）方、造営方相共令二談合一、可レ致二諸下行一事焉、

一諸庄園庄主職事、有二評定一可レ被レ□二定之一、年記不レ可レ過二三ケ年一焉、

85 一寺家借物事、及二拾結一者、於二寺奉□（行）方一可レ被レ經二案内一焉、

一諸庄園庄主職并寺役等事、不レ可レ着二強挙一、又於二寺領一不レ可レ預二異門□□（俗）一□（焉カ）、

一諸役者月俸事、依二其年之土貢一、可レ有二増減之沙汰一也焉、

右条々、所二定置一之狀如レ件、

永享八年九月日　彈正少弼（上杉持朝）（花押）

一六一　良貞（後藤季持）鹽湯郷地頭職掟書　○美作赤堀文書

美作國塩湯郷地頭職掟條々 86

一諸社造榮（營）事、百姓等乍レ揭二持下地一、毎度令レ無二沙汰一之条無二勿躰一、所詮、毎年見二及之一可レ有二興行一事、

一湯大明神事、云二旅人勸進物一、云二朔弊（幣）田年貢一、毎年可レ加二修理一者也、

一上御宮事、以二神田一常可二造榮（營）一、次廳屋之事、諸司等可レ興二行之一、

一荒神御社事、上假屋在レ之上者、不レ可二破懷（壞）一、

一諸寺庵并堂舍、辻堂以下事、任レ例可二興行一、於二免田畠一者、可レ用二（マヽ）判形一事、

一山河事、可レ爲二法例一者也、

一湯屋造營事、爲二地下人役一之上者、毎年春秋可レ令二興行一、若有二無沙汰之輩一者、可レ處二罪科一者也、

一湯旅人役錢事、任二事書之旨一可レ有二興行一、云二奉行一、云二地下人一、虚猛之事、堅可二罪科一、

一件田池并所々井手事、毎年可レ有二興行一、付、雨請事

右条々如レ斯、聊不レ可レ有二不儀一之狀如レ件、

永享拾年戊午八月日　（良貞、後藤季持）（花押）

○紙繼目裏ニ良貞ノ花押アリ、

一六二　良貞後藤季持置文　○美作赤堀文書

後藤豊前入道良貞（季持）掟條ヽ事

一弓箭邊之事、不レ可レ有二二心一者也、於二一族中一聊有二不忠之儀一者、令二罪科一、其跡爲二惣領一可二知行一、若又惣領未練者、令レ言コ上置文之旨一、可レ立コ進器用之仁躰一者也、爰奉公之事能ヽ可二存知一事

一譲分所持之一族等事、可二水魚（マヽ）一、惣領庶子不會之段、返ヽ不レ可レ然、聊就二虚名一違レ中事楚忽也、糺二兩方之儀一、可レ有二批判一、若一方及二異儀一者、所持分不レ可レ有二知行一者也、

一就二弓矢一不忠之仁之事、於二一族中一不レ可レ叶二籌策一、相供（共）可レ處二罪科一、次良貞之代ニ不忠一族并若黨等事、於二後代一不レ可レ有二免許一事、

一帶二良貞判形一知行事、爲二惣領一不レ可レ有二異儀一、若有レ忠者、重可レ加二扶持一事、

一庶子役事、於二軍陣一者、相共可レ在レ陣之間、不レ可レ懸レ之也、在京役者、相コ当其分限一可レ令二支配一、但、共令二在京一者、不レ可レ懸レ之、於二國中公事等一可レ依二分限一、寄（於脱カ）二事左右一、不レ可レ有二過分支配一者也、

一所二相計一屋敷竹木等事、雖レ爲二自用一、任二雅意一不レ可レ剪レ之、且云二用心一、且云二在所荘一、旁可二斟酌一者也、於二最用一者無二子細一、若令二違犯一者、可レ召コ放件屋敷一事、

一後家分事、可レ任二狀之旨一、但、其振舞無二正躰一者、不レ可レ通、穩便者、別而可レ加二扶持一事、

一博奕之事、如二元祖光義之掟一、固所レ禁レ之也、縦雖レ讓コ得惣領職一、令レ違コ背此旨一者、不レ可レ知コ行良貞之跡一者也、然者守二器用仁躰一、軍役等事、同心可レ被二申付一、次一族中令レ存コ知此之趣一、可レ有二斟酌一者也、

一所務之事、可レ任二古目錄并元勘之旨一、爰荒不、河成、新除等事可二興行一之段、雖レ加二毎年筆一、猶以未熟也、況於レ令二由断一者、弥不レ可レ有二正躰一、已後事、能ヽ可レ令二存

知㆑事、
一重書之事、数通在㆑之間、肝要分注置者也、良貞守㆓注文之旨㆒、可㆑用㆑之、將又所見之事、云㆓正文㆒、云㆓案文㆒、二所ニ能ト可㆓納置㆒者也、又依㆓最急用㆒文書質ニ置事、大ニ不㆑可㆑然、殊左京亮理季惣重書ヲ最少事之質ニ置㆑之、已流畢、雖㆑然良貞俗名新左衛門尉理季以㆓直錢㆒請コ返之㆒者也、左京亮替㆓名乘字㆒、号㆓季持㆒、質券之時之文書者、未理季時也、其狀自筆也、
一此外子細多㆑之、不㆑及㆓注立㆒、且守㆓古今沙汰次第、且良貞判形之旨㆒、可㆑有㆓執行㆒事、
右條ゝ如㆑斯、雖㆑爲㆓良貞賤兄㆒、欲㆓後代之繁栄㆒定置上者、誰敢不㆑被㆓許容㆒哉、云㆓家得〔督〕㆒、云㆓一族中㆒、聊私之止㆓鉾楯之儀㆒、糺㆓弓馬道㆒、抽㆓忠懃㆒、弥發㆓家名㆒、可㆑蒙㆓恩賞㆒之旨、各爲㆑被㆓存知㆒、具置文狀如㆑件、

永享拾年戊午八月日　藤原豊前入道
沙弥良貞（花押）

美作國塩湯郷住人
後藤惣領殿

○紙繼目裏ニ良貞ノ花押アリ、

一六三　上杉憲實足利學校規式寫　○寺院證文

野州足利學校置五經疏本條目 87

一收蓄時、固其扃鐍緘縢、勿㆔浪借コ與人㆒、若有㆑志㆓披閲㆒者、就㆓于舍内㆒、看㆓一册㆒畢可㆓輙送還㆒、不㆑許㆔將歸出㆓闔外㆒、
一主事者臨㆓進退時㆒、預先將㆓交割㆒、與㆓新舊人㆒相對、僉〔檢カ〕コ定每部卷数㆒而後可㆓交代㆒、
一借讀者、勿㆘以㆓丹墨㆒妄句投雜揉㆖、勿㆑令㆓紙背生毛㆒、勿㆑觸㆓寒具手㆒、
一至㆓夏月梅潤㆒則令㆓糊櫃不㆑蒸、至㆓風凉㆒則令㆓曝不㆑瓦、至㆓漏時㆒則令㆑不㆓濕腐㆒、至㆓冬月㆒則嚴㆓火禁㆒、早設㆓其備㆒、
一或質㆓于庫㆒、或鬻㆓于市肆㆒、或爲㆓穿窬所獲㆒罪莫㆑大㆑焉、
ゝゝゝゝ、

永享十一年已〔己〕未閏正月初吉　前房州刺史藤原憲實

一六四　陽満（小早川弘景）置文写　小早川弘景

○小早川家文書之二（大日本古文書）

陽満（小早川弘景）ゆつり状ともそむ（背）かれ候ましく候、但、ゆつり（譲）

おゝ（多）くハあるましく候、天門（小早川仲義）のゆつり状も、身と又五郎

ハかり（計）ならてハあるましく候、不分明支證なと出候ハん

さた（沙汰）をは、よく／＼さらして、ひはん（批判）あるへく候、そ（楚）

こつ（忽）のさたあるましく候、

一なんによ（男女）ともにきやうたい（兄弟）とも、よく／＼はこくまれ候

へく候、

一おんな（女）子ともことにふひん（不便）に候、ゑん（縁）なといまのことく

にて、よそに候ハゝ、一かう（向）子ともおもわれハて（候て乎）、ふち（扶持）

候へく候、もし又いかやうなる事も候て、こゝもとに候

ハゝ、十貫（貫乎）つゝの所もふちして、心やすくおかれ候へく

候、

一御上の事、中々申事ハ候ハねとも、さりなから、とりわ

けことに／＼とうかん（等閑）なく候ハゝ、ほうこう（奉公）申され候へ

く候、身か仏事とも存候へく候、

一めうしゆんの御前事、とりわけおろかなく候ハゝ、何よ

りも畏入候へく候、ゆつり状別にかきおき候、

一これのようかい（要害）、たれ／＼申候共、はつされ候ましく候、

もし　上意なとハせひ（是非）なく候、月に五たひつゝ、大人夫

にてこしらへさせ被レ申へく候、邊いやくら（塀櫓）ハあたり四

候、又もかやうにしはい（支配）有へく候、

一大儀に候へハとて、公方をすてられ候ましく候、何と

してもぬた（沼田）ハ心安ハあるましく候、ゆたん（油断）候て、くつろ

かれ候ましく候、さりなから又とをさかり（遠離）事もあるへく

候まゝ、大内（教弘）との（殿）とてもちかつき（近付）の事にて候間、よろつ（萬）

たのまれ候て、いんきん（慇懃）ニ候へく候、

一京つくし（筑紫）のやく（役）、代くわん（官）さた（沙汰）人、又ふけんしや（分限者）はかり

のやうにハ申候へく候、これハ事しけく候ハぬ時の事に

て候、いまほとハ京と申、つくしと申、大儀之時分にて

候あいた、十五六貫（貫乎）のふけん（分限）まてハ、日かす（数）をこそ心ゑ

候ハゝ、すくなく候とも、やくハさせられ候へく候、し（自）

せん（然）在京なとのときハ、十五貫まても、京六十日ハかり

ハおかれ候へく候、それすき候ハヽ、ふち《扶持》にてつかハる
へく候、
一よろつ大儀をはあんせ《案》られ候て、おとなしくいけん《意見》とも
申候ハんものに、たんかう《談合》候へく候、
一こなたの一そく《族》しんるい《親類》、そうりやう《惣領》とて、ぬたさま《沼田様》へ
ほうこう《奉公》なとし候て、こなたのわけふん《別分》すこしももち候
ハん事あるましく候、一族中にもさやうのひつかけ《引懸》も心
へられ候へく候、事あたらしき時、あらけなきさた《沙汰》をい
たさるへく候、
一ほうはい《傍輩》中にても、なかわろく《中悪》候へハ、すち《筋》なき事を申
候、しやういん《承引》あるましく候、さりなから、又きゝすて
られ候ハて、心をつけてふるまひ《振舞》を御らんし候へく候、
一仏神さうゑい《造営》、かまへて／＼心に入れ候へく候、
一領内とく《徳》人共、ねんころ《懇》にふち《扶持》候て、わたくしにせゝり、
いらん《違乱》わつらい《煩》の事を、かたくきんせい《禁制》候て、用に立れ
候へく候、存知出たる分あら／＼申候、心へられ候へく
候、
一村と公事さしおかれたる所とて、よろつふさた《無沙汰》なる事候、
ことはにて申候ハ、しやうたい《正体》なく候ハんと、たつねて
御らん候へく候、又ばん《番》にさしおかれ候へく候所も、京
つくし《筑紫》の夫ハさせ候ハんするよし、申さため候、心へら
れ候へく候、
一法淨寺《安藝》はつはししんかう《信仰》申さるへく候、ふさたあるまし
く候、此条々為ニ心得一申候、仍如レ件、

嘉吉三年八月十二日　陽満（花押）「前弘景法名」（朱筆）

中務少輔殿（小早川盛景）

一六五　播磨三郡散合事書案　○建内記文安元年四月十四日條

銘云、今度郡散合事書案文[88]
條と
一寺社本所領田数土貢諸色事、公用員数事、長夫立帰事、
本所直務実否事、先方《赤松満祐》之時者雖レ為ニ守護請之地一、播州《赤松満政》之
時ニ成而、本所直務ニ成歟否事、又先方時本所雖レ為ニ直
務一、守護請ニ成哉否事、尋究可レ有ニ註進一事
一寺庵、神講田寄進證状実否尋究、可レ有ニ註進一事

一在と所と先方奉公人所持名主職等、当参不レ申、地下平民ニ混て其職知行事尋究、闕所可レ被レ入事

一就二当知行一可レ被レ尋次第、今度刻、播州より始而被二相計一給分在所お、当参申て、号二本給と一答、地下差出等仕躰事、能と尋究、可レ有二註進一事

一於二闕所一、在所、田數、土貢、長夫、立歸夫事尋究、地下人差出起請文相副可レ答事

一於二闕所名田一者、地頭本所本役已下條と、有レ限名主德分土貢お可レ被二註進一事

一於二闕所地一、雑酌已下色と小公事物可レ註事

一当知行分註物以下小公事物、可レ有二同註進一事

以上

文安元年三月廿二日

一六六　長棟上杉憲實置文　○上杉文書

越州國衙半分知行由来者、道欽(上杉憲房)一圓仁領掌畢、其子道昌(上杉憲顯)与二中務少輔(上杉憲藤)一兄弟之時、半分充相分知行畢、長棟(上杉憲實)知行半分者、道昌分也、民部大輔(上杉房朝)知行半分者、中務少輔分也、道昌以二守護職一、讓ヿ与末子大夫將監(上杉憲榮)于レ時僧名道久一畢、常越(上杉房方)相ヿ傳之一、將又、於二道昌分之國衙半分一者、道昌次男兵部少輔(上杉能憲)入道と證讓得、此内道弥(上杉憲春)知行畢、道合(上杉憲方)悉合知行畢、證文明白也、長棟相續是也、中務少輔分之國衙半分者、彈正少弼(上杉朝房)讓得以来常越爲二遺跡一知行畢、民部大輔相續是也、凡國衙分事者、可レ屬二守護職一之、煩於三以後令二出来一者、常越相續半分者、彈正少弼非二越州守護一而知行畢、不レ可レ用二他引懸[89]一、

○紙背中央ヨリ少シク下部ニ長棟ノ花押アリ、

一六七　宗盛家賣油定書寫　○筥崎宮文書

油政所座子可レ致二成敗一事、任二先例一船持者、子家内之内者仁可レ賣、別家者、請二政所左衛門太郎(奥堂)儀一可レ賣、若背二此条一輩者、堅可レ處二罪科一也[90]、然者、三社(筥崎宮・櫛田宮・住吉宮)灯油無二懈怠一可二奔走一、仍爲二後日一之状如レ件、

文安二年二月四日　(宗)盛家(花押)

奥堂左衛門太郎所

一六八　大内氏奉行人連署奉書　○住吉神社文書

「秀侍者ニ附レ之、《異筆》
□（花押）」

住吉《筑前》社上下神官、諸司、供僧等給分内質券沽却之地事、依二当宮再興一と行之成敗在レ之、然者造営之間、於二彼土貢以下一者、□《泉福寺納》所可レ有レ執二沙一汰之一、□《及》二造畢一者、可レ被レ還二補下地本主一□《之》、□《兼》亦神領沽却事、自今以後堅被二停止一畢、若有下背二御法一族上者、云二賣人一、云二買人一、共以可レ被レ處二罪科一之旨、可レ被レ相二觸社恩之輩一之由候也、仍執達如レ件、

文安貳年十月十九日

盛成《問田》（花押）
秀家《飯田》（花押）
盛政《陶》（花押）

○充所缺損ス、伊藤本住吉神社文書ヲ以テ、缺損部分ニ傍注ス、

一六九　五島住人等連署押書案　○青方文書

「あをかたとのへ」《端裏書》

青方殿と松田方と所ゝさうろん《相論》の地の事、とくせんさはくのむねさをい《相違》候之間、かさねて此人数よりあひ申、さかい等の事相定候、

一たうほし田の事、しんひらき《新開》によて、青方殿いき候之間、ひきをのそき申、本田の事ハ松た《田方》はうちきやう《知行》あるへく候、

一あさ河のひらき田のこうつ河のさかいの事、ゆうそんのいまのひらきをこめてさかいニハいし《石》をたて《立》候、

一しほや《鹽屋》二人まゐの事、本せうもん《證文》のまゝ、まつた方人をいれらるへく候、

一松田方と弥四郎とのゝミつ《水》をひき候事、せんさはくのまゝ、一日かわしニひかるへく候、

一あミ《網》二人まゐの下さくしき《作職》の事、ほんさはくのむねと申、松田方あミをせくるへく候、

一大ちかわりけんさん(見参)の御しゆ(酒)のれうまい(料米)の事、あをかたとのへ米三舛まつた方つかハすへきにて候、

右、條ゝの子細かくのことく申定候上ハ、こゝ(後々)しやう(將らい來)ニおゐて、かのさかい所ゝニいらんわつらい(違亂煩)あるへからす候、もし此下をもて、さための旨をやふり候する方ハ、於二向後一、此人数としていろい申ましく候、よて爲二後日一押書狀如レ件、

文安二年乙丑十一月十九日

※なかた 惠(花押)

あうきハま 泉(花押)

うら 有(花押)

あゆかハ 延(花押)

ゐ 繁(花押)

まつを 逐(花押)

ひうか守 佐(花押)

かうさき 清(花押)

たていし 勇(花押)

あうしまかた 賢(花押)

下あり河 茂(花押)

上あり河 学(花押)

青方殿

一七〇 長棟(上杉憲實)足利學校規式寫 ○寺院證文

一三註、四書、六經、列、莊、老、史記、文選外、於二學校一不レ可レ講之段爲二旧規一之上者、今更不レ及レ禁レ之、自今以後於二腋談義等一毛停コ止之一訖、但、於二藪林有名大尊宿在庄一者除レ之訖、禪錄、詩註、文集以下之學、幸有二都鄙之藪林一、又敎乗者有二敎院一、於二庄內一自二儒學一外、偏禁レ之者也、猶々先段所レ載書籍之外、縱雖レ爲二三四輩一相招、於下開二講席一在所上者、自二學校一堅可レ有二禁制一、猶以不レ能二承引一者、可レ被レ訴二公方一、

一在庄不律之僧侶事、至下于令二許容一族上者、於二士民一者、永可レ令二追放一、於二諸士一者、以二許容在所一可レ被二闕所一者也、但、至レ改二禪衣一者、不レ及レ制レ之、

一平生踈行而無レ處レ置レ身僧侶、号レ爲二學文一、雖三庄內江令二下向一、自レ元依レ無二其志一、動不レ勤二學業一、徒遊山翫水輩每ゝ有レ之歟、以二彼素飡僧侶一至レ令二許容一者、罪過与二前段一同、

文安三年丙寅六月晦日

釋長棟（上杉憲實）

一七一 道賢細川持賢崇禪寺定書寫 ○崇禪寺文書

「校正了、四十八」91 攝津國中嶋崇禪寺

一當寺専可二崇敬一事

一寺領百姓等雖ㇾ有二罪科一、於二彼下地一者、不ㇾ可二

一（衍）闕所一事

一帶〔對カ〕二寺家一、就二寺領一不ㇾ可ㇾ成ㇾ煩事

右條々、子孫竝被官人、若令二違犯一者、可ㇾ為二不孝仁一之上者、可ㇾ被ㇾ申二行罪科一之状如ㇾ件、

文安四年六月六日

沙彌御判（道賢、細川持賢）

一七二 圓覺寺事書 ○圓覺寺文書

事書條々 92 文安五 五 十

一寺領所々遠近百姓等、依二官方契約一、於二寺家一不法、若强有二契約輩一者、被ㇾ注二申名字一者、可ㇾ有二殊沙汰一焉、

一寺家門前官家者居住、可ㇾ有二停止一事矣、

一寺中俗方夜宿事焉、

一諸庄園給主納未進事者、雖二年記未滿一、可ㇾ被二改易一事矣、

一寺領所々百姓等未進事者、殊可ㇾ有二罪科一事矣、

一於寺領分名主職□取二上彼下地一、可ㇾ被ㇾ付二別人一事矣、

一諸庄園庄主職事、不ㇾ可ㇾ有ㇾ許二容官方并東堂及西堂吹噓〔擧〕一、且撰二器用一、隨二寺功一、以二評議一可ㇾ被ㇾ定ㇾ之焉、

一於二寺中一帶二兵具一有下致二狼籍〔藉〕一輩上者、於二其身一者召二出之一、可ㇾ有二殊沙汰一、至二寮坊主一者、可ㇾ被二出院一之、寺官等固可ㇾ致ㇾ糺二明之一、若猶令二隱蜜〔密〕一者、可ㇾ為二同罪一也矣、

一東西兩斑〔班〕并小名字事、兼日被二定法一訖、但、至二御擧以前一、兩斑〔班〕遂二日数一、可ㇾ被ㇾ定ㇾ之、御挙外者、敢不

レ可レ用レ之焉、

已上 ○紙継目裏ニ花押アリ、

一七三 圓覺寺規式 ○圓覺寺文書

圓覚寺規式條々

一 兩斑〔班〕日数事

雖レ可レ為二四節一、自二寺家一被レ申之上者、可レ為二五十日一矣、

□〔一〕侍者事

可レ為二三十日一焉、

一 不レ勤二禪客一任二焼香侍者一事

於二向後一者、可レ令レ停二止之一矣、

一 不レ勤二焼香侍者一任二藏主一事（裏花押）〔力石右詮〕

子細同前、

一 御挙以下官方吹挙等事

被レ停二止之一上者、東堂并西堂吹挙不レ可レ用レ之焉、

一 依二寺功一登庸事

於二官銭一者、雖レ被レ免レ之、至二日限一者、不レ可レ背二彼規一矣、

右條々、堅可レ被レ守二此法一、敢不レ可レ有二違犯一之状如レ件、

文安五年五月廿四日

一七四 高梨一族規式寫 ○高梨文書

定置條々

一 喧嘩事、前々被レ定二法意一處、無レ披二露子細一而、不レ言二問一被二差寄一条、不レ可レ然、致〔至〕二其時一者、合力仁共可レ有二成敗一者也、

一 依二以前百姓之負物一、自二当作人方一被レ取事不レ可レ然、但、親祖致〔至〕二相傳在家等一者、可レ有二其沙汰一者也、

一 百姓之負物、苅二取地頭之田畠一、結句懸二其百姓一被レ取事不レ可レ然、

一 利銭出挙、地下之沽却狀ニ賣主之名字書事者、常之法意也、自今以後不レ書二買主其名一借狀、從二何方一出來候共不レ可二立用一候、

一 致二毎度付沙汰一事不レ可レ然、

一於二百姓逃散遺跡一者、其地頭是非可二相計一處、号二負物一、
家内作毛被二没收一事不レ可レ然、
一於二地下一致二狼藉一、家内被二没取一事不レ可レ然、
一典馬、蘭櫃(闌遺)其外号二馬草一天、地下之作物被レ執条、殊不レ可レ然、
一他人之中間之事、破二前〻法一、被二召仕一事不レ可レ然、
一錢負之下人、男女共ニ被二召仕一事不レ可レ然、
右、如レ此雖レ定二置規式一、猶以親類面〻調二評儀一、為二無為成敗一加二判形一畢、若背二此旨一輩者、八幡大菩薩可レ罷二蒙御罰一者也、仍如レ件、

寶德元年八月十五日

南條 道高(花押)
治部少輔 道朝(花押)
河内守 高房(花押)
椚原 朝將(花押)
讃岐守 秀光(花押)
伊勢守 國高(花押)
美濃守 信高(花押)
安田 高茂(花押)
弥三郎 將秀(花押)
左近將監 景國(花押)
兵庫助 房秀(花押)
伯耆守 長將(花押)
小次郎 敎高(花押)
四郎 敎高(花押)
彦太郎 高實(花押)

一七五 鎌倉府下知状案 ○上杉文書

和泉、河内兩國鍬鋳鑄物師等申、商賣職之事、於二關東一所レ被レ制二止新業族一也、早任二相傳之證文一、本座之輩、弥可レ全二都鄙賣買一之狀、依レ被(マ、)[93]レ仰下知如レ件、

寶德元年閏十月十四日　右京亮(上杉憲忠)

一七六 小早川本庄・新庄一家中契約狀 ○小早川家文書

(端裏書)「椋梨子」

小早川(安藝)本庄新庄一家中契約事
一大小事共相互不レ可レ捨事
一一家中祖子(庶)彼(被)官人、惣領方へ出事可二停止一、若惣領方於レ有二許要一者、同心可二申歎一事
一雖レ為二惣領一、無理子細承者、一同歎可レ申事
一為二一族一惣領致二緩怠一輩者、衆中可レ加二成敗一事

一憑二衆力一、對二自他一致二無理一者、可レ放二衆中一事
右、此条僞申候者、
日本國中大小神祇、殊者八幡大菩薩、嚴嶋大明神可レ蒙二
御罰一者也、
寶德三年辛未九月吉日
「(裏書)

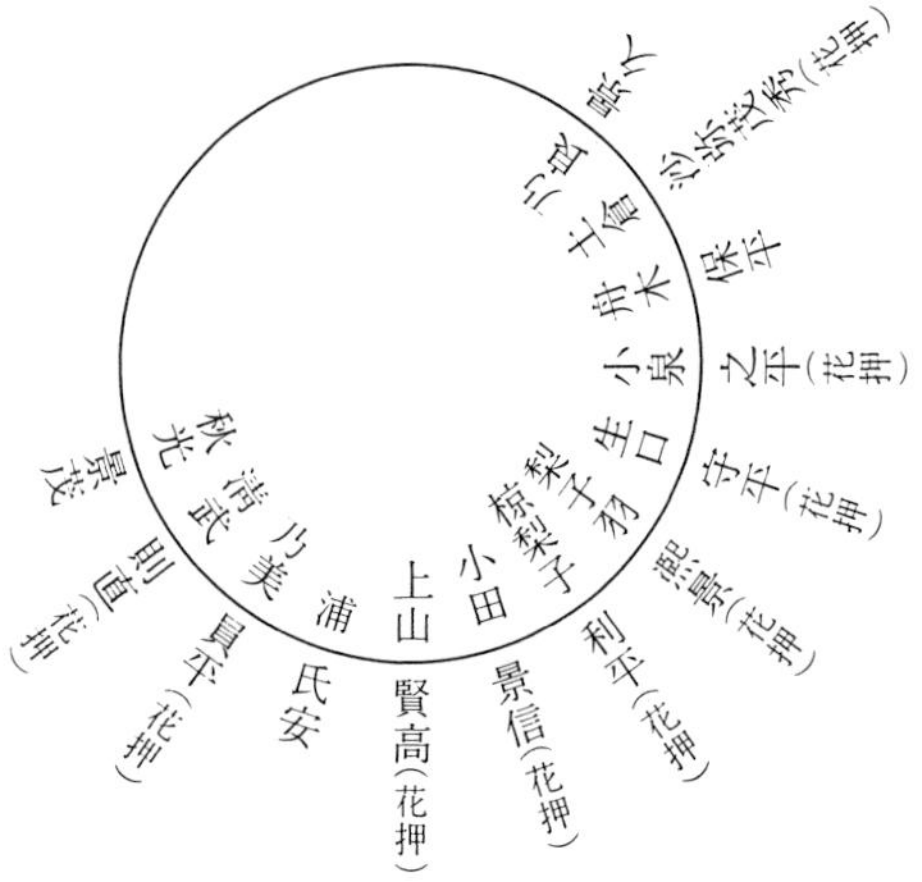

」

一七七 内藤元貞禁制 〇天寧寺文書

禁制　丹波國金山天寧寺
一寺家爲二代〻御祈願所一之間、甲乙人等不レ可レ致二亂入狼
籍〔藉〕一事　付、殺生事
一寺領百姓等臨時課役可レ令二停止一事　付、檢断等事
一於二國中一、彼門下寺菴住侶之僧、自然以二無實之儀一、或
号二非法之仁一、於二其檀那及村在地一、不レ可レ成二違亂煩一、
但、罪科歷然之時者、自二本寺一、堅可レ令レ加二糺明一事
右條〻、自今以後堅可レ守二制札之旨一、若於二違犯之輩一者、
可レ被レ處二罪科一之由被二仰出一訖、仍下知如レ件、
寶德四年卯月廿八日　(内藤)元貞(花押)[94]

一七八 渡邊將外七名連署起請文 〇毛利文書

再拜〻〻立申候記〔起〕請文の事

右願ハ、条ゝ申上候、我等於㆓親類中㆒さた《沙汰》をいたすへき
事、
一あるいハゆみやへん《弓矢篇》ニついて、くはう《公方》わたくし《私》大事をすて、ミれん《未練》ニ候ハんする事、又ハ人のめをおかし、ひ《尾》ろう《籠》おいたし候ハんする物、あるいハ上のゆるしなくて、はくちうち《博奕打》候ハんする仁、又ハ御きやうたい《兄弟》の間ニおいて、しせん《自然》おもて《面》をふり候て、公方をうしろニなし申事候ハんする物、第一ニぬすミ《盗》山たち、そのほか一し《紙》はん《半》セん《銭》の事にても、ふたう《無道》おけん《現》し候ハんする物、此条ゝしんるい《親類》のせいはい《成敗》をもちいす、ミれん《未練》のふるまい《振舞》お仕候ハんする物あらハ、上の御さたニあつからす、則さたをいたし、くひ《頸》お上の御めにかけ候へく候、おやこ《親子》、きやうたい《兄弟》、しゆつけ《出家》、さいけ《在家》よらす、ひいき《贔屓》わたくし《私》なく、さたを仕候へく候、此条ゝいつハり《偽》申候ハヽ、奉㆑始㆓上梵天、帝尺、四大天王㆒、下難陀、跋難陀龍王、龍衆、堅牢地神、惣日本國中大少〔小〕神祇、別者熊野三所権現、伊勢天照大神、王城之鎮守稲荷、祇薗、賀茂、住吉、日吉山王、松尾、北野天神、別者國《安藝》之一社嚴嶋之大明神、殊者當所守護八幡三所、祇薗、北野の御はち《罰》を、我とかハ十三之おりほね《折骨》、くニく《軀肉》のけ《毛》のあな《穴》ことに、まかりかふり候へく候、仍記〔起〕請文之状如件、

渡邊長門　將(花押)
佐武入道(花押)
渡邊河内入道(花押)
同新さへもん　行(花押)
同彈正　京《景カ》(花押)
同外記　定(花押)
井壱かけい《勘解由》(花押)
同ミんふ

寶徳二年六月八日

○「眞野山寶印」及ビ「一御社牛玉寶印」ノ料紙裏ニ書ク、

一七九　宇佐宮條書案　○小山田文書

(端裏書)「三十七ヶ條数」

條々 95

（一）
□法花三昧堂号二大貳堂一都督匡□〔房カ〕□立□細□所在レ之云々、在所并□□可レ相二尋之一、□於レ令レ露二顕一者、可レ籠二舎其身一、若不知行之由申旨分明者、可レ尋二究之一、当時修造事、為二昌秀〔飯田石見入道〕奉行一、此社中可レ執二沙汰之一、

一大尾社御神躰者、宮一在レ之、六ケ年ニ一度ノコケラ入レ之云々、社司在レ之、社領等次第可レ尋レ之、於二修造一者、忠家令レ奉二行之一、今月中可レ執二沙汰之一、年中祭礼行事等有無、可レ尋二究之一、若緩怠令二必定一者、領所於押置、可レ注二進之一、

一法花三昧堂前橋事、為二敬神一、飯田河内入道仁申二付之一、了、可二存知一者也、

一菱形池事、朽網次郎左衛門尉為二奉行一、既令二支配一上者、請取仁等定而可二奔走一歟、御船縦横仁漕廻之様仁可レ掘レ之、

一御許山并菱形池〔峯〕等之樹木之事、可レ立否事、社家仁相二尋之一、若可レ立様申レ之者、先定二傍〔榜示〕至一而后、如二防州氷上山之例一、仰二社官并社僧、寺僧等一、可レ令レ書二押書一之、近所野人等致二狼藉一者、為二武家一可レ成二下制札一之、豊後堺事者、豊饒弾正忠状於取、社家仁可レ遣二置之一、喧嘩不二出來一之様、能々可レ申二定之一、

一弥勒寺〔マヽ〕金堂事

毎月一度充堂中悉可二荘嚴一之、毎日又可レ掃二除築山之内一、毎月六ケ日仁苅レ草、不浄等可レ令レ除レ之、此趣堅留守仁可レ申二与之一、

一自二馬場樓門内一亀山廻事、社官、社僧之門前等配二分之一、毎日除二不浄一、可レ掃二除之一、

一調物川事、或説仁当社閼伽水仁取レ之云々、為二事実一者、不浄お能々可レ除レ之、河畔はた人馬不レ臨之様、可レ殖二小松一之、96

一五月會事、可二執行一否事、對二大宮司并諸社官等一、被レ成二奉書一之、定二加談合一、是非之一段、可レ捧二請文一歟、昌秀令二逗留一、兩篇可二一定一者也、

一女祢宜事、既先年衣裳等被二調置一云と、領所等無二相違一者、可二定置一之委細尋究、可レ披二露之一者也、

一弥勒寺東大門事、亀童丸可レ建二立之一、材木等連と可レ採二用之一者也、可レ爲二瓦葺一歟、

一金堂之瓦可レ修二復此秋中之一、

一弥勒寺堂瓦修復事、子細同前、

一亀卜事、当宮爲二先例一之處、断絶云と、若有二所望之仁一者、山口來儀之次、可レ相二□之一、宜レ爲二神慮一者也、

一三重塔婆修造事、連と可二相計一者也、願主、勸進聖可レ尋レ之、

一社頭宮番有二無沙汰之子細一歟、動[柱]壁等仁雜言書二付之一、自今以後、自由之[至][於]レ令二出現一者、可レ處二異罪科一者也、所詮爲二大宮司役一、毎日可レ檢二見之一、

一金堂造作未二周備一歟、尋二究之一、可レ加二造営一者也、

一高御倉事、白壁等、秋中仁可二誘調一事、

一下宮北辰殿事、一途可レ造二営之一、但、願主於相尋可レ申二付之一、杉伯耆守重國爲二願主一、可レ造二立之一、

一下宮御輿宿事、子細同前、

一若宮殿上葺事、既檜皮料物、杉飛驒入道令二存知一上者、年内中仁可二葺調一事、

一下宮假殿事、檜皮著宮之時分可レ造レ之、佐田因幡入道申二付之一、然者重而可レ申二含之一、

一下宮莊嚴□〔之〕具足等事、以前大畧調置□〔之〕由、若狭（庄壽玄）入道申レ之、重而令二檢見一、注文社家仁可レ預二置之一、

一御許山本堂本尊阿弥陀事、廻二方便一、当年中仁可レ葺二調之一、其外堂中修造等事、神□〔人〕仁可レ申二付之一、此餘觀音堂、釈迦堂、藥師堂以下在レ之、[造]営無二油斷一之様、可レ申二付之一、又祇園社在レ之、

一吉水山事、今度遣二檢見一、能と可レ令レ見レ之、領所押置歟、評定之衆加二談合一、寺家安堵之様に可レ計レ之、

一放生會日、警固之武士卒尒仁依レ歸、和間（豐前）之町物忩云と、所詮於二自今以後一者、終日可レ令二警固一之由、對二神事奉行一、可レ申二付之一、

一御許山事、[毎]日諸國道者在レ之云と、山徒并社仁に申付、

馬輿往還輙之様に、可レ令レ作レ之、
一下宮大般若經一ア在レ之、於二喜多坊一、以二巻ゝ之目録一令二校合一、修復事遂而可二了簡一、何様喜多坊仁可レ預ヨ置之一、讀誦之時者、可レ取ヨ出之一
一東大門之通大鳥居事、役人ぉ申付、急速仁可二修造一事、
一筑前國立岩事、依レ有二由緒一、内山田五郎当ヨ知一行之一、但、無二指神役一、可レ還ヨ付当社一歟、所詮加二談合一、一途社家可二奉公一者也、不レ然者、(可レ為二)。武領随一一之間、。神領可レ謂二押領一歟、
一出光跡内中津原(豐前)事、依レ有二存子細一、先預ヨ置時枝清次一畢、是又無二社役一者、可レ為二武領准〔唯〕一一歟、對二社家当社一可レ懃二奉公一之由、可レ申ヨ定之一、
一弥勒寺聖道衣裳等如在云ゝ、堅可レ加二制止一之、
一至二法服一者、不レ能二子細一、於二袈裟破壊一、。(不)レ可レ着レ之、先聖之戒文為二歴然一上者、堅可レ守二此旨一、
一行幸會時、騎馬列遅速在レ之、於二自今以後一者、無二中絶一之様、可レ申ヨ定之一、若不レ能二信用一者、殊(異)沙汰ぉ可レ行者也、
一前安門坊事、令二殺害一仁等成敗、猶以不(未)盡云ゝ、杉伯耆守仁加二談合一、嚴重仁可二下知一者也、
一安門坊事、是又重國仁加二談合一、雖レ為二何仁一、令二安堵一之様に可二申付一歟、
一御神馬事、秣等令二無沙汰一歟、無二勿躰一之、堅可レ申ヨ付之一、猶以不二信用一者、當職ぉ可二改替一事、

康正元 八月日

一八〇 長門二宮宮番事書 ○忌宮神社文書

(端裏書)「宮番之事」

(長門)二宮條ゝ
一宮番日夜可レ為二堅固一事
一壁書可二禁制一事
一宮中爐可二禁制一事
一社頭仁雑人不レ可二參籠一事
一濱面石築地高厚連績〔續〕可二築重一事

長祿三年二月廿五日

主計允（定宗）（花押）
下野守（内藤盛世）（花押）
伯耆守（杉重國）（花押）
沙　弥（野田加賀入道高久）（花押）
中務少輔（陶弘房）（花押）

一八一　武田信賢福王寺領禁制寫　○藝州福王寺文書

禁制福（安藝）王寺領山上山下條々

一伐一レ採山木一事

一女人夜宿事

一往來僧俗并乞食不レ可レ入事

一軍勢甲乙人等不レ可レ乱一レ入寺領一事

一於二寺領一不レ可二殺生一事 但、大宮一頭狩者、非二制之限一

右、於二違犯之輩一者、不レ嫌二權門高家一、可レ處二罪科一者也、

仍制札如レ件、

長祿四年八月日

大膳大夫源朝臣（武田信賢）判

一八二　細川勝元田村大社壁書　○田村神社文書

（鏤板）讃岐國一宮田村大社（補書）「壁書之事」

一毎日御供無二退轉一、加増分共以、巳刻以前可レ備レ之、若致二無沙汰一於二當番之輩一者、就二註進之交名一、可レ處二罪科一事

一社領沽却事、賣人云、買人云、共以可レ處二罪科一事

一神官等一跡相續之外、於二庶子等一、段歩不レ可レ讓レ之、縦雖レ爲二實子一、無器用者可レ伺之事

一供僧職一跡相續之仁躰外、段歩不レ可レ讓二別人一、縦雖レ（補書）「爲二第（弟）」子分一、無器用同可レ伺之事

一神事并諸講會、於二社頭一勤行之次、毎夜之燈明、自二本社一至二末社一、無二懈怠一可レ致二其沙汰一、若有二無沙汰之輩一者、就二註進一可レ處二罪科一事

一毎月上旬下旬當番之間、兩官致二別火精進潔濟（齋）一不レ相一レ交自餘之族一而可レ令レ祗一レ候社頭一、若有二不法之儀一者、就二註進一可レ處二罪科一事

一神子、供僧等當番之時、不レ去二社頭一可レ致二掃除一、於二懈怠之輩一者、不レ及二註進一可レ處二罪科一事

一供僧等、各於二坊舍一構二持佛堂一、朝暮致二勤行一、可レ抽二國家安全之祈禱一、於二不持戒之輩一者、速可レ令レ追二出社家一事

一於二歩射頭役一者、任二先例一猿樂并白拍子可レ勤之事

一毎年三月十五日一切經會之舞兒、兩官、神官并供僧等爲二奔走一可レ雇レ之、同於二舞童、伶人、神事等一者、爲二料所役一、二和尚可レ勤レ之、若至二無沙汰輩一者、改二彼職一、可レ任二別人一事

一社頭内外於二掃除一者、兩官、神官并供僧等毎月三度無二懈怠一可レ令レ勤二「行」(補書)一、若於二無沙汰之輩一者、交名於可レ令二註進一事

一伐二取社邊竹木一事、殊更兩官被官人等任二雅意一条、頗招レ咎歟、堅可レ令二制禁一、猶以有二違犯之輩一者、則可レ處二嚴科一事

一神官、供僧、神子、神人等可レ令レ停二止博奕一、若於二違犯之輩一者、可レ追二放社家一事

一當社法樂之千句田事、神主、權官、一和尚致二三方相論一之間、於二寶前一取二御鬮一之處、各不二取中一之由、社家奉行依二註進一、彼料田爲二無主之地一、可レ爲二毎年不闕千句連詞料所一之旨、定置之上者、聊立還雖二競望一、曾不レ可二許容一事

一奉レ初二社頭一至二坊舍并社邊之在家等一、日夜可レ致二火難之用心一、聊於二無沙汰之輩一者、可レ處二重科一事

一[於]二社邊一不レ可レ放二「入牛」(補書)馬一、有二若違犯之輩一者、忽可レ處二罪科一事

一朝暮之鐘懈怠云々、所詮、爲二兩官一定置承仕可レ令レ勤レ之、於二無沙汰一者、可レ處二罪科一事

一於二社内一、諸軍勢并甲乙人、猿樂、白拍子雖レ爲二一夜一、不レ可二寄宿一事

一至二神主職一者、任二先規之法一、改席可レ用二別盃一事

一去嘉吉年中自レ改二置社領一以来、於二沽却買得之輩一者、共以可レ處二罪科一事

一神官、供僧、各帯二下知一之上者、惣官、権官、於二彼等所職等一、聊致二競望一者、堅可レ處二罪科一事
一権官代事、背二先規一云々、所詮、如二往古一可レ致二其沙汰一、若有二無沙汰一者、爲二社家奉行一可レ致二註進一事
一閣二社家奉行一、社領公事以下、兩官、神官、供僧等就二別人一不レ可レ致二訴訟一、若雖レ有二違背之族一、不レ可レ及二許容一事
一就二社領所役等事一、不レ伺之外不レ可二相懸一之事
一於二社家社邊一盜族(マヽ)事、至二住人一者、不レ及二是非一、雖レ爲二甲乙旅人一、有下令二許容一之輩上者、可レ爲二同罪一之上者、一切不レ可レ遁二其咎一事
一此壁書令レ安ニ置寶前一、兩官、供僧、神官等、堅可レ守二法圖〔度〕一事
右、守二条々之旨一、不レ可レ有二緩怠之儀一、去嘉吉三年安冨安藝入道此次第等雖二申沙汰一、猶以加二条数一者也、於二自今已後一有二違犯之輩一者、守護代、社家奉行致二談合一、以二交名一令二註進一之時、就二咎之輕重一可レ有二成敗一、仍壁書如レ件、

奉行安冨筑後入道智安
社家奉行安冨山城守盛長
社家奉行林參河入道宗宜
社家奉行安冨左京亮盛保

長祿四年十二月　日
右京大夫源朝臣(細川勝元)(花押)

一〇三　常忻(細川持春)城福寺禁制　○大德寺文書

禁制　攝津國中嶋城福寺97
一甲乙人乱入狼籍〔藉〕事
一伐ニ取山林竹木一事
一於二境内一殺生事
一同放ニ入牛馬一事
一寺領住家百姓等閣二寺家一凴レ人事
右條々、堅令二停止一訖、若有二違犯之輩一者、可レ處二嚴科一之狀如レ件、

寛正二年五月九日　　沙弥（常忻、細川持春）（花押）

一八四　豊前宇佐宮寺造営條書案　○小山田文書

（花押）

（豊前）宇佐宮寺條々　（花押）○袖判ト同形、

一木屋夫任二舊例一可レ申コ付内府四郷一事、若雖レ為二一日一有二遅引一者、可レ出二科銭一之由、可レ申コ付郷司一事

一於二所々一材木採用并社納人足事、郡内不レ嫌二寺社人給一、従二郡代一可レ被二申付一事

一社用材木仕残、雖レ為二寸木一々〔可〕二取置一之事

一道木事、相コ定奉行人一可二取置一事

一奉行人以二代官一懃レ之、不レ可レ然事

一番匠毎日出二卯時一、戌始仁可レ帰事

一番匠若輩之仁不レ可二召仕一、若雖二召仕一不レ可レ准二惣並之賃一事

一随二奉行人器用一、其役等可レ申コ付之一、若有二辞退之仁一者、可レ有レ注コ進交名一事

一番匠諸職人已下、不レ随二奉行人之命一者、堅固可レ有レ折コ檻之一、若又奉行人有二非儀之子細一者、追而可二申披一之事

一材木并榑已下、雖レ為二少事一於レ有二犯用之輩一者、可レ被レ處二罪科一事

一雖レ非二差題目一、毎篇可レ有二注進一事

已上

寛正七年閏二月十五日

一八五　大内教弘條書案　○東大寺寶庫文書

（端裏書）「左京大夫兼権介多々良朝臣政弘五箇條目録」

條々 98

一國衙領一圓所々検断事、於二大犯三箇條一者、召コ出犯科人一可レ致二沙汰一、至二小事一者、任二先規一可レ為二検非違使所沙汰一矣、

一土居捌町事、守護使不入云云、罪科之輩出来之時者、任二旧例一相コ觸子細一、可レ召コ出其身一焉、

一兼帯所々正税地頭御家人未進事、就㆓注進㆒加㆓催促㆒可㆑沙㆓汰-渡之㆒、於㆓難澁之在所㆒者、可㆑折㆓中下地㆒矣、

一國恩之仁等假㆓當方被官之号㆒、有㆑限國役及㆓異儀㆒云云、向後不㆑應㆓催促㆒者、可㆑被㆑改㆓所職名田㆒焉、

一人夫事、号㆓國例㆒夫食下行之間、寺物失墮〔墜〕云云、太不㆑可㆑然之、向後所用之時者、有㆓談合㆒可㆑支㆓配地下㆒、不㆑可㆑有㆓粮物沙汰㆒也、自餘方々雇夫可㆓停止㆒矣、

已上

右條々、去應永六年、同十五年、永享四年、嘉吉貳年事書如㆑此、守㆓此旨㆒可㆑被㆑致㆓沙汰㆒狀如㆑件、

文正元年三月廿二日　權介(大内教弘)

右、應永六年以来至㆓嘉吉貳年㆒事書之次第、去文正元年三月廿二日令㆓裁許㆒畢、然處文明四年二月四日國廳回祿之時、惣御重書并件證文等、悉爲㆓火災㆒令㆓燒失㆒云云、仍任㆓前々規式之旨㆒、重而記㆓其條々㆒、以準㆓先蹤㆒者也、自今以後守㆓此旨㆒、可㆑被㆑致㆓沙汰㆒之狀如㆑件、

文明十一年九月廿一日

[99] 左京大夫從四位下兼權介多々良朝臣政弘(花押)

一八六　阿波段錢條書寫　○阿波國徵古雜抄

條々 文正元六十一[100]

一阿州段錢、近年號㆓河成并訴訟㆒無沙汰、太無㆑謂、所詮、先々免除支證等不分明在所者、任㆓本目錄㆒、堅可㆑致㆓催促㆒事

一公物色々運上之時、船水手幷人夫、傳馬、海上警固、上乘等、用次第可㆓申付㆒事

一於㆓論所幷闕所分㆒者、任㆓田敎〔數〕㆒、懸㆓百姓㆒可㆓催促㆒事

一替錢、國中幷他國諸商人等、專器用可㆓申付㆒事

一此間段錢催促之輩、如㆓先々㆒可㆓申付㆒事

一於㆓段錢無沙汰在所㆒者、可㆑遣㆓譴責使㆒事

一東條若狹入道知行料所段錢無沙汰無㆑謂、堅可㆑致㆓催促㆒、別〔而カ〕當令㆓難澁㆒者、可㆓注進㆒事

一故三好入道知行分同前、

一片穂常陸入道、逸見豊後入道知行分同前、
一中郡（阿波那賀郡）大經事、如二先々一領主可二申付一事候、

一八七　小早川弘景置文写　〇小早川家文書之二（大日本古文書）

（朱筆）「弘平」

親類之立分事幷次第101

一越中ハ、一家共一屬共可レ申にて候、直に別分を持たる仁候、一家には上にてあるへく候、此内小梨子ハ同前之様ニ候へ共、草井別分を持たるそし（庶子）にて候、

一包久、これ又一家一屬たるへく候、これハ子細候而、前之儀ハ不レ入候、越中なと兩座にあるへく候、小梨子よりハ上たるへく候、方々御存知之前候、

一瀬戸、南子共ハ、身かためにはさし渡したるいとこ（従兄弟）にて候へ共、あれハいゑこ（家子）なミたるへく候間、自然之役、草井、包久、小梨子か上をはゐ仕候ハす候、させましく候也、おなしおとゝい（弟兄）に候へ共、又五郎ハ裳懸かあとにて候、いゑのこ（家子）迄にて候、瀬戸と南にたいし候ハん時ハ、下を仕候へ、のこり親類には、又これハ別而賞翫候する子細にて候、こんほん（根本）か親方の末にて候、豊前今度不思儀之事を申候へハ、此出入ことをは、又五郎こそ可レ申候へ、豊前ハ又五郎か下にて候、いわれす候、其上裳懸も越中か上をしたる事にてこそ、くセ事までにて候也、

一木谷天門（天門仲好、小早川仲義）之下より別候、さりなから、これもひら（平）給分なミ（竝）にふち（扶持）候間、いゑのこ（家子）にて候、草井、包久、小梨子下たるへく候、南、裳懸同たるへく候、役なとは六借敷候、同役ニ不レ可レ被ニ申付一候、今の木谷ハ、年もひろい候間、又五郎少々ハ下を可レ仕候事、子共になり候ハゝ、又五郎上を可レ仕候、同ほとにて候ハゝ、年次第たるへく候、

一越中、小梨子各別のわけふん（別分）持候間、機嫌いかゝわるく候へ共、中なとたかい（違）候事候ましくにて候、包久も同前にて候、

一眞實身になり候する者をハ、よく目をかけらるへく候、うらミを請候へハ、後はあた（仇）になり候事、人の上聞事にも數多候なり、子孫のためわるく候、越中おやこ親類、同名、包久、小梨子、南、木谷、裳懸、中屋、大垣内、

隠岐子共光淸なと、よく〱目をかけらるへく候、扶持をも仕候へ、自然よき者を脇はさミ候ハねハ、人あなす（侮）り候也、身か越中をわきはさミ候へハ、三郎か事、おと丶い（弟兄）共、おやこ（親子）とも存られ、いまより目をかけつけらるへく候、人ハ惣而なしミ（馴染）か大切の物にて候、親類中にも御らん候ことく、此者ならてはしう（主）の身になり候する者候ハす候、入道かいふん（涯分）せつかん（折檻）仕候間、あたには候ましく候、さりなから、若者にてしせん（自然）の時、おちとは候へく候や、往々入道とり別目をかけ候間、油斷之儀も候へく候、それをは差置候而、た丶しうの儀を本ニめさるへく候、年よりも心立もおとなしく無爲成者にて候間、よき御たからにて候、其外に出來次第、見つくろわれ候而、目を御かけあるへく候、錢米を持候而も、人候ハねはと、いたつら事にて候、身なり候ハん者とも、よく〱目をかけらるへく候、人をのけ（除）つよせ（寄）つする事、返々わるき事第一にて候、御心得候而、越中か事をとく（徳）かんかやう（岩陽滿、小早川弘景）に仰候し、いまわおもひあわせ候、ふさた（無沙汰）に候へ共、等閑なく候間、干要ニて候、萬々たのミ入候、なしミ候へハ、心さしかふかき物にて候、入道か申事ハ、おかしく存られ候すれ共、しゝう（始終）ハさる事ありと思合給候へと、番帳[102]を見て思出し候ま丶、しるし進候、

一若き時、搆々ことはにて人をあて、いさ丶かしやれ（戯）事も、人の身心のあたり候事、仰候間敷候、心ある者ハ、て（手）つよく（強）うらミ候物にて候、身か目をもかけ候ハん者をは、ようあるかと如レ此候らんと存られ、共ニ目をも懸らるへく候、親の目をかけ候物を、まへとそねミ（嫉）候而、にくミ候者、ひきやう（比興）第一候事ニて候、親物にくるひ候ハ丶、子ハつ丶ミ（鼓）をうちはやし（打囃）候へと、むかし事人申置たる事にて候、能々御心得候へく候、

一いかてい（如何躰）たる者にても候へ、忠勤のあと御とりあけ候て、目をかけられ、御扶持候へく候、入道ハ我等か代よりさる間二代前忠を本ニ仕候、當代の事ハもちろんにて候、それにもさやうに心あてをし候て、入道か代忠勤本より御代の儀ハ、少々人のいかに申候共、もた（黙）しかたく候

ハヽ、其身のためと仰聞られ候て忠勤衆御たをし候間敷候、人ことといわされおちる物にて候、これ子孫弓矢めう《冥》か《加》ためにて候、我等か代も、よくおもひあわ《思合》すれハ、それほといんくわ《因果》あるなり、これをはよく〱心得、かん《勘》にん《忍》して、御心得候へく候、聞人も國ほうはい《傍輩》も見かきりミつくさかり候なり、大事心あてなり〱、

一川井善左衞門事、川井ハあに《兄》のなかれ《流》にて候間、上たるへく候、これハ他家の者にて候へ共、武部か親とくかん《德岩》のおちにて候也、三吉又いとこにて候、方々余所ならす候ニよりて、こなたのしんるい《親類》にめしつかい候也、武部ハ草井壹人か下へハ入候ハんよし申候て、番帳なとも其下へハ入候へし、三吉へ之聞へいかゝに候間、聞はかりには、親類共ニつかい候、やく《役》ハいまゝてハさせ候、越中か事ハ不レ及レ申、南か子共、又木谷、裳懸より下にて候、さりなから、下と御心得候て、役ニつかいハむやく《無益》にて候也、善左衞門につかい候か可レ然候、萬ふしん《不審》をは身か候時、御尋候得、かいふん《涯分》存候ハんほとの事申候へく候也、

一内之者事

手嶋者ともより上ハ、何も仕候ハす候、手嶋衆には、中屋上仕候、これハ大木以來ニて候、吉近も子細候ハヽ、中屋あらそい、たゝしいま中屋たへ候て、一條吉近上たるへく候、其外年次第にめしつかい候へく候、さりなから、末松、井懸ハ、吉松より下にて候、井懸、末松より出候間、そし《庶子》にて候、田中ハ井懸より上、末松下にて候、此三人年次第たるへく候、せんあく《善悪》吉近ハ上たるへく候、

一日名内手嶋の者につかいたるやうに候、これもさる子細候而、上にめしつかいたる事も候、役には少上をもさせへく候、

一光清、これハそうりやう《惣領》我等おやこ御事候間、賞翫も候へきにて候、手嶋者につかい候事ハ、上下大事にて候とて、先年和智へ迎事、別ニ光清をはそへられて候、

一風早、用田ハ、風早上にて候、風早手嶋衆上と、毎度申候へ共、手嶋ハ我等家之年比忠勤の者にて、風早ハ彼の《後カ》

者にてこそ候へ、さりなから、手嶋先年大和陳（陣）の時、致二忠勤一、公方様（足利義教）懸二御目一候者、手嶋衆を前ニとくかん（徳岩）あそはし候、これも役ともつかい候ハヽ、これしんるい（親類）につかい候ハヽよく候、六借敷候座敷なとは、手嶋より上をは不レ可レ仕候、

一山田、かゆの、柚木沙汰人にて候間、内者ハ下ニ候、其内ニ山田ハ本名字の者にて候間、一上たるへく候、かゆの一下ニ候、正月弓共にししやく共ニ山田ハ可レ取候、

一正月御弓の事、一番親類、二番山田、かゆの、三番手嶋衆にて候、萬何事も二四六八十さかり候なり、

一親類弓大分うしろ、近年同豊前あに新左衛門と申し候か、うしろを二三年いて（射）候、如レ此今度豊前不思儀之事を申候へと、おかしく候、もとハ日名内、吉近うしろをいて候し事も候、

一岡崎、神田ハ、本大木かふち人にて候けるか、けんさん（兼参）のやうわ（にカ）候間、其後上へ出しける内の者共さけ候するにて候、さりなから、近年岡崎者共、中屋おやこにて候つるにより、次第引上候様候、いやしく（卑）ハし候間敷候事ニて候、さりなから、くわしくハしらましく候、さた人共よりハ上にて候、山田壹人か下にて候、役なとはさせ候ハす候、御心得候へく候、

一西村これ新参之者にて候得共、家有者にて候、丸殿なと親類事候間、賞翫候、たひ人の事候間、役なとは仕候間敷候へ共、手嶋者共ニ候共、若者共西村か上ニハ有間敷候にて候、ことに京のたつ（さカ）しやうにて候間、人も賞翫したる事にて候、あへなとは家もさしてなきものにて候、たゝおしあわせ若衆なミにて候、

一望月新参に候へ共、家有者にて候間、殊忠勤者にて候、岡崎、神田ゟ上たるへく候、

一於二当方一祝言役ハ、たいりやく（大略）手嶋者共仕候事にて候、其外ハし候事まれに候、たゝし、光清、風早、用田なと、手嶋衆さしあいにて候ハヽ仕候へく候、

一しやく（酌）ハしよこん（初献）三五七九十一こん上ニて候、そのあい〱ハ、たとへハ、右ほとの事ニて候、とりわけしよ（初）三

九こんを賞翫候へく候、
一又三郎なと、しやく（酌）にさし候する事ハ、大内方、又國のしゆご（守護）、此やうなる大人なとのわたり候する時、申付らるへく候、其外細々の時ニハ有間敷候よし、とくかん（徳岩）さま（様）仰候事候し、身か祝言の時、越中にしやくをとらセ候を、あるましきに候よし、御しかり（叱）候なり、
一しやく（酌）なとさし候ほとの時ハ、能々談合候へく候、申ことくに、あい／＼ハ時のきやう（器用）たるへく候哉、それも柚木、かゆのとり申ましく候、山田ハとり候へく候、
一有田ハ、山田なとほとの者にて候、これも山田ハ地下、年比本名字ある者にて候、有田ハ又近候よしにて候、下ニて候へく候、
一内海衆ハ、有田より上たるへく候、さる子細、これハ風早同名にて候ゆへにて、少かわる事にて、風早か下にて候、用田にたいしたるにて候、山田よりも下たるへき事に候、内海衆今新参にて、用田か下たるへく候、内々酒の座敷なとは、時之儀ニて候、これハ自然役かましき時の事にて候、
一八木なとは、おかしき者にて、ゆの木ほとの者にて候、あへ同前候、
一あしあらい（足洗）のうちニハ、彦ろ上にてあるへく候、これハ本内藤手付候間、自然之時ハ、しやく（酌）なととり候て、くるしからす候、山田同前たるへく候よし、とくかん（徳岩）仰事候しなり、よこ田衆なとは、ちかき中間にて、これ名字候ハす、新左衞門も百姓にて候つる、よこ田同前にて候、九郎右衞門これらよりハ上ニて候、子細はこれらつらハ時のきやうまてニ候、いまたゝもとふたん候者、内ニハ助七なとハ上にて候、神二、彦三、左衞門、七郎なと、これハ同前にて候、能と御心得候へく候、
一弘景（小早川竹原）時出候足あらいも、荒谷なとはあへ共ニ同前ニて候、
一おもひ出し次第書進候、連々御ふしん（不審）の時をは御たつね（尋）候へかし、時としてしらさる事しやうし（笑止）にて候、内者をめしつかい候事大事ニて候、
一中間之事

九郎右衛門子共候し時ハ上にて候、いまは新右衛門たるへく候、次ニハ小六にて候、次ニハ彌六たるへく候、彌三郎ハいつれもおとり候ましく候共、近年身をもちさけて、有田か下人になりて候、かねをさへこれへ來候而こそ付て候へ、今ハ若衆なミたるへく、小四郎も木谷につかハれ候間、下やくたるへく候、太郎兵衛か子共いまハ彌六か下にて候、たゝし中間名字なきものにて候間、時のきやう干要にて候、此内家名ニ殘忠節を仕候あとハ、賞翫にて候、そのよハきやうたるへし、可レ然具足の一も、自然之時ももちあわせ候すると存候者に、可レ令レ持候、与七わらんへ《(童部)》よりめし上候而、身つかい候、心もよく存知し候へと、何時も何れにても、太刀一ツハもたせられ候へ、すてハ候ましく候、左候間、新右衛門おとゝい《(弟兄)》小六、彌六候ハぬ時ハ、身此ものに太刀をもたせ候、ことに〱陣にてもちくそく《(持具足)》大事候也、

一思出次第に書進候、弘景か代まて三代四代此分にて候、我等か代に出候者をも、ふんさい《(分際)》ひきあわせ《(引合)》書のせ候、惣而ひいき《(蟲屓)》へんは《(偏頗)》に一家ひくわん《(被官)》せられ候へハ、其一代ハ不レ苦候、自然かれら又うらみ候へは、我等か家もつよく《(強)》てつよからす候、いわされてなさけなくめされ御あつかいあるましく候、ついに弘景代共三代ハ、可レ然一家内者たおし候ハす候つる、よくさた大事人申事を御きゝ候て、壹度二度三四五度に御同心あるましく候、六度へなり候ハゝ、又御たつね候へく候、おもふほとハ申されす候、御用候ハゝ可レ承候、はや風前とほし火の心ちして、ふしき《(不思議)》に此事をおもひ出し候ハ、心よく〱なり候間、あさましく候、いかゝ申候哉〱、これハてんもん《(天門)》、とくかん《(徳岩)》、しんそう《(心宗陽元、小早川盛景)》以來之時を申うつし書進候なり、如レ件、

十月二日　　弘景（花押）

弘平《(小早川竹原)》
まいる
申給へ

一八八　北畠教具福龍寺禁制　○竹川信太郎氏所藏文書

禁制条々

一福龍寺(伊勢)参詣之輩、於㆓寺内㆒悪口、諍論、狼籍(藉)、堅被㆓停止㆒之事

一謳、音曲、笛、尺八、皷等、可㆓停止㆒之事

一於㆓寺中㆒酒宴可㆓停止㆒之事

一御堂之庭馬不㆑可㆑繋之事

一魚鳥美物門内不㆑可㆑入之事

□□軍勢宿并上使宿不㆑可㆑叶事

□□□曲舞之宿不㆑可㆑叶事

□於㆓寺中㆒商賣停止之事

□於㆓寺内㆒國質、郷質、殺生等之事

右、依㆑仰(北畠教具)所㆑定如㆑件、

應仁三年己丑正月　日　　民部少輔雅兼奉

一八九　細川勝元禁制寫　○石清水文書

禁制　石清水八幡宮領丹波國氷上郡柏原庄

一軍勢甲乙人等乱入狼籍(藉)事

一号㆓或由緒㆒、号㆓或勳功之賞㆒、諸職名田畠等可㆑止㆓監(濫)望㆒事

一剪㆓取社領内竹木㆒并市町押買、臨時諸役、陣夫、野伏等事

右条々、堅令㆑停㆓止之㆒訖、若有㆓違犯之輩㆒者、嚴蜜(密)可㆑處㆓罪科㆒者也、仍下知如㆑件、

文明元年九月廿二日　　右京大夫源朝臣(細川勝元)在判

一九〇　畠山義就祇園社金佛勸進所禁制　○八坂神社文書

禁制

祇園社(山城)金佛勸進所

一盜㆓取彼金像㆒打㆓摧之㆒令㆓沽却㆒云々、同買㆑之輩事 103

一就二勧進聖身上一、或号二借物一、或寄二綷於左右一、成二其煩一
事
一軍勢以下足軽等濫妨狼籍〔藉〕事
右條々、堅令二停止一訖、若於二違犯族一者、可レ處二重科一也、
仍下知如レ件、
文明貳年六月　日
右衛門佐（畠山義就）（花押）

一九一　島津立久制札案寫　○前編舊記雜錄三十九

制札[104]
一寺門前殺生人不レ通之事
一所山之材木二葉迄寺家可レ為二興行一者也、余城構可レ用事
一寺修造時者、地頭面々可レ致二奔走一事
一奴婢於二出入一者[105]、不レ可レ論之事
一雖レ為二江潮（湖平）四ヶ所住侶之僧一、能々可レ撰之事
仍為二後證一之留狀如レ件、
文明三年七月廿一日
立久（島津）御判

上書
龍雲禪寺（薩摩）留狀

一九二　細川成之奉行人奉書寫　○阿波國徵古雜抄二所收緒形政右衛門所藏文書（大日本史料）

阿波國中使二犬神一輩在レ之云々、早尋二捜之一、可レ致二罪科一
之旨、相二觸三郡諸領主一、堅可レ被レ加二下知一之由候也、仍
執達如レ件、
文明四
八月十三日　常連（飯尾）[106]（花押）
三好式部少輔殿

一九三　某鑁阿寺？禁制　○鑁阿寺文書

きんせい（禁制）
一五以後よう（用）候ハんともから、ちやうちん（提燈）ニ火をとほし
わうふく（往復）あるへき事
一もん（門）をのり、かへ（壁）こゑ候ハんともからの事、からめとり（搦捕）
ひろう（披露）あるへき事
一夜たう（盗）の事、いんけ（院家）中御とうしん（同心）合力あるへ〔き脱〕事

一いんけ(院家)中にはいくわい(徘徊)のともから、たとへほうこう(奉公)のものなり共、とうしん(同心)ニけいこ(警固)いたすへき事
一てきかた(敵方)のもの等しつにう(出入)あるへからさる事
一はくち(博奕)、おなしくやと(宿)、とうせん(同前)たるへし、
一をしかゐ(押買)、らうせき(狼藉)の事
右条ゝ、そのとか(科)あるへき状如レ件、

文明四年十一月日　平[107](花押)

一九四　細川政國志度寺禁制　○志度寺文書(香川縣史)

禁制　讃州志度寺
一甲乙人亂入狼籍(藉)事
一於二寺中一殺生事
一諸人押買事
一伐二採竹木一事
一博奕事
一付沙汰事
一於二院内一伯樂市事
右條ゝ、堅令レ停二止之一訖、若有二違犯之輩一者、可レ處二嚴科一、仍下知如レ件、

文明五年八月十一日　右馬頭(細川政國)(花押)

一九五　山名之弘圓福寺幷瑞仙寺禁制　○伯耆瑞仙寺文書

(山名之弘)(花押)

禁制[108]　圓福寺(伯耆)幷瑞仙寺(伯耆)
一□(甲)乙人乱入狼藉事
一(一)當寺山林加蟹澤三河□道寄進山、於二彼山林中一□(有)下侵(犯)二殺生一輩上者、於レ侍者、□(沒)ニ收所帶一、至二于凡家一者、可レ拂二國中一事
一(一)□竹木、或者号二所望一、或者侵(犯)二□(盗)賊一輩罪科付、同前、事
(右カ)□具在レ前、仍下知如レ件、

文明五年十一月廿一日

一九六　大内氏奉行人奉書　〇忌宮神社文書

(折紙)

當社(長門國二宮)御祭礼時、上下商人并府中(長門)地下仁等可レ為二賣買煩一間、町面寄宿、軍勢甲乙人悉被レ加二制止一了、然者此趣各令二存知一、可レ専二商買一、殊於二押買狼籍(藉)之輩一者、差二交名一可レ令二言上一、随二其左右一可レ被レ處二嚴科一□(之)旨、可レ被二相觸一之由候也、仍執達如レ件、

文明十
八月十日

高石彦右衛門尉
忠幸(花押)
安富左衛門大夫
行房(花押)
杉大膳亮
重親(花押)
安富掃部助
房行(花押)
杉三河守
重隆(花押)

一九七　京極政經平濱別宮掟書　〇平濱八幡宮文書

當國(出雲)平濱別宮掟

一　惣社人六供以下、可レ任二社地頭下知一、領家之地頭存へからす、

一　上官分社人迄ハ、中間小者奉公、荷をかたにかけたる事あらは、不レ可二神職叶一、

一　惣社人僧退轉之儀あらハ、懃二社役一、其職を社地頭江可二相計一、

一　社内籠物御笠山并馬場宿井、社地頭一人可二相計一、

一　社内さうし(掃除)月ニ三度死、守二社地頭下知一、可二申付一、人足竹矢八幡より出、

右、任二先例一所如レ件、

文明十二年正月廿日

治部少輔政經(京極)(花押)

一九八　赤松政則奉行人奉書　〇播磨清水寺文書

(折紙)

就二徳政事一、土一揆等蜂起[109]之由、其聞在レ之、所詮有二彼等寄合在所一者、即押寄可二追散一、於二張本人一者、搦捕可レ被二引進一、尚以及二鉾楯一者、加二誅罰一、以レ首可レ致二注進一之由候也、仍執達如レ件、

文明十弐
十月三日

則伊(櫛橋)(花押)

(播磨)清水寺衆徒御中

(阿閉)重能(花押)
(馬場)則家(花押)

一九九　島津友久等連署契状案文写　○前編旧記雑録三十九

契状案文110

一御当家、或者被レ引二縁者一、或者依二年来之知音一、動背二守護之下知一、国家以及二動乱度ヽ一事、先祖以来口惜題目候、仍此番一家親類以二一味同心之儀一、一偏ニ仰二(島津)武久御成敗之儘《儀歟》一、各可二進退一事

一雖レ為二親子兄弟、年来之知音一、対二武久一有下存二非儀一族上時者、依レ為二旧好一再往可レ加二教訓一、若違二背其儀一者、直申二入御成敗之儀一、可レ致二奔走一事

一依二三ヶ国代ヽ傳《転カ》変候一、成レ敵成二御方一、近所他方私ニ雖レ挿二宿意一、於二此一筆以後一者、不レ存二旧悪一、可レ為二武久御為一題目之時者、従二前ヽ一捨二欝憤一、相互一味同心ニ可レ有二扶助一事

一一家一味同心之談合之以後、萬一不慮之子細出来、於二一家中一有二不和之儀一時者、自余之一家應二一大事一、武久受二御意一、相二償内外一可レ存二無為無事之儀一事

一寄ヽ之所領依二相交一、有二四邊郷境論、百姓逃散、夜討、山賊一時者、相互ニ決断候而、可レ有二其沙汰一事

一一家中如レ此申談候上者、談合之時、不レ残二心中一可二申出一候、縦又雖レ非二愚意一、可レ同二衆中之儀過半之宜一事

一如レ此申談候衆中ニ、自然従二(島津武久)屋形一も無理之子細欲二仰懸一時者、相共ニ佗事可レ申事

右、此条ヽ偽申候者、

御神名

文明十二年十月廿日

(朱書、下同ジ)「相州家」(島津)相摸守友久
「薩州家」(島津)薩摩守国久
「伊作」式ア太輔久逸
「豊州家」(島津)修理亮忠廉
「知覧」(佐多)下野守忠山

「新納」近江守忠續

二〇〇　河野通直國分寺定書　○伊豫國分寺文書

國分寺（伊豫）之事、諸給人年始之礼儀之規式、任㆓先例㆒可㆑有㆓沙汰㆒、次於㆓寺家㆒酒、一向可㆑被㆓禁制㆒者也、仍下知如㆑件、

文明十二年十一月廿二日　　刑部〔大〕太輔通直（河野）（花押）

二〇一　上杉顯定奉行人連署禁制寫　○武州文書十六男衾郡本田村敎念寺藏

禁制

一於㆓當寺（武藏敎念寺）門前㆒押買狼籍〔藉〕事

一鄉質不㆑可㆑取之事

一博奕事

右条々、所㆑被㆓制止㆒也、若有㆓違犯之輩㆒者、可㆑被㆑處㆓其科㆒之由候也、仍執達如㆑件、

文明十三年三月廿日　　右馬允（花押）

左近將監（花押）

二〇二　河野通直日王八幡宮定書寫　○豫松古蹟俗談三

一諸給人、寺社（伊豫淨土寺・久米八幡宮）領坊数〔斂カ〕等押妨儀可㆓停止㆒之事

一保免之内段錢棟別等可㆓免許㆒、於㆓保外段錢㆒者、任㆓先例㆒可㆑有㆓其沙汰㆒事

一保免之内追寄可㆓停止㆒之事

一社人等毎々背㆓神主儀㆒云々、太不㆑可㆑然、於㆓自今以後㆒者、可㆑為㆓神主進退㆒之事

一於㆓傍輩内㆒殺生可㆓禁斷㆒之事

右之條々、若於㆓違犯之輩㆒者、可㆑處㆓嚴科㆒者也、仍而下知狀如㆑件、

文明十三年七月十日　　刑部太輔（河野通直）判

二〇三　元國覺城院禁制　○覺城院文書（新編香川叢書）

禁制　江尻（讃岐）覺常〔城〕院

一　於㆓當院門前㆒風流、庭堀土事

一　干稻、麻布并不淨糞事

一 西少路以東爲レ出二墻壁一事
右、樵所レ令二停止一也、若背二制符一於下令二違犯一之輩上者、
可レ處二罪科一狀如レ件、
文明拾肆年卯月五日
兵庫助元國（花押）

二〇四 細川政之光勝院定書 ○法樂寺文書

定 光勝院
一秋月（阿波）庄内友包方撿断事、於二咎□（人カ）一者、寺官令二評定一、遣二
住持之書狀一、内藤相共可レ致二成敗一、於二雑物一者、爲二寺
官一納二置之一、可レ爲二門前十王堂造営一事
一内藤、同親類、被官人等、寺領人夫、牛馬、竹木以下所
用、向後一切可二停止一事
一寺領所と侍百姓等、年貢以下諸課役於二無沙汰輩一者、雖
レ爲二何時一、註二交名一、就二註進一一段可レ有二御成敗一事
一寺僧沸二俗縁一、輕二住持一、煩二衆僧及行力等一不レ可レ致二雅
意狼籍（藉）一事
一寺官、同衆僧与二住持一一心調二寺務一、可レ専二懃行、造営一
事
右条々、堅定置訖、於二向後一可レ守二此旨一、若有二違犯輩一
者、可レ處二罪科一者也、仍狀如レ件、
文明十五年十月日
兵部少輔（細川政之）（花押）

二〇五 北畠政勝書狀 ○澤氏古文書

御糸（伊勢）中事、雖レ爲二權門領中并御扶持人一、於二盗賊人一者、搦二
執其身一、糺二明其科一、屋内雑物等可レ有二成敗一候也、謹言、
（異筆）「文明拾五」十一月十八日 （北畠政勝）（花押）
澤新介とのへ

二〇六 田總豊里置文 ○田總文書

置文之事
一備後國田総地頭分、同國岩成（石）之下村なかわの庄東方地頭
職、（同）國小童地頭分、賀茂地頭分半分、播州平位地頭分越
中之跡、其外備前、播磨新御給所いたるまて、豊里重代

相傳所領也、
一高氏(足利尊氏)將軍御判、同中御所(足利直義)御判、同法橋(寶篋)院殿(足利義詮)御判、同鹿薗(苑)(足利義滿)院殿御判在レ之、
一大明神(寺)殿様(山名時熙)より賀茂御給御判、
一遠碧院殿様(山名持豊)より播州平位御判、田総地頭分御判、同ミつ(三木)きの御判、
一當御屋形様(山名政豊)御判物、色〻在レ之、
一自二先祖一代〻契圖(系)、同讓狀已下、色〻在レ之、
一關東御下文在レ之、
一小童領家者祇薗領、本家江年貢在レ之、如二先〻一致二其沙汰一者也、
一女姓にて候者ニ、小童之内行遠名出レ之、但、人そくハ惣領可レ爲二進退一、
一江田腹女一人あり、小童之内守吉名、田総之内和田名ゆつりわたす者也、但、人そく已下者、惣領進退たるへし、
一おちにて候雲出方ニ、小童、田総ニ参名出候、一期之後者、惣領可レ爲二進退一、
一龜鶴丸之事、播州御陣立之時[111]、一筆雖二書渡一、違篇仕、豊里知行分一圓仁新次郎ニ出候上者、以二親氣一扶持仕、めしつかふ(召仕)へく候、
一公方役不レ可レ有二無沙汰一候、
一としころの披(被)官共、さしたる無二子細一ニ中たかふ(違)へからす候、
一親類中ニ号レ有二□□(支證カ)一公方江沙汰出候共、ゆめ〱不レ可レ叶候、若有、惣領罷出、其跡をハ惣領可レ爲二進退一、豊里重代相傳之依レ爲二所領一、他人違乱妨あるへからさる者也、仍爲二後日一置文如レ件、

文明十七年乙巳二月九日　豊里(田總)(花押)

新次郎殿

二〇七 龍造寺康家制札寫 ○鍋島文書感狀寫

制札[112]

右、於二當津(肥前津町)一寄船之事、縱雖レ有二風波漂蕩之難一、不レ可レ取(奪)・

レ奪〔取〕、若相〔有カ〕ニ違犯輩一者、可レ被ニ罪科一者也、仍制札如レ件、

文明十七年四月十三日

○藤龍家譜ヲ以テ校注ス、

二〇八　龍造寺康家制札寫　○鍋島文書感状寫

制札

一和市者、依ニ時節一可ニ賣買一事

一押買狼籍〔藉〕之事

一有ニ醉狂仁〔人〕一者、爲ニ目代一先可ニ搦置〔置搦〕一事

一博奕之事

一盗賊之事

右、於下背ニ此条と〔之〕一輩上者、可レ被レ處ニ罪科一者也、仍制札如レ件、

文明十七年四月十三日

○藤龍家譜ヲ以テ校注ス、

二〇九　浦上則宗福井莊禁制案　○吉川正統叙目

禁制　〔播磨〕福井庄

一吉川駿河守〔經基〕爲ニ拜領地一、余仁不レ可レ有ニ違乱煩一候事

一足輕以下甲乙人等令ニ乱入一、女童ア剝取、就ニ牛馬一狼籍〔藉〕事

一伐ニ取竹木等一事

右、此条と固停止訖、若違犯輩者、可レ成ニ罪科一之狀如レ件、

長享元年九月日

浦上〔則宗〕美作守在判

二一〇　長尾房淸禁制　○鑁阿寺文書

きんせい〔禁制〕

右、鑁阿寺と中其外の事、夜の五以後、七以前、音せてとをる人躰あらハ、惡黨として可レ致ニ其沙汰一、若急用たらハ、ちやうちん〔提燈〕、たいまつ〔續松〕を以て往還すへし、若此制止をそむ

く族あらハ、権門勢家おきらハす、可レ有二其成敗一之状如
レ件、

長亨二年六月　日

平房清（長尾）（花押）

之状如レ件、

三一　須々木信行等連署金山観音寺掟書　○金山寺文書

定掟之事[113]
金山（備前）観音寺

右、当寺者、將軍家并守護（赤松家）之御祈禱所也、抑我等先所〔祖〕之任二置文仁一、寺家山林、竹木等、堅守護可レ申候、然則一族中、郷内諸侍、百姓已下、中間、下部等、於二寺内、同大平井仁一、山林、竹木伐取、諸狼籍〔藉〕之儀、堅令二停止一者也、若背二此之旨一有レ輩者、則可レ至〔致〕二罪科一者也、万一此条ヽを違申候者、謹請言、

本尊千手観音、鎭守山王權現、弓矢八幡大菩薩、大小神祇等御罰可レ蒙候、於二向後一者、何事も無二御等閑一可二申通一候、然上者、郷内上下之村繁昌之御祈禱漂入者也、仍連判

長亨〔亨〕參年卯月　日

須ヽ木中
行景（花押）
大渕修理進
行廣（花押）
田原助右衞門
正朝（花押）
寺尾右京進
永能（花押）
須ヽ木四郎二郎
盛行（花押）
森弥次郎（花押）
横添藤左衞門（花押）
須ヽ木新四郎
信行（花押）

二二　織田廣遠制札并規式　〇妙興寺文書

制札

一当郷之下地以下、寺僧為二買得一、不レ可レ被二引得一之事

一百姓等名田以下、他所并同名ニ契約之時、歴二公儀一、加二時候納所、出管判形一可二渡置一、背二此旨一者、寺家江可レ被二取上一之事

一門前百姓力者以下、何方モ不レ可二被管一、聊背二此旨一者、在所名田可レ有二闕所一事

一博奕張行之輩、堅可レ處二罪科一事

一寺家并惣構之內、間道、直道可レ有二停止一之事

右五ヶ條、所二定置一、永可レ守二此旨一者也、仍下知如レ件

（紙繼目裏花押）

法式

一寺家諸役者并維那之事、不レ可レ背二評儀〔議〕一、萬一於二違乱之衆僧一者、早廣遠（織田）ニ可レ有二注進一事

一毎日常住勤行、自二諸寮舍一可レ有二出仕一之事

一寺內居屋敷、不レ立レ寮而空地不レ可レ被二引得置一、為二常住一加二成敗一、其時ゝ可レ立レ寮之方江可レ被二渡付一事

右条ゝ、於二違犯之輩一、堅可レ加二成敗一者也、仍法式如レ件、

延德二年九月三日　　織田紀伊守 廣遠（花押）

天祥庵《まいる》　侍衣禪師（尾張、妙興寺）114

二三　朝倉光玖條書寫　〇慶松勝三家文書（福井市史）

條ゝ

一從二淺水河（越前）一下方［　］［　］國堺輕物商買之輩、縱〔雖〕［　］レ為二被官人一、要脚之時者、為二十人衆一可二申付一事

一他國商人等絲綿直買之事、任二先例一令二停止一訖、若有二違犯之族一者、可レ處二罪科一事

一於二國（越前）中諸關渡一、荷物以下不レ可レ有二其煩一者也、仍條ゝ御一行之上者、可レ成二其心得一之狀如レ件、

明應貳年七月十日　　御判（朝倉光玖）

三ヶ庄
十人衆商人中

二四 上杉房定關錢制札寫 ○徵古墨寶坤

制札115

一人別　三文
一から荷　五文
一からむし布、こ〔ミ〕・わた、かミ一駄廿文
一くろかね一駄　廿文
一駒のくち　廿文
一米、まめ、しほあひ〔い〕・物一駄　十文
一遊人、委〔盲〕・人、これをのそ（除）く、

右、所レ定如レ件、

明應三年（ナシ）・甲寅九月廿日

○上杉家記十二ヲ以テ校注ス、

二五 小倭衆連署起請文案 ○成願寺文書

眞盛上人様江申上候條々之事

一 於二此人数之中一、自然公事出来之儀在レ之者、爲二一家中一、任二理非一可レ有二裁許一、縱雖レ爲二親子兄弟一、不レ可レ有二贔〔屓〕負偏頗一事、若爲二對公事一不レ及二分別一者、山雄田於二神前一、可レ爲二御鬮一、

一 此衆中構二非儀一無二同心之儀一者、放二一揆一、則敵方可レ有二合力一、他家之儀可レ爲二同前一、

一 此人数之中、萬一致二盗賊放埒一之儀在レ之者、爲二衆中一可レ有二糺明一事

一 此衆中之被官、於二他所并小倭（伊勢）庄内一致二悪黨一者、扶持人之方江不レ及レ屆、則可レ加二誅罰一事

一 於二此連衆一者、互成二水魚思一、可レ存二親子兄弟芳契一、此衆中於二子孫一、可レ守二此旨一也

一 雖レ有下可レ取二当質一事上、就二國質一、無レ謂方不レ可レ取レ之、本主、不レ然者、可レ取二其在所一事 ○コノ條、前條下餘白部ニ細書ス、

右、此條々違變之仁躰在レ之者、忝兩宮八幡、別者當所白山妙理權現蒙二御罰一、於二後生一者、可レ墮二無間三悪道一、此旨　眞盛上人様相ニ叶御内

證ニ者、此衆中可ㇾ開ニ喜悦之眉一者也、仍爲ニ自今以後一
連判之狀如ㇾ件、
明應三年甲寅九月廿一日
石見入道[116] 尾張入道 越前 備中 福屋
上林 民部 掃部助 三賀野 西山
北 甚右衛門 東 藤二郎 弥三郎
中嶋 甚兵衛 弥二郎 又二郎 岡成
孫二郎 向 藏地 弥八 多氣 兵ア丞
河原池田 堀池 松岡 今堀 堀内
中務 松尾 彦五郎 孫六 山城 二郎
弥大郎 弥五郎 窪田 十郎
入野 巽 又三郎
山城 岡松 田那部 莊

二六 越後守護代長尾能景奉書寫 〇高橋文書（新潟縣史）

（越後）彌彦御神領[117]事、社人過失、主人被ニ相押一云ゝ、太以不ㇾ可ㇾ然、并買德地事、縱雖ニ□御判候一、申ニ掠神領一上者、此時悉被ニ返進ニ□一、但、於ニ或沽却、或過失人體之子孫一者、神職不ㇾ可ニ申付一候、
一山伏名 一番三郎名 一犬法師名 一德樂名 一飯殿名 一藤左衛門名 一新山嗵名 一船宮名 一源兵衛名 一石川名 一村越名 一鮎川名 一六月田名 一藤内兵衛名 一平野名 一鮎川小名
此十六ケ所之神領、迷神中へ請取、如ニ先規下知一、於ニ一人宛一申付、神事祭禮不ㇾ可ㇾ有ニ怠轉一、若有ニ無沙汰一者、一段可ㇾ有ニ御成敗一、於ニ向後一も社人重科之時者、子細ニ於ニ申上候一者、別人可ㇾ被ニ仰付一之由、被ニ仰出一也、仍執達如ㇾ件、
明應五年四月十二日 （長尾）能景判
彌彦 戸内殿

二七 三隅興信契狀 〇益田文書

條々[118]
一（石見）津毛、（石見）疋見、（石見）丸毛三ケ所事、依ㇾ爲ニ御由緒一、御当知行上

者、於二已後一可レ止二競望之儀一候、早如レ元可レ有二御知行一事

一雖下對二何方一、及二興信弓矢一候上、被レ捨二一家他家一、可レ預二御合力一之由承候、目出度候、

一自然　上意、又者從二大内（義興）殿守護方一被レ仰之儀候共、同心可二歎申一事

一三浦者共事、操二諸家一望二歸鄕一、又者致二緩怠一候者、以二御合力一可レ致二成敗一事

一土民等何様にも致二緩怠一、及二異儀一候者、即時申合、何方も可二成敗仕一事

右、如レ此条と申定一筆進レ之置、又御一行被レ懸二御意一候上者、一切不レ可レ有二聊尒之儀一候、雖レ然被レ對二此方一、少も於二御聊尒一者、不レ可レ立二支證一候、仍爲二龜鏡一之狀如レ件、

明應五年丙辰卯月十三日　　三隅藤五郎 興信（花押）

益田孫次郎殿
御宿所

二八　朝倉貞景被官連署書下　〇西野文書

（折紙）
塩井榑事、如二寛正六年五月廿一日一井平右馬奉書一、爲二馬借進退一之上者、里買停止處也、但、兩人於レ有二判紙一者、可レ通者也、仍狀如レ件、

明應六
七月廿七日　　（印牧）廣次（花押）
　　　　　　　（青木）康忠（花押）

（越前）山内馬借中

二九　上杉房能奉行人連署奉書　〇上杉文書

（折紙）（越後）
國中所119と御料所事、自二前と一雖レ無二役者之綺一、各号二不入之地一、不レ奉レ應二御成敗一候間、爲レ始二御料所一、可レ致二役者沙汰一由、被二仰出一候也、仍執達如レ件、

明應七
五月十三日　　（千坂）能高（花押）
　　　　　　　（長尾輔景）存胤（花押）

長尾小法師丸（房景）殿

一二〇　上杉房能奉行人連署奉書　〇上杉文書

(折紙)120
役者寄二事於左右一致二無道一者、急度遂二参府一、可レ令二言上一由
候也、
(越後)國中御内外様、近代号二不入一違二背御沙汰一上、令レ停二止役
者之綺一條、太以奸謀也、所詮不入　御判実書無レ之地者、
三ケ條沙汰出来時、郡司速可レ致二其成敗一、万一有二違犯輩一
者、以二交名一可レ及二註進一由、被二仰出一候也、仍執達如レ件、

明應七
五月十三日　　(千坂)能高（花押）
　　　　　　　(長尾輔景)存胤（花押）

長尾小法師丸殿(房景)

一二一　早雲庵宗瑞 伊勢長氏 證文　〇修禪寺文書

(伊豆)修禪寺東陽院支置
一　先寺家門前共不入之事
一　於レ湯高下共不レ可レ為二狼藉一、
一　御寺之山林前後左右地家者、人之四壁迄、奥山者、人
馬通間、永代無二違亂一寄進申候、若於二末代一有二切取
族一者、堅可レ處二嚴科一者也、仍證文如レ件、

明應八年己未
三月廿八日　　早雲菴
　　　　　　　宗瑞（花押）(伊勢長氏)

拝進　修禪寺東陽院
　　　侍者禪師足下

一二二　沙彌全久長興寺定書寫　〇古簡雑載上長興寺藏

(三河)渥美郡大窪郷長興寺 本寺領新寄進領 定條ゝ事
一　檀那之子孫之内に貴僧おき、望二彼寺一共、住持不レ可レ成
事
一　寺領分百姓等、縦為二其身器用一共、不レ可三檀那之属二被
官一、其謂者、假二權門之号一、為下引二田畠一我物上、寺江不二
公事勤一之間、自今以後可レ停二止之一也、若又百姓慕二望
被官一共、致二折檻一不レ可レ許二容一者也、
一　百姓ゝ(マヽ)寺領之名田引而他家致二被官一者、禁二寺領之内江
出入一、於二名田一取放散田行、以二定年貢之外一可二寺修理一
者也、
一　為二同名一構二新儀一、或名田論、或越二往昔之境一、企二互相

論一之者、早自二住持一尋二究理非之段一、可レ被二成敗届〔者カ〕一也、若不レ用二寺之下知一而、於二殿中江沙汰一者、不レ及二論人訴仁之理非糺一、兩人之屋内名田取上、如二先条之一致二寺之修理一、其身可レ被二追却一也、

一百姓忘二普代之在所芳恩一之、致二逃散一、構二他所居住一候者、自二住持一届二在所之領主一、依レ事叶二百姓之望一、可レ被〔令カ〕二早還住一也、萬一此上致二緩怠一不レ歸者、成レ届二在所之領主一、檀那子孫相談而可二罪科一者也、

一新寄進加治(三河)之清友名、地頭江可二本役納一事、新田斗代、舛二ツ在レ之、爲二後日一、写二舛之寸法紙面一、名田之目錄ニ副置者也、納年貢之分米拾石七斗九舛、無二莚付之数米一如レ形舛限斗攪納也、又依二年に一不熟者可レ有二損免一也、先年彼名田買請時、領主藤田太郎左衞門尉家貞副狀書渡給時、雖下被二此定載一候上、猶以爲二後日一尽レ之者也、

右、經二数年一之背二此条一於二子孫一者、限二沙汰一之大罪也、且被二成下一破二御判一之、掠二公儀一歟、且又矢〔失カ〕二先祖之切〔功カ〕一間、不レ輕二其科一者歟、相構とと不レ可二彼寺江如在之儀存一、又当二于時一住持モ生替之子孫に此趣含申、可レ被二寺全守一者也、仍爲二末代一置文如レ件

121 明應八〔己未〕歳中夏初二日　沙弥全久(花押)

一二三　河野通宣掟書　○忽那文書

賀嶋(伊豫)衆中〔掟〕122

一任二久田子以来之旨〔法〕一、弥方と無二餘儀一可レ専二当城一事

一如二前と掟一何篇之儀も十人ハ六人可レ准二申方へ一、但、於二敵方弓矢望輩一者、其同心有間敷事

一於二衆中喧嘩之儀一者、親子兄弟成共任二道理一、堅可レ致〔ナシ〕二成敗一、就二私少用一他行之時者、可レ得二衆中之儀一事

右、掟条と如レ件、

明應八年十二月七日　(河野)通宣(花押)

○忽那島開發記ヲ以テ大異ヲ注ス、

一二四　大内義興奉行人奉書　○興隆寺文書

(周防興隆寺)當山御法度條と、文明七年十一月十三日　(大内政弘)法泉寺殿樣被

レ加二　御判一之内、法界門内女人禁制事、[123]無二其成敗一歟、近年聊尓之躰、達二　上聞一、重而此一ヶ條、今日被レ成二御判一畢、雖レ爲二或他國之族、或旅客巡礼已下一、於二女人一者、堅固可レ有二禁斷一之處、門前居住之寺僕之妻女等、不レ憚二此御定法一云云、所詮於二自今已後一者、至二法界門内一、女人令二俳佪〔徘徊〕一者、不レ謂二貴賤一、云二交名一、云二在所一、速尋究、可レ被レ致レ注二進之一、隨二其左右一可レ被レ定二是非一也、但二月会、同千部經会并大法會之時者、非二制之限一之由、被レ載二御判御文言一畢、此等之次第、嚴重可レ被レ相二觸衆徒中一由、所レ被二仰出一也、仍執達如レ件、

明應九年三月廿日

（杉弘隆）兵庫助（花押）
（問田弘胤）大蔵少輔（花押）

氷上山　執行御坊
　　年行事御坊

二三五　細川政元定書案　○政基公旅引付 文龜元年八月廿二日條

判[124]（細川政元）右京兆之判也、

被二定置一条々

一喧嘩事、既先年被二仰出一之、雖二事旧一、動各ゆるかせの働、言語道断之次第也、所詮、於二向後一者、對二他家一、不レ依二傍輩一、縱雖レ被二親誅一、其子卒尒ニ馳懸者、被レ放二御披官一、可レ被レ沒二收所帶一、若無二所帶一族ニおきてハ、生涯をさせらるへき者也、到二其外之儀一者、不レ謂二与力、親類、從類之境界一、如何樣之段雖レ有レ之、先以二使者一相届之、申下可レ有二大法之成敗一之由上、若其あい手難澁之時、申二上上件之子細一者、就レ其可レ被レ加二成敗一者也、萬一雖レ被レ加二御意一、猶不レ致二大法之沙汰一者、是又被レ放二被官一、可レ被レ召二所帶一者也、次合力輩事、寄手之方ニおきてハ可レ爲二同罪一、如レ此被二相定一旨を背、不レ得二其意一差懸、相防ニ、よせくる方ハ、縱御披官なにかしニよるへからす、いくたり討死せしむと云共、不レ及二沙汰一、可レ爲レ損事　付、相撲停止事

一盗人事

慥有二其證跡一時、竊ニ對二其主一可レ有二相届者一を不レ加二成敗一者、許容之上者、如二先段一可レ被レ處二罪科一也、又

主も不レ持族令二盗人一者、爲二其町一令二注進一、則可レ有二大法之沙汰一、乍二存知一不レ致二注進一者、可レ爲二同意一事 付、はくち停止事

一請取沙汰事
或死シレ於レ人、或國質、所質と号荷物を留メ、又ハ以二不知行之地一他人ニ契約シ令二物忩一、其外口舌以下、与力、被官たりと云共、一切被二停止一了、若不二承引一輩ハ、准二先条一可レ有二成敗一事

一強入部事
或守護代、郡代、或号二由緒一、又ハ稱二權門一、御公事停止之時分を守り、不レ帶二御成敗一輩、他人当知行之地へ使者を入、此間ニ至不レ知二其沙汰一、公事倮〔課〕役をかけ、当知行を押へ妨レ人事有レ之者、併始〔好〕而招二其咎一上者、是も准二先条一可レ有二成敗一事

一新關事
号レ有二往古由緒一、所ゝニ立置条、上下之煩、人民之なやミ非レ一、所詮、堅被二停止一畢、但、除在所有レ之、若得二本所之語一、猶以於二立置族一者、御成敗同前事

右条ゝ、堅被二禁制一畢、自今以後守二此旨一、聊不レ可レ有二越度一者也、所レ被二定置一如レ件、

文龜元年六月　日

二二六　細川政元定書案　○東京大學法學部法制史資料室所藏文書

判在レ之

被二定置一條ゝ 125

一喧譁之事、既先年被二仰出一、雖二事旧一、動各ゆるかせの働、言語道斷之次第也、所詮、於二向後一者、他家に對し、傍輩によらす、縦親うたるゝといふとも、其子卒尒にはせかけハ、被レ放二御被官一、可レ被レ沒二収所帶一、もし無二所帶一族においてハ、生害をさせらるへき上者、其外之儀ハ、与力、親類、被官、從類の堺〔境〕界をいハす、如何様之段雖レ在レ之、先使者をもてあひとゝけ、大法の成敗あるへき由を申、若その相手難渋の時、上件の子細を申あけハ、就レ其可レ被レ加二御成敗一者也、萬一雖レ被レ加二御意一、

猶大法の沙汰いたさすハ、是又御披官をはなたれ、可レ被レ召二所帯一也、次合力輩の事、寄手かたにおいてハ可レ爲二同罪一、かくのことく被二相定一旨をやふり、御意をえすさしかけ、あひ防により、よせくる方にてハ、たとひ御被官なにかしにハよるへからす、いくたり雖レ令二討死一、不レ及二御沙汰一、損たるへき事 付、すまい停止事

一盗人事

たしかに其せうせきあらん時、ひそかにそのしうに對し相届る者あるへきを、不レ加二成敗一者、許容之上者、先段のことく可レ被レ處二罪科一也、又しうも不レ持之族盗人たらハ、其町として令二注進一者、則大法のさたあるへし、存知しなからこれを不レ申ハ、可レ爲二同意一事 付、はくち停止事

一請執沙汰事

或人をころし、或國しち、所質とかうし荷物をとゝめ、又ハ以二不知行之地一他人にけいやくし、令二物忩一、其外口舌以下、与力、被官たりといふとも、一切に被二停止一畢、若不二承引一輩ハ、准二先條一可レ有二御成敗一事

一強入部事

或号二守護代、郡代一、或号二由緒一、又ハ稱二權門之心〔門カ〕中一、守二御公事停止之時分一、不レ帯二御成敗一輩、他人当知行之地へ使者を入、此間に至、不レ致二其沙汰一公事課役をかけ、押当知行人をさまたくる事在レ之者、併好而招二其咎一上者、准二先條一御成敗あるへき事

一新関事

号レ有二往古之由緒一、所ゝに立置之条、上下の煩、人民のなやミ非レ一、所詮、堅被レ停二止之一訖、但、除在所在レ之、若得二本所之語一、尚以於下被二立置一之族上者、御成敗先條同レ之、

右條ゝ、堅被二禁制一畢、自今以後守二此旨一、聊不レ可レ有二越度一者也、所レ被二定置一如レ件、

文亀元年閏六月日

三二七　朝倉景豊?川船定書 ○道川文書

かわふね《(川船)》方しほあい《(鹽合)》物の註文

一わかさ《(若狭)》、たんこ《(丹後)》にてあきないの時、公事銭六十二文たつ

へし、
一みとのくし(水戸)、六十二文たつへし、
一しよさゐ(勝載)一た(駄)につきて、六文たつへし、
一当うら(浦)にてあきないの時ハ、廿二文たつへし、
一たひふね(旅船)につきて、せんとう(船頭)より六十四文たつへし、
　已上
右、此分者、一もとりに付ての儀也、無二相違一可二沙汰一候、
若かわる儀候ハヽ、かさねて急度可二申付一候也、
　文亀元年九月十三日　(朝倉景豊カ)(花押)126
　　川ふねの中

二二八　朝倉貞景書下写　○道川文書(敦賀郡古文書)

(朝倉景冬)
芳永十五年以來如二成敗一可二商買一、但、江州商人に舟をしたてかはすましき者也、仍狀如レ件、
　文龜貳
　五月廿八日　(朝倉貞景)(花押)127
　　河舟中

二二九　今川氏親新長谷寺禁制　○駿河清水寺文書

(今川氏親)(花押)
　禁制
一參詣之輩及二歌吹聲一事
一入レ夜參詣并通夜事
一同宿衆、旦者辰刻以前、夕者酉刻以後、出二入門外一事、
但、急事時、無レ件而出入之事
右、於二違犯之族一者、所レ可レ處二嚴科一如レ件、
　文亀二年十一月廿一日
　(駿河)新長谷寺

二三〇　松平信忠稱名寺定書　○三河稱名寺文書

於二(三河)大濱稱名寺一定條ゝ
一對二住持一(江)衆僧不レ可レ背二諸篇一事
一寺中にて殺生する事
一寺内にて狼藉之事

一寺家之内にて吹物歌する事
一寺領之地子年貢不レ可レ致二無沙駄〔沙〕一事
右、此条於二背輩一者、堅可レ處二罪科一者也、仍如レ件、
128 文龜三年癸亥八月十九日　（松平）信忠（花押）

一三一　伊勢木造城領條書　〇澤氏古文書

城領条と之事
129 一木造（政宗）殿御披〔被〕官廿五人前ニ被レ参候人数、不断可レ有二在陣一之事、雖レ然於下無二在城一人躰上者、彼分領等可レ成二城領一之事、
一御一家御兩人御分領同前、
一今度夜討人衆可レ有二在城一之事、
一想間段錢、同闕所檢断第一候、
一戸木（伊勢）半分之事、
一兵粮百石、（北畠具方筆）「七十」
一御過書五百人之事、
一要害人足、諸職人可二申上一之間、可レ被二仰付一之事
一雨降候者、御勢可レ被レ入之事
一御公領野邊（伊勢）外[竹/往]（マヽ）御分領悉
（具方筆）「何も存知申候、（北畠具方）（花押）」
（異筆）「文龜三年癸亥十月十七日」

一三二　朝倉教景定書寫　〇道川文書（福井縣史）

當郡川舟向買事、芳永（朝倉景冬）如二成敗一、他國之者直ニ商買之事、堅令二停止一訖、仍各爲二進退一、此方用之儀能と可二申付一候、如在之儀候者、自餘に可二申付一者也、謹言、
文龜参
十一月晦日　教景
刑部とのへ
彦太郎殿

二三三　土岐政房米山寺定書写　〇正傳寺文書（岐阜縣史）

美濃國賀茂郡米田庄和知縣法雲山米山寺定置條々事 130

一當寺可レ爲二祈願所一事

一境内寺領田畠并山林等之内、不レ可二賣買一事、万一有下背二此旨一輩上者、可レ爲二買損一事

一寺僧并寺領之内至二百姓等一、要脚其外一切用物之儀不レ可二申付一事

一寺家之本支證物其外、万一於二紛失之時一、雖二誰々所持一、不レ及二善悪糺明一、不レ可レ有二相違一事

一於二寺僧一、陣僧并雖レ爲二暫時之使一、不レ可二申付一事

一正、五、九月、正誕生之月、可レ被レ捧二祈禱之巻數一、其外臨時之段銭、諸役、諸公事已下悉免許之事

右、定置如レ件、

永正元甲子年五月日

美濃守（土岐政房）（花押）

二三四　北畠具方書状　〇澤氏古文書

（ウハ書貼紙）「澤伊与守とのへ」

就二今度木造（伊勢）在城一、面々分領之内科人有レ之者、以二奏者一被レ遂二糺明一、可レ被二仰付一候、上使之儀者、不レ可レ被レ入レ之候也、謹言、

永正元
七月廿五日　（北畠具方）（花押）

澤伊与守とのへ

二三五　大濱重綱等連署境定契状案　〇朝山文書（新修島根縣史）

就下朝山（出雲）郷與二遙勘（出雲）郷恒松保一境之儀上申定候條々事

一毎年御年貢拾俵充可レ致二取納一事

一朝山郷壹郷として諸事可二相勤一事

一澤ニ路可レ立之事

一用水の以後井て可レ落事

一今の作田より外にひらくへからす候、萬一開事候ハヽ、可レ預二御成敗一候、

右、如レ此申定候上者、於二末代一相違之儀あるへからす候、
仍連署状如レ件、

文龜四年甲子八月二日 ○二月三十日永正ニ改元ス、

加藤八郎兵衞尉
信重
同兵庫
孝重
今在家
信廣
松井八郎左衞門尉
重安
大濱平右衞門尉
重綱

二三六　北畠具方條書 ○澤氏古文書

条々事
一有二世上雑説一者、不レ貽二心底一可レ被レ申二内儀一、亦可レ有二御不審一事
一自然軍勢等致レ与雖レ有二愁訴一、不レ可レ有二請取披露一事
一重科人以下佗事、不レ可レ有二取次一事

此一書旨、巨細山崎申聞候也、謹言、

(永正元年コロ)131
十一月廿日　(北畠具方)(花押)

澤とのへ

二三七　長井利隆禁制 ○汾陽寺文書

禁制　(美濃)汾陽寺
一甲乙人乱妨狼藉事
一俗人輩執レ宿事
一於二山林一伐二執竹木一、放二牛馬一事
一寺内殺生事
一寺領名主百姓号二他被官一、年貢諸公事等令二無沙汰一事
右条々、堅所二制止一也、

永正二年七月十九日　藤原利隆(長井)(花押)

二三八　土岐政房愚溪庵禁制 ○愚溪寺文書

禁制　濃州可児郡愚溪庵
一甲乙人等濫妨狼藉事

一伐二採山林竹木一事
一於二山林一殺生事
一山林放二牛馬一事
一於二寺内一俗人借レ宿并軍勢取レ陳〔陣〕事
一爲二寺僧一鳴二笛、皷一、打二碁、雙六一、一切博奕等之事
一寺外之衆不レ及二案内一入二風呂一事
一寺家永代之寄進并下地、寄二事於左右一而欠落之事
一寺家造営物并祠堂物徳政之事
一於二後々一寺家江萬用物并要脚、臨時段錢以下、無レ謂新儀之諸公事等之事
右条々、堅令二停止一訖、若於二違犯之輩一者、可レ處二罪科一者也、仍下知如レ件、

永正三年八月日　美濃守（土岐政房）（花押）

二三九　瀬名一秀書下　○遠江本興寺文書

（折紙）
（端書、異筆）
「日礼私云、瀬奈一秀之判也、当郷被レ領時也、」（遠江鷲津）

132 當寺之事、無縁所之事候間、代官并家風等莵角之不レ可レ有レ扱候、萬一有二非儀申者一者、直可レ有二注進一候、可レ成二其成敗一處、仍如レ件、

永正三丙寅十一月九日　（瀬名一秀）（花押）

（遠江）本興寺

二四〇　大友親治賀來社造替間別錢條書　○柞原八幡宮文書

（袖判）（大友親治）（異筆）「大友備前守親治御判也」

就二（豊後）賀來社御造替之儀一、任二旧記一、國中平均間別錢可レ有二催促一条々事
一間別錢一間別五文充之事
一至二寺社一者、（豊後）由原宮中万壽寺寺内計可レ除之事
一不レ謂二權門高家一催促之事
一催促使莅二其所一之上者、家数之事、雖レ可レ爲二明鏡一、若家主有二聊尓之儀一者、云二神慮之冥鑒一、云二法度之憲法一、可レ處二罪科一之事
一所々催促之事、爲二其方分奉行一、可レ副二案内者一之条、

調二催促一可レ渡二社家一事

右、守二条々旨一、不レ可レ有二聊尓之儀一者也、仍下知如レ件、

永正二二年三月廿五日

二四一　源某評定條目　○市島謙吉氏所藏文書

法性院法印日遵聖人

一堯(日堯)公之御代、最極一ヶ之條目評定衆儀(議)定之後、餘衆中雖レ及二異義一、不レ可レ爲二承引一云云、此規式可レ爲二專一一之事

一於二評定衆之內一、二人三人指出、雖レ申二我執之異儀一、不二餘人共許一者、不レ可レ爲二承引一、一義宛令二評定一、以二和談一可レ就二多分一事

一雖二相觸一、評定之砌、不レ出二其座仁一、以後異儀申族、不レ可レ爲二承引一事

一評定時日相定、可レ觸二一度一事

一每月晦日、以二貳拾疋之公物一、可レ補二評定渡之酒料一事

右、背二此條目一、自心爲レ本、万一及二異儀一、有二評義申破之仁一者、即可レ令レ退二出寺家一也、於二歸寺一者、出二参千疋之公物一、寺家江可レ爲二興隆一、仍所レ定如レ件、

永正四年丁卯八月廿八日　源[133](花押)

二四二　長井利隆武義八幡并神宮寺禁制　○美濃八幡神社文書

禁制　(美濃)武義八幡并神宮寺

一甲乙人濫妨狼籍(藉)事

一於二寺社領中一猥伐二執竹木一事

一寺僧并神人背二寺社法度一令レ懈二怠勤行等一事

一寺僧并神人等令二諸人被官一事

一於二寺社內一猥借レ宿事

右條々、任二(齋藤)妙椿下知之旨一、堅令二制止一者也、仍狀如レ件、

永正五年六月　日　(長井)藤原利隆(花押)

二四三　今川氏親長樂寺定書　○駿河長樂寺文書

(今川氏親)(花押)

一　可レ專二修造一之事

一　山林竹木不レ可二伐取一之事

一 闍ニ寺奉行一、諸公事以下不レ可レ有ニ他之綺一之事

一 雑人等不レ可レ入ニ風呂一之事

一 住僧不レ可ニ還俗一之事

右條々、於ニ違犯之輩一者、可レ處ニ嚴刑一所如レ件、

永正五年十月十八日

(駿河)長樂寺

二四四 朝倉貞景書下 〇西野文書

(折紙)従ニ他國一塩(井)榑船着岸時、自レ里直買事令ニ停止一訖134、然者(越前)河野、(越前)今泉、山内如ニ先規之一可ニ商買一由、可レ被ニ申付一之狀如レ件、

永正五
十一月二日 (朝倉)貞景(花押)

(康忠)青木隼人佑殿

(廣次)印牧新右衛門尉殿

二四五 宇佐宮作事條書 〇小山田文書

條々 永正六 七 十九

一 朝者従ニ辰剋一入ニ木屋一、夕者限ニ入日一可ニ歸宿一之事

一 遲參、同早歸仁事、日別料一時拾文宛可ニ減少一之事

一 作事時剋之内、不レ可レ專ニ自用一之事

右、依ニ御下知一法度如レ斯、背ニ此条一於下任ニ雅意一輩上者、可レ有ニ出仕お停止一候者也、仍執達如レ件、

七月日 (佐田)大膳亮泰景(花押)

(豐前)宇佐宮大々工殿

二四六 尼子經久鰐淵寺掟書 〇鰐淵寺文書

(出雲)鰐渕寺掟之事

一 堂塔建立不レ可レ有(無)ニ沙汰一之事

一 猶衆儀成論之方候者、従ニ此方一可ニ申付一之事

一 寺領分百性(姓)之子、如ニ先規一衆徒ニ被レ成間敷候、当座住山之方、不レ可レ有ニ寺内地下之諸細判一事、右、此旨違(背)輩之於ニ仁躰一者、為ニ惣山一堅可レ被ニ申付一候、為ニ後日一掟狀如レ件、

永正六年十月廿日 (尼子)經久(花押)

二四七　高橋元光契状　○益田文書

条ゝ 135

一今度申合候儀、祖父之時、甚深之事候之間、以二其筋目一如レ此相調候上者、向後更不レ可レ有二相違之儀一事

一於二或國中、或隣國一、他家之弓矢出來之時、就二自他縁者知音等一合力之事在レ之者、於二同方一者、不レ及二其沙汰一可二申合一候、万一敵御方相分働之時、縦雖レ及二合戰一、如レ此御契約之筋目不レ可レ有二相違一之間、不レ可レ殘二意趣遺恨一事

一向後兩方御被官中、或知行等、又者喧嘩口論以下申結事出來在レ之者、以二穩便之儀一、如二天下御法一可二申談一事

一對二自他縁者知音中一御取合出來在レ之者、於二自分御取合一者、雖レ爲二何之縁者親類一、捨二置之一、如二申合一、無二可レ致二合力一事

一此条ゝ不レ可レ有二他言一候、惣別申合上者、一事無二聊尒一始末可二申談一候事

右条ゝ相違候者、可レ蒙二八幡大菩薩、賀茂大明神之罸一候、仍爲二後日一定置之狀如レ件、

永正七年三月五日　高橋民部少輔　元光（花押）

益田治部少輔殿

二四八　佐竹義舜人返起請文寫　○秋田藩採集文書一

（朱書）「前ニ同」（同御誓書）

一人返之事、江戸譜代之者、至二名代、土民、百姓一迄可レ歸之由申付、不レ用候者、始二当所於義〃〔舜〕（佐竹）直ゝ成敗之地一、至二于子ゝ孫ゝ一、不レ可二許容一事、猶以致二追放一候者、於二当方中一、如何様之人躰候共、許容之方候者、成二其咎一、其地不レ可二指置一事

一於二洞中遠所之面ゝ一も、人返之事、岩城方申談、連ゝ可レ加二催促一候、若堅於二難澁之上一者、其間之可レ爲二覚悟一事

一人返之段、義舜如レ此相定已後、江戸領分之者、引越許容之儀候者、加二催促一、不二同心一候者、可レ加二退治一事

右、彼六ケ條（マヽ）[136]江戸懇望之旨、自二岩城一任二催促一令二同心一候上者、對二他家一弓矢之馳引等、洞と諸沙汰以下、義舜無二可二申合一事簡要候、万一但馬守（江戸通雅・同通泰）父子被レ存二踈意一候者、何事お申合候共、不レ可レ有二其曲一候、若此旨僞候者、上ニハ梵天、帝釋、四大天王、日月、五星、七曜、北辰、北斗、二十八宿、十二星等、下ニハ内海外海、龍王龍主、堅牢地神、閻魔法〔王脱カ〕、五道大神、太山苻〔府〕君、司命司祿、冥官冥衆、倶生神、殊者、日域擁護熊野三所權現并十二所權現、九十九所王子、大峯、葛城兩大權現、王城鎭守賀茂下上、松尾、平野、大原、稲荷大明神、祗〔祇〕薗午〔牛〕頭天王、北野、日吉、春日、住吉、蛭兒大明神、八幡三所大菩薩、芳野藏王權現、吉田、廣田、梅宮大明神等、別而出雲大社、伯嗜〔耆〕大山、備前吉備津宮、安藝嚴嶋、長門神宮皇后〔功〕、亀宮〔山カ〕八幡大菩薩、九州者宇佐八幡、彦山三所權現、天神、阿蘓宇都大明神、近江多賀大明神、越州氣比、氣田〔多〕大明神、賀州白山、能登石動山、美濃南宮、伊富貴、因幡大明神、尾張熱田、信州戸隱、飯繩、諏訪上下大明神、富士淺間大菩薩、伊豆、箱根兩大權現、三嶋大明神、鎌倉若宮八幡、武州六所大明神、上野赤城、下野日光、宇都宮、涌泉大菩薩、総州香取大明神、妙見□〔大〕菩薩、奥州塩亀〔竈〕六所、鑁〔磐〕提〔梯〕、富田大明神、出羽羽黒、月山、葉山、湯殿、鳥海大明神、當國（常陸）鎭守鹿嶋大明神、築〔筑〕波六所、息栖、大洗、靜宮、佐都、鷹山大明神、金砂、眞弓、花薗二十一社、太田八幡大菩薩、□〔村〕松大明神、吉田、笠原、水戸、早俊、国王、酒戸、飯宮〔富〕、摠一千五百諸大王子、河和田八幡大菩薩、十二所權現、奉レ始二大野稲荷一、處々稲荷并築山稲荷大明神、祗〔祇〕薗午〔牛〕頭天皇〔王〕等、摠者日本國中三千七百二十餘社大神祗〔祇〕御罰、義舜蒙二子々孫々四十四續節、八十三折骨、九億毛吼〔孔〕毎一、弓箭之冥加盡、子孫於二立所一致二自滅一、長矢〔失〕二名代一、來世ニテハ処二阿鼻大城一無二出期一、不レ可レ奉レ拜二日月曜一者也、仍起請文之狀如レ件、

永正七年（庚午）十二月二日　義舜「血判（朱書）居判同前」

江戸但馬入道（通雅）殿

同彦五郎（通泰）殿

二四九　山名致豊圓通寺壁書写　○但馬村岡山名家譜四

[137]譬(壁)書　圓通寺(但馬)

一寺家評定衆之外、老僧可レ為二同前一事

一評(同)定衆寺家中并出(於)二内外(同)一、諸役不(可)レ有二辞退一事

一竹(但馬)野郷材木、於二造営一者、如二先例一代官相(江)届(ケ)可レ被レ剪事

一因州年貢米并材木、不レ可レ有レ相二違着岸一事(之)

一寺家百性(姓)等、門前并至(ナシ)二因州津井郷一(二至而)、他家(ゟ)奉公停止(之)事

一寺僧老若内外白衣不レ可レ然事(之)

一寺家造営間(之)、國中私作事停止事

一於二寺中一賣酒禁制之事

以上

右(コノ一行ナシ)、此条ゝ堅被二仰出一候也、仍執達如レ件、

永正八年八月廿三日(ナシ)

越前守續成(垣屋)判(在)

○圓通寺文書ノ案文ヲ以テ校注ス、但シ、第七・八條ヲ前後ス、

二五〇　山吉正盛本成寺定書　○本成寺文書

当寺之事、任二亡父久盛(山吉)判形之旨一、[138]諸役等事、不レ嫌二甲乙人等一令レ停二止之一、但、三ヶ條之人躰出来之時者、科人計渡給、家財已下之事者、可レ為二御計一者也、仍如レ件、

永正八年九月十七日　正盛(山吉)(花押)

本成寺

二五一　長尾房長書状　○志賀槇太郎氏所蔵文書

(折紙)

委曲同名孫右衛門尉可二申届一候、其郷之者共鉾鑓之一本おも可二用意一候、与レ風動可レ有レ之候、少も不レ可二油断一由、能ゝ可二相觸一候、尚ゝ殿へ申候、謹言、

□十月七日[139]　房長(長尾)(花押)

穴澤源左衛門尉殿(泰長)

二五二　北畠具方條書　○澤氏古文書

一神戸(伊勢)六郷内御扶持人并御權門勢家扶持衆之事[140]、先年以二
朴木刑ア丞一被レ放レ之訖、其已後扶持人重而被レ放レ之者
也、仍如二前ゝ一可二申付一事
一八知(伊勢)九名之内、東川八郎兵衞被レ放二御扶持一、并寺庵又百
性〔姓〕等御扶持仁不レ可レ召二置之一、御權門勢家同前事
一御糸(伊勢)、井口(伊勢)人夫之事、如二前ゝ一可レ被二申付一、并善大夫同
前事
一小阿射賀(伊勢)三分壱之内、御扶持人被レ放二遣之一、如二前ゝ一可
レ被二申付一事
一黑部(伊勢)之事、上下存知之間、不レ及二沙汰一、同前事
右、面ゝ分領勢州之内寺庵神人被官百性〔姓〕以下、自今已後御
扶持仁不レ可レ被レ召二置之一、御權家勢家同前、若有下背二此
旨一之輩上者、面ゝ可レ爲二成敗一者也、仍一書如レ件、
永正八年辛未拾月廿二日　(北畠具方)(花押)
澤源四郎とのへ

二五三　越知家教常喜院掟書寫　○福岡雜纂

常喜院(大和)定掟之事
一於二寺中一殺生禁断事
一甲乙人不レ可レ有二借宿一事
一於二院領之畠并敷地合三段分一、公事物之喬麦〔蕎麥カ〕萬永代奉二寄
進一事
一門前之下部等、可レ有二諸公事免許一也、
一不レ可レ爲二於他宗他門一事
右、爲二現当二世一、崇敬異レ他處也、於二子々孫々一、可レ加二
守護一所也、仍爲二永代一所レ定如レ件、○底本ニ付ケラレタル返點、送假名ヲ省略ス、
越知彈正忠
永正八年未十一月吉日　家教判

二五四　河野明生興隆寺禁制　○伊豫興隆寺文書

禁制　興隆寺(伊豫)
一於二方免之内一竹木伐事

一方免之内殺生之事
一諸給人納物無沙汰事
一三日仁一日用水之事
一諸末寺本寺役之事
右、於二此旨違犯輩一者、堅可ㇾ處二嚴科一之狀如ㇾ件、

永正九年三月廿三日　　河野八郎明生（花押）

二五五　吉川元經他八名契約狀　〇天野毛利文書

申合条々

一雖下從二　上意一被二仰出一之儀候上、又雖下自二諸大名一蒙ㇾ仰之儀候上、爲二一人一不ㇾ可ㇾ致二才覚一候、此衆中相談、可ㇾ有二御事請一候、仍各愁訴之儀候共、可ㇾ爲二同前一事
一此衆中親類被官已下、或輕二主人一、或蒙二勘氣一他出之時、於二申合調一、不ㇾ可ㇾ有二許容一候、但、依二罪輕重一、一端之儀者、可二愁訴一事
一就二衆中論所之儀一、自然及二弓矢一事候者、各申合糺二理非一可ㇾ加二異見一候、萬一被ㇾ背ㇾ理方候者、可下放二衆中一申上候、然上者、可下贔屓利運方一申上事
一於二申合間一時之喧𠹭就二出来一者、相当閣二返報一、可ㇾ相待衆中裁許一事
一此衆中与二他方一及二弓矢一時、各合力事、自身之儀候共、名代候共、依二旨儀一同篇可二申合一事

此儀僞候者、
日本國中大小神祇、殊者八幡大菩薩、摩利支尊天可ㇾ罷蒙御罰一者也、

永正九年壬申三月

天野讃岐守　興次（花押）
天野式部大甫　元興（花押）
毛利少輔太郎　興元（花押）
平賀尾張守　弘保（花押）
小早河安藝守　弘平（花押）
阿曾沼近江守　弘秀（花押）
高橋民部少輔　元光（花押）
野間掃部頭　興勝（花押）
吉川次郎三郎　元經（花押）

○萩藩閥閲録一二四ノ一、日付ヲ三日ニ作ル、

二五六　長野尹藤契約状　○専修寺文書

就二此方御滯留一申談候筋目条ヽ

〔一〕□御被官、中間諸役免許之事

一喧嘩口論之儀、御方依二御注進一可レ□〔被カ〕二成敗一之事

一敵御方出入不レ可レ有二相違一候、并當質□相不レ可レ有レ之候、雖レ然何も無二聊尓一之様、可レ被二仰付一事肝要候之由、可レ得二御意一候、恐惶謹言、

(永正九年カ)壬四月十一日　(長野)尹藤(花押)

坂東殿　参　御同宿中

二五七　土岐政房華嚴寺禁制　○華嚴寺文書

禁制　号谷汲山　華嚴寺(美濃)

一甲乙人等濫妨狼藉事

一伐二採山林竹木一事　付、殺生事

一雖レ有下背二寺家法度一之輩上、寺僧之外加二成敗一事

一棟別事

一於二寺内一諸勢取レ陣事

右條ヽ、堅令二停止一畢、若有二違犯之輩一者、速可レ處二嚴科一者也、仍下知如レ件

永正九年八月十二日　(土岐政房)(花押)

二五八　中條藤資誓書　○築地氏文書(新潟縣史)

其方被官共、若老若之中ニ、率二傍輩一私へ申者候者、不レ爲レ言二善惡一、於二于立所一、弓矢八幡、若一王子も御照覽候へ、可レ致二成敗一者也、仍爲二後日一之狀如レ件、

永正九年拾月十七日　(中條)藤資(花押)

築地彌七郎殿141

二五九　長野憲業壁書　○長年寺文書

壁書

〔一於〕□二當寺一縱雖二重科之□〔輩カ〕候一、御門中□者、不レ可レ及二成敗一事、

□〔一〕國中有二子細一、遁世之□〔人〕不レ可レ被レ入事
□〔一〕寺中之山不レ可二切取一事
永正九年十月日　前伊豫守憲業（長野）（花押）

二六〇　宗瑞（伊勢長氏）父子武藏本目四ケ村制札寫　○歴代古案四

（武藏）本目四ケ村制札
一当方家來者、諸事若有二申者一ハ、此制札を見せられ、横合之義申者を、此方へ可レ有二同道一
一諸奉公事、直ニ可二申合一、假初ニも自二他所一申者ニ、其使を此方へ可レ有二同道一者也、仍如レ件、
永正九年十二月六日　宗瑞（伊勢長氏）
氏綱（伊勢、北條）
平子牛（房長）法師丸殿

二六一　朝倉教景西福寺條書　○西福寺文書

条ゝ
一當寺（越前西福寺）之僧、号二陣僧一召仕候事、令二停止一訖、但、相当之用、又在陣之時□〔者カ〕如二先ゝ一陣僧可レ被レ出、然者寺内門外之塔頭、寺領、其外一行爲二所持之衆一、可レ被レ出事
一同寺領之名代、年貢諸納所無沙汰ニ付而令二逐電一、近邊、憐（隣）郷居住之輩者、交名可レ有二註進一、然者爲二此方一可二申付一事
一同寺領名代沽却ニ付而、爲二地頭一檢地之事、有レ限本役、爲二寺家一相当年貢有二弁済一者、彼田地寺家可レ爲二進退一事
□〔一〕同寺役事、借物窮済之間者被二停止一、堂塔常住可レ被レ爲二修理一事
一地頭領家給主諸役、陣僧、寺内門外諸塔頭令二停止一事
已上
右、條目不レ可レ有二相違一狀如レ件、
永正拾年十一月十一日　教景（朝倉）（花押）
西福寺

二六二 朝倉教景西福寺禁制 ○西福寺文書

(切紙)
きんせい(禁制)
一らくかき(落書)の事
一寺内にをゐて、常に寺僧刀を帯事
一於二寺内一火付の事、縦同類たりといふ共、たち歸り申あらはすともから(輩)ハ、千疋の褒美寺家へ可二申付一狀如レ件、
永正拾十一月十一日　教景(朝倉)(花押)
西福寺(越前)

二六三 某制札 ○榛名神社文書

制札
一當山におひておきて(掟)の事
一喧嘩之事
一押かい(買)、狼せき(藉)の事
一はくち(博折)、はくゑき(博奕)の事
一國しち(質)、かうしち(郷質カ)の事
右、このむね(旨)をそむき(背)候ハんともから(輩)においてハ、かた(固)くせいはい(成敗)をとく(遂)へき者也、
永正十一年甲戌四月一日　(花押)142

二六四 河野通宣伊豫國分寺禁制 ○伊豫國分寺文書

禁制143　國分寺(伊豫)
一守護代、國衙役人、其外諸役人等、臨時非法申事
一人具、行者、取レ主侍、百姓事
一於二保尒(牓爾)之内一、棟別、段錢等事
右條ゝ、代ゝ(任脫カ)判形旨、寺家進退不レ可レ有二相違一之狀如レ件、
永正十一年卯月八日　通宣(河野)(花押)

二六五 中屋常慶置文 ○西野次郎兵衛家文書(福井縣史)

一此寺をつくり(造)おき候事、我とか爲はかりニてもあらす、六しんけんそく(親眷屬)爲ニて候、我といかやう(如何樣)ニも成候ハんの

ちに、神五郎、與三二郎兩人して、いかやうニもしゆり(修理)し候て、寺をたや(絶)さす候ハヽ、草のかけ(陰)ニても、まほり(守)の神ともなり可レ申候、若寺たやし候ハヽ、草之かけ(陰)までも、ふかう(不孝)の者たるへく候、本行坊、慶りう坊、神五郎、與三二郎四人者共、うお(魚)と水とのことくおもひあい候て、公方私の事も談合して、中屋と申しそん(子孫)をたやさす候ハヽ、神ほとけ(佛)も御まほり可レ有候、

一孫九郎と申者、いかやうのれうけん(料見)もし候て、此寺をたやすへきたくミ(企)條と候、これハてんまか(天魔)入かハりたる者ニて候、されハこんしやう(今生)五しやう(後生)まて、孫九郎ニハ中おたかい(違)きり候間、何事ニても候へ、此者ニ同心候ハん子は、とうさい(同罪)の者ニて可レ有候、若孫九郎とかく(兎角)申事候ハヽ、我とか別紙ニかきおき候しせう(支證)物可レ有候間、公方之御まゐニて申わけ、御せいは(成敗)い(ゥ脱カ)をけ可レ申候、

一與三二郎かおと〱(弟)こほうしハ、てき(敵)ニハなり候共、與三二郎かミかた(味方)にハなるましき者ニて候、畠之一まい(枚)ニても、與三二郎こほうしニとらせ候ハヽ、殘三人子ともして《と》おさへ候て、とらせへからす候、

一同とうあかつち取候下のあさはたけくたり、口の木本はたけなわしろ(苗代)田まて、りやうてん(靈供田)くニきしん申候、此きしん狀も別紙ニかきおき候、又下やすは田四十かりハ、はしつめの名之内ニて候、これハ本行坊ニ被レ參候、これも別紙ニゆつり狀可レ有候、いかやうニも本行坊しんたい(進退)ニて可レ有候、但、此田も末代本行坊として寺ニつけられ候ハヽ、此寺ニ御そう(僧)のほいたう(陪堂)ニもなりやうニ候ハヽ、目出度あるへく候、返といかやうにもし候て、御そうの二人も三人も寺ニおき申候て、代としそん我と同うはニてものあとおもとむらい候ハヽ、草之かけニても、ありかたく思可レ申候、此外ニ神五郎も御そうの一人もふち(扶持)申、與三二郎も一人もふち申候ハヽ、我とかきしん(寄進)りやうくてん(靈供田)まてハ、御そうの二人も三人も寺ニおき可レ申候間、如レ此申おき候、

一坊をつくり候屋しき、南ハ入口之門之東ニつは(椿)の木おさかい、きたハむかしのミそ(溝)、同きし(岸)立、其きしにもく(椋)の

木をうへ候、同かき《柿》の木もきし《岸》はた《端》ニあり、これより東
ハ入口、つはの木をさかいニ、かもん名之内、我と永代
かい《買》候て、神五郎ニゆつり渡候内、此屋しきハ末代寺へ
きしん申候、若此寺たへ《絶》候ハヽ、神五郎方へかゑす▨《へ》▨《く》
▨《候》、寺たゑす候ハヽ、末代までも坊之しんたい《進退》ニて可
レ有候、又西ハ別當ニ自二地下一きうおん地《の》ニて候、毎年地
子貳百貳拾文、時之別當方へ渡可レ申候、此外ハ壹錢ニ
ても候へなく候、此さかいハきた《北》ほり《堀》をさかい、南ハ
入口つは木をさかい、西ハ別當之下小畠きわ《際》より上ハ坊
のしんたい、とい《土居》ニうへ候木共ハ、我とか當年より拾六
年以前ニうへ候木ニて候、南ハおかよりの道さかい寺へ
上候口まて、別當地▨ニて候、坊之うけの内、寺へあか
り口より東ハ道一名內、坊よりといのそとの道ハむかし
より候間、いつれの名内ニて候哉、不レ存候、此別當地
内ちし《地子》貳百貳十文ハ、中屋いゑ《家》をつき《繼》候者、坊之たち候
ハんほとハ、別當の方へ渡可レ申候、若ふさた《無沙汰》候ハヽ、
子共内としてかたく可二申付一候、又きた《北》のほり《堀》よりそと

ハ、當浦てんたさもんもち分名内を、おうちニて候道德
入道殿永代はいとく《買得》めされ候て御もち候、うは《を》ニて候者、
其子めうゑい本行坊ニ永代きしん候間、本行坊しんたい
ニて可レ有候、尚と別當持分ニ寺をたて《建》候ハんとて候、と《土》
い《居》のきし《岸》より下の小はたけ《畠》のきわ《際》まてうへ候木ハ、我と
かうへおき候木ニて候間、一本ニても候へ、きり候ハん
者ハ、ぬす人のさいくわ《罪科》お公方様へ申上候て、かたくさ
いくわすへき物也、此條とをそむき候ハん者ハ、我とか
草之かけまても、うらミをなすへく候、仍狀如レ件、

永正拾壹年五月十日　　今泉中屋入道
常慶(花押)

本行坊

慶りう坊

神五郎

與三二郎

二六六　今川氏親長谷寺禁制　○駿河清水寺文書

□(印文未詳朱印)
禁制

一　参籠衆寺へとゝけさる事
一　竹木の枝おる事
一　らくかき(落書)の事
一　馬のる(乗)事
一　大くるひ(狂)、ひるね(昼寝)の事
一　笛、尺八、うたひ(謡)の事
一　十こく(穀)なとの修行者に、私として宿をかす事

右、於二當寺(駿河長谷寺)一有下背二此條ゝ一輩上者、堅可レ被レ處二罪科一者也、仍執達如レ件、

永正十一年八月十八日

二六七　朝倉教景定書案　○西福寺文書

當郷(越前椨川)百性(姓)等所ゝ退出云ゝ、然者□□(諸カ)等可二迷惑一之条、嶋郷(越前)并弐浦(越前)越候之者共、急度申付、可レ為二歸住一候、若違犯之輩者、可レ拂二郡内一之状如レ件、

永正拾壱
十二月十三日　教景(朝倉)

椨川
百性(姓)中

二六八　大友義長條書　○大友文書

條ゝ

一　可レ被レ專二公儀之拵一之事
一　寺社造営可レ被下無二油断(断)一申付上之事
一　今宮殿御神領寄進之事
一　御老躰兩人(大友親治・同室)江被レ添レ心可レ有二奉公一、殊当時御知行之御領地等、御在世之間、不レ可レ有二相違一之事
一　母仁不レ可レ有二疎儀一事
一　肥後之國、以二堅固之覚悟一、菊法師丸(大友重治)入國、可レ被レ添レ心之事
一　妹可レ孚之事
一　北大方殿、同肥後之伯母、何も不レ可レ有二疎儀一之事
一　年寄衆常に在宅不レ可レ然候、式日者、無二懈怠一可レ有二相

談一之事 付、四以前以出頭、七以後可レ有二帰宿〔宅〕一之事
一寄有〔合〕之聞次、以二一人一披露之時者、可レ相二似肩聶〔聶肩〕偏頗一、
覚悟儀可レ被レ申事
一昔〔従昔〕より傍輩近付法度之事、是又用心之氣仕歟之事
一一性〔姓〕親類寄〔与〕力曲事候、於二理非分別之沙汰一者、一性〔姓〕、他
性〔姓〕之合力不レ可レ入事
一奉公之浅深、忠節之遠近、不レ可レ有二忘却一之事
一若輩之樂言、不レ可レ有《ナシ》二許容一之事
一内訴之儀、縦雖レ爲二理運之子細一、不レ可レ有二許容一之事
一隠謀野心之外者、常式之儀ニ、不レ可レ沒二収所帶一之事
一以二哀憐一諸人を可二召仕一之事
右、此条と日夜無二忘却一、竪〔堅〕可レ被レ守〔専〕二其旨一之事、可
レ爲二後孫一者也、
永正十二〔弐〕年十二月廿三日　　義長〔大友〕(花押)
○大友家文書録ノ案文ヲ以テ大異ヲ注ス、松野文書ニ案文アリ、

二六九 大友義長追加條書 ○大友文書

追而申
一進物之類、無二油断一可レ被レ求之事
一諸郷庄ニ、以二目付耳聞一、可レ知二時宜一之事
一当國之者、一人二人ッヽ、可レ有〔筑後可有〕二筑後在國一之事
一大内高弘、小笠原光清、不慮ニ在國之〔候〕外聞実儀候之間、
別而可レ爲二丁寧一之事
一朔日、十五日對面之事、若近郷之者出仕無沙汰候者、可
レ被レ注二挍〔交〕名一之事
一諸藝ハ得たる事ニ数寄、不レ叶を捨る事、是不レ可レ然之
事
一弓馬之道ハ不レ及レ申、文學、歌道、蹴鞠以下を閣、狩、
鷹野を専とする事、甚以其益〔無其益〕なき事也、以レ狩被レ知レ名
事、是可レ稀事歟、但、狩之趣、鷹之捲、何も可レ有二相
傳一事者、肝要にて候、
一召仕者、諸事教訓肝要候、入目なるを引たて、出たるを

押て召仕事、是又肝要候、

永正十二年十二月廿三日　義長（大友）（花押）

○大友家文書錄ノ案文ヲ以テ大異ヲ校注ス、松野文書ニ案文アリ、

二七〇　重清制札寫　○長防風土記一一五原始院

一山野境目、限レ東後篭石、限レ西慈福寺片山、限レ南悟祐庵上權現松、堅可解（マヽ）事

一摸溪菩薩所之条、諸天役従二前と一免除之事

一住寺僧達勤行并掃二除門前一已下、可レ爲二堅固一事

一於二寺内并寺領一狼籍〔藉〕之輩ハ、就二注進一可レ相〔爲カ〕二成敗一事

一於二諸済物一無沙汰之百姓等候ハヽ、流〔注交〕二夫名一一段可二申付一之事

右條と、制札如レ件、

永正十三年七月二日　重清書判

二七一　齋藤利良汾陽寺禁制　○汾陽寺文書

禁制144　汾陽寺（美濃）

一甲乙人等亂入狼藉之事

一伐二採竹木一、刈レ草并山林放二飼牛馬一之事

一俗人借宿之事

一於二当寺山中一殺生之事

一背二寺家之法度一輩、衆僧并檀方許容之事

一諸人寄進之地并祠堂方買得之田畠等成二違乱煩一之事

一寺領之百姓、稱二人之被官一、令レ無二沙一汰年貢諸役等一之事

右、於二違犯之族一者、可レ被レ處二嚴科一之狀如レ件、

永正十四年卯月　日　藤原利良（花押）

二七二　庄元資遍照院禁制寫　○黃薇古簡集十五

禁制145　西阿知遍照院（備中）

一於二院中一軍勢并甲乙人等乱妨狼藉事

一軍勢陣取事

一於二院内一殺生事

一弓、鞠、相僕〔樸〕并萬鳴物遊事　付、馬遊之事

一　於二衆中一背二宗門之掟一輩并公事為二俗士一肩(マヽ)𡙇扱之事
右条々、若於二違背之輩一者、可レ被レ所〔處〕二嚴科一之狀如レ件、
　永正拾四年六月
　　　　　　　　　　元資〔庄〕(朱書)「判有ヤ否マメツシテ見ヱス」

二七三　赤松義村清水寺掟書　○播磨清水寺文書

(赤松義村)(花押)
播磨國清水寺掟條〻 146
一寄進田畠、買地等、不レ可レ有二相違一事
一山林竹木不レ可二伐採一事
一寺中之族、不レ可レ成二寺外之被官一事
一破二寺法一、不レ可レ致二不儀一事
一諸坊跡無二住山一人躰、自二寺外一不レ可レ致二成敗一事
右條〻、堅被レ定二置之一訖、若有二違犯之輩一者、可レ被レ處二罪科一之狀如レ件、
　永正十四年十二月三日
　　　　　　　　(志水清實)左衛門尉(花押)
　　　　　　　　(衣笠朝親)左京亮(花押)
　　　　　　　　(櫛橋則高)豊後守(花押)

二七四　北畠具國證文　○澤氏古文書

御判條〻　(北畠具國)(花押)
一伊勢、大和分領知行事、任二先代書出之旨一領掌上者、不レ可レ有二相違一候也、謹言、
一伊勢、大和一族被官事、背二惣領一、自然雖レ有二直奏申儀一、可レ為二面〻成敗一上者、不レ可レ有二許要〔容〕一也、
一新介雖レ被二召出一、於二面〻家督一者、雖レ有二望申儀一、不レ可レ有二許要〔容〕一事、
一領中四至堺傍尒等事、可レ為レ如二前〻一、
一新介買德事、同名被官以下迄、同之名字付被二仰付一上者、存知之旨領掌、不レ可レ有二相違一、
一伊勢、大和同名被官事、秋山不レ可レ為二許要〔容〕一、兩方共可レ為レ如二前〻一、
一号二借物一、雖レ有二申子細一、先御代以二成敗一、就二德政行一、不レ及二沙汰一、
一宇多〔陀〕郡(大和)福智庄事、依レ為二本領一、如二前〻一領掌不レ可レ有二

相違㆒候、
（長享元）一分領西墨〔黒〕（伊勢）部闕所檢断、如㆓前と㆒可㆑被㆓申付㆒候、并新扶
持人事、雖㆑為㆓權家權門㆒、被㆓停止㆒上者、縱雖㆑有㆓申子
細㆒、不㆑可㆑有㆓許要〔容〕㆒候、領掌上者、不㆑可㆑有㆓相違㆒、
一於㆓神戸（伊勢）六郷之內㆒闕所檢断事、雖㆑為㆓權家權門㆒、如㆓伊
与守代㆒、可㆑被㆓申付㆒之旨領掌、不㆑可㆑有㆓相違㆒、
（長享元）一於㆓神戸六郷之內㆒權家扶持人、限㆓廿一ヶ年㆒可㆑破之由、
先代（北畠政郷）以㆓上使㆒被㆑打㆑簡上者、至㆓于今㆒不㆑可㆑有㆓相違㆒、
仍以㆓彼簡之面㆒、嚴重猶可㆑有㆓成敗㆒候也、
（延德貳）一分領神戸六郷事、任㆓総〔曾カ〕祖父伊与守代例㆒、雖㆑為㆓權門被
官扶持人㆒、有㆓重科㆒時者、可㆑被㆓闕所㆒之旨領掌上者、
今度坂内殿（親文）訴論闕所事、無㆓相違㆒可㆑被㆓申付㆒也、
一御糸闕所權〔檢〕断事、雖㆑為㆓權家權門㆒、如㆓伊与守代㆒可
㆑被㆓申付㆒旨領掌上者、不㆑可㆑有㆓相違㆒候、
右條ヽ、任㆓先代判形之旨㆒領掌申上者、不㆑可㆑有㆓相違㆒
候也、謹言、

永正拾五
正月廿三日　（北畠具國）（花押）

澤源五郎とのへ　〇紙繼目裏四箇所ニ花押アリ、

二七五　山名誠豊小田井社法式案　〇小田井大社文書

（山名誠豊）
御判

147 定　小田井（但馬）之社法式之事

一當社神事祭礼并修理職之事、如㆓先規㆒可㆑被㆑執㆓行之㆒、
若神主於㆓無沙汰㆒者、可㆑為㆓曲事㆒也、聊無㆓懈怠㆒、可
㆑被㆑致㆓沙汰㆒者也、
一近年社人等号㆓諸被官㆒、社役以下無沙汰段、言語道斷之
次第也、所詮於㆓向後㆒者、可㆑令㆑停㆓止之㆒、猶以成敗之
旨令㆓違背㆒者、拘置田地等、為㆓神主㆒令㆓進退㆒、可㆑改㆓
易彼職㆒也、
一就㆓社中諸公事之儀㆒、申掠之族有㆑之者、可㆑有㆑注㆓進交
名㆒、然者可㆑遂㆓糺明㆒候也、
一社家分之內令㆓沽却㆒之事、社人之外、為㆓他人㆒不㆑可
㆑賣㆓買之㆒、末代社領可㆓闕怠㆒之条、堅令㆓禁制㆒訖、
一社領內田地讓得之輩、不㆑勤㆓社役㆒者、雖㆓讓渡㆒可㆓易

替一候也、
右條々、神主・社人等守二此旨一、聊不レ可レ有二無沙汰一、若
於二違犯之輩一者、忽可レ處二罪科一者也、
永正十五年七月廿三日　　判

二七六　北條氏定書　〇伊豆木負大川文書

永正十五年戊寅九月被二仰出一御法之事
一竹木等之御用之事者、其多少を定、以二御印判一郡代へ
被二仰出一者、従二郡代一地下へ可二申付一、
一りうし御用之時者、以二御印判一、自二代官一可二申付一、
一美物等之事者、毎日御菜御年貢外者、御印判ニ員数をの
せられ、以二代物一可レ被レ召、
一人足之事、年中定大普請外者、若御用あらは、以二此御
印判一可レ被二仰出一、
右、此乕之御印判ニ代官之判形を添、少事をも可レ被二
仰出一、乕之御印判なくハ、郡代同雖レ有二代官之判形一、
不レ可レ用レ之、於二此上一はうひを申懸者あらハ、交名
をしるし、庭中ニ可レ申者也、仍如レ件、
永正（虎朱印）十五年戊寅十月八日
(伊豆)長濱
(伊豆)木負御百姓中
代官 山角
伊東

二七七　尼子經久鰐淵寺定書　〇鰐淵寺文書

(折紙)
評定衆之事、老僧衆談合候て、不レ寄二老若一、爲二興隆本一、
諸事可レ然仁躰可レ被二差申一候、於二寺内一納所諸役無沙汰之
者下地、爲二惣山一被二相計一、堂舎可レ有二興隆一候、所々失二
公物一、勤行爲二退轉一、於二私之依怙於存輩一者、所領等裁判
不レ可レ叶候、背二此旨一兎角被レ申候者、一段可レ加二成敗一候、
恐々謹言、
永正十五年
十一月十日　(尼子)經久(花押)
(出雲)鰐渕寺
評定衆

二七八　赤松義村光明寺法度寫　○五峯山光明寺古證文寫（兵庫縣史）

播州賀東郡光明寺法度條ゝ
一山林竹木伐採事　付、殺生事
一棟別、有福、檢斷等事
一寺領、坊領并買地分等諸侍違亂事
一寺中輩爲二諸侍之被官一事
一破二寺法一猥相勤輩事
右條ゝ、堅令レ制二止之一訖、若有二違犯之族一者、可レ處二罪科一矣、彌可レ被レ抽二當家武運長久之懇祈一者也、仍法度如レ件、

永正十六年四月廿一日
兵部少輔（赤松義村）御判

二七九　北畠具國證文　○澤氏古文書

（貼紙、ウハ書）
「（切封墨引）
澤伊与守とのへ　具國（北畠）」

於二勢州分領一、放二扶持人一候上者、同名被官家來共同レ之、於二以後一、有二扶持望輩一者、不レ及二披露一、可レ被レ加二成敗一旨領掌、不レ可レ有二相違一候也、謹言、
（異筆）
「永正十六」
七月六日　（北畠具國）（花押）
澤伊与守（國廉）とのへ

二八〇　妙全 長井利隆 華嚴寺禁制　○華嚴寺文書

禁制　谷汲山華嚴寺（美濃）
一甲乙人濫妨狼籍〔藉〕之事
一伐二執山林竹木一之事
一新儀諸役之事
一如二先規一郡司不入事
一於二寺家一殺生事
一依レ科其身雖レ令二罪科一、跡職家財等者、本尊江致二寄進一之處及二是非一事
一寺領等違乱事
右条ゝ、堅令二制止一所如レ件、

永正十六年七月　日　　　妙全(長井利隆)(花押)

二八一　無碍光衆制禁掟書　○上杉文書

掟事

一無碍光衆、任二高岳(長尾能景)御下知一、末代被レ拂之事

一今度彼宗旨不二事問一再興、太曲次第由事

一爲二地頭、主人一速相搦可レ出レ之、及二異義一者、於二立所一可レ被レ加二身命成敗一事

一或地下人、或雖レ爲二他宗一、近所ニ無碍光衆在レ之由不二申出一者、可レ爲二同罪一事

一彼宗旨蜂起事、至二于申出族一者、爲二褒美一彼家財、屋敷所可レ被レ出之事

一於二許容領主一者、可レ被レ改二其所一事

一今度役者油断故、大略落行、其上累年彼宗旨連續義不レ被二御申上一、号レ不レ存一レ知之一、被レ背二國法度一上、役者、小使被レ爲レ遂二生涯一事

一於二役者不入地一、彼宗旨在レ之者、其地頭ヘ相届之上、申出族ニ彼屋敷所直ニ可レ被レ出之事

右此条〻、各堅可レ被レ相一レ守之一、至二于子孫一も、彼御掟不レ可レ被二相背一者也、仍如レ件、

永正十八年貳月　日

石川新九郎　景重(花押)

千坂藤右衛門尉　景長(花押)

斎藤下野守　昌信(花押)

毛利五郎　廣春(花押)

長尾弥六郎　憲正(花押)

同弥四郎(房景)

同新七郎　景慶(花押)

二八二　浦上掃部助八塔寺定書　〇黄薇古簡集十二八塔寺

定148　（備前）八塔寺

一可レ被下再コ興本堂一、造中立佛像上事
一可レ被レ專二勤行一事
一座方之輩不レ可レ背二衆徒下知一事
一四方一里之内山留之事
一守護便〔使〕不入事
右条と、任二先規掟之旨一、可レ有二其沙汰一、若於二違犯之族一者、就二交名注進一、可レ被レ處二罪科一、仍所レ定如レ件、

永正十八年九月日　（浦上）掃部助（花押）

二八三　豐前宇佐宮作事法度案　〇小山田文書

（端裏押紙）
「大永二年三月御作事方
御法度書　　廿三番」

就二（豐前）宇佐宮御作事方一条と御法度事
一去應永年中（ナシ）　（大内盛見）國清寺殿様御再興の時の〔之〕支證をも・〔つ〕て可レ被レ守〔專〕レ之、其以前の〔之〕旧記不レ可レ有二叙用一事
一諸祝物等、國並錢を以、員数にをひてハ（ナシ）先例の〔之〕ことく可二下行一事
一捴奉行人、木屋并遣方奉行人不斷在宮事
一諸職人出入、朝辰、夕酉、一時之遲速を拾錢あて減少せしめ可二下行一事
一大と工事、右剋限以前至二木屋一日參せしめ、奉行人相共・〔に〕番匠方可二載〔裁〕判一事
一番匠衆、或下手、或年寄等、不堪の〔之〕仁にをひてハ、半作料たるへき事
一捴大工材木註文寸尺等毎度相違之条、云二社納一、云二木作手間一、御公損なきに非す、至二以後一ハその用木參差せしめハ、大工可レ弁事
一内封四郷封戸、向野、高家、辛嶋、普請夫定役在〔有〕レ之、この〔此〕外社官衆領事、先年妙見尾御城誘おほせ付らるヽ時、彼儀御免〔代〕ニをひてハ、社用夫事可レ致二馳走一之由雖レ被レ申、いまに社用をも無沙汰候、於二已〔以〕後一者郡使載〔裁〕判に任て、可レ被レ遂二其節一、若猶其実なきにをひてハ、別段之儀を可レ被二

仰付㆓事

一木屋定夫四人封戸、向野、高家、辛嶋、幷竹くき、かく縄、茶立、同茶の具等事、当職名代を以〔て〕可㆑被㆑遂㆓其節㆒、此条依㆓無沙汰㆒当日作事懈怠せしめハ、当職自分之可㆑為㆓了簡㆒事

一宇佐郡中武領、就㆓　社用之人夫以下㆒、在と所と無沙汰㆓を〔ゐ〕ひてハ、一段可㆑被㆓仰付㆒、殊〔ニ〕院内衆御在京御留守〔主〕以來、御　神用疋〔延〕夫難渋之段無㆓其謂㆒、既障子岡御城誘所勲の所を、近年ハ社用に被㆑付之上ハ、向後社用夫堅可㆓申付㆒也、若猶難渋にを〔ゐ〕ひてハ、如㆑元御城誘可㆑被㆓仰付㆒事

一漆工事、道具以下相調、本職相談せしめ可㆑有㆓其沙汰㆒事

一繪師幷障子以下細工人等ハ、奉行人申談、可㆑有㆓調法㆒事

一當　社御材木事、不㆑謂㆓寺社人給、御免之地㆒、任㆓先例㆒採用有〔る〕へし、難渋在所にを〔ゐ〕ひてハ、就㆓註進㆒一段被㆓仰付㆒へし、但、社用と号自用の事あらは、奉行人各越度たるへき事

一日と記事、奉行兩人充被㆓定下㆒番帳の〔之〕旨に任て、注調可㆓註進㆒也、材木採用之時者、非番衆至㆓杣山㆒可㆓奉行㆒事

以上

右、御法度条と、堅固被㆓相定㆒訖、守㆓此旨㆒、云㆓社家㆒云㆓武家㆒、可㆑専㆓造営之功㆒、若於㆓違背之仁㆒者、就㆓註進㆒、一途可㆑被㆑成㆓御下知㆒之由、所㆑仰如㆑件、

大永二年三月日　　左衞門尉

（異筆）「元祿十六年迄八十（マヽ）五年欤」

○益永文書ヲ以テ校注ス、奥裏ニ「本書吉用ニアリ」ト註記ス、永弘文書本ハ第七條前半部以前ヲ欠キ、缺損多シ、

二八四　朝倉孝景瀧谷寺禁制　○瀧谷寺文書

（端裏書）「朝倉英林景孝〔孝景〕（マヽ）御判也」

禁制　　瀧谷寺

一　當寺剪㆓取山林竹木㆒事

一　當寺山中近年新道往還之事
一　於二寺內一殺生并乘馬事
以上
右条〻、堅令二停止一訖、若有二違犯族一者、可レ有レ注コ
進交名一者也、仍下知如レ件、
大永貳年五月十四日　（朝倉孝景）彈正左衞門尉（花押）

二六五　北條氏大井宮法度　○相摸三島神社文書

定法度
一　（相摸）西郡大井之宮社領并神主屋敷、不レ可レ有二一切役一事
一　神領之事私領外也、地頭以下不レ可二相綺一、若私領內与心得、貪二神田一令二押領一事有レ之付而者、以二目安一可二申上一之事
一　社人等事、祭礼、修造、掃除等、神主以二下知一社用可二走廻一、若下知を社人不レ用者、神田內役免拘事□有レ之者、其役免取放、可二修理付一事
以上
右、定置条、若背二此旨一輩有レ之付而者、可レ捧二目安一者也、仍如レ件、
大永二年壬午九月十一日（虎朱印）　（直景）遠山奉
大井宮神主
圓泉坊

二六六　齋藤利茂等連署神宮寺禁制　○美濃八幡神社文書

禁制　（美濃）西山口　神宮寺
一　甲乙人等濫妨狼籍（藉）事
一　當山社領內伐コ採竹木一事
一　背二寺僧并神主等衆儀一、寺中仁宿取事
一　寺僧以下他江令二被官一事
一　寺僧等爲二乱行不法一、先〻破二勤行法度一事
右條〻、於二違犯之輩一者、如二先規一爲二別当、神主一、堅可レ加二成敗一者也、仍下知如レ件、
大永貳年十二月十九日　藤原基就（花押）

藤原(齋藤)利茂(花押)

二八七　長瀬永秀等連署山證文　○永保寺文書

永保寺(美濃)山御成敗之事
一如二御制札一、堅可レ有二御成敗一候、
一其人躰及二異儀一候者、被レ射二懸矢一、尚人躰を御覧し被レ定、其主人へ蒙レ仰、如二御定一可二申付一候、
一木をも不レ伐者を被レ射二懸矢一、寄二事於左右一、萬一殺害之儀者、糺明次第ニ可二申談一候、
右條ゝ、如レ此申定候上者、不レ可レ有二兎角之族一候、仍爲二後日一一行如レ件、
大永三年癸未二月三日
安東新五郎　重弘(花押)
安東兵衛九郎　秀長(花押)
安東六郎　俊光(花押)
安東与三左衛門尉　重種(花押)
長瀬左近将監　永秀(花押)
永保寺参

二八八　朝倉教景書下写　○道川文書(敦賀郡古文書)

雖レ有二河野舟與中事一、書遣之條封レ裏訖、萬一於レ陰[隠]二舟數一者、惣中へ爲二科錢一百疋可レ出者也、仍状如レ件
大永三
七月十一日　教景(朝倉)(花押)
敦賀郡(越前)
河舟中

二八九　大井俣窪八幡社法度　○大井俣窪八幡神社文書

(木札)
当社(甲斐窪八幡社)法度之事
一御供御まつり無沙汰のまへハ、田地をなかくめしはなされへし、取つきのかた未熟候ハヽ、末代いろひをあひやめへく候、
一御供御まつりの時こうろんをいたし、らうせきの輩におひてハ、不レ論二理非一、両人ともに有二成敗一、子ゝ孫ゝ共に、神前之徘徊をあひやめへく候、
一社内ニ牛馬をはなしかう事あらハ、見あひ候ハん方とり候て、かへす事あるへからす候、

一森の木をきり、草をかり、木を皮をはく事、又ハ枯たるえたなり共とる者あらハ、田地屋敷まてめしはなされ、長可レ有二成敗一候、

一宮中大破之堂社おち敷候ハん板、あるひハ檜皮以下とる者あらハ、為二悪黨一可レ有二成敗一者也、

大永三年癸未八月十九日　(花押)

二九〇　近江早崎村條書　〇竹生島文書

早崎村条と[149]

一早崎孫三郎萬一重而還住之儀雖レ在レ之、於二彼村政所職一者、堅固不レ可レ被二申付一事

一於二彼村一科人出来之儀在レ之者、為二寺家一可レ被二申付一事

一同罪人出来之時、於二寺裏一、若令二肩贔(マヽ)一相拘仁躰在レ之者、可レ為二同罪一事

一彼村夫役事、不レ依二権門一諸管(マヽ)共可レ有二其働一事

一彼村政所職事、為二寺家年行事一可レ被二相拘一事

二九一　北条氏傳馬制札　〇關山文書

制札　たいまの宿(相模當麻)

右、玉縄(相模)、小田原(相模)よりいしと(武蔵石戸)ゝもろ(毛呂)へわうふく(往復)のもの、とらの(虎)印判をもたさる者ニ、てん馬、おしたて(押立)いたすへからす、もしおさへてとるものあらは、きつとめしつれ、おたわら(小田原)へ成共、玉なわへ成共こすへき者也、仍如レ件、

大永四年四月十日　(虎朱印)

但、印判なり共、日付三日すきハ、もちいへからす、

二九二　大内義興氷上山修二月會大頭定書　〇興隆寺文書

(周防)氷上山修二月會大頭事、為二大役一之条、依二其人一或令レ沽二却所帯一、或入二置家財於質券一、依レ勤二神役一極無力、果而令レ懈二怠武役一之条、太以不レ可レ然、所詮至二自今以後一者、令二差文頂戴一者、古今質物并沽却地等事、悉本主可レ令レ進二止之一、縦雖レ載二堅約之詞於借状一、不レ可レ立、但、於二差文

頂戴以後之借物一者、厳重可レ有二其沙汰一、仍所二定置一之状
如レ件、

大永四年十一月十三日　(大内義興)(花押)

二九三　大内氏徳政定書案　○永弘文書

□出候□立□候間□
□有合皆免、出挙利銭共ニ天下一同之徳政にて候間、若
此前御承引候ハて、当年より催促仕被レ申候ハヽ、地下之
無力人押懸可ニ打破ニ□〔候カ〕、仍所レ定如レ件、

大永四年十二月廿八日　面〻在判

(弘詮)陶殿
(杉重清)伯州
(弘頼)吉見殿
阿河殿

□判在レ之、(□との)　陶弥九郎殿
杉兵部□輔殿

二九四　武田信虎向嶽庵定書　○向嶽寺文書

□(「信虎」朱印)　(甲斐)向岳庵

一　於二于当庵一、不レ可レ有二俗徒綺一之事
一　於二于山林一、截二取草木一放二牛馬一之事
一　於二于当庵敷地一、殺生禁断之事
一　門裏之諸沙汰、不レ可レ出二門外一之事
一　雖二時検断職一、不レ可レ成レ綺之事
一　門前諸公事御免之事

右條〻、背二此旨一輩、堅可レ処二罪科一者也、仍執達
如レ件、

大永五年乙酉
八月二日

二九五　六角定頼奉行人奉書　○竹生島文書

(折紙)
(近江)早崎百姓還住之事、150 急度可レ被二申付一、不レ可レ有二相違一之由
候也、仍執達如レ件、

大永五年九月十七日

(進藤)貞治(花押)

(後藤)高雄(花押)

(近江)竹生嶋
年行事

二九六　北條氏關所定書　○關山文書

「如レ斯可レ見ニ分之一者也、此外の荷物者、關所の法度ニ載
レ之者也、如レ其可レ致レ之、仍如レ件、

大永五乙酉年十二月十四日(虎朱印)日(「調」朱印)

關所

二九七　紹僖(今川氏親)久能寺領浦定書案　○久能寺文書

駿河國久能寺領浦寄木事151

右、如ニ先規一爲ニ本堂之造営一付レ之畢、次船事、近年断絶之上、任ニ往古例一爲ニ殺生禁断一、当浦不レ可レ繋レ船、於ニ汲潮焼塩之儀一者、且爲ニ寺用一、且爲ニ土民一、不レ可レ有ニ他之違亂一者也、仍狀如レ件、

大永六丙戌年六月十八日　沙弥紹僖(今川氏親)

久能寺

二九八　中條藤資起請文　○上杉文書

(包紙ウハ書)「なかてうとのより　きしやう也」(中條殿)

敬白　起請文条数之事

一至ニ于罷ニ成御緣家一、對ニ申長尾爲景御子孫一、奉レ引レ弓不レ可レ致ニ不儀一事

一本庄、色部、黒川、其外親類共前不レ及ニ見合申一、國役等何時毛不レ可レ致ニ無沙汰一事

一御出陣之時、各ゝ事者、番替致ニ在陣一候共、某事者、親子一人しかと可レ致ニ在陣一事

一至ニ于縦御子孫一而、御親類御家風雖ニ心替申候一、以レ夜継レ日急致ニ出荷(府)一、可ニ走廻一事、其外他國御出陣候共、召ニ連人数一、早速罷立可レ致ニ馳走一事

一或与力、或親類至ニ于公事沙汰一毛、不レ及ニ贔屓一、可レ任ニ

苻〔府〕内御下知一事

右、此儀偽申候者、

上梵天、帝釈、四大天王、惣而日本國中大小神祇、賀茂上下、八幡大菩薩、石清水、春日大明神、天満大自在天神、諏訪上下大明神、殊當國〔越後〕鎮守關山權現、弥彦二田大明神部類眷屬可ㇾ蒙二御罰一者也、仍起請文如ㇾ件、

大永六年丙戌九月五日　中条越前守　藤資（花押）（血判）

長尾信州〔為景〕参

二九九　三好元長等連署堺南庄定書案　○蜷川文書

定　堺〔和泉〕南庄

一地下宿被二免許一事

一喧嘩被二停止一訖、若不慮仁（ナシ）出來之時者、父子并親類近付等、雖ㇾ覃二殺害刃傷一、便宜之輩則罷出、相互押分、可ㇾ致二注進一、萬一於下令二合力一族上者、不ㇾ及二理非一可ㇾ有二御成敗一之条、縦雖ㇾ有二宿意一、不ㇾ可ㇾ覃二鉾楯一事

一不ㇾ可二諸商賣押買一事

一於二盗人一者、雖ㇾ為二三錢一可ㇾ被ㇾ誅事

一不ㇾ可二濫妨狼籍〔藉〕一事　付、博奕停止事

右條々、被二定置一訖、若於二違犯之輩一者、可ㇾ被ㇾ處二嚴科一者也、仍下知如ㇾ件、

大永七年三月廿三日　筑前守〔三好元長〕[152]

可竹軒〔周聰〕

○蜷川文書ニ、堺北庄充ノモノアリ、差出書「右衛門尉、可竹軒」、本文ニ校注ス、

三〇〇　江戸通泰吉田山定書寫　○薬王院文書

猶々令ㇾ申候、急度指圖被二相定一、重而子細可ㇾ蒙ㇾ仰候、自今已後之儀可ㇾ被二相任一候、通泰於二子々孫々一、此條違背不ㇾ可ㇾ申候よし存迄に候、

就二薬師堂御再興一、[153]御懇切之尊書、先以目出畏入奉ㇾ存候、然者、今般改而萬疋之地寄進可ㇾ申之由、先日已來兩三度申宣候處、頻御辞退之上、兎も角も任二尊意一候、此上御所望之儀候哉、奉ㇾ得二其意一候通義、被二申定一候條々之事

一寺家之内竹木一本一枝も不レ可レ切事
一寺家之内下人、男女共、誰も不レ可二召仕一事
重而通泰（江戸）申定候事
一寺家之中、傳馬飛脚借不レ可レ申之事
一堀壁之普請等之用所不レ可レ申之事
一御堂之事、堅七間仁可レ被二相定一候、向後之再興上葺之義、大途思召候哉、無二御餘儀一候、雖レ然、我と名代致二相續一候ハん者、爭可レ奉レ存二別心一候哉、拙子仁可レ被二相任一候、爲二後日一如レ斯候條、御同意所レ仰候、恐と敬白、

「大永七年」（モト異筆）丁亥六月廿三日　　但馬守通泰（花押）

吉田山（常陸）別當（寺）尊答

○楓軒文書纂八三所收吉田藥王院所藏文書ヲ以テ校注ス、

三〇一　持是院妙全齋藤利隆　汾陽寺定書　○汾陽寺文書

（切紙、モト折紙）
態申候、
一当寺之内山の木共、同苗木等、乱〔濫〕ニ代〔伐〕取候て、山すき候ハヽ、各可レ為二御越度一候、寮舎へも堅可レ被二申付一事
一当寺門前山内草庵可二建立一之由申候、洞の苗木等をも乱〔濫〕ニ伐取候ハぬ様ニ成敗候者、可レ為二祝着一候事
一当寺山之内、已前相留させ候路を、今度我と在寺中ニ、猶以留候處、乱〔濫〕ニ可二通路一之趣、自然申輩候ハヽ、可レ有二注進一候、召二寄於此方一可二申付一事154
此折紙を住持可二相定一候迄、各ニあつけ申候、以レ之堅可レ被二申付一候也、恐と謹言、

大永七
十月二日　　持是院妙全（花押）（齋藤利隆）

（美濃）汾陽寺
評定衆中

三〇二　豐前求菩提山法度　○求菩提山文書

（豐前求菩提山）
当山御法度之次第
一天下御祈禱并御屋形様（大内義興）御祈禱之事、被レ抽二精誠一、卷数進上、調二結構一并使僧以下無二卒尓誤一之様、可二申含一事
一三時勤行時剋相ちかへ不レ勲之仁者、永可レ被レ放二衆分一

之事
一御神木切取仁、御法之過料可レ被二申付一事
一衆會時剋、定出仕ニ遅參之仁を不レ可二相待一事
一違二背当山法度一、他所之号をかり狼藉、或鉾楯を相企仁、
一同加二成敗一、可レ遂二注進一事
一指圖境之相論ニ至テハ、可レ被レ任二先證、理非一、若背二制苻〔符〕一族有は、其仁躰拘分、可レ爲二闕所一之事
一衆會座席ニ至て□人可レ被レ放二衆分一之事
一至二他所一卒忽聊尓を仕出蒙二耻辱一仁、従二其庭一可二逐電一事、於二有レ理之儀一者、可レ有二其沙汰一
一至二人旦那、茶薗等押取仁一、先被レ決二理非一、其間被レ取二置物物一、理運明白方可レ被レ付事、但、至二買得一者、弥可レ被レ經二沙汰一事
一老僧、中老衆儀、無二怠慢一被二申出一儀、爲二若輩一聊不レ可二違背一、不レ論二善悪一、先隨二其儀一、於レ有二子細一者、追而可二申分一、但、老中於二無レ理衆儀一者、従二中老一可レ遂二其沙汰一事

一於二惣衆並之儀背、雅意狼藉を中族一者、以二一同之衆儀一、衆分可二申放一之事、於二强緩怠之仁一者、則加二成敗一、不日ニ寺奉行迄、可レ遂二注進一之事
一於二大犯三ヶ条之科一者、可レ爲二御法之沙汰一、若相背、当山他出之仁有は、其坊舎、旦那等、号二惣物一并至二贓物等一者、衆中早速一同ニ申付、役人の沙汰として、堂舎の修理物ニ□□〔備〕事
一衆徒方、惣方、何茂〔威〕衣儀を調、勤行、衆會之座席ニ可レ被二出仕一、若於二無沙汰之仁一者、則可レ被レ行二御法之過料一事
一当山中大綱一大事之時、於二未練之仁一者、従二其場一注二交名一、可レ被レ放二衆分一事
一至二舎利會、其外諸役一不レ能二異儀一、可二馳走一之事
右、如二法度一可レ被レ加二制止一所如レ件、

大永七年丁亥十二月十一日　認レ之訖、

右衛門尉頼郷（吉見）（花押）

源　正秀（飯田）（花押）

三〇三　大内氏德政條書案　〇榊文書

就二德政一被レ定條々 155

一限二年月一質物事

月限之事、可レ爲二三ケ月一之、四ケ月入三日内ならは、借物不レ及二返弁一、質物之事、可二返遣一候、四日にならは、不レ可レ准二德政一之、米質物茂可レ限二約諾之月一之、

一家人、百性〔姓〕以下事

家人德政ハ、可レ爲二主人之准的一、於二他之領地一者、右之〔にカ〕不レ可レ准之、百性〔姓〕者、可レ守二其屋地一、他之領地右同前、懸二百性〔姓〕一事、可レ爲二同前一之、但、德政之地頭下地事ハ可レ爲二德政一、其外ハ聊不レ可レ爲二德政一之、又家人多之由、俄有二申成事一者、從二其管屋一可レ致二言上一候、無二披露之人躰一者、可レ致二庭中一、

一田畠賣買事

限二永代一可二還補一之、但、契約狀等ニ御判をするらるゝにおゐてハ、不レ可レ有二相違一之、若遂〔披脱〕レ露被レ成二御心得一之由、加二裏書一判形一之事者、前後共可二還補一者也、

一對二庶子一割分田畠事

自二惣領一於二割分一者、惣領並ニ可レ爲二德政一之、其外ハ右不レ可レ准レ之、

一年貢所当事

縱雖レ有二未進一、不レ可レ准二德政一之、弥堅固可レ遂二收納一之、

一令レ賣二買人一事

賣買事、自今以後可レ爲二御禁制一、於下背二此旨一輩上者、忽可レ被レ處二罪科一之、罪科者レ可レ有二別条之儀一、又人質事、月限より內者、還補勿論也、月限以後爲二德政一者、負物以二一倍一遂二返納一、質人事可二召返一之、

一家并屋地事

家事ハ、縱朝ニ令レ賣二買之一、夕に雖レ爲二德政一、不レ可レ有二相違一、敷地事者、限二永代一雖レ令二買得一、地領々納〔マヽ〕可二相抅一之、地料事、依〔マヽ〕二德政之儀一者、聊不レ可レ有二

還事一之、
一領分反錢事
縦雖レ有二無沙汰一、弥可レ遂二収納一之、
一就二反錢未進一引進地事 付、御土貢同前之、
雖レ為二徳政一、不レ可レ有二相違一之、
一御城米事
不レ可レ為二徳政一事、
享祿貳 三月廿四日
吉田（興種）左兵衛尉
飯田（興秀）石見守
杉（隆宣）左衛門尉
杉（興重）三川守
内藤（興盛）弾正忠
杉（重信）平
陶（持長）兵庫頭
野田（興方）兵部少輔
陶（興房）前尾張守

○紙背三ヶ所ニ、「杉興重在判」、「重継在判」、「野田興方在判」ト注記ス、

三〇四 大内氏？壁書案 ○上司文書

壁書
一築垣内、恣放二牛馬一、散二置糞穢一之事太狼籍〔藉〕也、向後於レ不二停止一者、可レ押二置牛馬一、但、至二侘言一者、任二先例一可レ出二拾疋充之科料一矣、
一為二自用一伐二採四壁之竹木一事、随二見相一奪二取鎌鉞一、可〔同〕レ相二懸科料一、於レ不二承引一者、可レ召二禁其身一者也、
右、為二向後一壁書如レ件、
享祿貳年五月卅日
中間壁書

三〇五 陶興房松崎天満宮造営法度案 ○上司文書

（端裏書）「享祿三年 天満宮造営中法度条と写 陶尾州（興房）判在之」
（周防松崎天満宮）天満宮御造営中法度條と 156
一社僧并社官等昼夜番等不レ可二油断一事
一番匠出入時剋事

一飛脚従二社家一可二申付一事
一従レ宮市(周防府中)迯并郡普請夫不レ可レ有二無沙汰一事
一喧咜口論停止事
一作事中従二宮政所領一定夫一人可二申付一事
一従二國衙(周防)一木屋并普請夫堅固可二申付一事

以上

享祿三年

四月廿五日

前尾張守(陶興房)在判

三〇六　吉見頼清等連署契状　○益田文書

条数157

一澄河(石見)と堺事、如二前と一河半分可レ為二進退一事
一関(堰カ)之事者、従二中瀬一下落合まて、従二其方一御知行たるへく候、中瀬より上ゆの木谷迄者、此方可レ為二知行一之由、申合事
一依二洪水一なかれ(流)木、より(寄)物等ハ、方地ニしたかつて、上下共ニ可二進退一事
一いて(井手)の儀者、如二前と一不レ可レ有二相違一之事
一う(鵜)、あミとり(網取)已下事者、相互可二申付一事

右、所二申定一如レ件、

十月廿六日(享祿三年)

吉見越後守　頼宗(花押)
吉見因幡守　成豊(花押)
吉見中務少輔　頼任(花押)
吉見伊豆守　頼景(花押)
吉見弾正忠　頼清(花押)

益田刑ア少輔殿
益田右衛門大夫殿
小原民部丞殿
益田弥次郎殿

三〇七　大友義鑑?置文案　○大友文書

条と158

一寺社造営無二油断一可レ被二申付一事
一親不レ可レ有二疎儀一事
一祖父、祖母被レ添レ心可レ有二奉公一、殊当時御知行御領地等、

御在世之間不レ可レ有二相違一事

一可レ被レ守〔専カ〕二公儀之拵一之事

一兄弟可レ争事

一年寄衆常在宅不レ可レ然、至二式日一者、無二懈怠一可レ有二相談一事 付、以二四以前一出頭、七以後可レ有二歸宿一事

一寄有〔合カ〕之聞次、以二一人一披露之時者、可レ相二似肩贔（マヽ）偏頗一、覚悟之儀可レ被レ申事

一從レ昔傍輩近付法度之事、是又用心之氣仕欤之事

一一姓親類与力曲事也、於二理非分別之沙汰一者、一姓、他姓之合力不レ可レ入事

一奉公之浅深、忠節之遠近、不レ可レ有二忘却一事

一若輩之樂言、不レ可レ有二許容一事

一内訴之儀、縦雖レ為二理運之子細一、不レ可レ有二許容一事

一隠謀野心之外者、常式之儀、不レ可レ沒二収所帯一之事

一以二哀憐一諸人可二召仕一事

一進物之類、無二油斷一可レ被レ求事

一諸郷庄、以二目付耳聞一、可レ知二時宜一事

一当國之者、一人二人充、至二筑後一可レ有二在國一事

一他國之方当（豊後）國滞留之時者、不レ依二大小一不レ可二疎意一事

一朔、十五日對面之事、若近郷之者出仕於二無沙汰一者、可レ被レ注二交名一事

一諸藝者騒（マヽ）二得事一、捨レ不レ叶事、是不レ可レ然事

一弓馬之道者不レ及レ申、文学、歌道、蹴鞠以下閣レ之、専二狩、鷹野一、甚以無益之事也、以レ狩被レ知レ名事、可レ稀事也、但、狩之趣、鷹之拵、何可レ有二相傳一儀者、肝要之事

一召仕者、諸事教訓肝要也、引二立入目一、押レ出可二召仕一事

一向後誓談可二停止一之事

一諸人重縁不レ可レ成レ綺事

一於二当家一無二先例一役者不レ可レ定事

一至二他家一申遣子細、為二内儀一不レ可レ有二○其沙汰一事

一諸沙汰雜務等、雖レ為二老中一、一人之披露不レ可レ然、殊以二内儀一落着不レ可レ有レ之事

一加判衆、申次可二相加一時者、能と以二思惟一申出、年寄中

於二同心一者、可レ爲二落着一之處、自然爲二見處一申拵仁雖
レ有レ之、不レ可レ及二許容一、
一諸侍緩怠之時、然ト以二糺明一可レ加二下知一之處、萬一爲二
一人之儀一雖レ有二申旨一、曾不レ可レ有二同心一事
一不儀顯然之族退レ國之上者、永不レ可レ有二赦免一、況以二内
ト一申通儀、聊不レ可レ有之事
一自筆狀卒尓不レ可レ認レ之、其余右筆之外不レ可レ用之事
一爲レ無二忠節奉公一、於二京都一大訴（綺）（マヽ）可二停止一事
一他家客人參会者可レ然也、傍輩中參会停止之事
一年寄中之外、不レ可レ有二奉書儀一事
一女中方出仕可二停止一事
一止二所ト城誘一家居結構不レ可レ然事
一雜談（マヽ）可レ嗜之事
一聊尓不レ可二夜行一事
一爲二隱居一公儀拵不レ可レ然事
右旨趣、聊不レ可レ有二相違一者也、

享祿第三 十二月六日

三〇八 越後衆連判軍陣壁書寫 〇上杉文書

壁書

一陣取之時、或陣場相論、或陣具等奪合、不レ可レ及二喧嘩一
事
一喧嘩口論出来之時、号二傍輩知音一、不レ可二助合一事
一萬一聊尓之子細雖レ有レ之、以二古法一、追而可レ有二其沙汰一
事
一不レ可二陣拂一、若雖レ致レ之、軍勢悉備出上、可レ及二左右一
事
一陣取之時、勢衆繰引自由之樣、路、同陣場之前、廣可
レ被レ取レ之事
一陣取之時者、当座ニ尺木ヲ結、同待二野伏一、其外用心已下
無二油斷一、各可レ被レ成レ之事
一陣取之時、拔二置具足一、不レ可二油断一候、堅可レ被レ持レ軍
事

右、各連判之處、於レ被レ背二彼条数一、堅可レ爲二曲事
虚言一者也、仍如レ件、
享祿四年正月　日　　　山浦(花押)

※桃井伊豆守　　中条越前守
義孝(花押)　　藤資(花押)
黒川四郎右兵衛尉　　斎藤下野守
清實(花押)　　定信(花押)
毛利　　同安藝入道
松若丸　　祖栄(花押)
加地安藝守　　竹俣筑後守
春綱(花押)　　昌綱(花押)
水原伊勢守　　安田治部少輔
政家(花押)　　長秀(花押)
五十公野弥三郎　　新發田伯耆守
景家　　綱貞(花押)
鮎川攝津守　　色部遠江守
清長(花押)　　憲長(花押)
本庄對馬守　　又四郎
房長(花押)　　定種(花押)
十郎○斎藤定信署名上部紙背ニ長尾爲景ノ花押アリ、

○古案集ハ五十公野景家ノ署名下ニ「判」ト書キ、又四郎定種ノ署判ナシ、

三〇九　大内義隆老臣連署奉書　○東大寺寶庫文書

(端裏付箋)「徳政御法度從二公方様一之仰狀」
國衙(周防)事、先年依二公方様(足利義尹)御在國一、臨時之公役、其以後自二
御上洛之砌一、御在京中之課役、殊凌雲院殿(大内義興)藝州御陣中之諸
役等、不レ隔二年月一、依レ遂二其節一、國領悉令二沽却一、如レ今者、
可レ及二斷絶一之条、爲二御再興一、徳政事申請度之由、以二連
署之狀一御愁訴之通、遂二披露一畢、旨趣非レ無二其理一、且爲二
天下一、且爲二國家一、被レ成二安堵之御下知一者也者、任二御分
國中徳政御法度之旨一、古新借物并質券之地等、不レ謂二永代
契狀一、悉可レ爲二國衙御進止一之由、依　レ仰執達如レ件、
享祿四年五月十五日　　(附箋)「相良」(相良武任)中務丞(花押)

(宮河興綱)大藏丞(花押)
(附箋)「杉勘解由」(飯田興秀)石見守(花押)
(附箋)「飯田」(杉興道)左衛門尉(花押)
(杉興重)三河前司(花押)
(杉重信)平　(花押)
(附箋)「陶」(陶持長)兵庫頭(花押)
(野田興方)兵部少輔(花押)
(道麒、陶興房)沙弥(花押)

國廳
候人御中

三〇 武田元光正昭院定書 ○萬徳寺文書

（武田元光）
（花押）

（若狭）
遠敷郡正昭院格之事159

一当院門徒諸寺自然号レ有二不足之儀一、改二宗旨一、代と相傳弃二捨法流一、余流興行停止之事

一諸末寺等、本寺可レ為二進退一、或領主、或代官等、本寺不レ經二案内一、不レ可二相計一之事

一当寺住持、縦雖レ為二若輩、又他國之人一、寺僧違背之儀在レ之者、權門勢家、寺社雖レ為二許容一可レ令二追放一之事

一寺僧或客僧、号二學文一乞二弃暇一他國、歴二年月一後還来、不レ及二案内一、居二住于他寺一、或当座耽二依怙一、余寺不レ可二移住一之事

一寄宿、棟別、段錢、要錢等、其外臨時課役、従二往古一御免除云云、殊近年 御判在レ之上者、臨二于時一奉行之人、惣寺社次相混之儀在レ之歟、至二自今以後一者、以二此旨一不レ可二申懸一、并境内地之上可レ為二同前一事

一寄進田畠、山林竹木等、先年任二 御判之旨一、領主改易又者没收名職内雖レ為二拔地一、不レ可レ有二相違一事

一就二当寺造營一頼子、前後共如二契約一可レ終二遂之一、縦一國平均雖レ被レ行二德政一、不レ混二于自余一、興隆興行之上者、不レ可二弃破一之事

一私以二借物一、頼子懸錢不レ可レ有二立用一、又私依二意趣一、人数不レ可レ有二相違一之事

一以レ志施入米錢等、自然借付之儀可レ在レ之、天下一同雖レ被レ行二德政一、不レ可レ有二弃破一、次寺僧之内、以二人之志一令二買得一、或寄進田畠可レ付二寺中一、他所仁不レ可二寄附一事

右条と、当國眞言根本之寺、誰不レ信レ之哉、御思案之旨、被二仰定一上者、永代不レ可レ有二相違一、若有二違背之族一者、堅可レ被レ處二罪科一者也、仍下知如レ件、

〔享〕亨祿五年三月廿一日　　左衞門尉（花押）

正昭院快暹僧都御房

三一　秋山國堅等三名連署契約状　〇澤氏古文書

（ウハ書斷片）
「（切封墨引）
澤左□〔殿〕
芳野□〔殿〕　御宿所　　秋山
小川□〔殿〕　　　　　　國堅」

160 一郡内（大和宇陀郡）一揆於二申事実一者、我人不レ寄二披〔被〕官一申談、可レ令二成敗一事
一喧吔刄傷之事、不レ及二勢立一、條理可二申談一事
一若於二殺害一者、如法放状ニて可レ有二御礼一事
一我人不レ寄二被官一、聊尓之働仕走入候共、不レ可レ有二許要〔容〕一事
一方質不レ可レ有二取相一事

享祿五年壬辰六月廿九日
辰巳　實親（花押）
井足　実榮（花押）
國堅（花押）

三二　井原元師等三十一名連署起請文　〇毛利文書

謹言上候、
一御家來井手溝等、自然依二洪水一、年〻在所〻〻相替事多〻候、然時者、井手者見合候而、不レ論二自他之分領一、せかせらるへき事可レ然候、溝者改掘候者、田畠費候ハても不レ可レ叶候之條、みそ料をハ相当可二立置一事
一各召仕候者共負物に沈、傍輩間へ罷却候而居候へハ、其負物者すたり果候間、不レ可レ然候、他家他門江罷却候ハん事者、無二是非一候、於二御家中一如レ此候ハん儀をハ、互ニ無二御等閑一申談候而、有様ニ可レ有二沙汰一事
一忰被官、小中間、下人ニ至而、其主人〻〻のよしミを相違候而、傍輩中江走入〻〻、構二聊尓一候儀口惜子細候間、如レ此企之時者、本之主人〻〻に相届、依二其返事一、取捨之兩篇可レ有二覚悟一事 161
右条〻、自今已後於二違犯輩一者、堅可レ被レ成二御下知一事、對レ各可レ忝候、若僞候者、

梵天、帝釋、四大天王、惣日本國中六拾餘州大小神祇、別而嚴嶋大明神、祇薗牛頭天王、八幡大菩薩、天滿大自在天神、部類眷属、神罰冥罰於、各身上可二罷蒙一也、仍起請如レ件、

享祿五年七月十三日

※福原左近允 廣俊（花押）
桂左衞門尉 元澄（花押）
坂次郎三郎 廣昌（花押）
光永下総守 元隆（花押）
井上新左衞門尉 元吉（花押）
井上左馬助 就在（花押）
井上中務丞 元盛（花押）
國司飛驒守 有相（花押）
井上木工助 元續（花押）
井上宗左衞門尉 良在（花押）
國司助三郎 就連（花押）
粟屋掃部助 元國（花押）

志道上野介 廣良（花押）
福原中務少輔 元勝（花押）
山中山城守 元孝
北式ア少輔 就勝
粟屋備前守 元秀（花押）
長屋縫殿允 吉親（花押）
井上兵庫助 元貞（花押）
井上豊後守 有景（花押）
井上伯耆守 俊秀（花押）
井上肥後守 俊久（花押）
粟屋弥六 元親（花押）
赤川十郎左衞門尉 就秀（花押）

飯田下野守 廣親（花押）
佐と部式ア少輔
內藤中務丞 元廉（花押）
三田周防守 元実（花押）

赤川左京亮 元助（花押）
南方越前守 親州（花押）
秋山信濃守 親吉（花押）
井原常陸介 元師（花押）

粟屋孫次郎殿

三三 今川氏輝昌桂寺定書 ○正林寺文書

定 （今川氏輝）（花押）

一遠州國源山昌桂寺、依レ爲二桂山（今川義忠）菩提所一、當知領新野池新田令二寄進一之事

一自今以後於二彼新田一、惣百姓、代官不レ可レ有二他綺一事

一地頭之百姓、下人等、棟別、諸國役、永爲二不入一閣レ之事 但、他郷之家不レ可二移作一事

一百姓等會下普請、毎事於下致二無沙汰一輩上者、可二逐拂一事

一於二其時國方又者肩贔（贔屓）輩一者、不レ可レ成二其綺一事

右於二此旨違犯之族一者、堅可レ加二下知一者也、仍如レ件、

享祿五年九月三日

昌桂寺

一地頭代官いろひ□〔あ〕るへ□

一竹木きるへ□□〔から〕す、

一住持のまへさしをき、僧□何事□[沙]汰致す

へ□

一棟別とるへからす、

一山[守]宿するへからす、

此旨そむき候ハん輩をハ、堅□すへき者也、

天文二年八月廿七日

三一四　朝比奈氏泰證文　○遠江本興寺文書

（別紙）「私云、鵜津山二代目朝比奈兵部少輔殿判形」

本興寺之事、依レ爲二無縁処一、家風人等莵角申事不レ可レ有レ之、法〔度〕渡法式之事者、162 如二先例一可レ爲二住持計一、仍爲二後日一一札如レ斯、

享祿五壬辰年十月廿八日　氏泰（花押）

（遠江）鷲津　本興寺

三一五　武田信虎廣濟寺定書　○廣濟寺文書

（「信虎」黑印）　（虎像朱印）

（甲斐）廣濟□

一けんたん入□（検断）

一寺社奉行入へからす、

三一六　六角定頼奉行人奉書　○多賀神社文書

（切紙）（近江）敏満寺領、其外田畠立毛之事、爲二夜盗一苅取云々、言語道断之次第也、所詮爲レ各堅被二申付一、盗人追入於二在所一者、爲二地下一本人不二見隠聞隠一可レ申二上之一、無二其働一至二于在所一者、可レ被レ加二御退治一之由候也、仍執達如レ件、

天文貳年九月七日　忠廣（花押）

（後藤）高雄（花押）

(近江)多賀神官中

高宮参河守殿

三一七 筒井順興新市興行定書 ○春日神社文書

御神供料所新市御興行付申定條〻

一 市中検断等之儀、為二学侶(興福寺)一可レ有二御沙汰一、此方不レ可レ成レ綺之事

一 (大和)奈良地下並諸課役等不レ可二申懸一之事

一 年中座銭三分一之儀、学侶而相調渡可レ給由候、意得申候事

已上

天文二
十月十二日　筒井
順興(花押)

三一八 齋藤利茂長瀧寺法度 ○長瀧寺文書(岐阜縣史)

白山中宮美濃國長瀧寺法度[163]

條〻

一 長日勤行無二懈怠一、同坊役、寺役可レ為レ如二先規一事

一 従二往古一郡司不入云〻、一切新儀諸役不レ可レ有之事

一 寺領關銭以下可レ為レ如二先規一事

一 寺僧不レ可レ成二諸人被官一、并寺内科人許容之輩在レ之者、急度可レ有二註進一之事

一 諸軍勢不レ可レ執レ陣之事

右條〻、若有二相違一者、可レ被レ處二嚴科一者也、仍狀如レ件

天文貳年十一月廿六日　(齋藤)利茂(花押)

三一九 六角定頼奉行人連署奉書 ○多賀神社文書

(切紙)(近江)多賀社内森中殺生禁断之事、可レ為レ如二先規一、并犬上川、多賀川簗之事、任二先例一鵜飼、河狩以下、従二毎年二月初牛(午)一卯月御祭礼以前儀、堅被二停止一訖、若於二違犯之族一者、可レ被レ處二罪科一之由候也、仍執達如レ件、

天文三年二月五日　忠廣(花押)
(後藤)高雄(花押)

當社
神官中

三〇　前波吉長書下寫　○道川文書(福井縣史)

(折紙)
河舟衆與河野屋申之儀ニ付而、去年被二仰出一候旨、河野屋衆江各以二奉書一申遣候、就レ其河舟衆彼座難二相立一候條、上申旨申仁付而、于レ今彼座退轉候、雖レ然、今度御詫言申、河舟衆江被二(彼座)仰付一候、先以可レ然候、訴訟之儀、彼等雖二數多在レ之、既去年一途被二仰出一候上者、先不レ及二是非一候、随分彼座於二相續一者、諸役等之事ハ、以二連々一得二御意ニ可二申付一旨ニ、各相談候て、先上候、然處、(彼入買之事)他浦并津内之者悉商賣之由候、言語道斷曲題目ニ候間、河舟衆外入買之義、堅可レ爲二停止一候、萬一押而入買之者候者、随分ねらわ(せ)馳候て、能相屆可二注進一候、以二其旨一得二御意一、可二申付一候、但、入舟之儀ハ、河舟、河野屋兩座之外ニ仕候者候者、彼荷物等押置、急度注進肝要ニ候、仍如レ件、

天文三年
二月十三日　　　　　　　　　吉長(前波)

四ケ内三郎兵衛尉殿

三一　宇都宮俊綱大湯屋定書　○二荒山神社文書(ホンソンビ＝フェーン氏『二荒山神社』)

大湯屋結番次第
一番　僧都阿闍梨
二番　律師　公
三番　不断經所　当番一人　日光堂　同
一不レ可下有二穢氣一輩入上事
一不レ可レ有三五辛肉食相二交僧徒一事
一不レ可レ有二高聲雜談一事
一不レ可レ有二口論狼籍(藉)一事
一不レ可レ有レ立二夜風呂一事
右、於二此旨(背脱カ)輩一者、異(殊)可レ有二御沙汰一、仍執達如レ件、

天文三年三月十七日　　　　　　(宇都宮)俊綱(花押)

三二　青木景康等連署状案　○西野文書

（折紙）今泉浦各道、今度大水ニ事外損、人馬通路無二一向一之由候、
（越前）両浦与申合、急度罷出、如二先と一可レ作候、然者定日可
レ遣二檢使一候也、

天文三年
六月二日　（青木）景康
美次

中津原
湯屋
勾当原
中山
百姓中

三三　青木景康等連署状　○西野文書

（折紙）当浦海道之事、今度之洪水ニ崩候て、牛馬不レ通之由候之
条、所とへ申付候間相談、急度可レ作候、為二上使一中間貳
人遣候也、

天文三年
六月五日　（青木）景康（花押）
美次（花押）

河野　両刀祢所
今泉　百姓中

三四　長井規秀華嚴寺禁制　○華嚴寺文書

禁制　（美濃）谷汲華嚴寺

一甲乙人濫妨狼藉之事
一伐二採山林竹木一事
一於二寺門一諸勢取レ陣事
一新儀諸役之事
一郡司入事　如二先規一
一於二境内一殺生事
一依レ科其身雖レ及二罪科一、跡職、家財等者、本尊江令二寄
附一處違乱事
一於二寺領等一令二違乱一事

右條と、若於二違犯之輩一者、可レ處二嚴科一者也、仍所二

定置一之狀如レ件、

天文三年九月　日

藤原（長井）規秀（花押）

三五　武田信虎定書寫　○諸州古文書三上甲州下岩下村原淺右衞門所持

（折紙カ）

御黑印　御朱印

（左文字）　（虎）

此朱印信虎（武田）之朱印之由、申傳候、

一をしたてくし、（押立公事）

一さだまらさるやく（役）、

一たいめ（大目）の斗、

一其外何事なり共、地下において地とうよりほかに上意のよし申付候ハヽ、その者をめしつれ（召連）まいるへし、なに事成共、此御印判をもつて申付候ハん事ハ、ほうこう（奉公）申へき者也、

天文三年十二月廿四日

三六　領中法度案　○澤氏古文書

（端裏）「御領中法度書」

164

定法度

一同名被官中給恩之田畠山林等、私仁不レ可二賣買一、并質地之流可レ爲二停止一、自然買主雖レ有レ之、無二主之判形一者、可レ爲レ損事

一寺庵御領堂宮田、爲二時之住持一雖レ有二賣買事一、無二旦那之判形一者、可レ爲レ損事

一在ヽ所ヽ名田之事、隱二地頭一号二私領一雖レ令二賣買一、同買主可レ爲レ損事

一博奕質地、同流取面ヽ可レ爲レ損事

一給分之地、無二地頭、領主之判形一、他家江不レ可二沽却一、同此方面ヽ、從二他家一雖二買取一不レ可二許容一、但、無力之輩、於二內輪一至レ令二賣買一者、非二制之限一歟、

右、背二此条ヽ一、無二地頭、旦那之判形一於下令二賣買一輩上者、可レ處二罪科一者也、

天文三年甲午

三二七　遠山綱景延命寺法度　○相州文書一足柄上郡延命寺

法度之事

一かうかつ（校割）物、付、古延命寺、当延（相摸）命寺共ニ、一色も余所へ不レ可レ有二御渡一候、

一古長老御遺言ニ候とて、遺物一色も不レ可レ有二御出一事

一寺中之竹木不レ可二切取一事

已上

右、彼條と申定候、其元被二取静一段、自二拙者一意見可レ申候、其間御兩所へ預ケ申候、かうかつ物之写此方一本留置申候、何も御兩所へ預置申候、此上誰ニても致二狼〔藉〕籍一者候ハヽ、可レ處二罪科一者也、仍如レ件、

（天文四年）乙未八月七日　遠山藤九郎 綱景（花押）

順三参 しゆほう

三二八　北條氏陣中法度寫　○北條氏文書

一晝夜共ニ、何方ニ如何様之儀有レ之共、離二其手一不レ可二懸集一事

一在陣中、認二八大鞁一打而拵二七大鞁ニ一、何も認を致、動ニ候共、普請ニ候共、夜之内必可レ有二支度一候事

一草木取之事、毎朝可レ有二其觸一、觸以前不レ可レ被レ出候、猶所を定、奉行を添、可レ被レ出事

一非二下知一者、先懸如二法度一、忠却而可レ処二不忠一事

一喧咾口論、弥手堅可レ被二申付一事

一物主之非二用所一而他陣出入、堅令二停止一事

一雖下無二申迄一候上、一手之仕置、就二万端一斷而可レ被二申付一候、取分押前ニ可レ被レ入レ精、就レ中被二存寄一處、何事も少も無二用捨一可レ有二披露一事

右条と、能と有二得心一、法様無レ妄様可レ有レ之儀肝要候、

仍如レ件、

十二月（虎朱印）五日

（綱景）165 遠山藤九郎殿

三二九　土岐頼藝龍徳寺養源院禁制　○龍徳寺文書

（端裏書）
「土岐殿制札　享保七年□□八十七年也、」

禁制[166]　（美濃）池田　龍徳寺并養源院

一於㆓寺領山中㆒殺生事

一伐㆓執山林㆒、苅㆑草并放㆓飼牛馬㆒事

一於㆓寺中㆒致㆓狼藉㆒事

一當寺并末寺等俗人借㆑宿事

一背㆓寺家之法度㆒輩、衆僧并檀方許容事

一諸軍勢執㆑陣并放火之事

一令㆓諸人買得寄附㆒田畠等違乱事

一寄進之地并祠堂方買得之田畠、先規相定年貢諸役等之外臨時之課役事

一寺領之百姓称㆓人之被官㆒令㆑無㆓沙汰年貢諸役㆒事

右条ゝ、若於㆓違犯之輩㆒者、速可㆑處㆓嚴科㆒者也、仍下知如㆑件、

天文五年二月廿六日　（土岐頼藝）（花押）

三三〇　戸田宣成新關寄進狀　○東観音寺文書

同名彈正左衛門（戸田憲光）赤羽根（三河）ニすへ置候六拾錢之新關[167]、観音ニ寄進申候、但、道者ニハ拾錢、順礼ニハ五錢、高荷ニ貳十錢、乘懸ニハ十錢御取候而、可有造營候、我等於㆓子孫㆒末代違亂有間敷候、爲㆑其田原孫四郎（宗光）一かう（行）をもならへて進候、爲㆓後日㆒寄進狀如㆑件、

天文五年丙申六月十五日　戸田橘七郎　宣成（花押）

三川州渥美郡
小松原山東観音寺參

三三一　小嶋入道雪悅定書　○神明神社文書

（折紙）
定条ゝ

一御神明御宮之うわふき（上葺）、麥ハら（藁）貳束宛事

一行米壹舛宛之事

一九月十八日御神事山之入用として、米壱斗宛代拾文宛之

事

右此旨、当町従二四拾弐間之屋敷一、先規相定出候處ニ、町人等屋敷賣買ニ付而、御神役共ニ沽却候儀、今度沽券見候、近来無二勿躰一次第候、然条俵屋二郎左衞門買得駒屋と敷之分御神役、近年不二相立一候間、如二先と一可レ致二沙汰一之由申付候訖、仍於二初後已後一御神役等賣買仁有二其聞一者可レ有二注進一、得二御意一、急度可レ有二御成敗一者也、

天文五　九月十二日　小嶋九郎右衞門入道　雪悦（花押）

（越前）水落　神主殿

三二　今川義元安養寺定書　○駿河安養寺文書

駿河國有度郡長田庄小坂村安養寺領田畠并宮僧給、如二前と一不レ可レ有二相違一事

一殺生禁断、軍勢甲乙人陣夫押立、不レ可レ有二押買狼籍〔藉〕一之事

一庭田、京新名、杉谷、柚木澤、堂山、野原至二于境目等一、竹木不レ可二截取一之事

一寺領之内棟別停止之事

一諸職人并船弐艘國役停止之事

一寺領百姓等武士江不レ可二奉公一、況他所ヘ出之事

右條と、爲二不入一、任二先例一可レ有二其沙汰一者也、仍如レ件、

天文五丙申年九月十七日　（今川）義元（花押）

安養寺

玄德

三三　大友義鑑屋山禁制寫　○太宰管内志豊後之九長安寺文書

禁制條々　（豐後）屋山

一可レ専二佛事祭礼一事、付、前々料田等、無二顚倒一上者、（脱アラン）聊陵夷事、

一月次例講并諸法事等、不レ可レ有二怠慢一事、付、至二無沙汰輩一者、令レ没二収所帯一、可レ付二堂社修理一、至二無力之仁一者、可レ令二追放一事、

一修理料物等事、堅固可二取沙汰一事、付、每年可レ遂二勘

定一事、

一山上聖犯両輪坊跡事、近年背二制止一、恣居住之由、有二其聞一、太不レ可レ然也、如二前々一、聖犯共以糺二坊跡一、可レ有二居住一事、付、當山竹木之事、寺用之外、猥不レ可レ伐之事、

一天下國家祈禱、滿山諸法會并六供人躰、可レ為二前々儘一事、

右條々、於二違犯之族一、各可レ加二柄械〔炳戒〕一狀如レ件、

天文五年十二月十三日　修理太〔大〕夫判（大友義鑑）

○底本改行セズ、便宜體裁ヲ改ム、

三三四　淺井亮政定書　○竹生島文書

（折紙）

（近江）早崎村百姓共、為二寺中一隨縁之贔屓偏頗不レ可レ在レ之候、同百姓子共、不レ可レ被レ取二弟子一候、萬一被レ背二此旨一候者、為二惣別一可レ被レ弛二衆烈〔列〕一候、恐々謹言、

天文五
十二月廿四日　淺井備前守 亮政（花押）

竹生嶋寺中
御坊中

三三五　宮崎直定禁制　○紀伊安養寺文書（高野山文書十二）

一たけのこおさへておる事

一むめ（梅）取事

一柿殊ニつき木、しふ（澁）に取事

右、惣而このミ（木實）にかきらす、竹木等寺家其外にてもきりあらす事せいはい（成敗）、但、土居よりも使者、切紙にてもあるにおいては、分別可レ行者也、

天文六
四月日　（宮崎）直定（花押）

三ケ寺中

三三六　朝倉教景奉行人連署奉書　○大連文書

（越前）河口庄十郷用水井東長田、其外所□江□事

一就二今度東長田与用水申事一、服部彦右衛門尉、中村九三右□被レ遣二検使一處、鳴鹿普請一向依二不屆一及レ申事

一十郷百姓等鳴鹿江罷出、用水下候様可二普請一□領主
出二検使一、堅可二申付一、検使賄之儀者、百姓不レ可レ存□
一萬一至二如在一者、以二御中間一可レ有二催促一、猶以於二難澁
在所一者、可レ被レ爲レ出二科錢相当一、仍井料米有二未進一者、
訴訟可レ申事
一十郷用水若宮筒木廣六尺壱寸、此上水之深三尺弐寸壱分
之事
一東長田樋之廣壱尺八寸、長壱尺壱寸三分、内ノリ、此樋
江水五寸三分、先年之以レ定杭如レ此、萬一此水至レ不二樋
築一者、可二訴訟一之由、東長田江被二仰付一之事
以上
右、此分所レ被二仰出一也、
天文六年六月廿八日
（魚住）景栄（花押）
（朝倉）景傳（花押）
（朝倉景梁）紹空（花押）
□郷
給人衆中
寺庵衆中
百姓中

三七 北條氏伊豆國中革作定書 ○宮本文書

伊豆國中革作□□〔之事〕

三人 三嶋　五人 長岡
一人 田中　一人 多賀
一人 宇佐美　三人 伊東
一人 大見　一人 船原
一人 川津　一人 白田
一人 仁科　二人 稲澤
以上

右、此かわた上より出かわ、無沙汰なく仕可レ上、此ほか
御用之かわ被二仰付一候ハヽ、無沙汰なく可二尋出一、或ハ人
之被官ニなり、又ハ不入之在所へ越ものをハ、可二成敗一者
也、仍如レ件、

天文七年（虎朱印）戊□〔戌〕三月九日
なか岡
かわた九郎右ゑもん

三三八　北條氏勸進間別錢定書寫　○相州文書六大住郡舞舞鶴若藤次

（折紙カ）
爲二鶴岡獅子之勸進一家一間ニ二錢充、大小人共ニ出レ之、可レ令二造立一者也、仍如レ件、

天文七年戊戌九月三日（虎朱印）
（相摸）東郡
（相摸）中郡

三三九　淺井亮政德政條書案　○菅浦文書

德政條〻　（近江）北郡

一　借錢借米之事

一　借書を賣券ニ相調ル借物可レ有二奇破〔棄〕一、但、去年丁酉、其下地之年貢藏方へ於レ令二納所一者、不レ可レ行二德政一、并

詞〔祠〕堂錢之事

一　年季本物返之事、付劫米、

一　諸講并頼子之事

一　賣懸買懸之事

一　雖レ爲二敵之輩一、至二于降參一者、可レ爲レ如二惣並一、又從二敵方一令二借物一族、兼後と於二返弁一者、音信同前之条、堅可レ有二罪科一事

一　雖レ爲二預り狀一、加二利并〔平〕一者、可レ行二德政一事

一　絹布者十二月、金物者限二廿四月一へき事

一　借狀ニ雖レ書二載何樣之文言一、可レ行二德政一、萬一不レ出二借書一之輩雖レ有レ之、当德政已後者、可レ爲二反古一事

天文七年戊戌九月廿一日　淺井亮政

三四〇　淺井亮政大浦上庄所務定書　○菅浦文書

（近江大浦）上庄

大浦所務ニ付而條〻事

一　聊も於二隱置一者、一類可レ爲二難儀一候、或生害させ、或

地下を可レ爲二得替一事
一免或損可レ遣事
一代官非分之族候者、可レ有二注進一候、只今遣候所務人者、始終之代官にてハ無レ之候、案内者之由候而成合、令二私曲一候者、一段可二罪科一事
右、此旨於二虚妄一者、可レ及二浮沈一候之条、不レ可レ有二後悔一者也、

十二月十五日　　(淺井)亮政(花押168)

三四一　今川義元頭陀寺定書　〇頭陀寺文書

定

一任二先例一、修造勤行等不レ可レ有二退轉一事
一不レ可レ背二出家之法度、衆儀一事
一寺領坊職、如二前ゝ一不レ可レ有二相違一事
一國并地頭不入可レ爲レ如二前ゝ一事
一寺中門前棟別可レ爲レ如二先規一事
一号二檀那一不レ可レ綺二坊職一事
一雖レ讓コ与坊職一、於レ不レ遂二出家一者、可レ爲二寺家計一事
右条ゝ、於二末代一至二違背輩一者、堅可レ加二成敗一者也、仍如レ件、

天文八年己亥二月八日　　(今川義元)治部大輔(花押)

(遠江)頭陀寺

三四二　某誓書案　〇櫻井文書(岐阜縣史)

畏申上候條々事
一あくたう(悪黨)すましき事
一めしり〔とカ〕、ひつくわい(密懐)の事
一いわれさる申事候て、國より公方人なとひきいれ候事有間敷事
一國へ出しうとり(主取)すましき事、様躰於レ有ハ、惣地下169へあいうかかい候て、惣之已〔異〕見たるへく事
一人之間をいゝさまたけ、異事申間敷事
此旨をそむき候ハんかたをハ、地下、公方として御せいはひあるへく候、仍けち(下知)如レ件、

(紙背)「天文八年十一月十三日」

三四三　齋藤利政奉美江寺禁制　〇美江寺文書

(包紙ウハ書)「左近太夫
山城殿」

禁制170

(美濃)美江寺

一寺領祠堂物等之煩并先例之破二寺法一事

一寺領坊領賣買并諸寄進檀那之子孫違亂之事

一諸役免許之處、寄二事於左右一、寺家衆仁無レ謂子細申懸之事

〔一脱カ〕甲乙人等執レ宿事 附、軍勢執レ陣事

一國中德政法式之儀付而、当寺中可レ混二惣並一之旨申族之事

右條々、於二違犯之輩一者、速可レ被レ處二罪科一之由候也、仍執達如レ件、

天文八年十二月　日

(齋藤利政)左近大夫(花押)

三四四　六角定頼奉行人連署奉書案　〇朽木古文書

朽木山江動従二郡内一柴木盗伐捕〔取〕由、無二是非一次第也、先年被二仰出一訖、然仁近年猶以増長云々、於二山盗人一者搦捕、可レ被レ加二誅罰一旨、被(マヽ)レ對二稙綱(朽木)一被二仰付一訖、朽木地下人於二郡内一号二相当一、毎々違乱族在レ之由有二其聞一、為二事実一者、盗人許容条、共以可レ被レ加二御成敗一間、御領中此趣可〔候脱カ〕レ被二相觸一之由、被二仰出一也、仍執達如レ件、

天文九年三月十日

(能寺)忠行 判在

(後藤)高雄 判在

越中大藏太輔殿

山崎殿

横山殿

田中殿　雑掌　何も同前

三四五　武田信豐金屋定書　〇芝田孫右衛門家文書(福井縣史)

(武田信豐)(花押)

(若狭)當國金屋職之事、従二他國一來商賣之儀、依レ為二法度一従二往古一令二成敗一云々、然而近年或寄進、或號二音信等一、従二他

國一召寄族在レ之歟、堅可二停止一、所詮於レ令二許容一者、不レ依二權門勢家一、任二先規之法一、爲二金屋中一加二成敗一、可レ懃コ仕其役一之由、被二仰下一所如レ件、

天文九年三月十一日　　(大野家保)右京進（花押）

三四六　北條氏康桃源院禁制寫　○判物證文寫今川四桃源院

禁制　　(駿河)桃源院

一殺生之事

一當院山林竹木伐取事

一同山林田畠之堺可レ爲レ如二前々一事

一当院被官存二異儀一者、可レ相コ拂分国中一事

一德倉、大平、日守三ヶ郷百姓等、於二当院一狼藉堅令二停止一事

一時之地頭伐(代カ)官院領之內不レ可レ有レ綺事

右、此条々、於二違犯之輩一者、可レ處二罪科一者也、
仍壁書執達如レ件、

天文九庚子

三月廿九日　　(北條氏康)(花押)

三四七　武田信豐羽賀寺定書　○羽賀寺文書

(武田信豐)(花押)

若州遠敷郡國冨庄今冨之內本淨山羽賀寺被二定置一條々 171

一寺領諸寄進并買德之田畠山林等、支證之旨聊不レ可レ有二相違一、向後寄進、買德可レ爲二同前一、坊中可レ准レ之事

一竹原天滿宮供僧職之事

一所々堂社別当、供僧職之事

一寺社坊領等之內、爲二本領主一之由申、寄二於レ事于左右一、或臨時非分之儀申懸、或雖レ及二競望一、不レ可レ能二許容一之事 付、百姓等同前、

一年貢、段錢、小成物以下之內、号二河成不作一、恣申掠、未進等不レ可レ有レ之、殊四至傍尓之境押領輩若有レ之者、被二申上一、可レ被レ成二御成敗一事

一甲乙人濫妨狼藉之事

一寄宿停止之事

一　竹木伐採儀停止事
一　國役、郡役、其外臨時之課役、以二御礼物一可レ被二仰付一事
以上
右、彼寺依レ有二子細一、令レ任二御祈願所一者也、然者、為二新御寄進一、條と被二相定一畢、若此旨於レ有二違犯之輩一者、可レ被レ処二罪科一、弥と修理、勤行等無二怠慢一、國家安泰御祈禱、長日抽二精誠一、全二寺務一、永代知行不レ可レ有二相違一者也、仍下知如レ件、

天天〔文〕九年六月朔日　　式部丞光若（粟屋）（花押）

羽賀寺衆徒中　〇紙繼目裏ニ光若ノ花押アリ、

三四八　今川義元検地定書寫　〇安得虎子十三浦平内家

（朱印、義元と見ゆ）

同前

遠州淺羽庄上村、柴、篠谷、池村就二検地一、諸郷主罷出、速可レ立レ境、若於二隠田之輩一者、永知行ぉ可二召放一、存二此旨一、各無二私曲一可レ致レ之者也、仍如レ件、

天文九　八月一日

諸郷主中

三四九　今川義元検地定書寫　〇安得虎子十三浦平内家

（朱印、義元と見ゆ）

同前

遠州淺羽庄上村、柴、篠谷、池村就二検地一、彼百姓等、若他郷ヘ田地ぉ於二引入一者、於二子孫一可レ加二成敗一、又他郷之田地ぉ當郷江於二引入一者、可レ為二同罪一、縦雖レ為二地下人、百姓等一、若隠田之輩於二訴申一者、可レ加二褒美一、存二此旨一、速田地ぉ中間九郎左衞門ニ可二引渡一者也、仍如レ件、

天文九　八月一日

三浦弥次郎殿

三五〇　武田信虎夫傳馬定書　〇津金兵太氏所蔵文書

（折紙）
海之口（信濃）

（「信」字ト兩虎、朱印）172

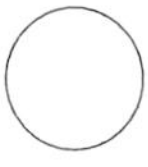

此印判なくして、夫てん馬不レ可レ出レ之候者也、
（天文九年）命祿元年
八月二日

三五一　北條氏綱咎人走入定書寫　○相州文書三足柄下郡香林寺

（前缺カ）右、當寺中ヘ咎人雖レ有二走入事一、住持不レ可レ有二許容一事
一於二門前之內一、咎人雖レ致二成敗一、不レ可レ爲二住持不足一事
一走入者於二糺明之上一、其咎爲レ輕至二于可レ助者一毛、背二法度一当寺江走入仁者、其咎不レ及二決斷一、可レ爲二生涯一者也、
仍爲二後日一申定處如レ件、
八月廿八日173　（北條）氏綱（花押）
（相摸）香林寺

三五二　北條氏綱鶴岡社中法度寫　○鶴岡御造營日記

（相摸鶴岡八幡宮）御社中法度之事
一御社中落書仕者、見合可二搦捕一事
一廻廊之內世務道具不レ可レ置事
一御社內之物、或質物賣買之儀、互ニ惡黨可レ爲二同前一事
一廻廊之內、同階橋上下之〔ノ〕者、ハキ物ヌクヘキ事
一廻廊之內江〔ヘ〕長具足〔道具〕可レ被レ停〔止〕・事
一暮ニ及、南西何方成共、一方可レ爲二閉門一事
一銀之番、毎日旦暮可二相改一事
一御社中惣廻山迄、落葉カキ、其外薪取、草苅事可レ留事
一社人中當番、四方緣毎日可レ掃事
一廻廊內弊〔幣〕殿、拜殿、無レ塵様可レ爲二掃除一事
右條〻、不レ可レ背之者也、
天文九年庚子十一月廿一日　（北條氏綱）在之判　（北條）氏綱實名無レ之、
○古事類苑掲書ヲ以テ校注ス、同書差出書ヲ「在判」ニ作ル、

三五三　今川義元遠江犬居三ケ村定書　○天野文書

遠州豊田郡之內犬居三ケ村之事
一任二先判之旨一不入令二領掌一事

一棟別并天役、諸174役等事

一依二負物一爲二郷質一諸商買之物於押而取之輩者、注二交名一可二注進一事

右此条々、如二前々一令レ停二止之一畢、若於二違背之輩一者、可レ加二下知一、但、於二火急之用一者、以二印判一、別而可二申付一、早速可二相調一者也、仍如レ件、

天文九庚子年十二月十三日

(今川義元)治部大輔(花押)

(景泰)天野与四郎殿

三五四　浦上政宗松原八幡社・八正寺禁制　〇松原八幡神社文書

(折紙)

於二當社(播磨松原八幡宮)并寺内領内一、号二鷹餌一殺レ犬事、稱二色節之者一悩二寺家一之類、任二先例一被二制止一訖、若於二違犯之族一者、可レ被レ處二嚴科一者也、仍下知如レ件、

天文十
正月廿五日

(浦上)政宗(花押)

(播磨)八正寺

三五五　北條氏綱走湯山法度寫　〇集古文書三十七伊豆山般若院

〔走湯山〕定法度之事

一於二御神前一毎日月別之諸勤行事、雖下自二往古一無中闕断上、弥以老若之衆徒、無二退轉一可レ致レ勤之事

一於二自今以後一、当山衆徒之內、若雖レ令二還俗一、於二当方一不レ可レ致二許容一事

一(伊豆)走湯山之湯〔江〕、自國他国之人不レ謂二貴賤一、不レ可二湯治一事

一山中諸役之事、自二早雲寺(伊勢長氏)代一〔如二免許一、至二於當代一茂不レ可レ有二相違一〕、自然用所之時者、別ニ(ナシ)而可レ意〔令〕レ申事

一道者役之事、役人奉行以〔所〕二衆勝〔議〕一相定之条、不レ可レ有二違背一、若出〔於〕二兎角申仁一者、道者迄可二召上一事

〔一〕自二他國一參詣輩、牛〔來〕人迄、爲二作山伏一、不レ致二関錢沙汰一、通二役所一事有レ之者、相紏而役錢可レ被レ取事

右、所二相定一如レ此、乃〔仍〕狀如レ件、

天文十辛丑二月廿二日

(北條氏綱)(花押)

〇伊豆順行記ヲ以テ校注シ、第四條ノ缺脫文字ハ〔　〕内ニ補記ス、

三五六　武田晴信廣濟寺禁制　○廣濟寺文書

(武田晴信)
(花押)

禁制

一於二于(甲斐)廣濟庵山林一、放二牛馬一、剪二取草木一之事
一俗徒綺有レ之ゝ事
一閣二時之住持一、諸沙汰於〔出〕二門外一之事
一於二于敷地一致二殺生一之事
一門前諸役取レ之ゝ事
一山守之宿致レ之ゝ事
右條ゝ、於二于違犯之輩一者、可レ處二罪科一者也、仍如レ件、
天文十年辛丑十二月十日

三五七　今川義元大石寺定書　○大石寺文書

(今川義元)
(花押)

定

一殺生禁断之事
一於二当寺門前一、甲乙人等不レ可二狼籍〔藉〕一事
一寺中諸沙汰、眞俗共速可レ有二裁許一事
一雖二權門之被官人一、号二檀那一寺中善惡之儀綺之事
一至二于寺之郎從以下在家人等一、自他非道之儀不レ可二申懸一事
一門前不レ可レ致二馬場一事
一門前江入荷物押買不レ可二狼籍〔藉〕一事
一竹木切取事
右条ゝ、於二違犯之輩一者、速可レ處二嚴科一者也、仍如レ件
天文拾壹壬寅年六月十二日
大石寺

三五八　三好長慶播磨濱田村禁制　○寺岡文書(兵庫縣史)

禁制　□　(播磨)濱田村

一□質・所質事
一請取沙汰、雇催促事

一催促時、雑子銭立料事者、可レ□二御薗次一事
右條々、堅令二停止一訖、若於二違犯族一者、可レ處二嚴科一
者也、仍如レ件、
天文拾一年九月日　(三好長慶)孫次郎(花押)

三五九　北條氏武蔵戸部郷陣夫定書　○上原文書

(折紙)
武州戸部郷陣夫之事、先当年中夫錢ニ被二仰付一候、如二御
定一八貫文相澄、郷中ヘ罷歸、可レ致二作毛一者也、仍如レ件、
(天文十二年)
癸卯　二月三日(虎朱印)
戸部郷百姓中
同　代官

三六〇　尼子氏鰐淵寺造營掟書案　○鰐淵寺文書

(端裏書)
「尼子晴久公御代本堂御造営御掟写」
條々
一今度就二當山根本堂御造営一被二仰付一候、衆徒中評定之
上、不レ依二何等之事一、相應之儀被二申与一者、都而僧侶中
無二違背一、不レ顧二辛労一、勵二其功一可レ有二造畢一事
一僧中若令二退屈一、有二離山不住之族一者、不義之至也、且
又(出雲)御国中於レ令二徘徊一者、莅二其節一可レ有二御沙汰一事
一於二山林一、猥令レ伐二採竹木一輩於レ有レ之者、如二舊例一、堅
可レ有二制禁一事
右條々、被二　仰出一者也、仍如レ件、
天文十二年三月五日　立原次郎右衛門尉　幸隆判
多胡左衛門尉　辰敬判
龜井藤左衛門　國綱判
鰐渕山
衆徒中

三六一　今川義元定書寫　○蠧簡集殘篇三

(封紙ウハ書)
「松井山城守殿(貞宗)　(今川)義元」
就下離二同心一之輩上者、其跡職別人可二申付一之由、雖レ成二先
判一、今度准二面々一之上、猶同心爲二相違有間敷一、重而及二判

形一畢、父山城(松井)宗能内と合力之外、抑留不レ可レ然、在城之衆、
如二年来一番普請不レ可レ令二無沙汰一、殊無二別儀一之処、令二在
府一企二無用之訴訟一事停止畢、猶以令二違背一、駿遠両国俳〔徘〕徊、
若於二拘置之輩一者、糺明可レ加二下知一者也、仍如レ件、

天文十二年五月廿日　　治部大輔(今川義元)(花押)

松井山城守殿

三六二 尼子晴久鰐淵寺領條書 ○鰐淵寺文書

晴久(尼子)(花押)

鰐渕(出雲)寺領書立之事175

一従二直江(出雲)郷一陳〔陣〕夫之事、此方披〔被〕官共拘分相除、拾人仁申定
之事
一従二國冨(出雲)庄一者此方給人相拘候名、散田共仁、陳夫拾人仁
申定之事
一諸御寺領百性〔姓〕等下地、他所之仁不レ可レ立二沽却、質限一之
事
一別所(出雲)、辛川(出雲)室役、紺役、其外諸課役、如二先規一令二免除一
之事
一従二直江郷、國冨庄一、河除、國太篇之儀候者、山中江雇
可レ申候、自然地下人於二無沙汰一者、二度程之事者、御
寺江届可レ申候、其上仁不レ被二仰付一候者、直可レ有二催
促一之事
一諸郷之内坊と經田、當御知行不レ可レ有二相違一之事
一両郷之百性〔姓〕等、武家江奉公不レ可レ叶之事

以上

天文十二年六月廿八日

立原次郎右衛門尉 幸隆(花押)
多胡左衛門尉 辰敬(花押)
亀井藤左衛門尉 國綱(花押)

鰐渕寺
年行事

三六三 穴山信友竹藪定書 ○門西文書(清水市史)

(朱印)

右、竹藪之事はやすへし、何時も用之時ハ、何本所望と判
をつかハすへく候、何へも其分申付候、用之時印はんこし(判越)

候共、無二此判一者きるへからす、以二此儀一、能々竹をはや
し奉公可レ申者也、仍如レ件、

天文十二年癸卯

七月五日

佐野縫殿右衛門尉

三六四 六角定頼奉行人奉書案 ○朽木古文書

(折紙)
(稙綱)朽木殿領中山木盗伐採事、176 先年雖レ被レ成二奉書一、于レ今不二
相止一由、無二是非一次第也、猶以不レ能二承引一族在レ之者、
可レ被レ加二誅罰一旨被二仰付一条、御領中堅可レ被二相觸一由候
也、仍執達如レ件、

天文十二年七月十日

(能寺)忠行 在判

(後藤)高雄 在判

越中大藏大輔殿

田中四郎(頼長)兵衛尉殿

永田左馬助殿

横山三郎左衛門尉殿

山崎下総守殿

雜掌

三六五 今川義元瑞應庵禁制寫 ○駿河志料七十三 小坂村瑞應寺

禁制

一当庵山林竹木、号二公義一、云二水〔私カ〕之所望一令二見伐一事

一庵中草木〔石〕・以下、押而取レ之事

一門前、寺中菜園菓柑類等、見買取事

一号二堤之用一、伐二取草木一、切二崩山岸一事

一門前自二往古一之徑之畔、切二入于田地一事

一寮舎屋地不レ造レ寮而、自二他所一拘置、違二背住持之義一事

右条々、於二違犯之輩一者、注二進交名一之上、可レ令二糺明一、
当庵爲二古所一爲二無緣一之間、任二先判式目一者也、仍而如
レ件、

天文十二癸卯年七月十二日

177 (駿河)瑞應菴

○駿河國新風土記十ヲ以テ校注ス、

三六六 某壁書寫 ○松雲公採集遺編類纂百五十一雜文書下

壁書

一博奕一切停止事

一野心二心之輩見聞之趣可二申聞一事

一有二思違子細一之時、不ㇾ依二仁不肖一、申二存分一者、可ㇾ爲二忠節一事、仍壁書如ㇾ件、

天文十三年正月　日

三六七 今川義元皮留掟書 ○七條文書

（折紙）

［薫］皮、（「義元」朱印）毛皮、滑革以下れんしやく〔連雀〕商人、他國江皮を致二商賣一と云ゝ、其所來町人等皮を持否事問尋、荷物ニ隠置者糺ㇾ之押置、可ㇾ注二進申一、但、寄二綷於左右一、荷物違亂不ㇾ可ㇾ申、或号二權門被官一、不ㇾ勤二其役一之類、堅可二申付一、有二先例一故皮留之趣如ㇾ件、

天文十三甲辰
四月廿七日

大井掃ア丞殿

三六八 北條氏康鶴岡社中法度寫 ○鶴岡御造營日記

鶴岡〔相模〕社中法度之事

一掃除ハ一月ニ三度可ㇾ致ㇾ之、若無沙汰イタシ、請取之処〔處〕草生ニツ〔付〕キテハ、請取者奉行可〔之カ〕二改易一事

一ウ〔植〕ヘ木ノ枝葉ニ手付ル者コレ〔是〕アラハ、不ㇾ可ㇾ入二高下一カラメ取ヘキ事

一池之掃除ハ、二月八月年中兩度、爲二大普請一、鎌倉中人足、不ㇾ撰二權門一、棟別ニ申付、草ノ根ヲトリ、速可ㇾ致ㇾ之事

一サウチ〔掃除〕スヘキ在所、請取之小奉行幷人足、出所一度打〔相〕渡候所ヲ〔者〕、末代共ニ請取ニ可ㇾ致ㇾ之事

一作道左右共ニサウチ〔掃除〕スヘキ事

一社頭之上山へ、カリソメニモ人不ㇾ可ㇾ上事

一御社中可二修理一所〔處〕、其外目懸之所〔處〕コレアラハ、何時モ可ㇾ致二披露一事

一院家中、神主、小別當、就二御社中之〔ノ〕儀一被レ申事コレ〔是〕ア
ラハ、其日ニ可レ遂二披露一事
一順礼、往来ノ者、樂書之事、カタク〔固〕可二停止一事
右條々、定置所〔處〕如レ此、致二無沙汰一者、三奉行可レ爲二曲
事一者也、仍如レ件、
天文十三甲辰六月十二日　　（北條氏康）判在之　實名無レ之、
奉行
大道寺駿河守（盛昌）
蔭山長門守（家廣）
太田兵庫助（正勝）
○古事類苑掲書ヲ以テ校注ス、同書差出書ヲ「在判」ニ作ル、

三六九　大内氏分國中法度寫　○宇佐郡諸家古文書集九廣崎文書

178 御分國中御法度条々
一山口（周防）中御成敗事、夜討、强盗、山賊、海賊之重罪、其外
博奕等之犯人家▨（財）點定事、自今以後者、爲二守護代役一
可二申付一也、爰轉奕（博）科事、前々如二御法度一者、左右前後
之隣家雖レ被レ點二定之一、至二向後一者、其集會之家可レ被
レ點之事　付、守護使不入之在所者、爲二其領主一可レ有二沙汰一事
一侍所、政所并諸奉行人、依レ仰立二制札一、就二公用一令二下
知一之時、令二違背一之輩事者、雖レ爲二守護代被官一、爲二侍
所一家財等可レ有二點定一事
一喧嘩口論、妻敵等者、決二理非一、縦雖レ誅二伐其身一、於二家
財一者、悉不レ可レ有二點定一事
一爲二主人一、郎從僕從以下令二誅伐一之処、号二領主一、件科人
之家財等令二點定一事、無道之至也、自今以後慥可レ爲二停
止一事
一遇二夜討、强盗、放火之難一輩私宅事、号二守護役一、号二檢
斷役一、寄二事於其難一令二點定一之由、有二其聞一、爲二事実一
者、言語同斷（道）、無道之至也、如二風聞一者、剩夫婦及二口
論一之時、稱二犯科一、押二取家財一之条、忽及二流浪一云々、
苛法甚何事如レ之、云二守護代一、云二檢斷職一、至二向後一者、
各存二廉直之儀一、可レ致二有道之沙汰一事
右条々、以二衆評一所レ被二定置一如レ件、

天文十三年六月廿九日

(相良武任)遠江守
(内藤興盛)下野守
(飯田興秀)石見守
(宗長、杉興重カ)沙弥
彈正忠
(杉重矩)伯耆守
(陶隆満)安房守
多々良
中務少輔

三七〇 六角氏奉行人奉書案 ○朽木古文書

急度被二仰出一候、仍北郡(近江)牢人衆河上内□(徘)徊以外之由、御注進候、然間、御一家中不レ可レ有二御許容一通、被レ成二奉書一候、猶以俳徊(徘徊)之仁躰在レ之者、可レ被二追拂一由、御諚候、無二承引一仁躰在レ之者、来月二日以後者、爲二淺井新九郎(久政)方一可二申付一之由、淺井方へ被二仰付一候、淺井方於二申付許容仁躰一者、一段可レ被二仰付一之由候、此任二奉書旨一、御一家中江能々可レ被二仰觸一由、被二仰出一候、可レ得二御意一候、恐惶謹言、

七[179]月廿六日　種村三河守 貞和 在判

越中刑部太輔殿
まいる人々御中

三七一 斯波義統妙興寺禁制寫 ○妙興寺文書(一宮市史)

禁制　(尾張)妙興寺

一當手軍勢甲乙人等、濫妨狼藉、陳(陣)取、放火之事
一於二境内一殺生、況伐二採山林竹木一事
一寺領名主百姓、號二他被官一、年貢、諸公事等令二無沙汰一事
一祠堂米、寄進田地徳政并俵物相留事
一於二方丈并諸寮舎一要脚事

右條々、當寺依レ爲二古跡靈地一、課役等末代令二免許一畢、縦前後制札雖レ爲レ弃二破之一、不レ混二餘寺一不レ可レ有二相違一者也、仍下知如レ件

天文十三年九月　日

(斯波義統)左兵衞佐 御判

三七二　某地下法度寫　〇萩藩閥閲録一六五山代裁判

於㆓地下㆒法度条〻事

一不㆑依㆓老若㆒、錦見家來江於㆓出入㆒者、不㆑及㆓沙汰㆒、可㆓誅伐㆒之事

一任㆓御法度之旨㆒、他之被官不㆑可㆑懸事

一自然於㆓領内㆒百姓等雖㆑申㆓詰(強カ)儀㆒、其身任㆓存分㆒訴取相於㆑仕者、可㆑為㆓曲事㆒候、何時茂依㆓注進㆒可㆓申付㆒之事

右条〻、各致㆓分別㆒、可㆑有㆓其沙汰㆒者也、

天文拾三年十月十日　判

三七三　武田信豊科人走入定書　〇萬徳寺文書

(若狭)正昭院事、當國(若狭國)眞言衆為㆓本寺㆒条、祈願所仁相定置之間、或闘諍喧嘩、或殺害刄傷、或山海之兩賊、其外雖㆑為㆓如何様之重科人㆒、正昭院并實聚院江走入就㆓澼儀㆒者、子細申届、可㆑為㆓扶助㆒、若彼主人及㆓違亂㆒、欲㆑遂㆓誅罰㆒者、堅申付、可㆑令㆑成㆓安堵㆒候、恐〻謹言、

天文十三
十二月七日　(武田)信豊(花押)

正昭院
御坊

三七四　鎌倉荏柄天神社造營關定書案　〇荏柄天神社文書

(相摸)鎌倉荏柄御造營關仁置法

商人方

一麻、紙、布類荷物　十文

一あい物馬　五文

一せおひ荷　三文

道者方

一荷付馬、牽馬、乘馬、　十文

一手振人別　十文

一從㆓他國㆒上江参馬、飛脚等、見[合]□可㆑取㆑關、

一往來僧侶、不㆑可㆑取㆑關、

一里通之者、不㆑可㆑取㆑關、

以上

右、爲ニ御造営一令ニ寄進一畢、若於ニ役所一有ニ横合之儀一者、
註ニ交名一可レ令ニ注進一者也、仍如レ件、
天文十三甲□〔辰〕年十二月廿七日
○同社文書ノ案文一本ヲ以テ校注ス、

三七五 北條長綱相模底倉禁制寫 ○相州文書三足柄下郡藤屋勘右衛門藏

禁制
一 湯治之面ゝ、薪炭等、其外地下人役申付事
一 材木申付、仗もたひを地下人申付事
以上
右之両条、縦如何樣之者有レ之申懸共、地下人出合間
敷候、但、虎之御印判、又幻庵（北條）印判於レ有レ之者、無ニ
ゝ沙汰一可レ勤レ之者也、後日之證狀如レ件、
天文十四年乙巳三月八日 （北條長綱）（花押）
（相摸）底倉百姓中

三七六 今川義元制札 ○多門坊文書

（竪切紙）制札 （須津中里）すとなかさと（駿河）多聞坊かゝへ
一 軍勢甲乙人等濫妨狼藉之事 （「義元」朱印）
一 苅田之事
一 竹木、芋、大豆、菜雜事、不ニ所望一拔取事
右、堅停止之上、於ニ違犯之輩一者、可レ處ニ嚴科一者也、仍
如レ件、
[180]七月廿六日 （太原）崇孚（花押）

三七七 三木直頼・同直弘連署年貢未進定書 ○長瀧寺文書

（折紙）号ニ公領一、（美濃）長瀧寺公方年貢不レ致ニ進納一候之由承候、近比曲
事ニ候、嚴重ニ可レ致ニ奔走一候、無沙汰有レ之者候者、被ニ召
連一可レ有ニ御裁許一由令レ申候、其上於ニ如在一ハ、召放、別
仁可ニ申付一候、恐ゝ謹言、
天文十四乙巳 十一月十七日 （三木）直弘（花押）
（三木）直頼（花押）
（飛驒）河上名主百性〔姓〕中

三七八　井伊直盛脇者・下人定書　○蜂前神社文書

（折紙）（井伊直盛）
（花押）

（遠江）祝田百姓等脇者、下人之事、背㆓地主之儀㆒、余人江成㆓被官㆒、或号㆓烏帽子と㆒成㆓契約㆒事、堅可㆓停止㆒、若於㆑有㆘背㆓此旨㆒輩㆖者、地下中以㆓談合㆒可㆓成敗㆒者也、為㆓後日㆒、仍如㆑件、

天文十五丙午
八月廿四日
祝田
百姓中

三七九　北條氏伊豆國中勸進棟別定書　○願成就院文書

（折紙）大御堂上葺之事、於㆓豆州國中㆒為㆓勸進㆒、棟別紙袋可㆑賦者也、仍如㆑件、

天文十五丙午（虎朱印）九月十九日

奉行
笠原
清水

三八〇　豊後城井八幡社幷馬場法度寫　○城井八幡宮文書（大分縣史料）

□公札寫し
當社幷馬場法度條（之）事

（當社カ）□上葺朽損次第、今行家□（よ）り五ケ度、宮司家より五度加㆓催□（促カ）㆒、（猶脱カ）以於㆑不㆑勤者、子細を可㆑申候、随其□可㆓申付㆒之間、無㆑催、又不㆓言上㆒□（者カ）、両人可㆑為㆓罪料（科、下同ジ）㆒事

（社カ）□頭幷舞殿上葺、任㆓舊例㆒朽損次第ニ宮司可㆑相㆓調之㆒、及㆓朽損㆒不（之カ）段今行家對㆓宮司㆒五ケ度申付、無㆓其實㆒者、宮司職可㆑改事

宮中壹ケ月三度掃除、従㆓宮司㆒二度、天徳庵より一度可㆑掃之事

宮廻石築地小破之時者、南面ハ天徳庵、宮司より、宮薗、間野あたりの者を相觸、可㆑築㆑之、西面者、仙光寺近邊之者を相觸可㆑築、大破之時者、可㆓申上㆒事

宮之馬場樹木採用幷芝打事、停止事、

□宮森内へ牛馬入ニおゐてハ、見合ニ□〔相〕やうり可レ取事
社内少もこほち取狼籍〔藉〕仁あらハ、従類共ニ可レ處二罪料〔科〕一申付候、竹子時分森内へ女童部入事あらハ、三日可二搦置一事
右之所レ定如レ件、
天文十五年十二月十五日　在判

三八一　武田晴信向嶽庵壁書　○向嶽寺文書

壁書　(武田晴信)(花押)
一雖レ背二開山(拔隊得勝)御遺戒一、学文不レ〔可脱カ〕捨〔舍〕二晝夜一、
一勵二心地一修行不レ可レ入二作毛一、
一於二寮舍敷地一不レ可レ放二賣買一、
一門外之燒香可レ爲二時一刻一、
一入院擇二其仁一可レ如二閏月一、
右、雖二憚多一、依二当庵(向嶽庵)負贔〔贔屓〕一加二壁書一、於下若背二斯旨一輩上、大衆同心可レ拂レ之、
天文拾六年丁未
五月吉日

三八二　今川義元三河山中七郷等借物定書寫　○松平奥平家古文書寫

(朱印)(今川義元朱印)
去年一亂以前借物之事、就二敵筋一者、縦雖レ有二只今免許一、不レ及二返弁一、先当年貢急度可二弁済一者也、若就二舊借之儀一、有下入二催促使一輩上者、彼使不レ及二許容一、依二注進一可レ加二下知一者也、仍如レ件、
天文十六
九月二日
(三河)山中七郷
其外醫王山知行分

三八三　大内義隆奉行人飯田興秀條書　○求菩提山文書

就二段錢之儀一、當山領与二如法寺中務丞一被二申組一地事、当山御申之通、被レ成二御心得一、落着之次第以二奉書一申候、御案中目出度候、
一當山神木之事、社頭造營之外ニ、衆徒中自由ニ被二切取一之由、其聞候、太不レ可レ然事

一　本堂近邊萱葺事、爲二火用心一不レ可レ然事

一　山中從二前と一在レ之坊舍事、其身依二無力一或沽却、或質物契約之条、果而斷絶之基也、所詮云二賣人一云二買人一、向後可レ爲二停止一事

一　衆徒中被レ任二存分一、官家被レ懸二被官一之儀、第一無道之至、太以不レ可レ然者也、自今以後可レ爲二停止一事

一　山中聖躰十坊之儀、以二　御下知一被二仰付一事候之条、弥可レ爲二堅固一、其故者、佛事勤行、無二懈怠一爲レ可レ被レ遂二其節一候間、於二未盡一者、不レ可レ然事

右条と、衆徒中各有二同心一、油斷無二緩之儀一被二申談一、可レ有二調儀一、万一於二未盡方一者、隨二注進一可レ遂二披露一候、恐と謹言、

(異筆)「天文十七年戌(戊)申」九月十三日　(飯田)興秀(花押)

(筑前)求菩提山衆徒御中

三八四　土岐賴香華嚴寺禁制　○華嚴寺文書

禁制　谷汲山(美濃)華嚴寺

一　甲乙人等濫妨狼藉事

一　伐二採山林竹木一事　附、殺生事

一　雖レ有下背二寺家法度一之輩上、寺僧之外加二成敗一事　附、郡使入事

一　寺領等違亂事　付、棟別事

一　於二寺内一諸勢執レ陣事

右条と、堅令二停止一訖、若有二違犯之輩一者、可レ處二罪科一者也、仍下知如レ件、

天文拾七年十一月日　(土岐)賴香(花押)

三八五　石卷家貞掟書　○東慶寺文書

(封紙ウハ書)「松岡領　前岡(舞)(相摸)、野場(庭)(相摸)　百姓中」

(折紙)(旭山法暘)松岡殿樣御自領

一　野場之鄕

一　前岡之郷

以上

右、此郷中へゑさし(餌指)不レ可レ入レ之、自然押彼郷中へ入候て、就二菟角申族有一レ之者、自二百姓中一急度小田原へ可二申上一、其時有二子細御尋一、可レ有二御成敗一者也、仍如レ件、

(天文十八年)己酉三月廿八日　石巻(家貞)(花押)

野場
前岡
百姓中

三八六　伊丹親興本興寺禁制　○摂津本興寺文書

禁制　(摂津)本興寺并門前

一当手軍勢甲乙人乱妨狼籍〔藉〕事

一陣取事 付、剪二採竹木一事

一相二懸矢銭、兵粮米一事

一諸役、課役事

一國質、所質并請取沙汰事

一殺生事

一徳政事

右條々、堅令二停止一訖、若於二違犯族一者、忽可レ加二成敗一者也、仍如レ件、

天文十八年卯月六日　伊丹大和守
親興(花押)

三八七　長尾景虎越後大橋場掟書案　○木島平右衛門氏所蔵文書(越佐史料)

(越後)大橋場掟事[181]

一橋受用之輩、或假二權威一、或任二雅意一、役處不レ可二難澁一事

一慈観日町之時、従二河東小橋一往復之族、役處不レ可二無沙汰一事

附、不レ可二歩渡一事

一諸出家、次遊人、盲人、非人等、不レ可レ取二役所一事

右條々、大橋場橋賃事、任二前々員數一嚴重可レ被二沙汰一之、萬一取手有二無道之儀一者、可レ成二其咎目一者也、如レ件、

天文十八年卯月廿七日　平(長尾景虎)

三八八　今川義元皮作商賣定書 ○七條文書

（折紙）
定置（「義元」朱印）皮作商買事
一於二在ゝ所ゝ一、可レ令二賣買一事
一皮作之外商買之儀停止之事
一毛皮之宿相定、不レ可レ令二賣買一事
一不レ可二押買一事
一御用之時者、雖レ爲二誰被官一、不レ可レ及二違亂一事
右、皮作八郎右衛門、彦太郎兩人ニ、堅可二申付一、其上御用之時、就レ令二無沙汰一者、重皮留之儀可レ被二仰付一、若於二違亂之族一者、彼者前商買永可二相留一者也、仍如レ件、

天文十八己酉
八月廿四日
（輝次）大井掃部丞殿

三八九　蘆名盛氏細工法度寫 ○新編會津風土記十二 諏訪神社神職笠原氏藏

細工之間法度之事
一郡中之番匠爲二一人一十日充可レ成之事、
一日出候ハぬ以前より、日の入候まて可レ成之事、
一こちやう（午餉）ハ可レ爲二一食一事、
一細工萬端右兵衛大夫（笠原）以二意見一、可レ成之事、
右条ゝ、相二背此旨一候者、慥可レ處二嚴科一者也、仍如レ件、

天文拾八年九月十八日

三九〇　織田信長尾張熱田八ケ村中制札 ○加藤秀一氏所藏文書

（木札）[182]
制札　（尾張）熱田八ケ村中
一当社（熱田社）爲二御造営一、宮中可レ被レ□[183]二人別一、然上者、國次棟別并他所、他國之諸勸進令二停止一事
一惡黨於二現形一者、不レ及レ届可二成敗一事
一宮中任二先例一他國、当国、敵味方并奉公人、足弱、同預ヶ物等不レ可レ改之事　付、宮中へ出入之者江、於二路次一非儀申懸事
一宮中江使事、三日以前□并其村ヘ相ニ届之一遂ニ糺

明一、其上就二難澁一者、可レ入二譴責使一事

一 俵物留事、任二前〻判形之旨一、宮中江無二相違一可二往反一事

右条〻、於二違犯之輩一者、速可レ處二嚴科一者也、仍執達如レ件、

天文十八年十一月　日　　藤原信長(織田)(花押)

三九一　六角定頼奉行人奉書案　○日吉神社文書

(折紙)
紙商買事、石寺(近江)新市[184]儀者爲二樂市一条不レ可レ及二是非一、濃州并当國中儀、座人外於レ令二商買一者、見相仁荷物押置可レ致二注進一、一段可レ被二仰付一之由也、〔候脱カ〕仍執達如レ件、

天文十八年十二月十一日　　忠行(能寺)判在
高雄(後藤)判在

枝村(近江)
惣中

三九二　大友義鑑條書　○大友文書

(大友義鑑)
(花押)[185]

条〻　天文十九 二 十二

一國衆、加判衆一意之事

一重書并日記箱之事付、奉行之事　田北大和守 一万田彈正忠 臼杵四郎左衛門尉 吉岡越前守 小原四郎左衛門尉

一當國(豊後)別而治世可二覚悟入一事付、分國、所〻事

一上下共ニ邪正之儀、能〻可レ有二糺明一事

一日田郡(豊後)之事、先以可レ爲レ如レ今事

一立花城(筑前)可レ取哉否之儀、能〻可レ有二思慮一事

一於二筑後國上下之間一、一城可レ有二覚悟一事

一当方、大内間之事、信無二之儀可レ然事

一當方、立柄如二前〻一無二相違一、可レ被二申付一事

一拵物衆之儀者、義鎮(大友)能〻以二分別一可レ被二相定一事

一加判衆之儀者、可レ爲二六人一事付、可レ爲二紋之衆三人、他姓衆三人一事

以上

三九三　六角氏奉行人奉書案　○日吉神社文書

(折紙)
國中馬事、從二往古一爲二伯樂中一遂二其節一之、〔候カ〕近年猥令二賣

買一旨、太無二其謂一、如二先と一可レ致二賣買一、新義族停止之由、
被二仰出一候也、仍執達如レ件、

天文十九年三月廿六日　　(能寺)忠行在判
(後藤)高雄在判

國中
伯樂中

三九四　北條氏公事赦免定書　○劍持文書

國中諸郡就二退轉一庚戌四月諸郷公事赦免之様躰之事 186

貳拾八貫文　　相州西郡一色郷
卅弐貫四百四十文　同所河成之内三ケ二
此外拾六貫二百廿文、河成之内三ケ一除レ之、

右、爲二諸点役之替一、百貫文之地より六貫文懸ニ可レ出趣、相定□(候)、然者、一色之村貳拾八貫文之地、此役錢三ケ一五百六十文、此外川成之内より出卅弐貫四百四十文、此役錢三ケ一六百五十文之分、合壱貫弐百十文、六月半分、十月半分、兩度ニ御藏へ可レ納、此已後ハ、昔より定候諸公事、一も不レ殘令二赦免一候、郡代、觸口不レ可レ有レ綺候、若背二此旨一申懸者有レ之者、百姓御庭へ參可レ致二直奏一、但、陣夫幷廻陣夫、大普請をハ可レ致レ之、廻陣夫をハ、年中八貫文積にて、以二夫錢一可レ出事

一地頭ニ候共、百姓迷惑ニ及候公事以下申懸ニ付而者、御庭へ參可二申上一之事

一退轉之百姓、致二還住一候者ニハ、借錢、借米可レ令二赦免一候、但、從二今日一以前之儀也、自二今日一以後欠落之者ニハ、不レ可レ有二赦免一事

一無二御印判一郡夫(代脱)不レ可レ立者也、仍如レ件、

天文十九(虎朱印)年庚戌四月朔日

一色
百姓中

三九五　大内氏氷上山領定書　○興隆寺文書

於二(周防、氷上山)当山領内一、御家人之輩、或構二屋地一、或相二拘下作職一、山中所用被二相催一之処、令二違乱一之条、從二前と一雖レ被レ制二止之一、動有二其沙汰一之由、以二一通一被レ申之趣、遂二披露一

候、如二山訴一、前ゝ御法度嚴重之処、自由所レ致太以不レ可レ然候、所詮自今以後堅固可レ被二申付一之由候、就レ中山領百姓等相二懸諸人被官一事、是又任二御法度之旨一、可レ有二停止一之由候、但、於二山口(周防)中屋敷一者、不レ及二其儀一候、如二近年一可レ被二申付一之由候、恐ゝ謹言、

天文十九年卯月廿五日　(仁保)隆慰(花押)

(相良)武任(花押)

(陶)隆滿(花押)

(問田)隆盛在城

氷上山　別當坊

年行事

三九六　蘆名盛氏諏訪社掟書寫　○新編會津風土記十二 諏訪神社神職笠原氏藏

(蘆名盛氏)(花押)

於二(陸奥)御諏訪一掟之条ゝ

一らく書不レ可レ致之事

一松杉にさハるへからさる事

一下草不レ可二苅取一事

一參籠之人不レ及二其届一事

一狼籍〔藉〕仁之事

一自二祭礼一外、牛馬入へからさる事

一番衆懈怠之事

右、於下背二此旨一輩上者、無二甲乙嫌一、慥可レ處二嚴科一者也、仍如レ件、

天文拾九年庚戌四月廿七日

笠原右兵衛大夫殿

三九七　十河一存攝津南鄕五ケ長弘寺禁制　○今西文書

(攝津)南鄕五ヶ長弘寺〔興〕

禁制

一　當手衆亂妨狼藉事

一　請取沙汰、付沙汰事

一　國質、所質事

右條ゝ、堅令二停止一畢、若於二違犯輩一者、可レ處二嚴科一者也、仍如レ件、

天文十九年五月日

（十河一存）
民部大夫（花押）

三九八　北條氏懸錢定書　○富士淺間神社文書

（竪切紙）187
懸錢之事、如二御定一、六月十五日以前ニ、八百文小田原（相摸）ヘ持来、関弥三郎ニ可レ渡、但、御法度之四文之悪錢一錢も有レ之者、可レ爲二曲事一、若六月晦日迄就レ致二未進一者、百姓之事、頸を可レ被レ爲レ切候、猶其咎地頭、代官可レ被レ爲レ懸之由、被二仰出一者也、仍如レ件、

（天文十九年）但、此内六月半分、十月半分可レ納、
［庚戌 閏五］月十三日（虎朱印）

（相摸）礒邊 代官
同百姓中

三九九　三好長慶洛中洛外定書案　○京都上京文書

（折紙）
条々

一公方衆地子錢之儀者、御入洛迄、百姓前可二相拘一事

一寺社本所領者、此間如二有來候一可レ令二納所一事

一当方衆取來請地并当知行分者、爲二町中一速取立、此方へ可レ納事 付、上使可レ出事

一牢人衆許容之輩於レ在レ之者、雖レ爲二以後一、聞付次第可レ令二成敗一事

一京中へ出入事、使之外、不レ寄二貴賤一令二停止一之上者、罷越、或不レ謂儀申懸、或於レ致二狼籍（藉）一者、相支可レ有二注進一候、可二申付一候、恐々謹言、

（天文十九年）188
七月十日　三好長慶 判在

上京洛中洛外惣御中

四〇〇　毛利氏家臣連署起請文　○毛利文書

言上条々

一井上者共、連々輕二 上意一、大小事恣ニ振舞候ニ付、被レ遂二誅伐一候、尤ニ奉レ存候、依レ之於レ各、聊不レ可レ存二表裏別心一〔候〕之事

一自今以後者、御家中之儀、有様之可レ爲二御成敗一之由、

至レ各も本望ニ存候、然上者、諸事可レ被二仰付一趣、一切
不レ可レ存二無沙汰一之事
一御傍輩中喧嘩之儀、殿様御下知御裁判不レ可二違背申一事
付、閣二本人一、於二合力仕之者一者、従二　殿様一可レ被二
仰付一候、左様之者、親類、縁者、贔屓之者共、兎角
不レ可レ申之事
付、御家來之喧嘩ニ、具足にて見所より走集候儀、向後
停止之事
一御弓矢ニ付而、弥如二前と一、各可レ抽二忠節一之事
一仁不肖共ニ、傍輩をそねみ、けんあらそいあるへき者ハ、
上様よりも、傍輩中よりも、是をいましめ候ハん事
一於二傍輩之間一、當座とと何たる雖二子細候一、於二　公儀一者、
參相談合等、其外御客來以下之時可二調申一之事
一喧嘩之儀仕出候者、致二注進一、其内ハ堪忍仕候而、可
レ任二
御下知一之事
一人沙汰之事
男女共ニ、
一午（牛、下同ジ）馬之儀、（マヽ）作をくい候共、返し可レ申候、但、三度共
はなし候てくい候者、其午馬可レ取之事
一山之事、往古より入候山をハ、其分ニ御いれあるへき事
一河ハ流より次第之事
一鹿ハ里落ハたをれ次第、射候鹿ハ追越候者可レ取之事
一井手溝道ハ　上様之也、
従二上様一弓矢ニ付而条と
一具足数之事
付、御動ニ、具足不レ着ものゝ所領、御没收之事
一弓之事
付、感之事
一可レ有二御褒美一所を、上様ニ於レ無二御感一者、年寄中と
して可レ被二申上一之事
一内と御動之用意候て、被二仰懸一候者、則可二罷出一之事
一御使之時同前之事
以上

右条〻、自今以後於㆓違犯輩㆒者、堅可㆑被㆑成㆓御下知㆒事、
對㆑各可㆑忝候、若此旨偽候者、
梵天、帝釋、四大天王、惣日本國中六十餘州大小神祇、
別而嚴嶋両大明神、祇薗牛頭天王、八幡大菩薩、天滿大
自在天神、部類眷属、神罰、冥罰於各身上可㆓罷蒙㆒也、仍
起請如㆑件、

天文十九年七月廿日

福原左近丞

貞俊(花押)○貞俊ノ外、二三七名ノ連署ヲ省略ス、コノ内二〇二名署判アリ、

○神文及ビ日付ハ熊野牛王寶印ノ裏ヲ翻シテ書ス、

四〇一 三好長慶山城革嶋庄禁制 ○革島文書

禁制 (山城)革嶋庄

一國質所質事
一請取沙汰事
一押買事
一喧嘩口論事
一市立庭相論事

右條〻、堅令㆓停止㆒訖、若於㆓違犯之族㆒者、速可㆑處㆓嚴
科㆒者也、仍下知如㆑件、

天文十九年七月日

(三好長慶)筑前守(花押)

四〇二 吉良頼康樂市定書 ○泉澤寺文書

(武蔵)上小田中市場より(武蔵)泉澤寺堀際まて、為㆓寺門前㆒、此内住居
輩、於㆓何事㆒、諸役、公事、勸進以下、一向不㆑可㆑有之間、
有㆓望輩㆒越㆓居市場㆒、可㆑令㆓繁昌㆒者也、為㆓後日㆒證狀如
㆑件、

天文十九年庚戌九月十六日 (吉良)頼康(花押)

寶林山 泉澤寺 侍者中

四〇三 今川義元大樹寺定書 ○大樹寺文書

定 (三河)大樹寺

一寺中寺外為㆑私陣取令㆓停止㆒事

一竹木不レ可二伐取一事
一寺中門前殺生禁断事
一門前諸役如二近年一免除事
一寺領祠堂以下徳政之沙汰不レ可レ有レ之事
右、於下背二此旨一輩上者、速可レ處二罪科一者也、仍如レ件、
天文十九年十月十日　(今川義元)(花押)

四〇四　今川義元遠江犬居三ヶ村法度　〇天野文書

(遠江)犬居三ヶ村定置法度之事
一山中被官百姓等、對二(天野)景泰一企二非儀之訴訟一、屬二他之手一、剰直ニ可レ令二奉公一之由雖二申上一、不レ可二許容一事
一百姓等年貢引負、或隣郷山林不入之地就レ令二徘徊一者、相届、任二法度一可レ加二成敗一、并山中寺庵等小寺領屋敷以下無二相違一處、背二地頭一、直可二支配一之旨、判形等雖二申上一、不レ可二許容一事
一当知行分百姓等抅ヨ置野山屋敷等一令二不作一、就二陣番、夫公事以下一迷惑之由雖レ令二訴訟一、不レ可二許容一、其上於二在所徘徊一者、雖レ為二誰被官百姓一、在所ヲ可二追拂一事
右條と、不レ可レ有二相違一、以二此旨一、弥可レ抽二奉公一之狀如レ件、
天文十九年十一月十三日　(今川義元)治部大輔(花押)
(景泰)天野安藝守殿

四〇五　北條氏被官法度　〇木負大川文書

(折紙)(伊豆)西浦五ヶ村あんと(網度)抅候百姓等子共、并自二前と一舟方共、地頭、代官ニ為レ不レ断、他所之被官ニ成候事、令二停止一候、若子共を他人之被官ニ出候に付而者、地頭、代官へ申断、徹所を取而可二罷越一候、致二我儘一候者共召返、如二前と一五ヶ村へ可二返付一者也、仍如レ件、
(天文二十年)辛亥六月十日(虎朱印)
西浦百姓中
代官

四〇六　武田氏音信法度　○早稲田大學所藏文書

（折紙）
寺僧、諸役者并散使、於二寺領等一、不レ得二住持下知一、或致二書物一、或令二判形一外へ遣候事、一切停止畢、玄黑進退、爲二向後龜鑑一、当三郷中徘徊堅禁制者也、

天文廿年
七月五日（龍朱印）
（甲斐）
東光寺

四〇七　北條氏新田定書寫　○武州文書十二足立郡鴻巣宿三太夫藏

（折紙）
定

右、当新田罷出輩、諸役御免許被レ成候、弥入レ精田畠令二開發一者、夫食被レ下者也、仍如レ件、

天文廿年（虎朱印）辛亥
九月朔日

（武藏）
市宿新田

四〇八　武田信豐若狹國中德政定書案　○大音文書、拾椎雜話追加

（端裏書）
「德政之札写　（花押）（花押）」

定國中德政之事[189]

一借錢、借米不レ論二高利少利一、無二預狀一并御公物等、雖レ有二如何樣之契約一可レ有二弃破一之事

一御判頂戴族、雖レ有二如何樣之御文言一可レ有二弃破一事

一禪居庵詞〔祠〕堂之米錢不レ可レ有二弃破一、但、雖レ爲二貳文子一、·詞〔祠〕堂文言不二分明一者、可レ有二弃破一之事

一小濱中質物之事、捨二利平一、·本〔以〕錢以〔本米〕二·半分一可二請出一、質物〔於〕·札之面雖レ爲二三ケ月并六ケ月限一、絹布者十·二（ナシ）ケ月、兵具、金物·〔者〕廿四（ナシ）ケ月、·但（ナシ）、閏月者、可レ·有〔爲〕二約月之外一、藏出日限卅ケ日、萬一無二子細一紛失之由申族在レ之者、可レ准二盜人一、自然質物·可（ナシ）二取出一時、及二喧嘩口論一者、互可レ被レ處二罪科一之事

一·小（ナシ）濱中藏方·借·付〔米錢借付〕米錢并質物之田畠、山林、家、藏、舟等、縱雖レ有二如何樣之契約一、可レ有二弃破一之事

一年貢、段錢未進、於二〔捨〕・利平・〔加〕申合一者、可レ為二同前一之事
一札無之質物及二異儀一者、可レ被レ處二罪科一之事
一田畠、山林等質物幷・〔逃質〕本物已下、本主可二返付一之事
一米錢之和市算用之高下之時節申合代〔物〕・者、可レ准二高利一、
・(ナシ)〔幷〕代物・兼而當秋以二請取一申合借物可レ有二弃破一事
一頼母子之米錢幷諸講米錢之事、同前、
一以二口上一借物幷塩手米斗、雖レ為二買賣之米錢一、加二利平一
於二約諾一者、可レ有二弃破一、付、塩手米同前、
右之条ゝ、於二違犯輩一者、可レ被レ處二罪科一、萬一此外雖
レ有二申旨一、不レ可レ能二許容一者也、仍下知如レ件、
天文二拾年十〔十〕・一月七日　式ア丞
肥前守
修理亮

〇第九條末尾「弃破事」以下、大音文書ニ缺失ノ部分ハ、小浜市立図書館架蔵酒井文庫本「拾椎雜話追加」ヲ以テ補ヒ、カツ同本ヲ以テ大音文書本部分ニ大異ヲ校注ス、尚、補充部分ニハ小浜市立図書館架蔵一本ヲ以テ校注ス、

四〇九　今川義元昌林寺制札　〇正林寺文書

制札　(義元)(花押)

一於二当寺一近所隣郷之輩伐二取竹木一事、堅令二停止一處、近年慢致二狼〔藉〕籍一云ゝ、自今以後者、注二交名一急度可レ有二注進一事
一殺生之事
一甲乙人等寺田往復、幷寄宿事、停二止之一、同於二山之境一及二違乱一放二牛馬一事
右條ゝ、於二違犯之輩一者、任二注進一可レ處二罪科一者也、仍如レ件、

天文廿一年正月廿六日
國源山
昌林寺
(遠江)190

四一〇　陶晴賢安藝嚴嶋掟書寫　〇大願寺文書

掟　・有御判(ナシ)
(陶晴賢)

一當嶋(安藝嚴嶋)見世屋敷事、當町人之外不レ可二存知一事
一諸廻舟着岸舟留停止事
一對二諸廻船一、警固米被二申懸一之儀無レ謂事
一御家來衆、寄二事於左右一、無道之取操無レ謂事
一於二嶋中一博奕停止事
一於二當嶋一、諸國商人付合時、或号二國質、所質一互公事申
結事者、自今以後可二停止一事
一當山木守役事、無二油斷一可二裁判一事
付、木守有下背二申旨一族上者、搦二取其身一至二山口一可二列[引]下一事
右、前々就二或地下一、就二或諸商人一、假二權家一非分之沙汰在レ之云々、併諸國之煩甚不レ可レ然也、向後者、以二有道之儀一、行[被]二定直[置]一所也、若有二違犯族一者、不レ謂二他國人一、可レ被レ加二刑伐[罰]一、爰御分國中輩者、点二定家財一、其上猶可レ被レ削二子々孫々跡一者也、仍下地[知]如レ件、
天文廿一[年]・二月廿八日
奉(江良房榮)丹後守
○藝藩通志二十二ヲ以テ大異ヲ校注ス、但、同書「右……下地如件」ヲ缺ク、

四二　陶晴賢嚴嶋社定書寫　○藝藩通志二十二 安藝國嚴島

一社家三方衆前々不レ可レ有二相違一事
一當社(安藝、嚴嶋社)御造営不レ可レ有二油斷一事
一年中御神事不レ可レ有二懈怠一事
一爲二社官一人不レ可レ懸二他之被官一事
一社家在家停止事
右、近年之例如レ斯也、聊無二緩之儀一、以二此旨一、可レ加二成敗一者也、仍而如レ件、
天文廿一年二月廿八日
(江良房榮)丹後守奉

四三　北條氏武藏今井村百姓還住定書　○鈴木文書 191

今井(武藏)之村百姓等、早々在所へ罷歸可二作毛一候、横合狼籍[藉]之儀、不レ可レ有レ之者也、仍如レ件、
(天文廿一年)壬子 三月十四日 (虎朱印)
小幡尾張守殿(憲重)

四一三 島津忠將契狀寫 ○新編島津氏世錄支流系圖忠將一流

契狀[192]

一世間何ヶ様雖レ爲二轉變一、奉レ守二御屋形様(島津貴久)一、御奉公一味同前可レ申事

一厥方江從二何方一茂被二召懸一候へ、捨申間敷事

一其方御領内之者、深勘氣付而、自然此方江來候ハんする時者、其方之義法第可レ被二成敗一之事

一堺目市町等口(公カ)事之時者、何ヶ度茂致二談合一、無事可二相調一申一事

一雜説和讒(衍)と之時者、互可二申開一事

右此条と於レ爲レ僞者、

奉レ始二上者梵天、帝釈、四大天王一、下者堅牢地神部類眷屬、熊野三所權現、九州之守護彥山三所、別而者當國(大隅)之鎭守霧嶋六所權現、正八幡三所大菩薩、北辰大明神止上(マヽ)特者春日大明神、天滿自在天神、惣而者日本國中六十余州之大小之神祇等之可レ蒙二御罸一者也、仍起請文如レ件、

天文廿一年壬子卯月廿四日　藤原忠將(島津)(花押)

肝付三郎五郎(兼盛)殿　参

四一四 今川義元東光寺定書 ○東光寺文書

定 (「義元」朱印)

一如二前と一諸公事免許之事

一惣門之内不レ可レ置二在家一之事

一他之被官不レ可レ置二門前一事 但、自二前と一居住之分者、不レ及二相改一、

一破戒之僧侶寺内可二退出一事

一衆徒等勤行修造不レ可レ有二怠慢一事

一竹木他所江不レ可レ出之事

一授戒以前不レ可レ爲二衆徒一事

一衆徒中互不レ可レ有二惡口諍論一事

一酉之剋以後、惣門之内女人不レ可二出入一事

一院主相定上者、諸法度以下可レ任二院主職一、若衆徒及二異儀一者、急度可レ加二下知一事

一寺家并門前之家他所江不レ可レ賣之事
右條々、所二相定一仍如レ件、
天文廿一年
七月七日
(駿河)東光寺

四一五　山吉豊守等連署本成寺禁制　○本成寺文書

禁制
一於二当寺内一狼藉人之事、被レ任二前々御壁書之旨一、可レ有二打擲一、萬一違亂輩在レ之者、承而可レ加二成敗一事
一せつしやうきんたん(殺生禁斷)の事
一とか(科)人至二于時一走入候共、不レ可レ有二御許容一事
一同竹木きりとるへからさる事
一於二御門前一不レ可二乘馬一事
右條々、如二前々御壁書一、可レ守二此旨一、若違背之族在レ之者、可レ處二罪科一之狀如レ件、
天文廿一年七月十六(マヽ)日　(山吉政久)政應(花押)193
(山吉)景盛(花押)
(山吉)豊守(花押)
(越後)本成寺194

四一六　武田氏道路普請定書　○高見澤文書(信濃史料)

(武田晴信朱印)
從二甲府(甲斐國)一諏方郡(信濃國)へ之路次之事、致二勸進一可レ作レ之、同雖二何方之山一、剪レ木可レ懸レ橋者也、仍如レ件、
天文廿一年
十月六日
「(追筆カ)□」

四一七　今川義元滿性寺定書　○滿性寺文書

參州額田郡菅生田生山滿性寺之事
一寺領寄進地、買得地、如二前々一不レ可レ有二相違一事
一寺内門前不入之事
一寺内棟別、門次、井堤之普請以下免許之事
一寺内陣取令レ停二止之一、但、至二出馬時一者、可レ有二陣取一

之事
一借錢催促使等、一人宛寺内江可レ入之事
右條〻、領掌不レ可レ有二相違一者也、仍如レ件、
天文廿一年
十一月晦日　治部大輔（今川義元）（花押）
滿性寺
加藤全朔
加藤紀左衛門尉殿

四一八　織田信長免許状　〇加藤秀一氏所藏文書

（折紙）195
就二商買之儀一、德政、年記〔紀〕、要脚、國役事、令レ免二許之一訖、并永代買得之田畠、屋敷、野濱等義、縦賣主或闕所、或雖レ爲二披〔被〕官退轉一、不レ可レ有二異儀一、然者、年貢、色成、所当、上年貢事、任二證文之旨一可レ有二其沙汰一、并質物之義、雖レ爲二盜物一、藏之不レ可レ成二失墜一、本利遂二筭用一可レ爲レ請レ之、於レ藏失質事、如二大法一、本錢以二一倍一可レ相二果之一、次付沙汰、不レ可レ有二理不盡之使一、自然如レ此免許之類雖レ令二弃破一、代〻免狀在レ之上者、不レ混二自余一、於二末代一、聊不レ可レ有二相違一者也、仍狀如レ件、
天文廿壱
十二月廿日　三郎
信長（織田）（花押）

四一九　六角義賢？條書寫　〇刑政總類卷三十五

條目廿三ヶ條以二楠長諳〔譜〕（正虎）墨跡一写レ之、
定條〻 196
一諸沙汰、任二先例一、奉行衆渕底紀〔糺〕明、憲法可レ定二勝負一事
一當御代初而披露之公事、於二論所一者、可レ被レ任二當知行一、申懸仁躰爲二理運一者、遂二年記〔紀〕所務一可レ被レ渡事
一就二公事一、敵方江付二召文一、其身於レ無二祗候一者、申事可レ被レ爲二斟酌一事、并式日三ヶ度無二披露一者、可レ被レ爲二落居一事
一捧二古文書一雖レ有二申事一、先御代令二落居一、於二当知行一者、不レ及二御許容一、但、可レ依二子細一事
一御闕所之時、雖レ爲二年貢弁地一、可レ爲二地頭進退一事
一百姓至二入質地一者、主、地頭以二加判一可レ借事、自然御闕所之時、於レ無二加判一者、質地文書地、即主、地頭可

レ被レ為二進退一、但、買得御判所持之仁躰者各別事
一當知行申掠仁躰可レ被レ處二罪科一事
一主人無二合點一御扶持參輩、如二御先代御定一、天文廿壹ヶ
年以来被レ放二御扶持一事、付(ナシ)、其主人ニ一度相届、其上可
レ令二成敗一事
一地頭成年貢所当者、限二霜月一可二皆納一、若相二過霜月一者、
田地可二召放一、然者、二重成一切不レ可レ被二仰付一事、但、
於レ有二當毛一、地頭可レ為二進退一事
一於二盗人一者、限二一文員数一可レ被二殺害一、聞立至二披露輩一
者、別而忠節事
一右起請之時、両方無レ失者、其論所可レ有二中分一、有レ失者、
可レ被レ付二神社修理一事
一申次之面と請二取公事一、至二無沙汰一者、可レ為二曲事一事(ナシ)、
御奏者斟酌事
一公事批判之時、従二其座一有二不審一者、従〔彼カ〕輩召二置殿中一、
即子細可二相尋一、若即時不レ申者、可レ被レ付二其理於敵人一、
猶有下可二相尋一儀上者、可レ待二三ヶ日一、日限過者、可レ被二
斟酌一事
一越境相論者、可レ被レ任二式目之旨一事
一批判之衆、或依二歓楽一、或他事御用之時、三人有二出仕一
者、可レ有二批判一、若歓楽仁躰作病之由、後日令二露顕一者、
一段可レ為二曲事一、
一背二御法度一公事披露輩、永代奏者可レ被レ為二斟酌一事
一以二小奏者一公事披露之儀、被二定置一奏者以二申口一可レ有二
披露一、訴人直談停止事、同背二御法度儀一、雖二小奏者申一、
本奏者可レ為レ如レ右事
一批判式日過者、論人訴人可レ被レ甘事
一紕繆公事一切停止事
一諸公事披露、毎月従二八日一三ヶ日、従二十八日一三ヶ日、
但、至二急事一者、不レ可レ云二時日一、
一公事披露之時、御前伺候之輩可レ有二退出一事
一各被官雖レ有二何之在所一、於レ有二緩怠一者、令二成敗一、同可
レ致二闕所一、於二居屋鋪一者、可レ為二地頭進退一事
一公事之時、自二双方一壹貫弐百文宛可二持参一、落居之上、

肩〔負〕方壱貫弐百文可ㇾ留事

右、一切可ㇾ被ㇾ任二一書之御法度一之旨、依ㇾ被二仰出一

執達如ㇾ件、

〇刑政總類異本ヲ以テ校注ス、

四二〇 伊達晴宗改判定書 〇判形之永張（晴宗公采地下賜錄）奥書

197 天文十一年六月亂之後、各下置判形不ㇾ決条、亂中判形被ㇾ歸、同廿二年癸丑正月十七日改二判形一、新篇下置者也、自今已後以二古判形一、子細訴訟族候共、更不ㇾ可二信用一、又指南にも其仁可ㇾ為二相放一者也、又長張三巻認コ置之一、一にも有二書落事一者、其判形不ㇾ可ㇾ為ㇾ本、於二向後一下置判形モ、長張三巻ニ一にも有二書落事一者、不ㇾ可ㇾ為ㇾ本、仍所ㇾ定如ㇾ件、

天文廿二年癸丑正月十七日 晴宗（伊達）（花押）

四二一 北條氏奉行人奉書寫 〇相州文書二足柄下郡古新宿町天十郎大夫藏

（折紙カ）
自二他國一之客來衆へ色節之者共礼ニ不ㇾ可ㇾ出之由、堅上意候、舞と之内より者、天十郎計、座之者壱人召連、客人其時之奏者ニ断、礼儀を可ㇾ届候、余之舞と一人も罷出候ニ付而者、当座に可二申上一候、急度可ㇾ有二御成敗一由、被二仰出一候也、仍如ㇾ件、

（天文二十二年）癸丑 二月二日 石巻（家貞）（花押）

天十郎大夫

四二二 小早川隆景條書 〇平賀文書

条数

一至二郎從、僕從一、自然雖二口論候一、廣相（平賀）直談申、互靜謐可二申付一之事

一至二被官、中間一逐電仕、御領中、又者於二悴家中一茂罷退候者、伺一應申、依二御返事一礏放可ㇾ申事

天文廿二年 二月十日 小早川又四郎 隆景（花押）

平賀新九郎（廣相）殿 198 参

四二三 今川義元友野座定書寫 〇駿河志料七十八友野與左衛門藏

友野座之事

一当府(駿河)如二前と一可レ爲二商人頭一之事
一諸役免許之事
一友野之者、就二他座一雖レ令二商買一、傳馬之事者、可レ加二友野座一事
一木綿役江尻(駿河)、岡宮(駿河)、原(駿河)、沼津(駿河)如二前と一可レ取之事、自二当年一爲二高番料〔公事〕一、木綿廿五端可二進納一事
一友野座江自二他座一、無二前と子細一、以二新〔私〕儀一雖二申懸一、不レ可二許容一事
右、先判壬子年(天文廿一年)正月廿七日燒失之由、遂二訴訟一之間、重所レ出二判形一也、條と領掌永不レ可レ有二相違一者也、仍如レ件、
天文廿二年二月十四日　〔書判〕(今川義元)
友野二郎兵衛尉
○駿河國新風土記六國府上友野與左衛門藏本ヲ以テ大異ヲ校注ス、

四四　今川義元定書寫　○松平奥平家古文書寫

一知行分本知之事者、不入之儀領掌訖、新知分者、可レ爲レ如二前と一事
一親類被官百姓以下、私之訴訟企二訴越一事、堅令〔可カ〕レ停二止之一、但、敵内通、法度之外儀就レ有レ之者、可レ及二越訴一事
一被官百姓依レ有二不儀一、加二成敗一之處、或其子、或其好之人、以二新儀一地〔他〕之被官仁罷出之上、至二于当座一被二相賴一主人、其輩拘置、彼諸職可二支配一之由、雖レ有二申懸族一、一向不レ可二許容一、并自二前と一知行之内、乍レ令二居住一、於レ有二無沙汰之儀一者、相拘名職、屋敷共可二召放一事
一雖レ爲二他之被官一、百姓職就二相勤一者、百姓役可二申付一事
一惣知行野山濱院如二先規一可二支配一事
付、佐脇鄉(三河)野院本田縫殿助爲二兼帶一之条、以二去年雪斎(太原崇孚)異見一、爲二中分一之上者、如二彼異見一可二申付一事
一神領、寺領之事、定勝(奥平)於二納得之上一者、可レ及二判形一事
一入國以前、定勝并被官百姓等借錢借米之事、或敵同意、或於下構二不儀一輩上者、万一有二訴訟之子細一、雖レ令二還住一、不レ可レ令二返弁一事
右條と、領掌永不レ可レ有二相違一者也、仍如レ件、

天文廿二年

三月廿一日　治部大輔(今川義元)判

奥平監物丞(定勝)殿

四三五　今川義元駿河富士上方百姓内徳定書　○富士文書

(駿河)冨士上方当知行百姓内徳之事

右、不レ知二于地頭一、爲レ給恩望申輩一、乍レ帶二判形一、不レ及二是非之沙汰一、經二年月一求二自然之便一出レ之、企二訴訟一者、一切不レ可レ許容一、若自今以後令二失念一雖レ出二判形一、不レ可レ相ヿ立之一、并丙午、庚戌(天文十五、同十九)年兩度令二檢地一已後、本田之内荒地、其外芝原切發所之事、当秋以二奉行一相改、可レ令二所務一、其上以二增分一新百姓令二競望一者、如二法度一本百姓尓相届、於レ不二請納一者、新百姓可二申付一者也、仍如レ件、

天文廿二年

三月廿四日　治部大輔(今川義元)(花押)

冨士又八郎殿

四三六　今川義元駿河村山室定書　○村山淺間神社文書

一於二(駿河)村山室中一、不レ可二魚類商買一、并汚穢不淨者不レ可二出入一事

一着來道者、可レ爲レ如二前々一事

一他坊之道者、無二證據一不レ可二奪取一事

一六月間、爲二久借一不レ可レ取二質物一、并道者間、譴責使令二停止一之事

一喧嘩口論、不レ可レ有二他之綺一事

付、雖レ爲二通法一、博奕、押買、狼藉、堅停止之事

一惡黨之事、前々於二山中一就二相計一者、可レ任二舊規一事

一道者參詣之間、他之被官以下雖レ有二主人一、不レ可二押取一事

右條々、所二相定一也、若於二違犯之輩一者、依二注進一可レ加二下知一者也、仍如レ件、

天文廿二年

五月廿五日　治部大輔(今川義元)(花押)

大鏡坊

四二七　六角義賢奉行人奉書　〇多賀神社文書

(切紙)
当社諸神事為レ可レ遁、(近江)犬上郡中百姓、近年蒙二名字一不二其役勤[199]一云々、言語道断次第也、所詮、自今以後新侍被二停止一訖、但、相二理社家一、上江得二御諚一、於レ被二仰付一者、可レ為二別儀一由候也、仍執達如レ件、

天文廿二年七月十一日

(隠岐)賢廣(花押)

(後藤)高雄(花押)

(近江)多賀大社
神官中

四二八　毛利元就・同隆元連署條目　〇毛利文書

条々之事

一動かけ引之儀、其日〳〵之大將の背二下知一候て仕候者ハ、可レ為二不忠一候、縦何たる高名、又遂二討死一候共、忠節ニ不レ可レ立事

一小敵、又ハ一向敵も不レ見時、ふかく行候て、敵少も見え候へは、其時引候、以外曲事候、於二以後一さ様仕候する者、可レ放二被官一事

一敵を追候て出候ハん時も、分きりを過候て出候ハん者ハ、是又面目うしなハせ候ハん事、縦忠候共、不レ可レ立事

一事極候而、こらへ候ハん所を、退候ハん者をは、一番ニ退足立候する者を被官可レ放事

一所詮其時之大將、次にハ時之軍奉行申旨をそむき候する者ハ、何たる忠成共、忠節ニ立ましき事

右五ヶ条、不レ限二此度一、於二以後一當家可レ為二法度一候、神茂照覽候へ、此前を不レ可レ違者也、

天文廿二
九月廿一日

(毛利)隆元(花押)

(毛利)元就(花押)

四二九　淺井久政德政定書案　〇菅浦文書

德政札面條々

一借錢、借米之事

一諸講、頼子事

一賣懸、買懸事 但、賣買之代一圓ニ於レ不レ渡者、不レ可レ有二弃破一之事
一年記〔紀〕本物返幷劫米事
一雖レ爲二預り狀一、加二利平一者、可レ行二德政一事
一借書ヲ賣券ニ相調借物可レ有二弃破一、但、去年（天文廿一年）壬子其下地之年貢藏方ヘ於レ令二納所一者、不レ可レ行二德政一、幷祠堂錢事
一一職者、雖レ爲二永代賣券一、五ケ年以来者可レ有二弃破一、但、荒二耕作一失墜分遂二筭用一、嚴重ニ遣レ之、下地可二請取一也、萬一公用不レ渡田地幷植付下地者、来秋從二土田一本主へ可二返付一事
一雖レ爲二質流之田畠一、三箇年以来、其年貢藏方へ於レ令二納所一者、不レ可レ行二德政一事
一借狀仁何樣之文言雖二書載一、可レ行二德政一、萬一借書不レ出輩於レ在レ之者、当德政已後可レ爲二反古一事
一絹布者拾貳ケ月、金物者可レ限二貳拾四ケ月一、但、質物自然賣放之段爲二分明一者、以二一倍一從二藏方一可レ弁之事
一年貢未進者、雖レ經二年序一、於二利平一者、当二一季一加二五和利一可二納所一事
一去年所務以後幷当年賣券能米、速相渡之段於二露顯一者、不レ行二德政一事
一爲二御城米一之由、雖レ載二借書一、当城之外、於二他所庭一借シ渡米錢者、可レ有二弃破一事
右、於レ背レ之族一可レ處二嚴科一者也、仍所レ定如レ件、

安文
天文廿貳年 癸丑

使
中嶋（貞清カ）八郎右衛門尉

四三〇 隅田一族利生護國寺法度起請文寫 〇隅田文書

200 就二當寺（利生護國寺）御法度之事一

条ゝ

一於二名字、寺被官等一雖二曲事有一、各ヘ有二披露一、曲事之段被二相究一、可レ有二成敗一事
一曲事人、名字一人嚬（マヽ）於レ捧二礼物一者、可レ有二成敗一、被レ嚬（マヽ）名字之儀者可レ有二生涯一事
一火付、失籠見付、注進於二仁躰一者、參貫文褒美事、付、

若乍レ存無二注進一於レ輩者、火付同前可レ爲二成敗一事
一従二知事一被二申懸一候事疎畧有二被官一者、爲二名字一可レ被レ加二成敗一事
一名字被官、寺被官人、內儀ニ而礼物以下於レ取者、其主仁ヘ相届、可レ有二成敗一事
一爲二寺被官一勝負事
於二当庄一者不レ及レ申、他国ニ而も揚躬〔揚弓カ〕、博掖〔奕〕於レ打者、可レ有二成敗一事
一寺山之事、何之雖レ爲二被官一、如二先前一、参貫三百文見付候者ヘ可レ爲二利潤一候、道具之事者、寺ヘ可レ參候事、仍如レ件、

起請文

右、於下背二此旨一輩上者、日本六十余州大小神祇、殊者大日如来、八幡大井〔井〕、天滿大自在天神、可レ蒙二御罰一者也、仍執達如レ件、

天文廿三年甲寅正月十八日

新
倶氏(血判、花押)
塙坂出雲
秀(血判、花押)
小嶌
澄(血判、花押)
芋生
秀(血判、花押)
小田
秀(血判、花押)
森
泰延(血判、花押)
松岡
忠(血判、花押)
野口
澄秀(血判、花押)
上田
貞倍(血判、花押)
源介
秀(血判、花押)
山内彦八
秀(血判、花押)
塙坂
秀(血判、花押)
上田又七
敏貞(血判、花押)
森又三
秀(血判、花押)
又二郎
秀(血判、花押)
中嶋
忠(血判、花押)
小西
秀(血判、花押)
高坊(略押)
石倉鶴菊(略押)
新四郎
倶(略押)
中嶋与七郎(略押)
山内
正(血判、花押)
平野
善(血判、花押)
上田
貞(血判、花押)
中山
貞(血判、花押)
樽井
守次(血判、花押)
松岡彦二郎
忠(血判、花押)
芋生紀介
秀(血判、花押)
嶌与市
澄(血判、花押)
繁兵衛
貞(血判、花押)
一兵衛
倶(血判、花押)
松岡
忠(血判、花押)
葛原
忠(略押)
平野石ア爲〔見カ〕(血判、花押)
平野三郎
善(血判、花押)
龜岡(略押)
中山鎮十郎
貞(略押)
森与三郎
秀(略押)

寺地　中小法師
井西竹松（略押）
井西喜西（花押）

天文廿三年甲寅二月吉日

四二一　北條氏兵事定書　○鳥海文書

此度相稼、敵地□〔之〕者至二于討捕一者、百足、太刀一振可レ出レ之、但、於二于敵方一走廻者を就二于討取一者、一廉可二褒美一、其外敵地之様躰、密事等有レ之者、則可二申上一、随レ望知行幷御引物可レ被レ下之由、被二仰出一者也、仍如レ件、

（天文二十三年）
甲寅　二月廿七日（虎朱印）
尾崎曲輪上下（上總國カ）
小屋衆
吉原玄蕃助

四二二　武田氏百姓移住制禁定書写　○信濃寺社文書坤

（龍朱印）
其方領中之百姓、他所へ就二移居一者、可レ被レ加二成敗一候、恐々謹言、

天文廿三年
三月十二日
大日方入道殿
同上総助殿

四二三　浄金（吉村哉勝）置文案　○吉村文書（大分縣史料）

愚老子孫所レ令二遺言一、至二末代一令二信用一者、可レ為二末葉一、不レ然者、限二沙汰一也、

一氏神祭禮造營、不レ可レ有二無沙汰一之事

一兩寺造作、々毛付公事可二入魂一事、但、坊主悪心悪行之時者、可レ任二衆評一之事

一地頭幷被官親専二先例一不レ可レ有二聊爾一也、但、依二他之

讒二不慮之時者、同心ニ懇望也(マヽ)可レ申、若従二親類同名中一有二他心一者、一同ニうらみ事可レ有也、

一當郡境目之條、自然御弓箭之時、無二ニ御當家江奉レ成レ志、不レ可レ惜二一身一命一之事

一依二人之讒言一、又者有二不覺仁一、背二上意一有レ仁者、早々退二村内一、然者令二他出一上者、居所田畠一同ニ令二存知一、無二相違一可レ仕候、於二若違亂之時一者、一具ニ可レ存二迷惑一之事

一親類、父子、兄弟口舌口論之時、十ニ六ノ有二無理一四ノ有二道理一者、六ノ無理之方へ一同ニ可レ令二異見一、若不二承引一者、一同ニ道理之方へ可レ有二味方一事

一子孫座居、盃等之事、可レ任レ年(老)、毎事可レ因レ茲、

一喧嘩寄力之事、不レ論二親疎一、一時も先催之方へ可二罷出一候、若無二餘儀一者、令二和與一、兩方可レ出二等分一歟、自然浮浼(マヽ)之時、相半一之事仁可レ仕候事

一有貧有福不レ可レ有二差別一、若有福者由幸也、企二無道一ひそ(密)事有へからす候、

一同名或令二不快一、或有二内恨一、累年雖レ不レ令二參會一、他人他所より公事公舌(口カ)之時者、令二一味一可二同心一事

一或親、或白(伯)父、爲二其子孫一不孝之事、無道之至也、所詮、不孝之仁之所帯を、其親可レ任二存分一之事、一同ニ可二裁判一之事

天文廿三年三月日　吉村彌六左衞門入道　淨金(哉勝)

四三四　太田資正清河寺定書寫　○武州文書十二足立郡清河村清河寺藏

就二清(切紙カ)河(武藏國)寺之儀一様躰承候[201]、心得申候、第一寺僧方外之仁誰人ニ候共、許容不レ可レ叶候、并門前之者、他所へ罷移事、是又堅停止尤候、此等条□違背之輩候者、速ニ可レ蒙レ仰旨、可レ及二其断一候、恐ゝ敬白

天文廿三甲寅　　美濃守

四月八日　　資正(太田)(花押)

芦根斎

四三五　武田氏西念寺造営勧進定書　○西念寺文書

（折紙）

（龍朱印）

（甲斐國）都留郡吉田之郷、為二西念寺造営一、冨士對二参詣之導者一、壱人ニ四錢之分可レ有二勸進一者也、仍如レ件、

天文廿三甲寅年
五月廿一日

四三六　北條氏船方法度寫　○武州文書三府内下本芝貳丁目内田源五郎藏

（折紙カ）
船方中ニ置法度

一船賣儀、曾以可レ為二曲事一、

一家屋敷賣候儀、可レ為二曲事一、

一船方致二闕落一、何方ニ踞候共、又者下総筋ヘ罷越候共、此印判為レ先可二召還一事

一船方公方公事就レ致レ之、郡代、地頭、主人諸役以下、少も不レ可二申付一事

右、船持中堅改レ之、公方公事少も無二退轉一可レ致レ之、若背二此四ヶ條一、莵角申者就レ有レ之者、急度可二申上一、則可レ被レ加二御成敗一者也、仍如レ件、

天文廿三甲寅七月十二日（虎朱印）

柴
金曾木
船持中

四三七　今川義元大樹寺定書　○大樹寺文書

參河國額田郡鴨田郷大樹寺之事

一諸法度如二先規一不レ可二怠慢一之事

一塔頭以下相論并就二田園等一有二申事一者、集二門徒僧呂〔侶〕一、理非分明可レ令二裁許一、其上假二強縁一、不レ糺二是非一、於レ不二伏〔服〕用一者、忽可レ為二追却一、若有下歷二年月一歸山之儀上者、以二衆僧一可レ遂二訴訟一事

一寺領、祠堂等、本寺、末寺共、一切不入之事

右條々、為二祈願寺一所レ相二定之一也、若於レ有二違背之儀一者、注進之上、可レ加二下知一者也、仍如レ件、

天文廿三
十一月二日　（今川義元）治部大輔（花押）

鎮誉上人

四三八 今川氏三河山中七郷百姓定書写 ○松平奥平家古文書写

朱印
(三河)山中七郷之事[202]

右、今度本帳出之上、所務之儀申付之処、雖レ為二直参并誰被官百姓一、非レ可レ及二異儀子細一也、急度令二散田一可レ所レ務之一、年来百姓奸謀之段、本帳出之上顕之条(マヽ)、年と彼等私曲之分令二催促一、可レ請二取之一、惣別名職相拘百姓者、相当之冬と事雇可レ有レ之、寄二事於左右一至二于難澁之輩一者、百姓職召放、新百姓可レ申二付一者也、仍如レ件、

天文廿三
十一月九日
(定勝)奥平監物丞殿[203]

四三九 今川義元石雲院定書 ○石雲院文書

一[204]任二(今川氏親)増善寺殿数通之判形旨一、従二三橋一上左右之竹木不レ可二截取一之事

一寺領之内田畠屋敷不レ可レ有二他綺一之事

一寺領百姓等、於二向後一不レ可レ成二他之被官一、并他之被官、寺領之内不レ可二居住一、同百姓等、寺家江令二無沙汰一者、可レ令二追却一事

一寺領山林、縦雖レ為二(遠江)上之郷并(遠江)星窪方之地頭代官一、不レ可レ有二其綺一事

一門中法度之儀、背二衆評一、湧二時之檀那一、奉行所江雖二申出一、不レ可二許容一事

右條と、相定領掌畢、如二先規一不レ可レ有二相違一者也、仍如レ件、

天文廿三
十一月晦日　(今川義元)治部大輔(花押)
(遠江)石雲院

四四〇 今川義元船形寺梧岡院定書 ○普門寺文書

(封紙ウハ書)
「(三河)船形寺梧岡院　(今川義元)治部大輔」

船形寺梧岡院之事

一彼山学頭職、任二先師遺言一覚源後住之儀相定上者、本寺

末寺之僧不レ可レ有二違背一事
一任二先判之旨一、勤行法度、造営寺領等、於二後代一学頭可
レ為二異見次第一事
一雲谷（三河）、岩崎（三河）、兩坂本（三河）、向後縦於レ有二検地一者、随二其時一
可レ有二其沙汰一事
一諸末寺住持職、学頭可レ任二異見一事
一寺領内百姓等不レ可レ出二他之被官一之事
右條ゝ、不レ可レ有二相違一、守二此旨一、弥勤行修造以下不
レ可レ有二怠慢一之状如レ件、
天文弐拾四（乙卯）
二月廿二日　　治部大輔（花押）
船形寺梧岡院

四一　井伊直盛遠江祝田使食定書寫　〇蜂前神社文書

（折紙）
（井伊直盛）
（花押）
（遠江）祝田地下中使食之事、年貢催促之時者、不レ及二是非一、其外
人足以下用之時者、近所之事候間、もたへ有間敷候、但、
有二子細一就二逗留一者、可レ随二其時一、此（背二）下知一六ケ敷事於
レ有二申懸者一者、可レ致二註進一者也、仍如レ件、
天文廿四年
三月十三日
祝田百姓中
（付箋）
「寫之書狀と相見申候」

四二　北條氏船番匠定書　〇松田文書

船番匠可レ被二召仕一様躰
一年中卅日分者、御分國中諸番匠並ニ、以二公用計一可レ被二
召仕一、若此外至三于被二召仕一者、一日五十錢ツヽ作料を
可レ被レ下事
一御分國中於二何方一、御船被レ成二御造作一候共、御一左右次
第、即時ニ致二祗候一、可二走廻一事
一棟別錢壱間分令二赦免一候、同屋敷不レ可レ有二横合一事
以上
右、如レ此相定候、若横合非分之儀有レ之者、可二申上一
者也、仍如レ件、

（天文廿四年）
乙卯三月（虎朱印）十三日　清水太郎左衛門尉

伊豆大夫

（伊豆）松崎船番匠
弥五郎

○同日付ノ「天十郎」充朱印狀寫（相州文書二足柄下郡天十郎大夫藏）ヲ以テ校異ヲ注ス、コノ狀、揭載定書文中ノ「伊豆大夫」ヲ「天十郎」ニ作ルホカ、評定衆名ヲ「狩野大膳亮」トス、

四四三　北條氏移他家・唱門師定書　○清水威氏所藏文書

一致二ト筭一移他家205、唱門師之類、任二大永八年閏九月御證文一、舞〻之□〔下〕二附レ之了、役錢等之儀、令二相當一可二申付一事

一移他家、唱門師之類、自二他國一來ニ付者相改、出所不審者有レ之者、奉行所ヘ來、可レ遂二披露一、加樣之者之內、徒者有レ之者、伊豆大夫可レ処二罪科一事

右、任二先御證文一、此度落居之上、於二自今已後一、移他家、唱門師之類對二伊豆大夫一、兎角（ナシ）之申事不レ可レ有レ之由、被二仰出一之狀如レ件、

天文廿四年三月（虎朱印）廿一日　評定衆
笠原美作守

四四四　宗心（上杉景虎）越後府中條書　○大島一郎氏所藏文書

おほへ

一ふちう（府中）いたや（板屋）にさせへく候、もしとかく（兎角）の事ゆひかへ（越後）てつくら（作）ぬにおいてハ、たれ人ひくわん（被官）ニ候共おひたて、つくる（作）へきものをおく（置）へき事

一おくしゆ（奥衆カ）ちき（直）のいやしき（居屋敷）をハ、きちん（歸陣）まてまつ（待）へく候、たゝしまちやしき（町屋敷）にひくわん（被官）ともい候ハゝ、たとへ人たひ（躰）とものひくわん（被官）ニ候共、つくれ（作）ゐぬにおゐてハ、おいたてへき事

一まちやしき（町屋敷）を、かせもの（倅者）、人たひたれ〳〵ふさき、いたや（板屋）につくれ（作）ゐす候と、につき（日記）ニとのまち（町）にいく（幾）たり（人）としる（記）しこ（越）すへき事

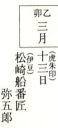

(天文廿三年—同廿四年)四月五日　(宗心)(花押)206

藏田五郎さへもんとの

荻原掃ア助殿

四四五　今川氏大石寺定書　○大石寺文書

(「如律令」朱印)

定

一雖レ爲二(駿河)大宮之役一、就下無二前ゝ一儀上者、不レ可レ及二其沙汰一之事

一門前商買之物、不レ可レ有二諸役一事207

一於二門前一、前ゝ市無レ之處、只今立之儀令二停止一之事

右條ゝ、爲二新儀一之条、堅所二申付一也、若於二違犯之輩一者、依二注進一可レ加二下知一者也、仍如レ件、

天文廿四
六月七日　(駿河)大石寺

四四六　今川氏駿河村山室定書　○葛山文書

(「如律令」朱印)208

定

一村山(駿河)室中にをひて、魚類商買すへからさる事、并汚穢不淨の者、出入すへからさる事

一つき(着來)たる道者、可レ爲レ如二前ゝ一事

一他坊の道者、證據なくして不レ可二奪取一事

一六月の間、久借として質物とるへからす、道者の間、譴責使令二停止一之事

一喧嘩口論、他の綺あるへからす(マヽ)さる事

付、雖レ爲二通法一、博奕、押買、狼藉、堅停止之事

一惡黨の事、前ゝ山中にてあひはからふ(相計)ニ付てハ、可レ任二旧規一事

一道者參詣の間、他の被官以下、主人ありとも、おさへと(押取)るへからさる事

以上

右條ゝ、所レ相二定之一也、若於二違犯之輩一者、可レ加二成敗一者也、仍如レ件、

天文廿四
六月九日

四四七 井奉行起請文案 ○磯野村共有文書

写

天罰起請文事[209]

一大井堅様、一重立、二重立之儀者、先以存知不レ仕候、河水強時者、二重も三重も相堅所モ可レ有二御座一候、亦一重之所も可レ在レ之候哉、飢水ニ成候とて、二重三重之俵執候儀者不レ承事

一莚留、薦止之儀者、大井江能と可レ被レ成二御尋一事

一飢水之時、下井ヨリ就二訴訟一、手崎明候儀、六分一遣候事

一去と年大井立様、越前守(井口經元)(近江)成道寺仁三日在城仕候時、被レ成二御尋一、可レ被レ書二起請一旨候、井奉行江、左様之義一向無二分別一候間、存分申者、於二其上一、非分申方可レ有二御糺明一之由、御返事被レ申候事

一一段飢水ニ成迷惑之時、下井ヨリ訴訟申、手崎明申候間、さ様之義被レ成二御分別一、可レ被二仰付一事

右条と、贔屓偏頗、更不レ存候、有姿申上候、萬一於二偽申一者、

日本國中大小神祇、富士、白山、春日大明神、天満大自在天神、熊野三所之權現、八幡大菩薩、殊者當社山王可レ蒙二御罰一者也、仍起請文如レ件、

天文廿四年七月廿三日　平井九郎右衛門尉

竹本大郎次郎

四四八 北條氏大普請人足催徴状寫 ○相州文書八愛甲郡三田村金子久右衛門藏

(切紙カ)

相甲被レ仰事有レ之、□双方境目之人民沈淪、只今惑説最中ニ候間、來年大普請之人足五人、先段五日被二召仕一候、殘而五日之分を可レ被二召仕一候、郷中雖下可レ爲二迷惑一候上、例式ニ無レ之候間、領主百姓相談、無二相違一可二走廻一候、然者、來三日足柄(相摸)ニ可二相集一者也、仍如レ件、

(天文廿四年)乙卯 八月廿七日(虎朱印)

(相摸)三田郷

百姓中

四四九　某軍陣誓書案文写　○石丸本文書集(越佐史料)

案文

一(長尾)景虎何ヶ年御張陣候共、各々儀者、如何共候得、拙者一身之事、無二御諚次第、在陣致ㇾ之、於二御馬前一可二走廻一事

一於二陣中一、喧嘩無道、召仕之者於ㇾ致ㇾ之者、則成敗之事

一備方之儀存寄子細候者、不ㇾ殘二心底一可二申達一事

一行方之儀付而者、何方江なり共、自専与存知、如二御量一可二走廻一事

一被ㇾ入二御馬一、重而御出陣候共、一騎ニて茂馳参可二走廻一事

天文廿四年十月　日

四五〇　安藝嚴嶋社邊家作制禁定書　○大願寺文書

(折紙)

御社頭廻家之事、210 悉以疊被ㇾ置候、自今以後、家作仕候者、堅可ㇾ有二御制止一候、貴寺可ㇾ有二御裁判一候、仍一行如ㇾ件、

(安藝、嚴嶋社)

天文廿四
壬十月十八日　桂(元忠)左衞門大夫(花押)

國司(元相)右京亮(花押)

児玉(就忠)三郎右衞門尉(花押)

粟屋(元親)右京亮(花押)

赤川(元保)左京亮(花押)

(安藝)大願寺　參

四五一　織田秀俊雲興寺禁制　○雲興寺文書

禁制　(尾張)白坂　雲興寺

一軍勢甲乙人等濫妨狼藉之事

一於二境内一殺生、并寺家門外竹木以下所望付而陳(陣)執、借宿之事

一祠堂物、買德寄進田地違亂之事

一准二総寺庵一、棟別、人夫等相懸、并門前入二違(譴)責使一之事

一(尾張)飽津諸役以下造営付而免許之事

右、当寺者、依レ爲二無緣所一211諸役等之儀令二免許一訖、若有二違犯之輩一者、速可レ處二嚴科一者也、仍執達如レ件、

弘治貳年二月　日

織田安房守
秀俊（花押）

四五二　三好長慶本興寺禁制　○攝津本興寺文書

禁制212

（攝津）本興寺門前寺内貴布祢屋敷

一当手軍勢甲乙人乱入狼籍（藉）事

一剪二採竹木一事　付、陣取并殺生事

一相二懸箭錢、兵粮米、諸課役一事

一德政、同國質、所質、請取沙汰事　付、對二寺家一、不レ及二案内一催促事

一（攝津尼崎）当津衆家立事

右條ゝ、堅令二停止一訖、若於二違犯之族一者、速可レ處二嚴科一者也、仍下知如レ件、

弘治弐年三月　日

（三好長慶）筑前守（花押）

四五三　北畠具教條書　○澤氏古文書

御判條ゝ　（北畠具教）（花押）213

一（伊勢）神戸六郷内、（伊勢）八知九名之内、（伊勢）小阿射賀三分一之内、（伊勢）黑部、於二此四郷之内一、其之存知之寺庵、神人、被官、百姓等以下、任二先判形之旨一、御扶持不レ可レ被二召置一候、權家勢家可レ爲二同前一也、若背二此旨一之輩有レ之者、面ゝ可レ爲二成敗一者也、

一（伊勢）御糸井口人夫之事、從二前ゝ一如二申付來一、可レ被二申付一事

一神戸神人、同奉公人之外、付二其之手一在陣、如二前ゝ一不レ可レ有二別儀一事

一就二（伊勢）木造在城一、面ゝ分領之内、科人有レ之時、以二奏者一被レ遂二御糺明一、可レ被二仰付一、理不盡被レ入二上使一、不レ可レ被二仰付一由、先御判御披見候、然者、向後不レ可レ有二別儀一事

一西黑部塩竈公事、別而依レ有二子細一、爲二新御恩一御領掌之上者、不レ可レ有二相違一事

一龍念下地西黒部領之内、為二闕所一当知行之由、御存知候、自然雖レ有二申仁躰一、不レ可レ有二許容一候也、

一於二西黒部井水之事一承候、心得申候、如二先規一可レ被二申付一候、自然申事有レ之者、其方不審可レ申候、可レ被レ成二其心得一候也、謹言、

弘治貳年五月八日　(北畠具教)(花押)

澤太菊丸(房滿)とのへ

以上七ケ條、御裏判貳、○紙繼目裏二ケ所ニ教兼ノ花押アリ、

四三四　今川義元河東勸進定書　○六所家藏東泉院文書(靜岡縣史料)

河東　(「義元」朱印)

諸勸進之事

右、五社(駿河)造宮以前、堅令レ停ヿ止之一、縦以二印判一雖レ成二其勸一、可レ相ヿ押之一、然間五社勸進之事、雖レ為二河東幷寺社領不入地一、發起次第可二勸進一者也、仍如レ件、

弘治貳年　六月廿一日

五社別當

四三五　松平元信大仙寺定書寫　○三河大泉寺文書

214 岡崎(三河)之内大仙寺之事

東ハさわたりをきり、みなミハ海道をきり、同谷あひすゑまて、西ハこなわて田ふちをきり、北も田ふちをきり、末代ニおいて令二寄進一畢、前之寄進狀うせ候由承候間、重而進レ之候、何時も前之寄進狀出し候ハん者ハ、可レ為二盗人一候、於二子々孫々一相違有間敷者也、

一殺生禁斷之事

一寺内幷門前竹木切事

一祠堂德政免許之事

一棟別、門別、追立夫之事

一諸役不入之事

右條々、背相輩(マヽ)者、堅成敗あるへきものなり、

弘治貳年丙辰六月廿四日　松平次郎三郎 元信 (黑印)

大仙寺俊惠藏主

参

四五六　武田氏被官定書　○大須賀文書

（折紙）

（龍朱印）

其方被官五ヶ年之内他所ヘ罷出候人、如ニ前ヽ一可ニ召使一、畢竟者、当主人江ニ返相届、猶至ニ難渋一者、可レ言コ上子細一者也、仍如レ件、

弘治二年
六月廿八日

大須賀久兵衛尉殿

四五七　北条氏康条目　○北条家文書

条目

一　振舞朝召〔食〕ニ可レ被レ定事、大酒之儀曲有間敷候、三篇〔遍〕ニ可レ被レ定事

一　下知之外虎口江出者、則時ニ可レ被レ致ニ改易一、若又、可レ請ニ公儀一至ニ于儀一者、則可ニ申越一事

一　家中者他之陣ヘ罷越大酒呑儀、況及ニ喧嘩口論一儀、堅可レ被ニ申付一事

右三ヶ条、致レ妄自レ貽至ニ于入レ耳者、永可ニ儀絶一候、仍如レ件、

（弘治二年）
辰
八月十日　（北条氏康）（花押）

三郎殿

四五八　武田氏甲斐八日市場夜廻結番定書　○坂田文書

（切紙、六紙貼續）215

八日市場

（龍朱印）

夜廻之番帳　次第不同

一番　向山四郎兵衛　式部丞　源三郎

二番　泉書記　清四郎　右衛門大郎　善四郎

三番　権助　孫左衛門尉

四番　甚左衛門尉
民ア左衛門尉
神左衛門尉
小三郎
五番　松木等文
縫殿左衛門尉
清三郎
六番　七郎右衛門尉
藤左衛門尉
縫殿藤衛門尉
七番　孫右衛門尉
新四郎
藤《とき》左衛門尉
孫次郎
八番　縫殿右衛門尉
善左衛門尉
祢宜

九番　与書記
弥七郎
拾番　江間
甚七郎
惣右衛門尉
十一番　善七
彦八
十二番　藤左衛門尉
清六
新左衛門尉
十三番　次郎右衛門尉
等藏主
藤四郎
又次郎
以上
法度之意趣者
一当番之日限、於二于其宿一有二盗賊一者、不レ撰二貴賤貧富一、

鳥目百疋可㆑出之事

一同其宿中之失火者、於㆓于自火㆒者追㆓放家主㆒、爲㆓賊之業㆒燒失者、可㆑准㆓右過怠㆒之事

一夜廻番赦免家者、雖㆑有㆓火賊之難㆒、番衆仁不㆑可㆑懸㆓其科㆒之事

一番帳之内人就㆓闕所㆒爲㆑私書直之条、罪科不㆑輕、則可㆑加㆓成敗㆒之事

一非㆓自分之屋敷㆒而抱㆓他之家地㆒者、縱雖㆑無㆑家可㆑勤㆑番、況於㆑作㆑家者、不㆑及㆓是非㆒之事

弘治貳年丙辰拾月十日

四五九　北條氏大中寺寺領禁制　○大中寺文書

禁制

右、大中寺領《と》、去年加敗所事終而御印判被㆑遣上、於㆓自今以後㆒も、軍勢甲乙人等濫妨狼籍〔藉〕、堅令㆓停止㆒畢、但、近鄕者、或者他所荷物至㆓于取入㆒者、何時も可㆑被㆓打散㆒由、被㆓仰出㆒候、仍如㆑件、

弘治二年丙辰（虎朱印）十一月十八日

四六〇　武田氏伊豆田方郡法度條目　○後藤寿直氏所藏文書

（田）（龍朱印）（伊豆）方郡法度之條目

一惡黨、其外國法を背ともから聞出、子細を言上すへきの事

一盗賊殺害歷然、又ハ闕落の人の家財、私として受用すへからす、以㆓下知㆒、兩社の造営に付へきの事

一夜討、强盗、火賊、殺害、博奕以下の惡黨の外の沙汰、一切綺あるへからさるの事付、惡黨の儀に候共、及㆓相論㆒ハ、則可㆓言上㆒の事

右條ゝ、雖㆑爲㆓一事㆒令㆓違犯㆒者、可㆑加㆓成敗㆒者也、仍如㆑件、

弘治三年丁巳正月九日

四六一　小早川隆景佛通寺制札　○佛通寺文書

制札

（安藝）佛通寺

一 山境者、被レ任二四至傍尓一、可レ令二禁制一事

一 山河殺生禁断之事

一 樵夫等手物及二口論一者、早可レ有二注進一事

一 春秋於二野山一放火者尋捜、交名可レ有二注進一之事

一 門前左右之植木採用之事

右、所二定置一若於二違犯族一者、諸人之郎従、不レ謂二権門下司一、可レ処二厳科一者也、仍下知如レ件、

弘治三

貳月九日 平隆景（小早川）（花押）

四六二 毛利隆元等連署契状 ○毛利文書

諸軍勢狼籍〔藉〕之儀、非法之段、不レ及二是非一候、是故毎度悪事出来候、然間、自今以後之儀、互申談、此衆中、何之雖レ為二被官陸〔僕カ〕従一、可レ加二誅伐一候、為二後日一、相談之状如レ件、

弘治三

三月十二日 隆元〔毛利〕（花押）

廣相〔平賀〕（花押）

信直〔熊谷〕（花押）

元明〔中村〕（花押）

源員（花押）

兼定（花押）

廣秀〔阿曾沼〕（花押）

隆景〔小早川〕（花押）

四六三 周防鯖川渡船賃定書写 ○長防風土記三十四三田尻宰判

鯖川渡賃之事

一 人 弐銭

一 荷物三銭

一 馬 拾銭

一 輿 拾銭

一 藝州衆不（ナシ）レ限二夜中一可レ渡之事

右、所レ令二儀定一如レ件、

弘治三

卯月十八日 桂左衛門太〔大〕夫

元忠（花押）

國春〔司右〕京六〔亮〕

元相（花押）

児玉三郎右衛門〔尉〕・
就忠（花押）
粟屋弥六
元著（花押）
赤川京六〔亮〕・
元保（花押）

〇長防風土記佐波郡古文書四十ヲ以テ校注ス、

四六四　田村隆顕福聚寺條書　〇福聚寺文書

一　大細事共、旦那江、可レ有二御相談一之事、
一　寺家江走入之事、一命を被二相扶一候事者、無二御據一候、乍レ去、長と寺中ニ、被二指置一事、有間敷候、
一　依二犯過一、一人を被二相扶一、其沙汰ニよつて、失二数輩一、其郡中之例證ニも罷成候ハん事、於二御沙門一、大切之御工夫ニ候、依二時義一、旦那之大事ニ罷成事も候間、扶二一人一、可レ被レ失二萬人一候哉、切二一人一、萬人を可レ被レ扶候哉、爰元之御分別、住持之御工夫ニ可レ有レ之事候、
一　何事成共、六ケ敷沙汰、御聊尓ニ御請取有間敷候事、
一　下人之事、或者恨二主人一、或者奉公をいたミ、寺家江走参事候者、後日之義を、両所江被二相閉一、無二相違一可レ被二返置一事、
一　於二寺家中一、被二召仕一候者之悪名候者、於二御沙門一者、御成敗難レ有レ之候上、不二申届一候共、任二咎軽重一、可レ及二其沙汰一候、縦至二沙門一も構二俗義一、無道之族候者、刷同前、
一　寺中之竹木、所望之族候共、不レ可レ有二御同心一事、
一　後住之御事者、万端、師旦可レ有二御相談一事、
一　於二寺中一、仁儀〔義〕礼智信も無レ之例哉、不行義而已之方、不レ可レ被二指置一事、
一　於二寺家一、郷村を被二相拘一、以二其公事一、被二相續一候上者、被レ止二非用一、常住之堪忍、無二御無覚悟一、無二怠轉一様ニ御擬、造営等肝要候、或者如二山居一閑ニ居之一、あるに任ての御刷、不レ可レ然候、

一　寺家江申上事、無二分別一使等可レ有レ之候間、聊尓ニ実
事ニ不レ被二取成一、御不審之義候者、幾度も御尋候而、
可レ有二御分別一候事、
一　他門他山江不レ可レ有二御不審一、又被レ爲レ請間敷事、
仍條と如レ斯、
弘治三年丁巳卯月吉日　(田村)隆顕(花押)
福聚寺江　進献

四六五　松平元信高隆寺定書　○高隆寺文書

(三河)高隆寺之事
一大平(三河)、造岡(三河)、生田(三河)三ヶ郷之内寺領、如二先規一可レ有二所
務一事
一洞屋敷并五井原(三河)新田如二前と一不レ可レ有二相違一之事
一野山之境、先規之如二境帳一不レ可レ有二違亂一事
一於レ伐コ取竹木一者、見相ニ可二成敗一事
一諸役不入之事、然上者、坊中家來之者、縱雖レ有二重科一、
爲二其坊一可レ有二成敗一事、条と定置上者、不レ可二違乱一者
也、仍如レ件、
弘治三年五月三日　松平次郎三郎元信(花押)
高隆寺

四六六　北條氏下野梓・中方兩村禁制　○豊前氏古文書

(折紙)
禁制
一於二梓村(下野)、中方村(下野)一横合狼籍(藉)之事
一土貢不二納所一百姓、度と催促之上も、猶令二難渋一ニ付者、
被二搦捕一、遠山所(綱景)へ此趣承尤候事
一彼兩村へ悪黨、或者咎人走入候共、不レ可レ有二許容一、并
皆川(俊宗カ)へ敵對方之者、俳佪(徘徊)可レ被二停止一事
右、葛西様(足利義氏)上意ニ付而、皆彈前(俊宗カ)申調上、急度御入部尤
候、彼三ヶ条、小代官人ニ堅被二仰付一可レ然候状如レ件、
巳
弘治三年八月六日(虎朱印)
豊前左京亮殿

四六七　肝付氏家中起請文條趣書寫　〇肝付世譜雜録三（鹿児島縣史料）

起請文条趣之事

一(肝付)兼盛様ニたいし、申二二心を存一ましき事

一敵方よりかたら(語)ハるゝ事候ハゝ、則申上へき事、同所之時者、他所へ申通ましき事

一傍輩れんはん(連判)、又所〻事さんしや(讒者)申ましき事

一はくち(博打)、ぬすミ(盗)つかまつるましき事

一他所より悪心之儀承付候ハゝ、時をうつさす可二申上一事

一下〻不二申上一して、他方へ身上なをすましき事

一諸事推量に所之事申ましき事

同法度やふるましき事

右七ヶ條如レ件、

弘治三年八月九日

四六八　葛山氏元岡宮神領法度　〇植松文書

(駿河)岡宮職用并役田相拘候衆ヘ可二申付一法度之事

一年來神領勘落分、如二前〻一神領ニ申成上者、其方可レ為レ計事

一神領拘置公僧社家為レ初、各内〻之申事、神主を指置、以二別人一申義、停二止之一畢、但非分義於二申懸一者、不レ可レ立二此義一事

一神領之内田地、朝比奈左馬允(泰忠)方被官人よりあつかり置義、為二曲事一之間、不レ可レ入二其引懸一事

一神領之内棟別改而申請候衆中ヘ、年頭之御礼等ニ指加、可レ申二懸之一、并社中普請以下如二前〻一可レ為レ勤〔勤〕事

一(駿河)長窪境ヘ越候者之棟別、如二先判形一、不レ可レ有二別條一事

右条〻、於二無沙汰族一者、可レ令二披露一、可レ加二下知一之状如レ件、

弘治参丁巳年八月廿八日　(葛山)氏元（花押）

諏訪部惣兵衛尉殿

四六九　武田信豊明通寺領内定書　〇明通寺文書

(武田信豊)（花押）

今度明通（若狭）寺領之内至㆓宇津屋之山内㆒、先〻従三分一相立之旨、雖㆑及㆓訴論㆒、代〻御判并奉書已下数通出帯之上者、自今以後至㆓彼寺領之山河㆒、他所之者於㆑令㆓乱入㆒者、堅可㆑處㆓罪科㆒者也者、寺領之田畠山河、如㆓先〻㆒可㆑全㆓知行㆒、次於㆓寺門前㆒、他領之者不㆑可㆑令㆓居住㆒、然者爲㆓祈願所㆒可㆑被㆑抽㆓祈禱之精誠㆒、仍永代不㆑可㆑有㆓相違㆒之状如㆑件、

弘治參年九月四日　　（武田）信方（花押）

四七〇　毛利氏禪昌寺掟書　〇禪昌寺文書

掟216　　（周防）鯖山禪昌寺

一於㆓寺邊㆒殺生禁斷事

一寺中、同山野竹木採用事

一寺僧亂行不實、或惡口諍論、或非法猥輩事

一祠堂物、号㆓裁判㆒構㆓私用㆒未尽輩、并令㆓借用㆒仁、寄㆓事於其時〻弁償㆒緩仁等事

一募㆓權門威㆒非分之沙汰狼籍（藉）人事

右、依㆑爲㆓皆無緣所㆒諸人志、祠堂物、以㆓勸進之助力㆒伽濫（藍）堂舎加㆓修覆㆒、并寺僧遂㆓在寺㆒、國家安全之御祈禱、朝暮之勤行無㆓怠慢㆒云云、然上者、守㆓開基（大内義弘）以来之寺法㆒、可㆑被㆑遂㆓其節㆒之、若背㆓此旨㆒、於㆑有㆓違犯之族㆒者、長秀隨㆓註進㆒、可㆑被㆑處㆓罪科㆒者也、依㆑仰下知如㆑件、

弘治三年九月十五日

（粟屋元親）右京亮（花押）

（児玉就忠）右衞門尉（花押）

（赤川元保）左京亮（花押）

（桂元忠）左衞門大夫（花押）

（飯田興秀）石見守（花押）

四七一　毛利隆元乘福寺法度　〇乘福寺文書

（周防）乘福寺法度条〻217

一正壽院殿（大内弘世）正平十六年　規式九ケ条

一香積寺殿（大内義弘）　式目七ケ条

一檢斷事、就㆓當寺奉行人披露㆒、可㆑有㆓其沙汰㆒、守護代、侍所使等不㆑可㆑入㆓寺家㆒、同寺領所〻同前矣、

右条〻、任㆓去應永十一年卯月十一日國淸寺殿（大内盛見）證判旨㆒、

可レ被レ致二沙汰一之状如レ件、

弘治三年十月三日

大江朝臣隆元(毛利)(花押)

四七二　今川氏三河西尾在城定書写 ○牧野文書

一在(「如律令」朱印)城五ヶ年之內、就二右馬允(牧野成定)一雖説於レ有レ之者、遂二糺明一可二申付一事

一五ヶ年之內、在城相止段於レ成二下知一者、只今就二在城宛行分一者、永不レ可レ有二相違一事

一在城之內、爲二在所見廻一可二罷越一、但、至二于其時一者、名代堅可二申付一事

一同名右近、同名平七郎、原四郎次郎、彼参人之事者、可レ致二番積一、雖説之時者、不レ可レ及二番積之沙汰一事

一牢人被官在城之儀、堅可二申付一、若令二難澁一者、可レ加二成敗一事

付、今度在城ニ付て宛行分、不レ可レ有二訴人綺一事

右條々、不レ可レ有二相違一者也、仍如レ件、

弘治参年 十月廿七日[218] 牧野右馬允殿

四七三　武田信豊若狭諸山寺僧法度 ○萬徳寺文書

(武田信豊)(花押)

國中(若狭)諸山寺僧中格之事[219]

一於二正昭院一不二受法一輩、急度可レ遂二加行灌頂一、於二自余一仕儀、不レ可レ爲レ證事

一於二当院一前々受法輩、代替印可可レ申事

一或号レ有二內々不足一、捨二法流一、對二当院一無音輩、或不レ糺二宗旨威儀一、佛法不二修行一族、可レ被レ處二過怠一事

一於二他國一受法之輩、自然雖レ学二他流一、既於二当國居住一者、就二当院流例一、可レ遂二傳受一事

一乱行風聞輩、於二訴訟申仁一者、可レ有二御褒美一事

右條々、各可レ致二信用一、若於二違犯輩一者、任二先年之御判之旨一、可レ被レ處二罪科一之由、堅被二 仰出一候者也、

仍下知如レ件、

弘治参年十一月十日　筑前守(內藤勝高)(花押)

四七四　北條氏棟別免除定書　○廣徳寺文書

（折紙）寺中門前共ニ棟別之事指置畢220、但、家数之小日記有レ之、向後他郷之者、至二于門前ヘ集一者、可レ為二曲事一候、仍如レ件、

弘治 三年丁巳 十一月　（虎朱印）廿七日　狩野大膳亮（泰光）奉之

庄式部少輔

（武蔵）廣徳寺

四七五　毛利元就等一揆契状　○毛利文書

申合条々事221

一軍勢狼籍〔藉〕之儀、雖三堅加二制止一、更無二停止一之条、於二向後一、此申合衆中家人等、少茂於レ有二狼籍〔藉〕一者、則可二討果一事、

一向後陳〔陣〕掃仕間敷候、於下背二此旨一輩上者、是又右同前可二討果一事

一依二在所一狼籍〔藉〕可レ有二不レ苦儀一候、其儀者、以二衆儀一可レ免事

八幡大菩薩、厳嶋大明神可レ有二御照覧一候、此旨不レ可レ有二相違一候、仍誓文如レ件、

弘治三年十二月二日

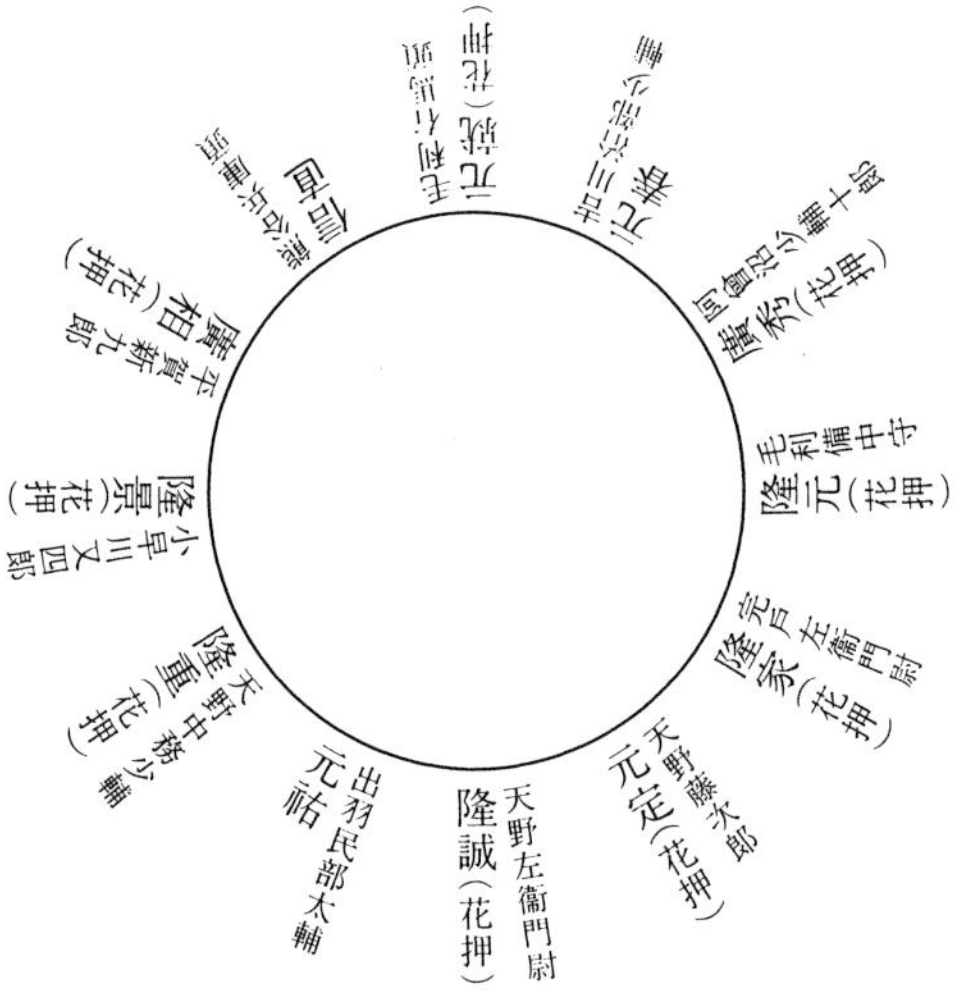

四七六　長尾景長鑁阿寺禁制　〇鑁阿寺文書

禁制

一御堂籠衆可レ爲二外陣一事
一籠衆四門内不レ可二不淨一事
一千度不レ可レ廻レ縁、可レ爲二雨落一事

右、於二鑁阿寺(下野)一可レ守二此旨一者也、若有二違犯之輩一者、可レ被レ處二罪科一之狀如レ件、

弘治三年十二月　日

前但馬守(長尾景長)(花押)

四七七　長尾景長鑁阿寺禁制　〇鑁阿寺文書

禁制

一　甲乙人等狼藉之事
一　夜盗之事
一　殺生之事
一　博智(マヽ)之事
一　乘打之事

右、於二鑁阿寺(下野)一可レ守二此旨一者也、若有二違犯之輩一者、可レ被レ處二罪科一之狀如レ件、

弘治三年十二月　日

前但馬守(長尾景長)(花押)

第二部　參考資料

一　北條實時書狀　○金澤文庫古文書

(武藏)世戸堤内入海殺生禁断事、下知狀令二書進一候222、若違犯輩候者、可レ被レ觸コ仰政所一候也、恐惶謹言、

(異筆)「文永十年」
三月廿九日　(北條)実時狀

二　北條氏多田莊條書　○多田神社文書

條〻

一　(攝津多田莊)當庄作田損亡検見事

右、如二注進目録員数一者、方〻済物并庄立用分令二不足一云〻、山門年貢嚴重異レ他、爭可レ有二難済一乎、爰文永七年以前遂二結解一之處、兩政所致二未進一之上、同八年結解事、度〻雖レ被二催促一、未レ遂二其節一云〻、早以二其未進一、可レ用二彼不足一也、次文永八年結解事、明春二月中召コ進代官一、可レ令二散用一焉、

一　同畠検見事

右、追可レ令レ造コ進目録一云〻、所詮任二目録員数一、守二先御下知一、可レ弁二聖恒念房方一之由、可レ加二下知一矣、

一　去年御年貢内御堂造営分事

右、如二恒念狀一者、云二政所一、云二給主一、致二未進一云〻、事實者、甚自由也、造営重レ年者、非三啻透二公平一、可レ為二給主之愁一歟、然則不日究コ済之一、於二(安東蓮聖)平右衛門入道之前一、可レ遂二結解一、若有二對捍輩一者、可レ令レ注コ進交名一也、

一　去年雑物代錢事

右、如二同状一者、本田方分無沙汰云〻、早速致二其弁一、同可レ遂二結解一焉、

一　給主得分半分事

右、任二本斗代一、可レ致二沙汰一矣、

一　吉書錢事

右、可レ爲二造營用途一之由、先日雖レ有二其沙汰一、粋最少之上、年始御吉事爲二恒例所役一之間、如レ元可レ進二關東一也、

一　被レ寄二進六所權現以下社一稻貳拾柒束事、

一　前司入道(北條泰時)殿御時御寄進修理用途米貳拾石事

右兩條、恒念状遣レ之、早尋二明子細一、可レ令レ注二申一焉、

一　平野又太郎入道、隈尼并都維那師、寺主跡事

右、給人未補之程、恒念房可レ進二退地本一、巨細所レ被レ仰二下別紙一也、各可レ存二其旨一矣、

以前條〻、以二此趣一可レ令レ致二沙汰一之由、所下被二仰下一候上也、仍執達如レ件、

文永十年十二月十七日　　田　部(花押)

沙　弥(花押)

沙　弥(花押)

左兵衛尉(平時綱)(花押)

沙　弥勢(浄心、尾藤景氏カ)

多田庄兩政所

恒念御房

三　宗香定書　○内山文書

(切紙)田の物のよしといゝ、下人のいろ〱のくうし(公事)といゝ、こ(故殿)とのゝ御かいくたし(書下)ならひにたうちとう(當地頭殿カ)との御かいくたし(書下)にまかせて(任)、ちやうし(停止)あるへく候、恐〻謹言、

正平八
七月十六日　　宗香(花押)

内山伊阿弥陀仏

四　今川範氏奉行人安堵奉書　○美作伊達文書

223 就二造淺間(駿河)宮事一、任二先例一、所レ被レ致二徳政之沙汰一也、守二此注文一、知行不レ可レ有二相違一之由候、

文和四年九月十一日

左衞門尉(花押)

沙　　弥(花押)

(異筆)「ふきやうの御はん」

五　後迫兵庫・中崎道幾連署禮文　○樺山文書

深河(大隅)五か村之内、後迫兵庫并中崎道幾入道禮文の事

右之意趣者、案樂兵庫方より雜務之事、公方ニ被レ申候處ニ、彼男女兄弟此間相陰(隠)申候罪科ニよて、既二人共ニ頸をめされへく候つるを、彼彦太郎男みつ女まいらせ上候間、死罪を蒙ニ御免一候、雖レ然科被レ懸候之間、某兵庫か分ニくわ物十貫文并愚身道幾か分ニ五貫文、是ハ少輕科たるニよて被ニ詮申一候、忩と沙仕(汰)へく候、若此分あきらめかけ、如何成けんもん、高家、神寺之御領内ニ罷入候共、子孫まても以ニ此證文一可レ至(致)ニ御沙汰一候、其時一事一言之あらそい申ましく候、殊ニ御賣得之在所にて候へハ、皆納仕候ハさん(ら脱カ)内ニ、本主之儀ニかけ申さるゝ事候共、其後も聊異儀を申さすさたをいたすへく候、仍爲ニ後日一狀如レ件、

應永卅年九月廿四日

深河北方五か村内兵庫(略押)

并中崎道幾(略押)

六　伊勢氏喧嘩合力禁令　○親元日記

(寛正六年八月)廿一日、丙申、(中略)当方(伊勢氏)御被官人等、自然及ニ口論確執一之由、就ニ風聞一、無ニ左右一走向事、一切停止之旨、堅可ニ相觸一之由、以ニ蜷掃ア助貞雄、貞興、親元一奉レ之畢、

七　石寺窪五郎九郎證文　○樺山文書

(端裏書)「石寺くほの五郎九郎文書」

椛山(日向)之内石寺窪之五郎九郎男、相傳之御下人と罷成候文書之事

右之子細者、大公方所とのくほミの御禁制候ニよて、御領内之御成敗をも堅仰付候ニ、穴を堀(掘)候、是たにも重科と承候之處ニ、此穴ニ前田方おとし申候、重疊之過ニよて、命をハ御たすけ御下人と成申候事実也、但、料足五貫文、一

錢も無二[未]進一弁申候ハん時者、御いとまを給候、仍證文之
狀如レ件

〔應〕广仁三年己丑六月十一日

石寺くほの〔五〕□郎九郎（略押）

藏持の御內

毛利殿

御宿所

陶

弘護（花押）

八 陶弘護等連署書狀 ○毛利文書

（切紙） （端裏切封墨引）

(安藝)東西条事、号二德政一、地下仁等相コ催方ゝ殘黨一候之由、其
聞候間、堅固對二安富左衛門大夫行房一被二申付一候、定自二
彼方一其分令レ啓候哉、若任二雅意一德政之儀張行候者、有二
御在郡一、一途可レ有二御成敗一候、縦至二隣國一雖二物忩候一、
於二当郡一者、可レ被レ任二京都御左右一候、其間事者、行房可
レ被二仰談一之条、肝要由候、不レ可レ有二御等閑一候之間、半
心安被レ存候、恐ゝ謹言、

(文明三年)十月廿三日 224

高石三川守 重幸（花押）

內藤 弘矩（花押）

問田 弘綱（花押）

九 細川勝元被官大田行賴奉書 ○島津家文書

雖225二不レ弥候一、鶯籠一、自二(細川勝元)屋形一被レ進レ之候、仍琉球渡海船
事、從二堺邊一近年無二盡期一候哉、所詮向後者、於下無二此印
判一之船上者、追御もとしあるへく候、就レ中彼船ニ有二積錢
事一者、被二取留一、御京上候者、悅喜可レ申候由、懇可レ申旨
候、巨細猶五代筑前守(友平)方可レ被二披露申一候、恐ゝ謹言、

(文明三年)十一月五日

右衛門尉(大田)行賴（花押）

謹ゝ上 嶋津(立久)殿

一〇 上杉房定被官千坂定高奉書 ○毛利安田文書

(毛利)朝廣跡所ゝ、大犯三ケ条之檢断職事、任二大法一可レ被レ致二
成敗一之由、被二(上杉房定)仰出一候、恐ゝ謹言、

文明四
三月三日

對馬守(千坂)定高（花押）

毛利越中守(重廣)殿

二 落合實秀等連署起請文 ○三浦和田黒川文書

入道殿(應田、黒川氏實)[226]様就ニ御歡樂一、宮福殿(黒川賴實)仁不レ可レ存ニ餘儀一之旨、預ニ御尋一候間令レ申候、宮福殿様ニ雖ニ何事候一一切無ニ餘儀一可レ奉レ仰ニ惣領一候、殊出相之喧嘩、雑務及レ恥事候共、入道殿様如ニ御掟之一、宮福殿廿歳御成候迄、萬端致ニ堪忍一、御成敗ヲ可レ奉レ待候、各ゝ同前ニ爲ニ自今以後一判形ヲ相居申上候、若背ニ此旨一候ハヽ、

日本國中大小神祇、天照大神、春日大明神、別而三浦十二天、八幡大菩薩可レ蒙ニ御罸一候也、

仍起請文如レ件

文明十二

十月五日 ○紙繼目裏ニ應田ノ花押アリ、

落合大炊助

実秀(花押)

田中

実助(花押)

山本帯刀左衞門尉

儀元(花押)

五名千松丸

山之庵

喜榮(花押)

三 北畠具方書状 ○澤氏古文書

「(ウハ書斷片)(捻封墨引)澤兵ア大輔とのへ 具方(北畠)」

於ニ(伊勢)神戸六郷内一、權家扶持人限ニ廿一ヶ年一可レ破之由、先代(北畠政郷)以ニ上使一被レ打レ簡上者、至ニ于今一不レ可レ有ニ相違一、仍以ニ彼簡面一、嚴重尚可レ有ニ成敗一候也、謹言、

(異筆)「長享元」

九月十七日 (北畠具方)(花押)

澤兵部大輔とのへ

亖 北畠材親書状 ○澤氏古文書

「(ウハ書斷片)澤兵部大輔(方滿)とのへ 材親(北畠具方)」

西黒ア(伊勢)[227]百性(姓)放劵并質地等事、任ニ法度[228]旨一可レ有ニ成敗一候由、令ニ存知一候也、謹言、

(異筆)「明應三年甲寅」

九月六日 (北畠材親、モト具方)(花押)

澤兵ア大輔とのへ

一四　北畠具方條書　〇澤氏古文書

御判條々（北畠具方）（花押）

一伊勢、大和分領知行事、任二先代（北畠政鄉）書出之旨一領掌上者、不レ可レ有二相違一候也、謹言、

一伊勢、大和一族被官事、背二惣領一、自然雖レ有二直奏申儀一、可レ爲二面々成敗一上者、不レ可レ有二許容一也、

一新介雖レ被二召出一、於二面々家督一者、雖レ有二望申儀一、不レ可レ有二許容一事、

一領中四至堺傍尓等事、可レ爲レ如二前々一、

一新介買德事、同名被官以下迄、同之名字付被二仰付一候上者、存知之旨、領掌不レ可レ有二相違一、

一伊勢、大和同名被官事、秋山不レ可レ爲二許容一、兩方共可レ爲レ如二前々一、

一号二借物一雖レ有二申子細一、先御代以二成敗一就二德政行一、不レ及二沙汰一、

一宇（大和）多郡福智庄事、依レ爲二本領一、如二前々一領掌不レ可レ有二相違一候、

長享元年
一分領西墨（黑）部（伊勢）關所檢断、如二前々一可レ被二申付一候、并新扶持人事、雖レ爲二權家權門一、被二停止一上者、縱雖レ有二申子細一、不レ可レ有二許容一候、領掌上者、不レ可レ有二相違一、

一於二神ア（戸）六鄉之內一關所檢断事、雖レ爲二權家權門一、如二伊（澤康滿）与守代一可レ被二申付一之旨、領掌不レ可レ有二相違一、

長享元
一於二神戸六鄉之內一、權家扶持人限二廿一ヶ年一可レ破之由、先代（北畠政鄉）以二上使一被レ打レ簡上者、至二于今一不レ可レ有二相違一、仍以二彼簡之面一、嚴重猶可レ有二成敗一候也、

延德貳
一分領神戸六鄉事、任二祖父伊与守（澤泰廉）代例一、雖レ爲二權門被官扶持人一有二重科一時者、可レ被二闕所一之旨領掌上者、今度坂內殿訴論闕所事、無二相違一可レ被二申付一候也、

一御糸（伊勢）關所檢断事、雖レ爲二權家權門一、如二伊与守代一可レ被二申付一候、領掌上者不レ可レ有二相違一候、

右、判形條々事、高田參河守被二預置一候処、丁巳（明應六年）年大和國一亂之時紛失之由被レ申間、如二最前筋目一領掌上者、下知不レ可レ有二相違一候也、謹言、

明應八己未
八月二日　(北畠具方)(花押)
澤兵部大輔(方満)とのへ　〇紙繼目裏四ケ所花押アリ、

一五　米鹽噌荷留　〇後法興院關白記

(明應八年九月)
六日癸亥、晴、(中略)(頭書)「自二今日一河原ニ立レ關云々、米、塩ソ(噌)不レ可レ出二京中一云々、寄二事於左右一落レ荷云々、」
八日乙丑、晴、(中略)河原關停廢云々、可レ然事也、
九日丙寅、晴、昨今荷物少々遣二石藏一、河原足輕關不二停廢一云々、剩有二兩關一云々、言語道斷事也、

一六　大友親治書狀　〇志賀文書

(端裏ウハ書)(切封墨引)
「　　　　(大友)親治」
老衆と中
又毎々かやうの儀につゐて、直納と申事不レ可レ然候、如レ此申出候上ハ、任二前々旨一、役人より外ニとかくの儀、曲事たるへく候、
世帯不弁之儀、如何被二申談一候哉、はや二ケ月及ひ飢にのそみ候事、前代未聞不レ及レ申候、これハ我々か恥辱と可レ申候哉、各いるかせ(緩)と申へく候哉、失二面目一たる子細候、さ候間、諸郷庄点役事、國中平均ニやふり候よし、及二度々一雖二申候一、于レ今無二其実一候、曲事候、一向年寄中いるかせに候間、世帯以下の事このまゝ捨置れ候ハんするも、なに〳〵と被二申合一候ハんするも、爲二父子一兎角申かたく候、われらニかきり候ハす、国のせいたう(政道)を持候ものハ、前代より准田段錢ニてこそ國の補ひをも仕けに候へ、近年ハ諸役人けつけかんちやう(結解勘定)なとゝ申計も候ハす候へハ、役人のふとくしん(不得心)をも、諸給人のあうりやう(押領)をも、不レ及二分別一候、たま〳〵いま程志賀内者在苻(府)のよし申候へハ、かたく被二申聞一候て、直入(豊後)郷諸給人点役免許のよし申候ハんする仁の交名をしるし候て注進候者、そのうへニてしか〳〵と申付へく候間、一たひ分別をもて申さためて以後ハ、たれ〳〵(誰)とかくわひ(侘)事候とも、取上候て承ましく候、老中の事ハ不レ及レ申候、きんしゆさい(近習細)〳〵の者として、とかくわれ〳〵か耳に入候ハヽ、所せん取上候ハんする其身ニまつ〳〵ふちん(浮沈)をさせ候へく候、直入ニかきらす、諸郷庄此

むね同前たるへく候、雖レ然万壽寺(豊後)ゝ領、勝光寺(豊後)領事ハ免
許たるへく候、此外ようろ給とやらんを立候仁などハ、分
別入へく候哉、可レ被レ得二其心一候、恐ゝ謹言、

三月十五日　　親治（花押）[229]

老衆ゝ中

一七　大内氏奉行人奉書写　〇防長寺社證文九總社八幡藏

就二防長両國寺社領半済法度条ゝ事一、以二去明應八年卯月廿
一日奉書一被二仰出一處、彼背二奉書之旨一半済給人押妨之由、
社家愁訴無二余儀一之通被二仰出一畢、然者任二已前奉書旨一、
畠地、山野、河海、供僧、僕徒(従)、社官并菜薗以下等事、
爲二給主一不レ可レ及二濫吹一之由、重而所レ被二仰出一也、仍執
達如レ件、

文龜弐年卯月十日

右兵衛尉（花押）
中務丞(龍崎道輔)（花押）
兵部丞(弘中武長)（花押）
木工助(杉弘依)（花押）

厚西郡惣八幡宮領
[230]社官中

一八　大内義興奉行人奉書　〇興隆寺文書

就二公方様(足利義尹)御上洛御用一、去年永正元、被レ相二懸御分國中一加増
段銭内、氷上山領分事、御申通、以二御札一遂二披露一候、仍
彼御要脚事、雖下被レ定二御足付一候上、当山領事、別而可レ被二
免除一之由被二仰出一候、此外者、縦前ゝ雖二御免許在所候一、
不レ可レ準之旨、能ゝ可レ申由候、恐ゝ謹言、

二月廿九日(永正二年)　　武清(杉)（花押）
貞頼(宮河)（花押）

問田大藏少輔殿(弘胤)[231]

一九　中屋常慶置文　〇浜野源三郎家所藏文書

(端裏書)「永正七　両浦(海)うミのさかい(境)時かき物」

(本文行間ニ在リ)「尚ゝ無爲成候事、同卯月廿一日ニ出府仕候て御両所様へ申上候へハ、尤
めてたく候由、御意候、御公事ニハなり候ハす候へ共、御両所様ニて

らつけ《落居》行候間、末代ニおき候て、如レ此可レ申候也、」
近年はしめて川野ニはまちあミ《飯網》さゝれ候付而、うミ《海》のさか《境》いの事、当年十四五年成候時、わかさひるか《若狭日向》浦三郎二郎と申者、当浦をたのミ《頼》はまちあミ《飯網》さし候、同つねかミ《常神》浦はう《祝》りこん《権守》の上、かわの《河野》ゝ善あミ《阿彌》のところをやと《宿》にし候て、当浦之うミ《海》にあミ《網》をさし、此両人地下へうミの年《貢脱カ》を過分ニあけ、此上ニはまちを刀祢、地下へなます魚ニあけあミ《網》をさし候所ニ、川野之坂のしり上くわん入道、同大郎衛門両人当浦之内ニあミをさし候間、則使をたて、やかてあミをあけさセ候所ニ、其已後河野地下人皆ともはまちあミをさゝれ候とて、けつく《結句》さかいをこし候てさゝれ候間、永正六年卯月ニ刀祢百姓中出府仕候て、此子細を御両所様《青木康忠・印牧廣次》へ申上候所ニ、先とよりうミ《海》山ニさかい候間、来明年けんし《検使》を出し、さかいを御たてあるへき由、御さため候、永正七年卯月ニ御奉行を申うけ、さかいをたて可レ申候所ニ、両浦共ニ大儀之御公事ニ成可レ申候、さかいの事ハ、当浦之内さるおの川をあけハさかい、向浦ハ立石浦の下のはなをさかいニて可レ有候、但、両浦之事ハ、何事も公方御用ハ申合候ニ、此公事ニ中わるく成候てハ、末代共ニ大事ニて候とて、中屋常慶入道いとこ《従兄弟》のはしつめさへもんニ談合候て、しよせん《所詮》如ニ先と一道慶入道殿刀祢御持候時、中屋めうくわん并ニ今《川野》の刀祢しんふ《親父》さへもん殿刀祢もたれ候時と、我とか刀祢を持候てもはや四十四五年ニ及候間、川野のうミ、今泉之うミとさかいをたて不レ申共、先とのことくかわの《河野》ゝうミにも今泉よりしせん《自然》れう《漁》を仕候ハゝ、あミをもさし、又つゝ《筒》もかんくいをも取、又今泉のうミにも川野よりあミをもさし、つゝもかんくいをも如レ先の取、たかい《互》ニうお《魚》と水とのことく申合候ハゝ、末代目出度あるへき由、はしつめさへもん使ニて、河野一はんしやう《番上》御百姓之内両永、同今之刀祢のおち両ちん方へ申候へハ、此きもんともニて候、則刀祢のさへもん大郎并ニ御百姓中へ申届られ候へハ、尤可レ然候とて、やかて四月十二日ニはまち五しやく《尺》代貳百文持セ、御百姓中皆と今泉へ礼ニ被レ出候、やかてめし《飯》とさけ《酒》ニてもてなし候て、則十六日ニ当浦より樽之代參百文持セ、川野へ百姓中道（同）仕候て罷出候、これもめし（飯）とさけ（酒）ニて兩浦中をなおり（直）候、於二末代ニ一川野うミニても、今泉之うミニても、たかい（互）ニあミをさし、つゝもかんくいをも取、川野山ニてハ草をかり、菜さうし（雑事）をも如二先と一取、末代取可レ申候、若すへ（末）ニ成候て、川野よりとかく被レ申候ハゝ、当浦のさかいさるおの川をあけハさかい、むかい浦ハたて（立）いし（石）浦之しもはなをさかいニ、かわの（河野）ゝ人ニあミをさゝセましく候、これハ末代しセう（支證）ためニかきおき候也、仍狀如レ件、

永正七年四月十六日　　今泉刀祢
　　　　　　　　　　　中屋常慶（花押）

此セうもん（證文）ハ
青木殿（康忠）
印牧殿（廣次）御意をうけ申道行候間、於二末代ニ一とかく申人兩浦ニ出來候ハゝ、
同名としてかたくさいくわ（罪科）可レ仕候、

二〇 赤松義村徳政制札抄 〇古代取集記録

札之在判　下野守（赤松則貞）　小寺ノ加賀守（則職）
一同年（永正八）十一朔日、御成敗而當國（播磨）德政行候、則内山宿仁被レ打レ札畢、其文言云ク、於二旧借錢一者、悉以寄破幷（弃）年内借錢現貨（質）物仁於者、可レ有十分□事、將亦信貴講頼支等、一圓被レ破畢、

于レ時在庄　西政所快親湯屋坊
　　　　　　東政所懷俊脇坊

二一 朝倉氏？奉行人奉書案 〇西野文書

今度御一（折紙）かう（行）をもて、そうこく（總國）へミちはし（道橋）の事被二仰出一候 232
處ニ、当浦（越前河野浦）、今泉とこんらんして、つくるましき由候、くセ事候、殊ほつこくかいたう（北國街道）の事候条、さう〳〵先とのことく、今泉と申あはせつくらるへく候由候、次[た]いら（大良）並あかはきミち（赤萩道）の事、おなしミちニ候といへとも、其も当所とあひともに（相共）、能とつくらるへく候、其方より人馬つうろ（通路）の事候を、いらんこ（違亂）ゝろへかたく候、きつとをの〳〵罷出つくるへきよし、かたく[可]レ申むね候也、

永正十二壬二月七日　広宗《ミんふ》
　　　　　　　　　　重信《すみ》

河野うらの
とね(刀禰)とのへ
百姓中

三 大内義興奉行人奉書案 ○永弘文書

(端裏書)
「就二当郡(豊前宇佐郡)御段錢一御奉書案文」
就二御段錢之儀一、清錢、悪錢受用之□、巨細言上候、此之儀、郡内地下要用分、可レ用二三和利錢一事も、可レ任二民人心一候、於二御段錢一者、如二前々一、以二撰錢一可レ令二収納一旨、對二上毛(豊前)下毛兩郡一、以前堅固被二仰出一候、於二于今一者、彼御奉書可二下着一候哉、以二右趣一、当郡之事、堅可レ被二究済一之由、能々可二申□(渡)一候、恐々謹言、

永正十三
八月十二日　興重(杉)在判
佐田(泰景)大膳亮殿

三 大釣齋政道上坂定書 ○總持寺文書

(端裏書)
「大釣斎　五箇條　惣持寺」
今度當寺(近江總持寺)就二師壇(檀)義絶一、御住持御隠居之事、不レ可レ然由申合候、就レ其爲二始終一、以二一書一申入候、

一當寺爲二無力一上者、院家諸堂雖レ及二大破一、爲二壇(檀)方一不レ可レ及二違乱仁一、雖レ然爲二當御住持一、聊無二如在一可レ被レ加二修理一之事

一壇(檀)那一家披(被)官衆、至二テ時一對(帯)二刀杖一、不レ可レ及二悪口乱入之儀ニ一、背二此旨一者、可レ行二堅罪科一、雖レ然、別而於レ有二子細一者、蜜(密)々仁以二使者一可レ被二申分一之事

一朔日、節句、又者至二テ時ニ一礼出入之輩、御住持御參會之事、雖レ爲二縦遅々一、既師壇(檀)常住衆之上者、不レ可レ及二違乱悪口仁一之事

一於二寺内寺外一、無レ形事致二讒訴一、御住持於レ令レ及二御迷惑一輩上者、何時モ尋聞出、當二其時仁一、任二大法之旨一可レ行二罪科一之事

一少々口舌事者、師壇(檀)共ニ不レ被二聞耳ヲ立一、諸篇可レ爲二無爲一之事

右條々如レ此之申事、雖二憚多候一、爲二上意一、從二祖父上野入道代一、当寺之奉行儀被二仰出一候、

愚老儀モ年罷寄候之条、乍二斟酌一、此分意見申上候、不レ少二其恐一候、然上者、此等趣代と御住持并御門中、向後可レ有二御存知一者也、仍狀如レ件、

大釣齋

永正拾八年辛巳六月九日　政道(上坂)(花押)

惣持寺
参

二四　大内義興奉行人奉書案 ○到津文書

(豊前)当國宇佐領事、従二前と一諸典役御免許之条、間別事可レ被二相除一之由、以前被レ成二奉書一候處、今度間別之事、國中不レ謂二免許一、可レ被レ申二平抅(均)一之由、被二仰出一之条、可レ爲二如何一之由、被レ申通令二披露一候、雖レ然、宇佐領事者、異レ他之間、別而可レ被二免除一之由、重而可レ申由候、恐と謹言、

大永元
十二月十四日　(杉)興重
(杉)興豊

杉(興長)豊後守殿

二五　大内義興奉行人奉書 ○松崎神社文書

對二(周防)松崎坊中一諸篇御尋之處、御神事方、其外坊領以下沽却子細等言上畢、仍寺社領買得事者、爲二御代と御法度一、堅被二停止一者也、然者急度對二賣主一可レ返コ付之一、若於下背二此旨一輩上者、一途可レ被二仰付一之由、依レ仰執達如レ件、

大永四年六月七日　(吉見弘頼)備中守(花押)
(野田興方)兵部少輔(花押)

大専坊

二六　三好元長書下 ○古文書(東京大學史料編纂所藏)

(折紙)山城國下五郡守護代職之事、被二仰付一候間、毎端如二先と一可レ致二其答一、異儀族在レ之者、追而可レ加二成敗一也、仍福地又太郎爲二与力一申合条、於二自然儀一者、可レ被二合力一、若被二難渋一者、可レ爲二曲事一者也、仍狀如レ件、

大永八
七月十一日　(三好)元長(花押)

東寺公文所雜掌中

二七　大友義鑑老臣奉書写　〇香椎宮社家古文書写

就二(筑前)香椎御神領質券買得之儀一、大宮司へ(マヽ)言上之旨令二披露一之處、社家仁未断之扱非二沙汰限一、所詮、如二前〻一彼社家可レ有二存知一之段、被二仰出一訖、被レ得二其意一、堅可レ被二申付一、於二向後一茂、如レ此之類於レ有レ之者、云二賣人一、云二買人一、一途可レ被レ成二御下智〔知〕一之由、依レ仰執達如レ件、

享祿四年十二月廿三日

伊賀守(本庄右述)在判
左衞門大夫(吉岡長增)同
大和守(田北親員)同
和泉守(山下長就)同
前伊賀守(田口親忠)同
丹後守(入田親廉)同

香椎郷政所殿

二八　立野吉井信榮書状　〇法隆寺文書

「(端裏ウハ書)(切封墨引)　立野吉井
(順興)筒井殿　御宿所　信榮」
まいる

就二德政之儀一(大和)法隆寺江借下事、悉可レ致二弃破一由候、意得申候、借書之事、他所置候之間、只今不レ進レ之候、更非二別儀一候、為二後證一一筆申候、恐〻謹言、

天文貳癸巳三月四日　信榮(花押)

筒井殿
まいる
御宿所

二九　今川氏輝奉行人奉書写　〇掛川誌稿

被官百姓等懸落、(遠江)天方知行之内令二徘徊一之間、年来可レ還之旨雖二相屆一、于レ今難澁ニ候、甚以不レ可レ然、只今被レ得二上意一候旨、一返相屆、其上於二不レ還候一者、見合可レ取之旨所レ被二仰出一也、仍執達如レ件、

天文五
二月十七日　右兵〔衞脱〕尉親德(朝比奈)

右ヱ門尉親貞
尾上彦太郎殿（信正）

○底本、改行セズ、意改ム、

三〇　細川晴元奉行人茨木長隆奉書案　○親俊日記天文八年十一月廿五日條

御料所桐野（丹波）河内村事、号二損免一依レ令二逃散一、既　供御及二闕如一条、企（所行企）所行言語道斷次第也、所詮今度致二會合一人数無二其隠一上者、可レ被二相尋一子細在レ之条、來二日以前、各可レ致二参洛一、若令二其怠（遅カ）一者、可レ被レ成二御成敗一之由状如レ件、

天文八
十一月廿五日　長隆（茨木）233

当所名主百姓中

三一　織田達勝書下寫　○美濃毛利文書（岐阜縣史）

（折紙）（尾張）
今度中嶋郡大須郷就二徳政之義一、號二永代一土貢下地之事、不レ限二年數一召返可レ爲二相計一候、縱雖レ在二免許之狀一、前後共ニ令二棄破一可二申付一候、若違犯之輩在レ之者、速可レ處二嚴科一者也、仍狀如レ件、

天文九
十月廿日　遠勝（織田達勝カ）

毛利掃部助殿
一揆中

三二　細川晴元奉行人奉書　○日本中央競馬會競馬記念館所藏文書

（折紙）
城州上鳥羽馬市事、初而相立之条、被レ懸二高札一上者、守二条数一、無二聊尒一之様、地下中堅可レ被二相觸一之由候也、仍執達如レ件、

天文十
八月六日　爲清（飯尾）（花押）

湯淺又次郎殿

三三　日蓮衆徒等連署請文案　○蜷川家古文書

申定條と234

一　白袈裟、索（素）絹并朱柄笠、塗足駄等用レ之公界俳佪（徘徊）停止、同紫以上之袈裟者、雖レ爲二寺内一、不レ可レ令二着用一事
一　地下人等葬送之時、着二用　勅會之時裝束、同甲袈裟一

并令二乘輿一〔洛脱〕中往還之儀、不レ可レ有レ之、平絹之白五条、但、老者青色、張衣可レ用レ之、但、住持分於二高家之仁躰一者、〔素〕索絹、紫袈裟可レ有二着用一、然上者、塗輿不レ可レ有二子細一、但、一寺仁宿老壱人宛紫袈裟可レ令二着用一、但、乘輿者、不レ可レ有レ之事

一　僧俗共以法席之外、對二公界之諸人一、号二法理一諍論之儀、不レ可レ然旨、令二存知一事

右條々、雖レ爲二一事一、於二違犯之仁躰一者、爲二其寺一可レ被二成敗一、若於レ無二其働一者、可レ預二其沙汰一者也、仍連署之狀如レ件、

天文十六〔年脱カ〕丁未六月十七日　本國寺　日泰　判在

法花寺　日要　同

本能寺　日宗　同

進藤山城守(貞治)殿

平井加賀守(高好)殿

三四　大友義鑑雉法度書狀　〇松野直友本大友文書

(豊後)雄城臺近邊、其方領內山野雉法度事、度々申候、倍稠可レ被二申付一候、万一法式之上猥族候者、能々相究、以二交名一可レ承候、以二其上一一途可二申出一候、恐々謹言、

(天文十八年以前)八月十三日　(大友)義鑑(花押)

(豊後)賀来社
大宮司殿

三五　北條氏反錢定書　〇陶山靜彦氏所藏文書

(竪切紙)反錢六貫三百卅文相調、九月十日以前小田原(相摸)へ持来、関弥三郎ニ可レ渡レ之、日限相違ニ付而者、可レ入二譴責一、但、御法度三文惡錢可レ撰者也、仍如レ件、

(天文廿一年)壬子八月十日(虎朱印)

(相摸)田名
百姓中

三六 北條氏康定書 ○大藤文書

金谷斎（大藤）一跡之事、嫡子筋無レ之ニ付而、雖レ爲二末子一、彼一跡申付候、第一ニ一戰方之儀、晝夜共ニ心懸、於二武具等一可二相耆（嗜）一事、第二ニ者、寄子、被官可レ然者を聚、人を可二改撰一事、第三ニ者、邪之儀、非分無レ之様ニ、觸口以下可二申付一事

右三ヶ条、致二無沙汰一人衆等、然と与無レ之ニ付而者、何時も一跡之事可二召放一者也、仍後日狀如レ件、

天文廿一年壬子十二月吉日　　氏康（北條）（花押）

大藤与七殿

三七 安藤良整書状写 ○相州文書十三鎌倉郡澁谷惣右衛門藏

如二貴札一、春已來不二申承一候、意（慮カ）外之至候、仍鎌倉番匠善右衛門事、就二御扶持一者、世上之細工不レ可レ致レ之候、賃を取候て、大途細工致レ之番匠ハ、年中卅（マヽ）御番被二仰付一候、掟如レ此候、然ニ善右衛門賃を取致二細工一由、申仁有レ之候而、雖二召寄候一、御扶持之由申ニ付而、一旦相止候、向後他人於二大工所一賃取細工致レ之間敷由、可レ被二仰下一候、拙者被官之[235]無レ事候、爲二衆中一問答人並落着申候ハねハ、自面も如何候、番匠大法[236]、善右衛門ニも能可レ致（存カ）候、就レ中蠟燭一ヶ被レ懸二御意一候、過当之至、難二申盡一祝着候、猶奉レ期二來信一候、恐と謹言、

卯月十一日　　安藤豊前

良整（花押）

芳春院（周興カ）貴報

補註

1　この定書が前号定書同様北条泰時発令に係ること、小田雄三氏「摂津国多田庄と鎌倉北条氏」(『名古屋大学教養部紀要』第三四冊三〇頁)を参照。第一条に係わる事件の文書を左に掲げる。

前司入道殿(北條泰時)御下知案文

多田院御家人六瀬右近將監行弘已下輩、自二領家三位家一蒙二勘氣一夜討問事、就二歎申一、被レ申二子細於本家近衞殿(兼經)一、明御沙汰之處、無實之条顯然也、此上者、早可レ令レ安二堵本領一之由、可レ被レ觸二仰彼輩一候也、同御家人爲二羽塚、森本馬允、安福野次、十倉小源太、馬允等一寄二事於領家一、押二取同御家人之職名田一之条、太以不レ輕二罪過一、早於二彼輩一者、削二御家人之名一、可レ被レ召二上名田等一之由、御氣色候也、仍執達如レ件、

嘉禎三
三月廿八日　左衛門尉盛綱(平)在判

大藏丞殿(奉綱)

〔多田神社文書〕

この奉書を承けて、

夜討間事、於二本所一申御沙汰候之處、爲二無実一之条、顯然也、早被レ觸二申領家一、可レ令二安堵一之由、平左衛門尉(盛綱)奉書如レ此、正文依レ相二交他事一、案文遣レ之、此上者、可下令二安堵一給上候、恐々謹言

嘉禎三
四月一日　大藏丞奉綱在判

謹上　六瀬右近將監殿(行弘)

〔多田神社文書〕

なお、奉綱は満願寺旧記写の中の嘉禎四年四月日付多田荘政所大藏丞奉綱奉下知状写の見出に「鷹野大藏丞」と見える(『かわ

にし『川西市史第四巻』四八二頁、満願寺文書一〇号)。

2　この置文は、第一紙の後部を截断し、書き改めた第二紙を貼込んだらしく、第一紙は横幅がやや短く、「已上」以下「検二宛彼田数一定ㇾ之畢」までを書いた第二紙は殊に幅が狭い。しかしいずれの紙継目裏にも定心の花押がすえられており、かつ又すべて定心自筆ではないものの同筆とみられ、他者による改竄ではなかったものと考えられる。

3　守護使の寺中入部停止は、泰清の孫貞清に承継されたことが、左の書下によって知られる。

鰐淵寺中入部守護使事

右、任二去建長六年四月日祖父信濃前司(佐々木泰清)于ㇾ時検非違使、状一、可ㇾ令ㇾ停二止守護使乱入一之、但、有ㇾ限犯科人出来時者、為二衆徒沙汰一、不日可ㇾ被ㇾ召二渡守護所一之状如ㇾ件、

正中二年五月日

守護人前近江守源朝臣(佐々木貞清)(花押)

〔鰐淵寺文書〕

4　本文書については、同日付、尊光寺阿弥陀如来并びに本坊本尊への尊光山野田畠寄進状に、「又御勤之作法并条〻之禁制載二別紙一畢、又此寄進之状并寺之式目奉ㇾ付二進于本坊之本尊一畢」と記されている(高城寺文書)。

5　多田院造営に関しては、本定書より少し前に得宗家公文所から、左の奉書が出されている。

(折紙)

(摂津)多田院修造条〻

一　勧進聖恒念申御寄進當庄御年貢以下給主田畠得分半分納二下蔵在所一事

被ㇾ相二尋政所一之處、任二聖意一可ㇾ令ㇾ造之由、被ㇾ出ㇾ状了、然者早令ㇾ造二蔵於寺内一、相二副政所使者一致二納下一、怱可ㇾ造二替本堂一也、

一　人夫事

随二聖之要用一政所平均令ㇾ配二分于庄内一、可ㇾ令二催仕一也、

以前両条、充ニ給下知於恒念一畢、令レ存ニ知其旨一、可レ被レ致ニ沙汰一之由所レ候也、仍執達如レ件、

文永九年九月五日　　(平)時綱(花押)

浄心(尾藤景氏)□

多田庄政所

なお本文差出書、「沙弥」に付けた浄心の傍注は細川重男氏の御教示による。

6　本定書と同日付で、新作田・仏供田を大山寺に寄進することを寺僧に報知した文書の写がある(大山寺重書目録幷文書写)。

一仰出　伊川上庄大山寺住僧等處

條々子細事

一　新作田事

一　御佛供田事　地新内二段

右、於ニ二ケ條一者、且爲ニ亡父御芹一、當山藥師如來奉ニ廻向一処也、雖ニ後々末代一、違乱可レ令ニ停止一者也、仍下知之狀如レ件、

建治二年潤三月廿六日　私云、地頭景親也、

書出しといい、事実書といい、定書と同人のものに相違ない。ここにみえる景親には、安貞二年六月晦日付の地頭中原景親新田施入状写があるので(同上書)、注記が正しいとすると、定書は中原景親のものとなる。ところが、同書を大山寺重書目録にみると、そこでは「一通同新田幷地新寄進　建治二丙子壬三廿六日　景氏」となっている。この景氏については、弘安六年正月廿七日付藤原景氏地頭新作田寄進状が残っている(太山寺文書)。景親とすると、安貞二年(一二二八)から建治二年(一二七六)まではほぼ五十年の間があり、やや無理を感じさせられる。その点では弘安六年(一二八三)の景氏の方が自然といえるのだが、この場合にもしかし問題はある。それは花押の筆順は同じくみえるのだが、特に右半分の姿に相違があって、にわかに同人のものと

言い難い。いずれにせよ、確としたことは今のところわからない。

7　貫達人氏「北条実時の置文について」(『三浦古文化』第二八号)に写真、解説、釈文が掲載されている。

8　本禁令の発布主体は得宗北条氏であろう。この禁令と同日付で、多田院四方殺生禁断堺定置文案がある。

定置

多田院四方殺生禁断堺事

限レ東惣政所東浦木　限レ西石屋大谷西岑

限レ南風尾　　　限レ北鷹畑谷南岑

右、為二四至内一、令三殺生一於二輩等一者、不レ論二上下一、且可レ令二關東注進一状如レ件、

弘安四年四月十八日

多田神社文書は現在成巻されているが、この置文案の前には「殺生禁断之時御使置文、裏判ハ嘉元四五十■〔被〕■■〔了〕被レ擬二正文一畢」と記した短冊形の紙がある。さて、この記文の中の「裏判」にあたると思われる花押が、前記した定置文案の四至を記した部分の紙背下方にある。『かわにし（川西市史第四巻）』によれば、この花押は、「多田院雑掌申山河殺生事、去弘安四年可レ令二禁断一之由、被レ定レ堺下知了」で始まる、嘉元四年五月十日付得宗北条氏公文所奉行人連署奉書の日下に「藤原(花押)」と書かれた花押と同一であるという。置文案は多田院雑掌によるこの嘉元四年の訴訟の際、公文所に提出されたものであろう。この事からして禁令ならびに置文案に見える「關東」とは、得宗北条氏をさし、その発布主体も同氏となる。

なおここには具体的に四至が示されているが、基本的には寺から十町四方を範囲と考えていたものの如く、殺生禁断を命じた弘安四年二月廿日付北条氏公文所奉行人連署奉書に、「自二本堂一限二四方（東西南北）拾町一」とみえ、永仁六年四月廿日付同奉書にも、「御堂外槨拾町」と記している(多田神社文書)。

9　本掟は正和三年に改定される(大山誠一氏「「竹崎季長置文」について」、石井進氏編『中世をひろげる』所収)。ところで秋

岡隆穂氏所蔵文書の中に、竹崎季長が署判した文書は三点ある。本掟と正和三年の改定法、ならびに正和三年正月十七日付寄進状である。このうち、改定法と寄進状とは塔福寺文書にもあって、彼此比較すると、寄進状の場合、秋岡氏所蔵のものは、花押の筆勢といい字体といい、塔福寺文書のものの写かと思われる。字体についてみるならば、塔福寺文書のものが「宛」と書いた字を、秋岡氏所蔵のものは「宛」としている。「宛」「宛」とも「充」の異体字であるが(太田晶二郎氏「異体字一隅」、『太田晶二郎著作集　第五巻』四一八頁、四二二頁)、いずれかといえば古くは、一般に前者を用いている。時代が降るにつれ、「宛」が多用されるようになり、江戸時代ともなれば、本来「あて」の語義がない「宛」を誤用、これが一般化して今日に至っている。一例をあげるならば、細川文書、永享六年六月十九日付足利義教充行状で「宛行」としている文字を、江戸期作成の系図に転載したものでは「宛行」としている如きである。以上のような流れから正和三年の寄進状をみてみると、上述の如く、秋岡氏所蔵のものが写となる。

さてこの「充」字に注目して、塔福寺文書の正和三年改定法と、秋岡氏所蔵文書の同法及び本掟を対比してみると、塔福寺文書は「宛」、秋岡氏所蔵の二点はともに「宛」を用いており、後者のものも花押を載せてはいるものの、何れも写であろうかと思う。なお本掟の正文は管見に触れていない。

10　この制符は鎌倉円覚寺に現存し、『円覚寺史』のいう如く「禅院制符条書」であることは誤りないが(六九頁)、第三条で殊更に比丘尼、女人が北条時頼の忌日である廿二日(弘長三年十一月廿二日歿)に禅興寺へ、同時宗の忌日である四日(弘安七年四月四日歿)には円覚寺へ入ることを許す旨を記していることから禅院一般を対象としたものではなく、得宗北条家の外護する禅院に限定されるものと考えられる。なお、禅興寺と時頼との関係について、貫達人氏は「禅興寺は時頼の建立した最明寺が廃寺となっていたのを時宗が再興したもの」と述べておられる(『鎌倉廃寺事典』一〇八頁)。

11　寄進地は恐らく尾張中島郡所在の池尻、寄進を受けたのは円覚寺、寄進日は十一月十八日であろう。円覚寺文書に、尾張国中嶋郡南条下池部里に在る今村福満寺を円覚寺に寄進した十八日付覚蔵等十六名連署寄進状があり、連署者の中の源内入道と僧

本性は本寄進状にも署名している。また正和四年十二月廿四日付円覚寺文書目録に、

一通　今村福萬（マヽ）寺寄進状嘉元四年十一月十八日

一通　池尻寄進状同日

とみえ、後者が本寄進状であることはほぼ誤りあるまい。

12　六波羅探題北方として在洛していた金沢貞顕が、鎌倉にいたであろう被官の富谷左衛門入道に、この事書の施行を命じたものが、左の貞顕袖判倉栖兼雄奉書である。事書と奉書は内容が一致し、同筆にかかる。

（折紙）（金澤貞顯）
(花押)

（武藏）金澤瀬戸橋内海殺生禁断事、ゝ書一通遣レ之、且存ニ知其旨一、且相ニ觸金澤、（武藏）冨田給主等一、可レ被レ致ニ嚴制一之由所レ候也、仍執達如レ件

延慶四年三月廿二日　（倉栖）兼雄奉

冨谷左衛門入道殿

〔柳瀬福市氏旧蔵文書〕

ところでここにもう一通、同日付で、武蔵金沢称名寺長老釼阿に充て、事書を送る旨を記した貞顕書状がある。

（武藏）稱名寺ゝ内山木山畠并（武藏）金澤瀬戸内海殺生禁断事、ゝ書一通進レ之、可下令レ致ニ嚴密沙汰一給上候、且於ニ殺生禁斷一者、相ニ觸政所給主等一候了、不レ可レ有ニ緩怠之儀一候歟、恐ゝ謹言、

（延慶四年）三月廿二日　（金澤貞顯）右馬權頭(花押)

謹上　稱名寺長老（釼阿）

〔金沢文庫古文書〕

注意して見ると、本書状では「稱名寺ゝ内山木山畠并金澤瀬戸内海殺生禁断事、ゝ書一通」とあり、称名寺々内山木山畠に関する内容が、内海殺生禁断に附加されている。従ってこの時貞顕は寺に対する事書を、本文掲載の事書と別に作成送付したはずであるが、現在この方は残っていない。

13　この掟は季長の仮名文でわかる通り、正応六年正月廿三日制定にかかる掟の改正法で、写と考えられるものが秋岡隆穂氏所蔵文書にある（補註9参照）。秋岡氏所蔵のものの筆蹟は塔福寺文書のものに似ており、花押も書載せている。また書出の事書上部に一打を書くほか、数カ所些少相違をみるが、ほとんど同文であるので、底本欠損部分に同書を用いて校注を加えた。

なお本置文は、『中世政治社会思想　上』（日本思想大系）に採録され、石井進氏による適切な解題と、語句の説明注とが付されている。

14　この置文作成の契機は、第一条にも見える如く、正心が嫡子正円を義絶し、一旦譲与した小山村地頭職を悔返して、正和元年十二月廿一日孫養子の菊池隆信に譲り直したことにあろう（詫磨文書、同日付正心譲状案）。隆信は外孫である（同文書、嘉慶二年七月日、詫磨武者一丸申状）。

15　本文書は断簡で、年次、発令者とも不詳である。本文中にみえる上総入道を金沢実政とすれば、実政は、『金沢文庫古文書』に拠れば乾元元年十二月七日卒しており（武将篇七号）、尊卑分脈では同年五月十八日卒去とされている。他方、南殿は正和四年正月廿七日以前に没しているから（『金沢文庫古文書　武将篇』一三一号）、本書はこの十二、三年の間のものといえる。すれば発令者は北条貞顕であろうか。

16　政貞の身分を語る文書が安養寺文書にある。文保元年六月日付僧良俊願文中に、「奉二為藤原政貞朝臣一今度御下向御所望并年来御宿望忽如意令《（マヽ）》二成就一給、次下司御相論令レ成二御得理一給者」云と見え、この頃、政貞は備前新田庄に下向を意図していた。この後、元亨四年次月十二日付政貞願文に、「右、件願者、下司、案主職以下名田畠等無レ故他人掠給分盡任二理冥一、政貞聊返給候物者、田地五段山王御社可レ奉二寄進一候」と立願の趣旨を述べている。この年十一月五日安養寺山王権現社に田地五段を寄進した寄進状案があるので、下司・案主職等の権利回復に成功したらしい。

17　この公事定書は、備前国西大寺境内市場図の紙背に書かれていて、西岡虎之助氏編『日本荘園絵図集成　上』に写真版が掲載されている。また近年、佐々木銀彌氏がこの定文に付き詳細な分析を行われた。ところで、本文中の「莚座」は、写真を見ると、「座」字は「广」垂れの中に「至」を書いているが、定文の中で、「屋」の付く酒屋と餅屋の公事表記はそれぞれ「一年一家別百文宛」、「一家別一年百文宛」となっているが、魚座と鋳物座の公事はただ「一年三百文」、「一年〻百文宛」と表記されている。「莚座」のところも、後者と同じく「一年百文宛」と書かれているので、ここでは「座」とした。また最後の行の「別当」につき、平泉澄氏は、「元の字を抹殺して後に書き改めた痕跡があり、前文より推す時は当然国方とあるべきものである」と述べられ(『中世に於ける社寺と社会との関係』二五八頁)、藤井駿氏は「もとは「国方」と読める」とされる(『吉備地方史の研究』一五七頁)。

市場図、公事定書が何時書かれたかについては、諸説がある。しかし現在のところ、この両者が別個に書かれたという認識はなく、ほぼ同時期のものと考えられているようである。絵図には種々書入れがあって、その中に、「備前國金岡東庄元亨貳年實検田畠取帳事」という記事のあることから、当初絵図・定書とも元亨二年の成立とするのが、常識的であった。しかし脇田晴子氏は、西大寺文書との照合から、「相当時代が下る」とされ、具体的にその時期を明示されてはいないものの、記述の様子からすると、十五世紀後半から十六世紀半頃の時期を想定されておられるようである(『日本中世都市論』三六九頁)。これに対し、佐々木銀彌氏は、この絵図が写であること、しかしながら正本と同時期に作成されたと推測され、元亨三年の領家・地頭による金岡東庄の和与中分といった情勢下で、元亨二・三年の間に成ったものと推定した(「備前国西大寺市場の古図と書入について」、『日本中世の都市と法』八二頁)。その上で、公事定書もその内容からして同時期のものとされている(一五頁)。書入の中には、脇田氏は勿論、佐々木氏も十五・六世紀のものと認める記事があり、定書の成立時期については、なお考慮の余地があるやも知れないが、今しばらくここに掲げる。

次に文中の「國方」について、網野善彦氏は国衙とされ(『〈増補〉無縁・公界・楽』一四三頁)、脇田氏は守護の赤松氏、山名氏、またはのち国を支配した宇喜多氏などを示すものと推測、藤井駿氏は領家、佐々木氏は領家額安寺の地方出先機関である金岡東庄の庄官とされている。

18　改書部分のもとの字の判読は大日本古文書『熊谷家文書』に従った。なお改書された譲状は、差出書ならびに内容よりして直高のものであるのに、充所が子息の「直高」となっている。粗忽の誤りであろうか。

19　翌年の契約状案を左に掲げる。

阿波國御衣御殿人子細事

合

右、御代最初御殿人にて候うゑハ、相たかい(互)に大小事をきゝはなち(聞放)見はち〔な脱〕まいらせ候まし、但、山賊、海賊、夜打、かうたう(强盗)においてハ、さらにきゝつく(聞継)へからす候、其外ハいかなる見聞せいきよ(権門勢家)の御りやう(領)にて候とも、いさゝかの事きゝつくへく候、たゝし、小事ハ内〻にてひやうちやう(評定)あて、惣のきちやう(議定)につくへく候、仍けいやく状如ㇾ件、

元弘三年十一月　日

長者長村　　赤松右満(馬)允
長谷吉定　　北野宗光
千野法橋　　名高惣五郎大夫
田方兵衞入道　　高河原藤二郎大夫
中橋西信　　今鞍進士
三木氏村　　大坂平六
　　高如安行

〔阿波三木文書〕

20　『大日本史料』第六編之二では、事書の八幡宮につき、「遠江國豊田郡中泉村ニ八幡神社アリ、元國府八幡ト稱セリ、本文ニ所謂八幡ハ卽是ナリ」との按文を附している(二〇八頁)。

21　本禁制の対象とする場所ならびに発令の契機を物語ると考えられる同日付両人連署の年貢免除状が秦文書にある。同状は、

若狭汲部、多烏両村の年貢内二貫文の免除を内容とし、「可レ對ニ治當國悪党一之由、爲ニ　勅使一下向□〔之〕處、依ニ落付一、當所土民百姓等致ニ随分之[忠]□一間、当村年貢内貳貫文、毎年永代令レ配ニ分両村一、所レ有ニ御免一也」と免除理由を述べている。このことより、本禁制も恐らく土民百姓の忠節により、汲部、多烏両村の山野江海における殺生を禁じたものであろう。

22　相馬行胤に参軍を求めた重胤の催促状と思われるものがある。

（同前）相馬孫次郎行胤於ニ路次并鎌倉中一軍忠見知之間、尤以神妙候、右、爲ニ国楯築一、子息弥次郎光胤大将所ニ[相進]一也、而屬ニ彼手一、守ニ事書之旨一、相ニ催庶子等一、可レ[被]レ[抽]ニ無二軍忠一、於ニ恩賞一者、就ニ注[進状]一可レ令言□

建武三年二月十八日　□

相馬孫次郎殿

〔相馬岡田雑文書〕

23　この置文は、同じ小早川家文書中に伝えられた文和二年四月廿五日付禁制とともに、古く今井林太郎氏「安芸国沼田荘に於ける市場禁制」(『歴史教育』一一)以後、数多くの論文で考察を加えられてきた。なかでもユニークなものは、網野善彦氏による無縁の視点からの論説であった(『〈増補〉無縁・公界・楽』一四〇頁)。その後の専論として、佐々木銀彌氏「安芸国沼田小早川氏市場禁制の歴史的位置」(『日本中世の都市と法』所収)がある。

中世市場法の存在を示す史料の一覧表を佐々木氏が作成しておられる(「中世市場法の変遷と特質」、『日本中世の都市と法』二四頁)。

24　この置文は、親秀が惣領能直以下妻子等に所領を譲与した大間状の末尾に付けられている。尊卑分脈に拠れば、能直の父は貞高で、親秀は祖父にあたる。親秀は尊卑分脈に評定衆の注書があり、建武四年安堵方頭人、暦応元年より同三年まで引付頭人の在職が知られる室町幕府の吏僚である(佐藤進一『日本中世史論集』一九七―一九九頁)。置文第一条に、事ある場合、五人の顧問のうち二人反対したならば、「公方右筆」に相談するようとの規定は、かれのこうした身分に関連しているのであろう。なお、大間状の袖に、暦応四年八月十二日付足利直義の外題安堵がある。

大間状には、花押が惣領能直分と次の阿古丸分譲与の日付下二ヵ所の署名にのみ居えられているが、それ以外の後家分他の譲与分と置文には書かれていない。その二つの花押のうち能直分のものは、影写本では筆が震えたように筆太に力もない姿に写されている。また譲状の部分には、紙継目裏に、「親秀」署名下のものと相似た花押ともう一人の花押がみえるが、置文との接続部分に裏花押はない。ただし置文と譲状とは一筆のものである。

25『加能古文書』は永光寺中興雑記で採り、「能登守護吉見頼隆、鹿島郡永光寺領羽咋郡若部保に禁制を掲ぐ」との綱文を掲げ、本禁制を収載している(一六三頁)。頼隆は、暦応三年三月六日付将軍家執事施行状を受けて、若部保を永光寺雑掌に打渡しているし(同年六月十七日付、頼隆請文案)、打渡の請文と同日付で仏舎利一粒を永光寺塔婆に奉納してもいる(永光寺文書)。このような繋がりをみれば、本禁制の発布者を頼隆に当てたことは妥当な処置かと思う。

26 本起請文と同内容、同日付で寄合衆木野武茂以下四名充に出された武士の起請文写が肥後古記集覧巻三にあるので、参考までに、左に掲げて置く。ただし、同書には偽文書とみられる正平三年二月付肥後守武政七ヵ条定があたり、又延元三年七月廿五日付菊池武重起請文と同内容のものが「寄合衆掟之事」として変態漢文で採録してあるが、倭文を漢文化したものらしく乱調の文章になっている。ここに掲げたものも、漢文化したものであるかも知れない。

天罰起請文之事

一政道之事者、衆人之儀雖レ爲二區々一、可レ本二正直人之儀一、假令某雖レ致(出カ)二勝事一、内談衆無二一統一者、持(マヽ)可レ被レ捨二我儀一、遂二此一統一被二定置一儀者、不レ可二敢破申一候、

一對馬殿之雖レ被二申付一、人々之無二一統一者、不レ可レ奉レ用候、

一青木殿片保多殿茂被二寄合一候半時者、可レ奉レ入二此人數一、此人々者、皆被レ守二正直之儀一候之間、於二政道一者、奉レ任二萬事一候、若此條僞申候者、可レ罷二蒙　八幡大神宮御罰一候、已上、

興國三午(マヽ)年八月十日　　藤原朝臣武士(花押)

寄合衆

嶋崎勘解由殿

林原與三殿

次〔須〕屋刑部殿

城野(木野武茂カ)對馬殿

27 本状は年次未詳で、菊池武本に関する詳細も明らかでないが、興国三歳六月日付、菊池郡東福寺法印御房充の菊池一族十五名連署起請文写に「同(菊池)伊豆守武本」の署名がみえるので(肥後古記集覧巻三)、今しばらくここに収める。

28 建武以来奥州にあって幕府軍の軍事指揮をしていた石塔義房は(佐藤文書、建武五年九月四日付石塔義房軍勢催促状)、康永二年三月二日白川以下所々の南朝軍征討のため、子義元の発向を告げ、相馬親胤に軍勢催促を行った(相馬文書)。義元の掟書は、この軍事行動に関わるものであろう。義元はこの十一月、常陸関、大宝両城の陥落による落人の潜入についても、親胤に対し左の軍令を発している。

常州關、大寳兩城凶徒等、去十一、十二兩日沒落云々、仍与類等可レ忍二越于當國一之由、有二其聞一、早分郡關所事、可レ被レ致二警固一、於二不審輩一者、可レ被二搦進一、若又寄二事於左右一、令レ煩二商人、旅人等一、令二違亂一者、可レ有二其咎一之狀如レ件

康永二年十一月十八日　左馬助(石塔義元)(花押)

相馬出羽權守(親胤)殿

〔相馬文書〕

なお本掟書は、『中世法制史料集第二巻　室町幕府法』に参考資料二七―二九として収録している。

29 本契約状は作成年次未詳であるが、前号文書と同筆なので、今しばらくここに収める。

30 ここに見える惣領とは、覚阿と道俊で、暦応五年正月廿日付両人の契約状に、近江国山中の「地頭職者、覚阿道俊兩人爲二惣領職一、所レ令二知行一也」とある(山中文書)。山中両惣領家の成立と爾後の展開については、石田晴男氏に詳細な研究がある

(『両山中氏と甲賀〈郡中惣〉』『史学雑誌』第九五編第九号)。文中に見える譲状、先日契状は現存していない。

31　田北學氏の『編年大友史料』に拠れば、角違一揆の契約状は、薬師寺肇氏のほか、徳丸百市氏、田北政治氏が所蔵しておれるという。碩田叢史豊後国諸家古文書写には「尊氏公、西國御下向、大友屋形御落附被レ成、翌春御上落〔洛〕之時、大友より之人数奉レ附次第」の端書がある。

国人一揆については、昭和二十七年(一九五二)はじめて永原慶二氏が、東国における惣領制の解体という社会状況と、十四世紀半以降の鎌倉府支配下の政治過程との関連のもとで、国人達が「在家の分解にともなって立ちあがってくる農民の闘争の活潑化を抑えるために一揆的な結合を強化し、また上部の総領制的な圧力、ないしはそれを維持固定しようとする鎌倉府の権力に対して、彼らの「国」という立場から抵抗し、分権的な権力をつくりだしつつある」と、一揆結成の意図と一揆の意義を措定した(「東国における総領制の解体過程」、『日本封建制成立過程の研究』所収)。その後東国だけではなく、諸地方における国人一揆につき多数の研究が発表されるとともに、その構成、規模、結成の契機、意義等々、個々また総体にわたる攻究が進んだ。それらを総括紹介するとともに、研究の指針を示したものに、峰岸純夫氏「中世社会と一揆」(『一揆　1一揆史入門』)があり、また貞和七年の山内一族一揆契約状以下十七点の契約状本文を翻刻し、解説・校注を加えた石井進氏の仕事が『中世政治社会思想上』(日本思想大系)に収録されている。

角違一揆を取り上げた研究に、福田豊彦氏「国人一揆の一側面——その上部権力との関係を中心として——」(『室町幕府と国人一揆』所収)がある。同論文は、角違一揆中充貞和二年五月十七日付足利尊氏下文(大友家文書録)により、この一揆契約状が建武三年〜貞和二年の時期の成立であること、署名者の精査から、一揆には指導的中核の機関があり、それを豊後守護大友氏の家臣が掌握していたことを明らかにし、足利将軍—守護大友氏という権力側による結成働きかけがあったと推測する。

なお瀬野精一郎氏の『南北朝遺文　九州編』は本契状(六八四八号文書)を収録、「検討ノ要アル文書」とする。

32　契約状連署の人々が拝領したという一乗院領が何処か、具体的にはわからない。長谷場氏関係で一乗院領として明瞭なものに、島津庄日向方飫肥北郷(康永参年十月三日一乗院政所下文案)のほか、康永四年三月十六日、一乗院留守所が長谷場久純に譲得安堵した日向方南郷門貫・末貞名内の田園、同じく長谷場幸純に安堵した同郷内石永、図合田内の田園がある。さて、この契約状面の拝領地と関係あるのかどうかわからないが、閏月があるのでこれより約四十日程前の九月廿二日付道阿契約状がある。同状は、「契約申、右、依二飫肥北郷山西弁済使職事一、申一レ成院家御下文一、可レ宛一レ賜道慶一之旨、挙候上者、相互捨二身命一、致二無二軍忠一、就二公私一可レ奉二見継一候、此事によて如レ此申二一諾一候うへハ、人いかやうに教訓申候とも、全以不レ可レ用候、但、御敵静謐之後者、有レ限御年貢以下無二懈怠一鶴一殿方に可レ令二進済一候」(以上、長谷場文書)といった内容のものである。ここに見える道慶が、十月五日の連署契約状の沙弥道慶であるとすれば、契約状文中の一乗院領が日向国飫肥北郷辺であった可能性は高いといえよう。

33　後世入来院家となる渋谷氏の一流の重勝が、子息重門と重継に所領を分与した際、作成した置文であるが、ここで同家において始めて子息等に対し単独譲与を命じている。重門は父の命を守り、子重頼等への所領譲与にあたり、次のような置文を与えている。

置文事

右、重門以後所領事、雖レ有二数輩之兄弟一、守二其器用一、惣領一人仁一所ヲモ不レ残可レ譲一レ与之一也、若背二此旨一、所領ヲ於下分一レ与数子一之輩上者、不レ可レ有二重門之子孫一云云、如レ此定置上者、若万一ニモ所領ヲ雖二分譲一、任二此状之旨一、於二惣領一人之計一、押而可レ令レ知一レ行之一者也、仍為二後證一置文之状如レ件、

建徳二年十月十五日　弾正少弼重門(花押)

(端裏書)「をきふみ」

置文

一後家并帯刀左衞門尉事、於二帋五郎丸(重頼)之計一、可レ加二扶持一也、
一かつしきの当知行、藏野、内山二ヶ村之事、是又於二帋五郎丸之志一、一期之分可レ有二知行一也、
一女子長王ハ、塔原内なへの村を可二知行一也、同一期分、
一同女子帋王にハ、上副田内沙た柄を可レ有二知行一也、同一期分、
一同女子くり犬ハ、市(マヽ)比野内平野を可二知行一也、此内除自作分、同一期分、
一上副田内濱田左衞太郎給分之事、爲二副田湯接待料足一可二寄進一也、限二永代一、
右、此条〻、爲二後日一所レ定如レ件、

建徳二年十月十五日　　重門（花押）

〔入来院家文書〕

そして又、同日付の重頼に対する譲状の中にも、同じく単独譲与規定を載せている。以後、応永十三年十一月十五日付重頼置文・同譲状、応永卅年八月十六日付重長譲状（子息重茂充）、嘉吉元年二月廿七日付重長譲状（孫重豊充）、永伝元年（延徳二年）八月廿一日付重豊譲状等、歴代の譲状に同趣旨の文章が書き継がれている（入来院家文書）。

なお単独相続に関する古い例としては、石井良助氏紹介の烟田文書宝治元年十一月廿四日付平朝秀譲状がある（『日本相続法史』所収「長子相続制」六三頁）。

34　本置文と同日付の純阿による次男長谷場久純への所領譲状がある（長谷場文書）。そして又、長谷場文書に、康永四年三月十六日付の長谷場十郎兵衛尉幸純と、長谷場兵庫允久純に対する一乗院留守所下文がそれぞれ伝存している。名乗りに「純」の字を共通にしていることと併せ、本置文中にみえる「兄弟」は、少くともこの二人を含むものであろうか。また貞和弐年十月五日付沙弥純阿等九名連署契約状に、藤原実純と藤原久純の名がみえる。この実純も或は兄弟の一人かも知れない（長谷場文書）。

35　本文書には、左の奥書がある。
永正七年庚午
宗昌寺之故書失脚候間、借二大通祥〔禪カ〕寺一写畢、〇「故書」ノ二字、大通寺規式ニ據リテ補ウ、

開山和尚隠居所
本尊觀音大士　長沙庵
越智經孝公守佛
開山和尚法像　二代和尚画像
位牌弐本　柱杖壱本
木履壱足
右、燒殘處之宝物如レ件、
代と住持心得大切ニ可レ致者也、
執事

36 本令発布者名は未詳であるが、後代、越智氏の禁制がある。

禁制　（伊豫）国分寺山
右、於二當山一竹木猥伐取之由、有二其聞一、於二自今以後一者、堅可レ停二止之一、若有二違犯之輩一者、任二先例一、可レ懸二一貫文之罰錢一之狀如レ件、
應永十三年五月八日　越智通永（花押）
〔伊予国分寺文書〕

37 「割二分當所之内一、以二下地一在所注二別紙一之、所レ寄二附之一也」にあたる観応三年六月十五日付、蓮智年貢寄附状と在所注文が西禅寺文書にある。寄附状を左に掲げる。

寄附
西禪と寺
横松山季貢事 毎年参拾参貫陸佰文定
右、爲二當寺興隆之料足一所二寄附一也、依二佛法興行之懇志一令二寄附一之上者、子孫曾不レ可二違失一、若有二改動之儀一者、冥鑒難

レ測者也、然者早成二熟造畢之大功一、集二養伴侶之衆僧一、達二現世之宿望一、證二未来之妙果一、加レ之、資二助七世親族之白善一、爲

レ酬二歸阿、行胤之忠功一、寄附之狀如レ件、

觀應三年六月十五日　　蓮智(花押)

38　この事書は年次を欠いているが、宝戒寺文書中に左の足利基氏御判御教書案がある。

圓頓寶戒寺造営事、木作始可レ爲二明春一之間、於二下野・下総兩国中一、令レ取二棟別拾文錢賃〔貨〕一、可レ被レ終二営作功一之狀如レ件、

文和元年十二月廿七日　　御判

當寺長老

事書は恐らくこの時の造営に関するものであろう。なお、右御教書案と事書とは同筆と見られるから、当然、事書も案文と見てよいであろう。

39　同日付でほぼ同内容ではあるが、第三条の公事・節料に関する規定で、女子かと思われる人名が加入するほか、代官に関する項を欠くかわりに、僧衆への分与分に関する規定を持つ置文と、やはり同日付の又二郎に対する讃岐国三野郡高瀬郷内の所領譲状二通が、同じ讃岐秋山家文書の中にある。置文を左に掲げる。

(端裏書)「いましめのしやうなり」

のち(後)のためにいましめ(誡)おく(置)てう〱(条ゝ)の事

いよ(伊豫)たいたう(大道)よりきた(北)ハ、おほちあくわん(祖父阿願)よりやすたゝ(泰忠)ゆつり(譲)給ハるしち(事實)なり、しかるを、ことも(子共)とい、〔ひ脱〕まことも(孫共)に、めん〱(面ゝ)にゆつり(マヽ)ところなり、これによんて、おや(親)のめい(命)をそむ(背)く事あらハ、ふけう(不孝)のものとして、やすたゝ(泰忠)かあと(跡)においてハ、一ふん(分)もしる(知)へからす、

一ミやとき、なかしけ、とくたけ、一のミやう(名)、のふとし、もりとし(守利)、たけかぬミやう、ならへのミやう〱(名ゝ)のうちを、めん〱(面ゝ)にゆつるなり、これによんて、そのいにしへ(古)ハたれ(誰)かつくり(作)のうち、むかし(昔)ハたか(誰)ミやう(名)のうちにこそありしかな

んと、いさゝかも、このいましめ《(誠)》をそむき《(背)》て、いらん《(違亂)》を申候ハんするやすたゝ《(泰忠)》かことも《(子共)》、なんし《(男子)》、ねうし《(女子)》をきらハ《(す脱カ)》、なかくふけふ《(不孝)》の人なり、もしまことも《(孫共)》のなかにもあらハ、おなし《(同)》さいくわ《(罪科)》なり、

一さた《(沙汰)》人のくうし《(公事)》、ならひに、とくふん《(得分)》、せちれう《(節料)》の事、又二郎かふん《(分)》に、まこ七いろう《(綺)》へからす、まこ七かふん《(分)》に、おなしく、はういろう《(綺)》へからす、又にいハうかふん《(分)》にも、きやうたい《(兄弟)》ともいろう《(綺)》事、ゆめ〳〵あるへからす、たんところ《(田所)》ミやう《(名)》ハ、こと〳〵く《(悉)》にいハうにゆつるなり、

一いけ《(池)》、かハ《(河)》、ならひにいて《(井手)》の事、いち《(一)》日一や《(夜)》つゝ、いろん《(異論)》なくまかすへし、きやうと《(京都)》、くわんとう《(關東)》の御く《ぅ》し《(公事)》あらハ、ふけん《(分限)》にしたかん《(從)》て、めん〳〵《(面々)》に、そのさた《(沙汰)》をいたすへし、

一十月十三日の御事ハ、やすたゝ《(泰忠)》かあと《(跡)》を、ちきやう《(知行)》せんするなんし《(男子)》、ねうし《(女子)》、まこ《(孫)》、ひこ《(曾孫)》にいたるまて、ちう《(忠)お》いたし申へきなり、この御たう《(堂)》よりほかに、かりそめにも御たう《(堂)》おたて《(建)》、この御たう《(堂)》をそむき《(背)》申ましきなり、又ない〳〵ハきやうたい《(兄弟)》とい《(ひ脱)》、又おち《(伯叔父)》のなか、いとこ《(從兄弟)》のなかにも、うらむる《(恨)》事ありとも、十三日にハ、あいたかい《(相互)》に心を一つにして、御ほとけ《(佛)》、大上人《(日蓮)》を、やすたゝ《(泰忠)》かあおき《(仰)》申候ことくに、十五日まて、みな〳〵《(皆)》一ところ《(所)》にて、御つとめ《(勤)》も申候へく候、又しらひやうし《(白拍子)》、さるかく《(猿樂)》、とのハら《(殿原)》をも、ふん〳〵《(分)》にしたかん《(從)》て、ねんころ《(懇)》にもてなし申へきなり、ない〳〵ハいかなる《(如何)》いこん《(遺恨)》ありといふとも、十月十三日ハ、いさゝかもほい《(本意)》なき事をハおもひすて《(思捨)》ゝ、まつり《(祭)》申へきなり、

一もしゆつりはつし《(讓外)》あらハ、めん〳〵《(面々)》にゆつる《(讓)》ところのミやう《(名)》う《(衍)》〳〵のうちならハ、ぬし〳〵《(主々)》ちきやう《(知行)》すへし、

一もしこのしやう《(狀)》をそむい《(背)》て、いらん《(違亂)》をいたさんすることも《(子共)》ハ、御ほとけ《(佛)》、大上人、十らせち《(羅刹)》、八まん《(幡)》大ほさつ《(菩薩)》の御ハち《(罰)》をかふる《(蒙)》のミならす、やすたゝ《(泰忠)》かためにハ、なかくふけふ《(不孝)》のものなり、ゆつる《(讓)》ところおハ、一ふん《(分)》なりとも、ちきやう《(知行)》すへからす、もしいらん《(違亂)》お申候ハんすることも《(子供)》のふん《(分)》をハ、きやうたい《(兄弟)》のなかに、かミ《(上)》へ申て、とうふん《(等分)》にわけて、ちきやう《(知行)》すへし、いつれのゆつり《(讓)》もしひち《(自筆)》なり、もしはきやう《(判形)》をまねたりといふとも、たひち《(他筆)》ならハ、ほうそ《(謀書)》なり、めん〳〵《(面々)》のゆつりのなかにも、又いましめ《(誠)》のなかにも、し《(字)》をのおち《(落)》たるところにハ、いれし《(入字)》をしたるなり、これによんて、しさい《(子細)》いふ《(言)》事

あるへからす、
一ハヽ《(母)》の一こ《(期)》ハ、しんはまのねんく《(年貢)》、又しを《(鹽)》のちし《(地子)ハ》を、しんたい《(進退)》たるへし、もしハヽ《(母)》のめい《(命)》をそむか《(背)ハ》、おなしく《(同)》ふけふ《(不孝)》の人
なり、さきのことくとうせん《(同前)》、
一そうたち《(僧達)》に、かうふんのうちに、まいらせ候ところをハ、たかのそき《(高除)》にして候、いつれのこども《(子共)》のゆつり《(譲)の》うちなりとも、
いろい《(綺)》申へからす、わかかた《(我方)》のふん《(分)》のそう《(僧)》にてハし候ましなんと申ことも候、おなしく《(同)》ふけふ《(不孝)》のものなり、これもとか《(科)》さ
きのことし、
一こども《(子共)》のゆつり《(譲)》のうちに、そうしう《(僧衆)》にまいらせ候ふん《(分)》ハ、ミな〱あるなり、たかのそき《(高除)》に申て候なり、
一いけ《(池)》、かハ《(河)》又いて《(井手)》のミつ《(水)》も、めん〱にそのひ《(日)》にあたり《候》とも、そうしう《(僧衆)》にハ、かたさり《(片去)》申ていれ《(入)》させ申へきなり、
一このしやう《(状)》をそむく《(背)》事あらハ、いつれのこども《(子共)》のふん《(分)》をも、かミ《(上)》へ申て、御たう《(堂)》ゐきしん《(寄進)》申へきなり、よんて、こ日《(後)》のた
めに、いましめ《(誡)》のしやう《(状)》くたんのことし、

文和二年《ミつのとのミのとし》三月五日　　　　源泰忠(花押)

40　暦応の規式とは暦応三年十一月日付で足利直義が制定したもの。『中世法制史料集第二巻　室町幕府法』参考資料一一—一七条参照。

41　この一揆構成員の性格については、湯山賢一氏「越前島津家文書について」(『古文書研究』一四号、一〇二頁)、峰岸純夫氏「中世社会と一揆」(『一揆　1一揆史入門』六四頁)、福田豊彦氏「室町幕府の御家人と御家人制」(御家人制研究会編『御家人制の研究』)、同「『越前島津家文書』文和四年の一揆契状」(『室町幕府と国人一揆』)等に述べるところがある。なかで福田氏の研究は詳細で、構成員を足利尊氏の近習・馬廻衆と推論されている。

42　この起請文は、紀伊国伊都郡隅田庄(現在の和歌山県橋本市辺)を中心に、隅田党と呼ばれる武士団が作成した文書である。隅田庄に関しては、佐藤和彦氏の研究があり(『南北朝内乱史論』第七章「国人領主制の形成過程」)、それまでの研究業績につい

ても、詳細に記されている(二三七頁)。石井進氏は起請参加者二十五人は「次第不同」と書いてあるから、参加者の平等性が示されているが、最初署名の了覚が隅田氏の一族で葛原を名字とする隅田党の中心人物であったことから、この起請文成立に主導的役割を果したものとされ、また連署者の身元は、不明な者が大部分ではあるが、名前に共通の字を用いている点などから、いくつかのグループの存在を想定、葛原氏を中心に、主として隅田庄北半部の小領主が連合していたことを推定された。更にかれらは、そのすべてが血縁的な一族とはいえず、実質上は地縁的な結合体であったらしいとされている(『中世政治社会思想上』五四一頁)。

43 「むまにものりていつへからん人」の義務不履行の義務内容について、佐藤和彦氏が出陣とされたのに対し、石井進氏は隅田八幡宮の神事、未進者に対する制裁等への参加としておられる。なお、同条に見える「はちもん」の第二字を、石井氏は「う」とよみ「榜文」をあてて「告げ知らせる文書」と解義(三九八頁、頭注)、『和歌山県史　中世史料一』も「う」として「法文」をあてる(五九頁)が、この字は、第一条の「すなはち」の「ち」、第二条冒頭の「御せち米」の「ち」と同形であるので、本書では「はちもん」(罰文)とした。

44 宝林寺開創の経緯については、高坂好氏『赤松円心・満祐』一一九頁以下に記述がある。

45 本禁制は、この後、赤松氏歴代により踏襲確認されていったもので、応永十年五月廿六日付赤松道泰禁制、永享弐年卯月廿七日付赤松貞村禁制、康正三年七月二日付赤松教貞禁制などに、その旨が記されている。道泰禁制を掲げておこう。

(花押)

大山寺ト内規式條ト并寺田畠山林竹木以下事、任㆓去貞治三年三月四日制札旨㆒、可㆑有㆓其沙汰㆒、若有㆓違犯輩㆒者、就㆓寺家注進㆒、可㆑處㆓罪科㆒之状如㆑件、

應永十年五月廿六日

46 この禁制は、広福寺開山大智が正平十九年二月廿三日付で、火災に遭った同寺の再興と、山野における失火の制禁を要請し

たのに酬えて書出されたものである。大智の状はその間の事情をよく伝えているので、禁制に関係深い部分を左に抄出しよう。

一けうあす《（今日明日）》かやうの事申へしとは、ゆめ／＼思よらす候ところに、思のほかにこの寺焼失いてきたり《（出來）》候て、やけ候ぬ、このきさみ《（刻）》兩三年たてゝ候、

遙拝の宮のみねこし《（峰越）》の野やかれ候、又河とこ《（床）》つゝきの野、ことに寺の北にあたりて高候峯、寺をまほる《（守）》大吉の山にて候をやき候て、寺の焼失のきさミ、心の中やるせかなく候ところに、野山まて焼て候ほと《（程）》に、あまりの心のやるせも候ハて、

心中

佛祖三寶に知見證明しめしめせと、ふかく《（深）》誓願祈念し申て、このまきもの《（巻物）》をかきてまいらせ候、

一山野の失火の事、向後御いましめ《（誡）》の事書ありたく候、さもおほしめされ候ハゝ、

三寶の御事にて候間、御いたわしく候へとも、奉行人少とめし具し候て、わさと《（態）》山に御入候て、是にて文章のていをも、未來　佛法の立候やうに御定候ハゝ、大法の外護ニふかくたのミ可レ申候、

〔広福寺文書〕

それでは大智の要請を受けた外護者、すなわち禁制発布者はだれか。『熊本県史料』(中世篇第一)は、「菊池武光(?)」とする(九五頁)。当該期、菊池惣領として活躍していたのは武光であるから、その可能性なしとしない。しかし気になるのが、「藤原判」という署名である。武光は、これより先正平十七年十二月十三日付阿蘇御嶽への寄進状に、「肥後守武光(花押)」と署す(阿蘇文書)。また同廿二年七月廿七日付で、肥前河上社破損の実検注進を命じた懐良親王令旨の充所は「菊池肥後守殿」となっている(河上山古文書)。武光は当時肥後守であった。官途書でない禁制差出書の「藤原」に武光をあてることに躊躇する理由である。広福寺の外護者が、武光の叔父「武澄の子孫の武安・武照・澄安・貞雄ら」であるとすれば(『熊本県の地名』一三八頁)、「藤原」はこの系統の人あたりを考える方がよいのかも知れない。

47　鴨江寺文書には、本定書より一カ条多いが、他の五カ条は同文より成る至徳二年二月十六日付定書と応永廿二年八月七日付定書とがある。ともに何人発給のものかわからない。両者は袖判と日付が相違するほかは、一カ所第三条「天役銭」を後者が

「天役」とする違いをみるだけである。至徳二年の定書を左に掲げる。

（花押）

遠江国濱松庄鴨江寺領所務條々

一停㆓止検断使乱入㆒、犯科人出來時者、爲㆓寺僧㆒可ㇾ召㆓渡其身㆒事

一可ㇾ令ㇾ免㆓除寺用田雜役㆒事

一可ㇾ令ㇾ免㆓除寺領田畠天役錢㆒事

一可ㇾ禁㆓断寺領内殺生㆒事

一不ㇾ可ㇾ補㆓別当㆒事

一立野、立山之外、不ㇾ可ㇾ制㆓止草木㆒事

右条々并報恩寺以下寺中坊敷等、任㆓先例㆒可ㇾ致㆓沙汰㆒之状如ㇾ件、

至徳二年十一月十六日

48 青方文書の研究は瀬野精一郎氏によって精力的に進められ、『青方文書』二冊が史料纂集に収められている。青方文書からはこの後、応安六年五月六日付以後八通の一揆契状を採録した。ところで氏によれば、それらの契状にはいずれも花押がみえるが、みな案文であるという（『青方文書　第二』解題二一六頁）。採録にあたっては、氏の業績を利用させていただいた。

49 守護代玄仙の遵行状がある。

竹生嶋事、殊依ㇾ有㆓崇敬㆒、被ㇾ成㆓書下㆒候上者、早任㆘被㆓仰下㆒之旨㆖、可ㇾ止㆓守護使入ア㆒之由、加㆓下知㆒候了、寺領早崎村事、子細同前候、但、犯人出來之時者、且ハ觸㆓置在所㆒、且ハ令㆓注進㆒、守㆘被㆓定置㆒法㆖、可ㇾ致㆓其沙汰㆒候、仍執達如ㇾ件、

貞治六年八月十六日　沙弥玄仙（目賀田信職）(花押)

謹上　竹生嶋衆徒御中

〔竹生島文書〕

50 底本は、「はつけ」に朱筆で、「是ハ女ノ髪ヲ切ル事也」と注書している。

51 底本には掲載文書の後に、「右、御誓願ニより諏方瀬戸通無レ之処ニ、享保十九年ヨ六月後迫中より依レ願御免有レ之、但、神主へハ不レ知、但、不浄之者、又ハ馬通ハ堅差留事也」との朱書がある。

52 多田荘は貞治五年頃、佐々木氏の手を離れていたことがあるが(佐々木文書、貞治五年八月十日付足利義詮御判御教書案)、貞治二年六月五日の導誉(佐々木高氏)による多田庄内山原村本新田年貢寄進に始まり、永和元年四月廿八日その子高秀による諸堂修造料棟別銭徴納指令に至る間はおおむね佐々木高極氏の所領であったらしい(多田神社文書)。そして又、本奉書の二カ月後、導誉書下の殺生禁断令も存する。

多田庄内猪渕、山原両村山河殺生禁断事、如二本寺領一堅所レ令二禁断一也、若有二違犯之輩一者、可レ被レ注二進交名一、且任レ法可レ處二罪科一之状如レ件、

應安三年十月三日　沙弥(花押)

多田院長老

〔多田神社文書〕

次に本号奉書の差出者宗光であるが、彼は多田荘政所の職にあり(多田神社文書、貞治五年十一月廿三日付政所宗光段銭送状)、貞治三年多田院本堂上葺のための材木人夫調進を指示した導誉の書下を遵行した箕浦定俊の遵行状の充所が本新両政所であることをもってすると(貞治三年九月十八日付導誉書下、同日付箕浦定俊遵行状)、宗光が奉じた「仰」の主体は導誉であったと考えられる。そして宗光は貞治四年二月十日付箕浦定俊遵行状の充所中村右衛門入道である可能性が高い(伊能文書)。

53 「集古文書」巻三十四に本禁制を収め、「建長寺制札　備前國農家　河本又七郎藏」と注記する。

54 校正案文ではあるが、円覚寺文書に、武蔵国比企郡竹沢郷竹沢左近将監入道跡の下地を藤田越中入道覚能に沙汰付した旨の応安三年十月三日付、隼人佐能重打渡状案がある。ところで、これより約二十年後の康応元年八月十六日、能重は鎌倉明王院雑掌に上野国平塚、牛田、岩井を沙汰付した打渡状を出している(明王院文書)。この時の官途は石見守となっているが、この状に

載せたものと同形の花押をすえた打渡状が三島神社文書にある。伊豆国郡宅郷内市原在家佐介上野介跡を、三嶋宮東大夫盛直に沙汰付することを命じた永徳二年十月十六日付伊豆守護上杉憲方施行状を受けて、同廿六日沙汰付報告をしたものである(『室町幕府守護制度の研究』上、一二四頁)。施行状の充所は「大石隼人佑殿」となっている。そもそも司には次官を置かないので、先の「隼人佐」は「隼人佑」の誤写で、能重は大石隼人佑であったとみてよい。

さて以上三例の能重による打渡を通してみると、永徳二年伊豆守護が上杉憲方であることは上述した。康応元年上野守護また憲方であった(同上書、二〇一頁)。そして更に応安二年より同七年に至る間、武蔵に関する関東管領上杉能憲奉書はこれまたいずれも憲方充に出されている(同上書、一三八頁)。応安三年武蔵国竹沢郷に関する打渡も憲方被官として行ったとすると、能重は武蔵においても守護代的地位にあったと考えてよい。ここにおいて、応安四年武蔵国久良岐郡鶴見に禁制を出した隼人佑は、大石能重であった可能性が高いと考えるのである。しかしここでただ一つ不安が残るのは、応安四年の禁制と永徳二年の打渡状と十一年の間があるとはいえ、その花押の形が異なることである。後考に俟ちたい。

55　本制法の伝来については、正保三年十一月の天祐紹杲識語に記事がある。要所のみを抄出すると次の如くである。

右、拾有伍个之條條者、江州柏原清瀧・西念兩寺之制法也、(中略)慶長五年之乱擾散在、不レ知二其所一レ留、于レ時寛永十五龍集戊寅六月十有二日、酒玄要院殿前若州太守羽林天慶(京極忠高)道長大居士小祥忌之辰也、大居士之嗣子高和公、舎二浄財一以再コ興清瀧寺一、斧斤功終未レ幾、有人一日以二此制法一巻一、供二正法山雲居(希膺)和尚之一覧一、和尚一覧了畢語二佐佐氏光長一、光長請コ得之一、捧二京極刑部少輔高和公一、公得レ之、歡喜不レ可二勝計一、(中略)道誉(導)沙彌在判之制法一巻、再興之後得以收在二清瀧寺一、(下略)

なお、制法は『大日本史料　第六編之三十七』にも収載されているが、「本文書疑ハシキモノアレドモ、イマ姑ク茲ニ掲グ」との編者の注記が付されている(二〇七頁)。

56　本定の年次は永和四年、発給者は道階(大内弘世)と考えられる。始めに「興隆寺御寄進所と所領所務事書」とあるように、寄進地を対象とした定書で、本定と同筆にかかる永和四年三月廿一日付、興隆寺大坊寄進矢田令田地坪付注文と、同日付、同寄進宮野田畠坪付注文とがある(興隆寺文書)。さてこの三日前の十八日、道階は興隆寺大坊に周防国矢田令内仁戸田村を寄進している(興隆寺文書)。前の矢田令田地坪付注文はこの寄進状に関するものであろう。とすると、本定は道階が、矢田令、宮野等寄進地の所務につき永和四年制定したものとなる。

57　大日本古文書『毛利家文書之一』に、本条目案制定者を氏名未詳としている(三五頁)。充所の毛利治部大輔は広房であり(毛利文書、康暦三年正月十三日元阿譲状に「嫡子治部大輔廣房」)、差出書の上の一字が「元」ということで、これだけだと、制定者を元阿と考えられそうであるが、本条目案と元阿譲状とは筆跡を異にし、筆跡から元阿の条目と同定することはできない。底本で「元」字の下は欠損状態にあるものの、下の字の筆の撥上げの末と見られる墨が、「元」字の右に残されていて、それによる限り、「元」の下の文字が「阿」であった可能性は薄い。大日本古文書の編者が氏名未詳とされた所以であろう。

58　得地上下庄が東福寺領なることは、つとに三坂圭治氏が『周防国府の研究』に述べられている(一四四、二七六頁)。

59　同日付で、第五条に一行分の誤脱はあるが、他はほぼ同文の契約状が青方文書にある。署名の数は山代文書の契約状に較べ十二人程少ないが、両契約状に名を載せる三十四人の署名順序は全く同一である。終わりから二人目の有河氏について、山代文書の「有河代圍」の署名に対し、青方文書では肩注に「ありかわ」とする「沙弥道阿」の名を載せているが、圍は道阿の代官であろうから、全署名者の順序は全く同じといってよい。青方文書に欠ける十二名とは、能登守超(相ノ浦のはら)、薩摩守広(おうら)、薩摩守連(しやうやま)、常陸介授(まつのかわ)、石見守元(佐世保)、左京亮(佐世保の今福)、若狭介(有田のよしの)、周防守聞(宮地)、因幡守(福野)、源宥(御厨のさかもと)、若狭守貞(宇久のふちわら)、石見守信(志佐のまつのお)である。すなわち、伊万里、有田、松浦、佐世保、そして五島列島北端の宇久島の人々であった。何故これらの人々が連署から外れたか、合理的説明はいまのところ出来ない。また、違いといえば、署判に出入りがある。山代文書に花押があって青方文書になきもの、遠江守栄(山代)、諸亀丸代叶(楠久)、豊前守固(青方)の三名、逆に青方文書にあって山代文書にないもの、大和守授(生月の一ふん)、常陸介(青方文書では常陸守景世、生月のかとう)、伊勢守(生月のかとう)、白浜後家代弘(志佐の白浜)の四名である。

上記の相違について、長沼賢海氏の『松浦党の研究』(四九頁)は「此の契約状にある連名の内の若干名が、或る地点に会合し、多くの同文の契約状を作製して、署名捺印(花押)し、それをそれぞれの家々に頒つたものであらう。そして文書作製の際、之れを分つべき家によつて、連名に出入が出来たのであらう。又欠席の者には廻覧して捺印せしめたものもあらう」とする。

60 赤松時則と多田院、或いは多田庄との関係は定かではない。時則の兄義則が当時摂津国有馬郡と西成郡を知行していたことは、ほぼ間違いないことから(『室町幕府守護制度の研究 上』四九頁)、時則を有馬郡守護代と考えるむきもある(『かわにし 川西市史第四巻』多田神社文書二二二号赤松時則遵行状の補注)。それにしても多田庄の属する河辺郡の守護は細川頼元であるから、多田院の殺生禁断に関する書下が守護代としてのものとはいえない。時則の地位を考える場合参考になるとおもわれるのが、佐々木導誉である。導誉は延文五年から貞治元年にかけて摂津守護職を得ているが、その後は守護に還補されていない。しかし多田庄については、貞治二年六月五日多田院に多田庄内山原村の年貢を寄進したのを初見として、貞治四年十月十日禁制発布までその知行を跡付けることができる(多田神社文書)。この後一旦没収の憂目にあうが(太平記、巻三十九にみえる多田庄没収はこの頃のことであろう)、翌五年八月十日本のごとく安堵される(佐々木文書)。そして応安三年十月三日、多田庄内猪渕・山原兩村山河殺生禁断令を多田院長老充に出している(補註52参看)。前代においても、殺生禁断は領主北条得宗家のしばしば発するところであった。以上をもってみるに、時則は多田庄の知行者であった可能性が強い。時則は則祐の子で(尊卑分脈)、時の総領は義則であるから、その代官ということもあり得よう。

61 この「子孫」「并一族若党」は直接的には次号文書に連署の人々であろう。

62 この但書について、羽下徳彦氏「故戦防戦をめぐって」(『論集中世の窓』一一三頁)に考察があり、又、公界につき、網野善彦氏『〈増補〉無縁・公界・楽』(三〇一頁補注14)は文書に現れる「公」と「私」を対置した早い例として、この起請文を引用する。

63 深谷は、『姓氏家系大辞典』「深谷」の項に、「桓武平氏鎌倉氏族、陸前國桃生郡深谷保より起る。鎌倉権五郎景政の裔永江太邑(マヽ)義景・此の地を賜ひ、長江(永江)とも、深谷とも云ふ」と見える。

64　道合はこの置文の前年所職所領を子息長基(憲定)に譲与している。

「委《(自筆)》細之旨、可レ載二置文一、付年号以下、為二後證一所レ加二自筆一也」

所帯所職事、所二譲与一也、若無二子孫一者、房方可レ知二行之一、於二文書一者、預二置如意庵《(圓覺寺)》并白雲庵《(圓覺寺)》一候、可レ被レ存二其旨一候、謹言、

「至《(自筆)》徳三」

七月一日　　　　道合(花押)

長基殿

〔上杉文書〕

この状に見える道合自筆の袖書中の「置文」が本文に掲載した置文であろうか。道合はこの後嘉慶二年十二月廿七日、顕房に所職所帯を譲与しているが、その譲状にも、「雖レ有二数輩子一、於二家督一者、可レ立二壱人一、若顕房無レ子者、房方子孫可レ知二行之一、自余兄弟等事者、為二惣領計一、可レ致二扶持一、至二于不知行所領等一者、依二時分一致二訴訟一、同可レ知二行之一、於二後家女子一者、可レ譲二与一期分一、一期之後者、可レ付二惣領一、敢不レ可レ譲二与他人一、将又、國清寺、報恩寺、明月庵以下所ゝ寺院事、惣領可レ致二外護一、若有二非法之儀一者、可レ為二不孝第一一、及二子ゝ孫ゝ一永代可レ守二此旨一之状如レ件」と記している(上杉文書)。

65　伊豆及び鎌倉の国清寺については、田辺久子氏「国清寺と上杉氏——伊豆国奈古谷と相模国鎌倉と——」(『静岡県史研究』五号)に詳しい。同論文は、上杉憲顕創建にかかる伊豆奈古谷の国清寺、その養子能憲が鎌倉西御門に建立した報恩寺、能憲の弟であった憲方自身が建立した山内の禅興寺塔頭明月院をあげ、国清寺が「上杉氏創建の寺院では最も由緒あるものとして筆頭に書かれた」として、当時まだ鎌倉への移転はなされていなかったとする(二一〇頁)。

66　本置文が庄園領主と守護方との間で定められたものであることは、本文中に「縦雖レ為二神人一(中略)又雖レ為二守護領名主百姓一」と両領主によるそれぞれの被支配者の違反行為に関する規定がみえていることにより明らかであろう。この置文は、松原庄と福泊庄の堺相論の結果、論所を中分した際に作成されたものらしく、松原八幡神社文書中に、康応二年三月二日福泊与松原

与相論分畠壱丁十代内中分注文がある。尚、置文の書出と年号日付部分に印文「八幡宮印」の朱印が捺されている。

67　本条書の発令者は大内義弘である。興隆寺は大内氏の氏寺であり(興隆寺文書、弘安五年六月廿三日多々良氏女寄進状)、当時義弘が寺所在の周防守護であること、第六条、当寺奉行人を命じられた森大和入道が義弘被官であったこと等が証拠となる。森大和入道については、田村哲夫氏「守護大名「大内家奉行衆」」(『山口県文書館研究紀要』第五号)に、被官たる徴表が掲げられている。

68　この段銭賦課が守護段銭であるとすれば、極初期の例といえる。さて本号と次号と二通の段銭配符は同年月付にも拘わらず、段銭額と納期を異にし、また体裁も違っている。この差異が時日の差によるのか、地域的差異なのか、あるいはまた他の理由によるのか定かではない。旧記雑録によると、段銭五十疋、寺社百疋の配符には「田代刑部少輔清久譜」、また「此文書、元久公御譜中ニ在リ」と注記する。これに対し、段銭一般三十文、寺社五十文の配符には、日付の後に「朱カキ大姶良、如レ此上書ニ有レ之」との注記あり、また「正文在二田代縫殿清長一」、「此文書同案、山田出羽守久興入道玄威譜中ニ在リ」との注記がある。かりに、田代・山田両氏に配布されたものであるとすると、当時田代氏の知行地には大隅国串良院上条地頭職弁済使職・同鹿野院地頭職弁済使職がみえ(旧記雑録巻三十一、応永五年十二月廿五日付田代清久置文写)、山田氏の場合には、薩摩国谷山郡内山田・上別府両村がみえるから(同上巻二十七、貞治六年二月十八日付山田忠経譲状)、段銭賦課の対象は大隅・薩摩両国にわたっていたことが考えられる。なお、島津氏が起請文や契状でない銭貨・物資の徴収の文書に神明を勧請した例として、島津元久が田代清久に充てた文書に、「就二正宮材木之事一、度ヽ壁書面ヽ存知前候哉、依二所ヽ番替一、無沙汰なる方も候やと存候、所詮、正月廿日以前ニ悉材木を社頭ニつヽ(衍)けられ候て、皆納之請取を可レ有二持参一候、若無沙汰候て正月中過候者、八幡も御罰候へ、任二先度壁書旨一、可レ致二其沙汰一候、此爲可レ有二催促一候」とみえている(同上巻三十一、応永五年の項)。

69　68参看。

70　直会が子在直に武蔵国熊谷郷・木多見郷、美濃国金光寺村、紀伊国巨勢多・堺原、安芸国三入庄等の地頭職を譲与した際に作成した置文である（熊谷文書、応永十年二月廿八日付直会譲状）。

71　大内盛見が本法の遵守を子孫ならびに被官人に命じ、被官人が誓約した文書の案文が伝存する。

防州香山國清禪寺

右当寺者、天下泰平之御祈願所、特爲㆓宗門繁営〔榮〕㆒、武運長久㆒、所㆑令㆓建立㆒也、兼亦正壽院殿〔大内弘世〕玄峯大禪定門、雲峯大師〔姉〕幷香積寺殿〔大内義弘〕秀山大禪定門御菩提不退勤行乃至代ゝ先亡利益廣大、善願盡未來際爲㆑無㆓退轉㆒、寺家法度、寺領事書、別紙在㆑之、當家子ゝ孫ゝ尤可㆑被㆑致㆓興行㆒之、同被官人ゝ捧㆓一味連署㆒、彼子孫各守㆓此旨㆒、可㆑專㆓寺家興隆㆒之、仍狀如㆑件

應永十一年二月十一日

多ゝ良朝臣盛見在判

國清寺御興行、同寺領等御沙汰条ゝ、守㆓御事書之旨㆒、可㆑致㆓奔走㆒事、捧㆓連署㆒上者、云㆓当時㆒、云㆓將來㆒、更不㆑可㆑有㆓聊尒儀㆒、可㆑申㆓沙‐汰寺家御興隆㆒、面ゝ子孫等、若及㆓末代㆒、背㆓　上意㆒違㆓衆儀㆒、現㆓不忠不考〔孝〕㆒者、可㆑申㆓行罪科㆒之狀如㆑件、

應永十一年二月十八日

左衛門尉重兼在判

左衛門尉兼綱在判

沙弥信政在判

沙弥喜扶在判

沙弥円政在判

□孫等、若及㆓末代㆒背□〔上意違衆〕儀、現㆓不忠不考〔孝〕㆒者、□〔可申行〕罪科之狀如㆑件、

□年二月十八日

宮内少輔宣顯〔陶〕在判

沙弥道珠在判

國清寺御興行、同寺領等御沙汰条々、守二御事書之旨一、可レ致二奔走一事、捧二連署一上者、云二当時一、云二將來一更不レ可レ有二聊尒儀一、可レ申二沙-汰寺家御興隆一、面々子孫等、若及二末代一、背二 上意一違二衆儀一、現二不忠不考《〔孝〕》一者、可レ申二行罪科一之状如レ件、

應永十一年二月十八日

肥後守盛貞在判

沙弥道琳《(問田)》在判

國清寺御興行、同寺領等御沙汰条々、守二御事書之旨一、可レ致二奔走一事、捧二連署一上者、云二当時一、云二將來一、更不レ可レ有二聊爾之儀一、可レ申二沙-汰寺家御「興隆一、面々子孫等、若及二末代一、背二 上意一違二衆儀一、現二不忠不孝一」《(防長寺社證文十六ヲ以テ補ウ)》者、可レ申二行罪科一之状如レ件、

應永十一年二月十八日

左馬助弘安《(野田)》在判

左衛門大夫義忠在判

石見守義信《(右田)》在判

國清寺御興行、同寺領等御沙汰条々、守二御事書之旨一可レ致二奔走一事、「捧二連署一上者」《(防長寺社證文十六ヲ以テ補ウ)》云二当時一、云二將來一、更不レ可レ有二聊尒之儀一、可レ申二沙-汰寺家御興隆一、面々子孫等、若及二末代一背二 上意一違二衆儀一、現二不忠不考《〔孝〕》一者、可レ申二行罪科一之状如レ件、

應永十一年二月十八日

左馬助弘安在判

左衛門大夫義忠在判

沙弥永選《(安富)》在判

源種嗣在判 顯《(マヽ)》

〔常栄寺文書〕

源弘範(安富)在判

72　全文を伝えるものに楓軒文書纂、白河古事考、松藩捜古、本文を欠き日付と署名判のみを写したものに諸家文書纂、有造館本結城文書がある。本文部分についてみるに、松藩捜古本は劣悪な写で採用できない。署名部分は前三本は共に花押を写さず、地名を姓名等に冠して書写するのに対し、後二本は本書に掲載した如く地名を肩書とする。地名、人名共前三本と後二本との間には文字の異同が多いが、前三本においても、松藩捜古と他本との間で相違が多い。後二本間での相違は、高倉の「遠江守顯眞」の「眞」字を有造館本結城文書が「貞」とする点のみである。前三本と後二本間での大異は、藤原満藤と刑部少輔行嗣の二人につき、前三本のうち楓軒文書纂と白河古事考は前者を「稲村藤原滿藤」、松藩捜古は「稲原藤原滿藤」と記し、後者を「須加川刑部少輔行嗣」(古事考は「須ケ川」、捜古は「須賀川」)に作るところにみられる。なお楓軒文書纂、白河古事考は人名下に、住所、城館名等を記しているが、後世の注記である。

本契状の一揆は、現在の白河から郡山に亘る地域の武士の一揆で、仙道一揆などともいわれる。

楓軒文書纂は本契状の後に、「右、仙道民間ノ書キ物中ニ存ス、笹川御所へ奉リタルナルヘシト也、本書尾州ヱ持去リ奉公スト言傳フ」と注記する。ここにいう笹川御所が足利満直であるか、同満貞かは定かでない。篠河御所が満直なることを立証したのは『福島県史』で、近世以前の諸書においては一定しない(渡邊世祐氏『関東中心足利時代之研究』二一九頁以下)。従って注記者がいずれの知識を持っていたかによって事情は異なってくる。現存文書の情況に拠る限り、応永年間文書発給を行っているのは稲村御所満貞であるので、注記にいう笹川御所は満貞のつもりかも知れない。

73　文書奥に左の識語がある。

右、合物賣商人等長職之進止賣物之品之儀ニ付、争論之事有レ之、依レ玆山口罷出、大内家江訴レ之、御裁断之上、前と之通不レ可二相違一之旨、被二仰出一、應永十一年八月朔日御裁許狀被レ下候之事、

卽應永十一年ヨリ享保元年迄三百拾三年ニ相成候之事

享保頃の写であろうか、奉書の文章には馴染まないところがある。

74 本契状については、稲垣泰彦氏以降の研究を視野に入れた岸田裕之氏の専論がある（『大名領国の構成的展開』三三〇頁以下）。

75 因みに、豊楽寺文書中には、文和三年卯月八日付寺家預所による寺中定書十カ条があり、その第七条に、

一溫風呂不レ可レ入ニ女性〔姓〕一事

との条文がみえる。

76 宇久とその南方有河・青方住人との一揆契状案が青方文書にある。

重契約宇久、有河、青方一諾条

□〔今カ〕度當浦のさくらん（錯乱）ニよて、此浦トのこら（殘）すかたく神名をもてかきかへれんはむ（連判）□〔申カ〕候ぬ、尙以此人す（數）重而申定候所ハ、いまより後、宇久殿の子孫とかうし（號）候て、いかなる人出来候といふ共、此人すニおいてハ、一味同心の思をなし、松熊丸（宇久勝）をとり立申、公私のつとめ（勤）をはけまし（勵）申へく候、就レ夫、此かきかへの人すの中ニ自然の事候ハん時ハ、一人の身の上とふかく（深）存、いさゝかそりやくしんそ（疎略親疎）のき（儀）なく、一同ニ可ニ申談一候、いさゝか此中のれんはむ（連判）ニつらなりなから、よにん（餘人）のちくをせん人ハ、此なかをなかくひしゆつ（擯出）申へく候、若此条僞申候者、日本六十余洲大小神祇、別而者八幡大井、天滿大自在天神、志自岐大井、当嶋鎭主〔守〕神嶋大明神御罰を、各可ニ罷蒙一候、仍起請文契約狀如レ件、

應永廿年癸己〔巳〕五月十日

道《ゐ》機（花押）
智《きた》（花押）
堅《あをしまかた》（花押）
覚《たかせ》（花押）

ゐのはま授(花押)
はりき武(花押)
あゆかハ昵(花押)
つゝミ道栄(花押)
かミありかハ収(花押)
ミかさき覚源(花押)
あをかた近(花押)
しもありかハ重(花押)
まつを勤(花押)

青方面ゝ
御中

77　置文は賢栄が所領譲状と共に作成したものである(中川四郎氏所蔵文書、同日付、子息法師丸充、沙弥賢栄譲状)。孫四郎、こんなう丸の嫡子法師丸に対する諸役負担の性格、意義、殿原、中間の役割等については、岸田裕之氏の詳細な考察がある(「守護山名氏の備後国支配の展開と知行制」九三頁以下、『大名領国の構成的展開』所収)。

78　本文書には、端裏下方に「本書喜多坊有レ之」と注する、ほぼ同文のものが到津文書の中に、もう一通あるので、本文に異同を注した。なお、この事書を送達した大内家奉行人の奉書案を左に掲げる。

(豊前)宇佐宮条ゝ、以二御事書一封レ裏、被二仰出一候了、如レ此儀、先日雖レ及二度ゝ一、猶以任二雅意一有二其聞一、早差二遣犯輩交名一可レ有二注進一、則可レ被レ処二罪科一之由候也、
仍執達如レ件

応永卅年四月十六日　主計允(吉田重朝)
沙弥

杉伯耆守(重綱)殿
弘中(喜快)美濃入道殿
〔到津文書〕

79 兼理が本置文を書くに至った契機と、置文の内容としての「物謂」の意義、機能、兼理没後の益田家内の状況等につき、酒井紀美氏『中世のうわさ』に詳しい(一四五頁)。

80 賀集八幡宮が定書を受給するに至った経緯を説明する文書がある。

賀集八幡宮社僧等謹言上

一当社敷地之百姓之人足之事、造営之外者、餘事ニ召仕事無候之處、西山之神主方毎度被二召仕一候之間、百姓共敷地お去候て、造営等不レ叶候て、寺家之躰散と之式に「及候」(缺損補書、下同ジ)之際、且爲二神盧(慮)一、且公方の「御事」無二勿躰一候とて、御給人西殿「より」社僧等に御談合候て、應永卅「三年」十月七日御判お下給候て、百姓等安「堵」仕候之處に、今度御判お御覚え「なく」、西山之神主可レ召二仕百姓お一よし被レ「赦」之間、乍レ憚、御判之安(案)文お進上申候て、造営等被レ成候様に領(預)二御被(披)露一候ハヽ所レ仰候、恐惶謹言、

三月七日

進上　御奉行所

〔護国寺文書〕

なお、淡路守護細川満俊については、小川信氏『足利一門守護発展史の研究』三一二頁以下。

81 譲状が田総文書にある。

譲与

備後國田総庄、同國小童保、同國長和庄東方地頭職、同國石成庄下村(マヽ)職事

右、地頭職廣里重代相傳所領也、然間相二副次第譲状并代と關東御一下文、當御代安堵御一下文、譲状一、所レ譲二与嫡子永壽丸一也、仍爲二後日一譲状如レ件、

應永卅二年七月廿五日　　　廣里（花押）

置文に見える幼少の惣領は、永寿丸（時里）であった。

なお時里も、嘉吉元年六月吉日付、嫡子千寿丸充譲状と、文安肆年八月吉日付の置文を残している（田総文書）。

82　応永卅三年六月廿六日畠山満家が伊勢守護職補任の御判御教書を与えられ（満済准后日記）、八月廿七日禅久が守護代として赴任した。即ち満済准后日記廿七日条に、「伊勢守護畠山当管領也、守護代遊佐豊後入道今日下向云ゝ」とみえる。本禁制は新守護代として発給したものであろう。

この二年後、正長元年七月十九日伊勢守護は土岐持頼に改替されるが（満済准后日記）、その持頼は永享十二年五月十五日足利義教に殺され、守護職は一色教親に給与された（師郷記廿九日条）。この時期、金剛寺に対し新守護代石川安繁の発給した禁制案がある。

（端裏書）「伊勢國金剛寺守護一色（教親）五郎代石川制札永享十二八十九」

禁制

伊勢國朝明郡山村金剛寺

一不レ可下於二寺領一殺生上事

一甲乙人等令レ乱二入寺領一、不レ可レ切二取竹木一事

一住僧并門徒中、若不善悪行之輩出來者、爲二衆徒郡〔群〕儀一可二停擯一、〔事脱カ〕

右條ゝ、於二違犯輩一者、可レ處二罪科一之状如レ件、

永享十二年八月十七日　　　安繁

〔醍醐寺文書〕

83　永享四年七月十三日、孝久は子息鍋増丸に家督・所領を譲り、鍋増丸の扶持を高木・北郷二氏、梅巌和尚に依頼している。この置文も同じ時、鍋増丸を託すべき家臣に対し、裁判に当たっての心構えを指示したものであろう。高木氏充の依頼状には、

「生死之習今より難レ定候之間、先者不レ令レ啓候、就レ其三か国之事、如レ此罷成候て、屋形之立用、捨レ命候事本望候、雖レ然一跡則時ニ絶候する事、餘ニなけかしく候、なへますか事故候ハす共、御近所と申可二㒒存一候、ましてまきれぬ子細にて候ほとに、意趣を申入候へハ、中〳〵隔心ニ相当候欤、此仁か事、ともかくも御身持のことく候て、城所領にもはなれ候ハぬ様に、御計候て、御殿人とおほしめし、人たてられ候ハヽ、来世まても可二心安一候」と、孝久の置かれている状況、依頼の理由が述べられている。旧記雑録に拠れば、ここに見える「三か國之事」とは、島津貴久に対する大隅・薩摩・日向の国人一揆である。すなわち、同書は永享四年六月晦日の記文の次に、「三州反者蜂起、稱二國一揆一」と記し、その憑拠として上記樺山孝久の依頼書三通を示し、次いで、「又壹岐彌四郎家藏文書云、永享四年大隅・薩摩・日向一揆起、島津殿不レ克、山東諸邑陷沒、又東光坊藏伊東家畧記云、永享四年、薩隅日一揆兵亂起、則國一揆、爲二是年一事明矣、故置二於此一」と注記している(巻三十六)。置文は、一揆との対戦のため、出陣・戦死を覚悟した孝久の遺訓であった。しかし孝久は無事命長らえたため(旧記雑録、文安三年九月廿九日付島津忠国契約状の充所)、高木氏充等三通の依頼状正文は不要となり、樺山家に伝来したのであろう。とすると、この置文の実効性も考える余地があることになる。

84　ほぼ同文、同日付の契約状が、本状のほかに五通、旧記雑録に収録されている。充所は何れも山田殿(忠尚)で、神文の勧請神のうち、開門九社大明神の次の一神(十五社大明神)のみに相違がみられる。差出者および開門九社大明神の次の神名は左の如し。

藤原盛豊(野邊)　上下大明神
平忠義(石井)　上下之大明神
周防守兼政・伴兼直(肝付)　四十九所大明神　將長大明神
興長武清　(神文省略)
河内守兼元・伴兼忠・伴貴重(肝付)　四十九所大明神(神文は肝屬文書に據る)

85　この文書は覚園寺に現蔵されているが、ここに「寺家」「寺領」等と見える寺は、鎌倉扇ケ谷の浄光明寺である。上杉持朝と浄光明寺との関係は定かでないが、立入った寺家運営に関する規定であること、これより先応永廿八年、鎌倉府に対する浄光明寺領金目郷北方公田流失についての諸役免除申請につき、持朝の叔父上杉定頼（続類従本『上杉系図』持朝の注記には、「實持定弟」とし持朝を定頼の実弟とする）が、鎌倉府政所執事駿河入道（二階堂行崇）に口入していることを勘案すると（浄光明寺文書）、外護者的立場にあったと考えるのが至当であろうか。

86　一六二号ともども二通の良貞掟につき、藤井駿・水野恭一郎共編『岡山県古文書集　第二輯』は、「ソノ書風等ヨリ見テ、イヅレモ江戸初期頃ノ寫ト考ヘラレル」とし、一六二号掟の後に次の記文を掲載している。

右数通之書物、攝州欠郡平野庄之住人末吉宗久代々所持也、然處ニ我等依㆓懇望㆒、受㆑之者也、

天和貳壬戌年十一月　日　　　神崎宗知（花押）

長十郎殿

87　本規式写と文安三年六月晦日付の規式写とは榊原家所蔵文書にも写があり、つとに川瀬一馬氏が「その内容は憲実の認めたものとして格別矛盾もない様であるから、まず信ずべきものとして」（『増補新訂足利学校の研究』二三頁）と述べられて以後、両規式とも足利学校研究の基本史料の一として利用されている。しかし写のためか、文章に馴染まないものがあるが、しばらくここに収める。

88　山名持豊の事書について、建内記には左の記事がみえる。

（文安元年四月）十三日、壬辰、（中略）播磨國三郡守護職一円山名拜領已後、以㆓上使㆒可㆑令㆑註之由有㆓其沙汰㆒、近日可㆑入コア美嚢郡㆒云々、仍吉川《本所》上使事談コ合等肸房㆒之間、明日可㆑下コ遣人㆒云々、仍仰コ遣地下㆒折紙遣㆑之、又田数土貢等事、一紙上使才学註遣了、

（以上常慶右筆、）十四日、癸巳、天晴、等肸房示送分、播州三郡（明石、美嚢、）守護使《山名》号㆓散合㆒委細可㆑令㆑註㆑之、就㆑其事書一紙加㆓下知㆒之間写

留云ゝ、(事書を省略する、本文参照)
廿五日、甲辰、雨下、(中略)等胖大德入來、守護使已入二ア吉川上庄一、于レ時地□〔頭カ〕出二逢於吉祥院一問答、於二厨雜事一者、地頭領家相□致二沙汰一了、使料同前也、地下註文事、領家上使遅ゝ下向付之間、先レ是地頭註文了、追而可二尋知一云ゝ、定爲二地頭一任二雅意一註進欤、不レ可レ爲二證據一、必尋聞有二相違事一者、可二註直一也、
今月廿六日、明日也、先忩可二上洛一之由、守護召上之間、守護使明日可二上洛一云ゝ、仍人夫等数人懸催云ゝ、地下之煩、旁無二申限一、向後守護役事、任二先例一可レ取二免狀一之由、種ゝ地下人中上者也、

89 憲実は文安元年八月日付で竜春(房顕)充、越後国々衙半分譲状を書いている(上杉家文書之一、一一八・一一九号)。この置文もこの時期の作成と考えられる。大日本古文書の目次には、「文安元年九月日?・」とする。

90 「御油座文書寫」の中の一通である。同書中に、別家請売の制に背いた兵衛次郎の処罰を命じた盛家書状写がある。

(折紙)就二油沙汰一、被レ成二御判御奉書一之處、兵衛次郎不レ用二申之一、別家請賣事、任二雅意一之条、以外緩怠之至也、仍爲二其罪科一、可レ停二止油職一之旨、堅固可レ被二申付一候、不レ可レ有二無沙汰之儀一候也、恐ゝ謹言、

文安弐 五月十二日　盛家(花押)

佐伯掃部助殿

書状によれば、「御判御奉書」とあるから、盛家には主人があったと考えられる。筥崎宮文書に、嘉吉三年四月三日付、大内教弘袖判飯田秀家奉書写があり、「御判御奉書」は大内氏のものかとの推量も成立つ。しかし又、文安二年六月以前筑前守護職に少弐教頼が還補されていることをもってすれば(金剛三昧院文書、同月付金剛三昧院雑掌宥泉申状案)、教頼の還補により、盛家の筥崎宮に対する権利も復活したとも考えられる。とすれば、本文掲載の盛家判物写によって、教頼還補の時期は同年二月四日以前に溯る。

本文には、別家と並んで船持がみえる。時代は下るが、船持衆の座中における特権を記した規定(写)があるので、参考までに

掲げる(筥崎宮文書)。

御油座中法度之事

一旅油見合ニ押取、為二座中一可レ存之事

一賣胡麻在レ之時、雖レ為二少分一、見合候衆、等分可二分取一之事

一船持衆之外、油はやし不レ可レ出之事

一油賣斗別油屋ニ不レ可レ置之事

一船持衆之外、油すめへからさる事

右條〻、任二先例一相定畢、若有下背二此旨一仁上者、座中不レ可レ准レ之、仍如レ件、

永禄十三年霜月吉日

大神源左衛門 勝秀
大神新大郎
大神彦五郎
大神善三郎
大神助七郎
灯継跡

91　本文書は宮川満氏の紹介に拠った(「崇禅寺領関係史料について――藻井泰忠家所蔵崇禅寺文書――」、『大阪府の歴史』第三号)。なお同日付道賢の寺領安堵状が発給されている。

92　本事書と次掲の円覚寺規式とは同筆で、発令者は共に同寺の外護者である鎌倉府であることは、内容からして誤りない。玉村竹二氏『円覚寺史』は上記二法令の発令者を上杉憲忠とする(二二二頁)。この場合、憲忠は鎌倉府の責任者とみなければならない。さて永享の乱によって一時鎌倉公方は不在となったが、足利成氏が家督相続を果したのは文安四年であり、憲忠が関東

管領に就任したのも同年である(佐藤博信氏『古河公方足利氏の研究』九七頁)。とすると、本事書と規式発令の契機は、この鎌倉府の新体制成立にあったといえるであろう。ときに成氏十五歳(喜連川判鑑)、憲忠十六歳(続類従本上杉系図)である。

それでは右筆はいかなる人か。三島神社文書に文安五年九月廿七日付の奉書がある。二法令はこの奉書と同筆とみられる。奉者は沙弥と右馬允の二人であるが、このうち日下署名の右馬允は上杉氏の奉行人力石右詮であり、法令中の規式の紙背にすえられた花押も右詮のものである(佐藤博信氏『中世東国の支配構造』七四頁)。これによって考えれば、二法令の右筆は右詮とみてよかろう。鎌倉府は当時上杉家の人々によって主導されていたということであろうか。

93　宝徳元年といえば、鎌倉公方成氏が元服、任官した年で(『神奈川県史　通史編1』八九九頁)、諸施策鎌倉府の責任の下で行われたことは勿論であるが、尚、幕府の指揮を無視することのできない時期でもあった。本下知状を収める上杉文書中の「御教書以下引付」には、翌年の将軍家下知状が記録されている。

和泉河内兩國鍬鋘鑄物師等申商賣職之事、於二都鄙之間一、被レ制二禁新業之輩一之處、至二關東邊一有二其業一云々、太無レ謂、向後弥被レ停二止彼族一訖、早任二證文已下之旨一、可レ専二本座商業一之由、所レ被二仰下一也、仍下知如レ件、

寶徳二年四月廿九日　沙弥

上杉右京亮殿

憲忠奉下知状が幕命を受けたものか否か定かでないが、形式よりすれば、鎌倉府独自のものとされる。

94　この禁制は書留部分から、主命を奉じて元貞が発布したものであることがわかる。元貞の主人は細川勝元であるが、この下知状発布に際しての彼の身分は問題である。今谷明氏によれば、丹波守護代は、宝徳元年九月十三日から同四年六月廿二日の間に、内藤之貞から同元貞に代わっているという(「室町・戦国期の丹波守護と土豪」、『守護領国支配機構の研究』三二六頁)。とすれば、本下知状によって元貞の守護代在任の下限を四月廿八日にあげ、守護代としての禁制発令としてよさそうである。

95　本条書は、後掲永正十年三月付注文第二条(三四二頁)に、康正元年八月十三日参宮した大内教弘が、「同十八日寺社有二御一

見ニ而、御法度條〻被ニ仰出一候」とみえる法度条々に当ろう。

96 調物川の不浄防止目的のため、この後随時発布された近道往来、牛馬放飼の禁止令及び違犯者処分記録等を左に掲げる。

下宮〔豊前宇佐宮〕前御調河〔川〕阿加水前後近道之事、堅固可レ被レ留之由〔ナシ〕候、次川邊之可レ有レ樹事、至ニ于牛馬一者、社内ニ入候するを〔ナシ〕ハ可レ被レ取候〔之事〕、童部以〔已〕下不レ穢ニ彼水一之様、可レ有ニ成敗一之由〔ナシ〕候、若無沙汰之〔ナシ〕儀候者、貴方〔可為貴方〕可レ為ニ越度一之旨〔ナシ〕被ニ仰出一候、能〻可レ被レ得ニ其意一候、恐〻謹言、

享徳四
八月廿七日　昌秀在判〔ナシ〕（飯田秀家）

〔ナシ〕宇佐下宮社司殿　〇永弘文書ヲ以テ校注ス、

〔到津文書〕

〔宇佐宮御調カ〕□河之邊近道□放牛事、既□屋形様御参宮為□可レ被ニ相留一之通被レ成ニ御奉書一候之處、宮中仁等任ニ雅意一之由、其聞候、一定候哉、差ニ交名一可レ承候、所詮□道事、於ニ狼藉仁一者、見合ニ□物腰刀等可レ被レ取候、致ニ〔至〕□〔牛カ〕馬等一者、是又可レ為ニ同前一候、□以違犯之族候者、急度可レ有ニ注進一候、一段可レ加ニ成敗一、不レ可レ有ニ御油断之儀一、恐々謹言、

享徳四
九月廿九日　飯田石見入道 昌秀在判（秀家）

下宮社司殿

〔永弘文書（大分県史料）〕

宇佐下宮御調川之邊近路事、以ニ　上意一被レ留候之處、任ニ雅意一之仁候之由承候、無ニ勿躰一候、所詮如ニ御定法一可レ有ニ其沙汰一候、万一如在之族候者、可レ有ニ注進一候、就ニ其左右一、可レ有ニ殊御罪科一候、恐〻謹言、

（享徳四年）
十一月廿五日　昌秀（花押）（飯田秀家）

宇佐下宮社司殿

（奥切封）

〔永弘文書〕

宇佐〔下〕宮御調川邊近道并放馬放牛之事、以二　上意一被レ留候（ナシ）之處、任二雅意一仁候（ナシ）之由承候、無二勿躰一候、所詮〔如〕於二御定法一者、彼近道以下致二狼籍一通候する於レ仁（背禁制）者、見合荷物、腰刀以下〔已〕可レ被レ取候、至二于（ナ）牛馬等一者、同前候（シ）、〔万〕萬一如在之族（ナシ）出來（ナシ）候者、可レ有二〔御〕注進一候、就二其左右一、可レ有二殊御罪科一候、恐々謹言、

享德四
十二月廿五日　昌秀（ナシ）在判（飯田秀家）

（ナシ）宇佐下宮社司殿　〇永弘文書ヲ以テ校注ス、

宇佐宮御調河邊近道并牛馬以下禁法之事、從二以前一爲二　上意一被二相留一候之處、近年殊任二雅意一候通、其聞候、甚不レ可レ然候、所詮堅固可レ被二禁止一候、若猶違犯之族候者、差二交名一可レ有二御注進一候、一段可レ加二成敗一候、恐々謹言、

文明十五
六月廿五日（永弘文書ハ廿四日ニ作ル）　武道（杉）在判

宇佐下宮社司殿

一御屋形様（大内教弘）　御參宮ハ享德四年八月十三日、
一同十八日寺社有二御一見一而、御法度條々被二仰出一候事
一下宮社內近道可二相留一之事
一ゐやう坂より御調河渡りあかり并さやの本、樓門のわき、此三ヶ所を可二相留一之由、被二仰出一候事
一下宮於二社內一放馬放牛之事、可二相留一之由候事
一制札之事、飯田石見入道昌秀被レ立候、
一下宮之御上畠地三段卅代社司免、彼地之事、可二不作仕一之通被二仰出一候、其外御調河西之作地之事者、何も可二不作仕一之

由、被㆓仰出㆒候事

一下宮北之裏築地、飯田方へ被㆓仰付㆒候、

一下宮西之山きわ御輿屋殿胣より、南ハ廻廊之胣ニ至てハ、内封四郷之郷司ニ被㆓仰付㆒、坪を被㆑塗候事

一彼三ヶ所之留道、不㆑致㆓承引㆒通候□〔荷〕物、具足、腰刀以下留置人数之事

享徳四八月廿日
一心乗坊下人、鎌壱、

一同日　　新開下人、刀壱、

一同十一日(マヽ)　稲男下人、手鉾壱本、刀壱、

一同日　　飯田方下人、刀壱、

一同十四日　万徳坊扶持人土佐房、刀壱取㆑之、

一同十五日　心乗坊扶持人、刀壱取㆑之、

一同廿二日　なる河のもの御許、東坊扶持人、刀壱取㆑之、

一十月一日　佐田之者二人、刀二取㆑之、

一同日　　修覚院堂司浄秀、柴壱荷、刀壱取㆑之、

一同五日　馬壱疋、青毛、町七郎か馬取㆑之、

□〔一〕同日　北坊内者弥五郎、乙丸井の次郎、刀二、鎌壱取㆑之、

一同九日　馬壱疋、ヒハ〔リ〕ル毛、到津殿内溝口孫三郎方馬取㆑之、

一同十二日　つふさより飯田方〻之宿北坊へ行候仁中間一人、夫丸二人、手鉾壱本、刀二、荷取候て、飯田方へ持せ遣候處、
此時分在宮
御法と申、我等制札を立候上者、可㆑被㆓留置㆒候通被㆑申候て、被㆑返候、

一同廿日　　下きりの者二人、刀二取㆑之、

一同日　道慶か下ア、刀壱取レ之、
一同日　新坊下人、刀壱取レ之、
一同十一月六日　北坊内者三人、刀三取レ之、
一同六日　安心院方内田所、刀壱取レ之、
一同日　佐田方中間七郎、手鉾壱取レ之、
一同九日　佐田方内者六人、刀六取レ之、
一同十日　町弥六左衛門、アメノ牛壱疋取レ之、
　以上、此外栄（永弘）佐成敗之分、氏輔之為ニ親、
一文明十年より以来之分
一栗毛馬壱疋　安門坊扶持人さたのみ小四郎馬、
一青毛馬壱疋（永正九八月）　相良民ア方内者弥九郎、
一青毛馬壱疋　法光坊内六郎大郎　就ニ彼馬之儀一御神事を被レ留候、
一（同）牛壱疋　新福院
一（同）牛壱疋　町ノ左衛門次郎、

（三行分空白）

右、此條と去三月京都へ致ニ注進一候、御奉書案文にハ公治（到津）御裏封候て御上セ候、仍為ニ以後一記置所如レ件、
　永正十年癸酉三月日
〔到津文書〕

なお、この注文と大部分重複するが、十項目ほどの出入と、日付や没収物の数量等に差異ある注文が、「於ニ下宮一禁制之目録」(奥書)という題名で永弘文書に伝存する。

97　常忻は同日付で、所領目録に従い城福寺領当知行安堵状を発給している(『大徳寺文書之三』一二二三・一二二四号)。

98　この五箇条法度は、政弘の子義興によっても、承継承認されている。

國衙領法度五個條事、自去應永六年至文明十一年代ゝ裁許明鏡之旨、令存知訖、弥永不可有相違之状如件、

明應五年十月廿七日

権介多ゝ良朝臣(大内義興)(花押)

〔東大寺宝庫文書〕

99　長防風土記八十二は所掲文書の後に、

裏書
此書正文、於國廳文庫令祕藏畢、

永正七年庚午十一月六日

(大内義興)
凌雲院殿御判
還補トアリ

目代―(花押)

と記してある。当時周防は東大寺の知行国であったから、この正文が現在東大寺に所蔵されているのであろう。

100　底本には「東寺文書ナラン歟」、「此條々書檜山成徳編輯スル所ノ史稿四國部ニ收載ス、原本ヨク尋ヌベシ」との注記がみえる。

さて条書発布者であるが、この時期、国段銭賦課権は当該国守護にある。文正元年時の阿波守護は細川成之である。成之は宝徳元年十二月十七日、阿波、三河守護であった伯父持常が死去した後を嗣ぐ(康富記)。同二年二月十八日兵部少輔に任ぜられた時の康富記に、「細川六郎従五位下源成之阿波、參川兩國守護、去年十二月親父卒去也、今月十八日被任兵部少輔、外記宣旨今日成之」(廿一日条)との記述があり、成之の阿波守護なることが明記されている。この後、政所方御奉書引付、長禄四年十月廿七日条に修理替物要脚阿波三河両国役進済を細川讃岐守に命じた記事がみえる。国役進済も守護の職務である。この讃岐守は、寛正六年十一月十日御即位方褰帳典侍御訪并絹代納付者中の「細川讃州成之」および、文正元年十一月三日大嘗会面付并絹代納付者中の「細川讃岐守成之」から、成之なることが知られる(斎藤親基日記)。以上より、文正元年六月当時は成之の活躍中であり、かれの阿波守護在任は誤りあるまい。

101 本置文は、小早川竹原弘景が一族被官の序列を子弘平に教示したものである。しかもこの序列は「弘景か代まて三代四代此分にて候」と、最終条に書いている。置文の書かれた年次は明らかでないが、文末の「はや風前とほし火の心ちして」という言葉からすれば、晩年のものかとも思われる。弘景は文安六年元服し(小早川家文書之二、二一四頁)、応仁の乱が起るや大内政弘に属して上洛、西軍にあったため、応仁元年幕府により所領を没収されたが(同文書之一、六七頁)、この後も政弘の下で活躍した。彼の生存の下限を示すものは、年不詳十一月二日付、少輔(弘平)充弘景書状である(同文書之二、二五〇頁)。弘平が中務少輔になるのは、文明十八年二月廿三日であるから(同文書之一、五頁、後土御門天皇口宣案)、右の書状はこれ以後のものとなる。今しばらくここに収める。

102 この番帳に相当するかと思われるものを左に掲げる。

定 在京番立之事次第不同

一番	裳懸又五郎	百日	拾貫文
	林掃部助	百五十日	拾五貫文夫一人
二番	吉近右京亮	五十日	五貫文
	林下野入道	五十日	五貫文
三番	南大鶴丸	百日	拾貫文
	有田二郎左衛門尉	百日	拾貫文
四番	森六郎左衛門尉	百日	柒貫文
	山田与五郎	五十日	五貫文夫一人
五番	川井大炊助	百卅日	拾参貫文夫一人
	内海兵庫助	百卅日	拾三貫文夫一人
六〃	恒弘七郎	百日	柒貫文
	手嶋左京進	百卅日	拾三貫文夫一人
七〃	用田弾正左衛門尉	百日	拾貫文
	有田助五郎	百日	拾貫文
八〃	日名内左京亮	百日	八貫文自名夫
	宮原七郎	百卅日	拾三貫文
九番	光清左近將監	百日	七貫文
	柚木	百卅日	拾貫夫一人
十〃	山田源左衛門尉	百卅日	拾貫夫一人
	矢原又六	百日	八貫文

十一と　萱野主計入道　五十日　五貫夫一人
　　　　内藤藤左衛門尉　五十日　五貫文
十二と　守弘豊前守　百日　拾貫文
　　　　手嶋左衛門次郎　百日　拾貫文
十三と　南兵部少輔　百五十日　拾五貫代官夫
　　　　望月　五十日　五貫文
十四と　手嶋三郎左衛門尉　百五十日　拾五貫文
　　　　神田左衛門二郎　五十日　五貫文
十五と　瀬戸式部丞　百五十日　拾五貫文
　　　　能嶋助八郎　五十日　五貫文
十六と　小梨子掃部助　百卅日　拾三貫夫一人
　　　　手嶋佐渡入道　百卅日　拾三貫夫一人

右、如レ此定置上者、不レ及二催促一致二用意一、迯迫〔廻カ〕ニ可レ被二懃仕一者也、仍如レ件、

(小早川弘景)
(花押)

〔小早川家文書之二〕

103　第一条規定の前提、あるいは本禁制制定事情を語るともいえる記事が、大乗院寺社雑事記文明二年六月廿六日条に見える。
一随心院(嚴寶)殿之若狭寺主相語、祇薗炎上以來、神躰五条邊ニ奉レ入レ之、彼神躰□如在躰黄金奉レ鑄レ之、牛頭形躰希有本尊也、然而社人奉レ碎レ之賣買了、此事無二其隱一之間、彼社人乍レ生流二淀河一畢、西方沙汰也、神妙、

104　旧記雑録に、「正文在二市来龍雲寺一」との注記あり。因みに立久につき、「文明六年甲午四月一日卒、年四十三、法名玄忠(古系泰忠)号節山、龍雲寺殿」と記す。

105　奴婢の出入については、つとに社寺駆込みを論じた田中久夫氏の「戦国時代に於ける科人及び下人の社寺への走入」(『歴史地理』七六巻二号)がある。

106　刊本『阿波国徴古雑抄』は差出を「常蓮」に作る。常連が阿波守護細川成之の被官なること、後藤捷一氏『飯尾常房攷』参看。

107　発給者を、『大日本史料　第八編之五』(七九四頁)、『栃木県史　史料編中世一』(鑁阿寺文書六〇号)ともに不明とするが、『群馬県史　資料編7』は長尾定景に当てる(一七四〇号)。『群馬県史』は一七三〇号として御内書符案の文明三年九月十七日

付長尾左衛門尉充御内書を掲載した後に、長尾但馬守充の同日付・同内容の文書があるとし、但馬守に定景との傍注を付している。この長尾但馬守充の御内書は『栃木県史　史料編中世四』にもこれを採録して既に定景と傍注している(御内書符案五五号)。さて、文明三年時、定景の官途が但馬守であったとすると、文明四年禁制の平と同人とは考えられず、禁制発給者は今のところ未詳という外ない。

108 之弘はこの禁制と同日付で、円福寺・瑞仙寺末寺領以下の安堵状を住持充に出している。降って文明九年閏正月、山名元之は瑞仙寺充の寺領寄進状及び一九五号と同内容の禁制を発し、又同月十九日付で右の之弘安堵状と同内容の安堵状を出している(以上、瑞仙寺文書)。

瑞仙寺充寄進状に寄進の志趣を「爲二玉府盛□菩提一」と述べているところより察すれば、玉府盛□は之弘に当り、禁制、安堵状、寄進状の発給という一連の行為は、之弘より元之への代替りを語るものであろう。元之の禁制は左の如し。

　　　　(山名元之)
　　　　(花押)
禁制
　(伯耆)
　圓福寺并瑞仙寺
〔一〕□甲乙人乱入狼藉事
〔一〕□當寺於二山林中一、有下侵〔犯〕二殺生一輩上者、於レ侍者、沒二収所帶一、至二于凡家一者、可レ拂二國中一事
〔一〕□竹木、或者号二所望一、或者侵〔犯〕二盜賊一輩罪科付、同前、事
〔右カ〕□具在レ前、仍下知如レ件、
　文明九年閏正月日
　　　　〔瑞仙寺文書〕

109 九月十一日、京都に蜂起した土一揆が播磨に波及したことを示す(『大日本史料　第八編之十二』同日条)。『大日本史料』では、本状を「侍所ノ沙汰」とみる。事実、赤松政則は侍所頭人であるが(同上書、六二七頁に被官の「所司代浦上」)、他方、播磨守護でもあったから(大乗院寺社雑事記、文明十年三月廿一日条)、ここでは守護としての分国統治活動とみる。

110 島津武久の契状を左に収める。

一当家代ト心ト而入二他之手裏一、国之成敗不二事行一候之条、古今非案之處、此番驚（マヽ）二合一家一以二一味同心之談合一、打レ非可レ助レ理御心中共承知候、偏ニ諸天之加護候、然者武久モ一味同心ニ可二申談一事

一就二大小事一、此御旁不二申談一候而、不レ可二相計一候、若有二急速之事一時者、於二以後一可二申披一事

一於二国之政道一者、守二先規一、一家中申談、可レ致二其成敗一事

一至二一家、親類、國方、内之者一、及乙有下存二非儀一族上時甲者、再三可レ加二催促一、若無二承引一者、一家中談可レ致二其沙汰一事

一一家、親類一味同心ニ、不レ引二親類、兄弟、縁者一、我トヲ可レ有二扶助一、専一之御談合、代トニ無二比類一候、如レ然御心中之時者、偏親ヨ可二憑存一事

右、此条ト僞候者、

御神名

文明十二年十月廿日

（嶋津）武久

〔島津家文書〕

111 「播州御陣立之時」とは、本置文より二日前、二月七日付の豊里譲状（新次郎充）に、「去ト年播州御陣立之時、亀鶴仁一筆雖二書渡一、其支證ハ立ましく候」と見え（田総文書）、文明十五年であることが知られる。同年十二月廿五日の山名政豊と赤松政則合戦に関する陣立であろう（『大日本史料　第八編之十五』同日条参照）。

112 藤龍家譜に本制札及び次号制札を龍造寺康家の譜に載せ、「文明十七年津町ノ制札ニ曰」との編者の前書がある。

113 同日付同文の連判状がもう一通ある。連判者は次の通り。伏見藤左衛門親顕、原新兵衛政家、同六郎左衛門朝秀、同孫三郎基家、同弥九郎則玆、同藤兵衛行秀、同三郎兵衛秀家、同平右衛門持家、伏見五郎四郎政能、岡崎四郎左衛門秀久、原七郎左衛門長家、伏見藤右衛門能郷。

114 天祥庵は妙興寺開山滅宗宗興が晩年隠居した妙興寺の塔院で（妙興開山円光大照禅師行状）、後に招請開山円通大応国師南浦

紹明と宗興二人の塔頭となった(妙興寺天祥庵鐘銘)。妙興寺は、貞治三年六月十九日足利義詮により、諸山に列せられ十方院とされたが、大応国師門徒の管領が認められた(同日付御判御教書)。従って天祥庵は、国師門徒、ことに宗興門徒の拠点となっていた。そのためであろう、重書は天祥庵の重書箱に保管された(応永卅年五月二日、妙興寺役者連署証文。明応元年小春十六日、錬剛祖柔文書渡状)。織田広遠の制札・法式は天祥庵に充てられているが、その内容は妙興寺一般に関するものと考えられるのは、庵主が住持でないとしても、如上の事情による。このことはまた、広遠の次の書状からも確かめられる。

先度就二寺家之儀一、制札を進之候儀ニつゐて、御懇ニ示預候、祝着之至候、殊御樽御肴両三種送給候、恐悦不レ少候、別賞翫無レ極候、尚以、自然家來之者、寺家へ用錢并無レ謂事申者候ハヽ、交名を給、きと御注進有へく候、然者卽時ニ可レ加二成敗一候、於二我等一、聊不レ可レ有二如在一候事候、恐ゝ謹言、

(異筆)「文龜參年癸亥」十二月二日　　廣遠(花押)

妙興寺評定衆

御返報

〔妙興寺文書〕

制札第二条の「歴二公儀一、加二時候納所、出管判形一可二渡置一」、法式第一条の「不レ可レ背二評儀一」は、いずれも広遠書状に見える評定衆の活動を前提とするもので、文明十七年二月、虎渓徳眈による評定衆交名では評定衆十七人を数え、その中に納所・出官が含まれている。

115　高橋義彦氏の『越佐史料　巻三』は、「房定、毛利重廣ニ、其所領ノ關錢ヲ安堵セシム」として、『刈羽郡舊蹟志下』所収の左記安田文書と本文所載の制札とを掲げる。

國境關事、如二前々一可レ被レ爲レ取之由、被二仰出一候、恐々謹言、

明應參

九月十六日　　(長尾)能景

毛利越中守（重廣）殿

116　ここに連署する四十六名を瀬田勝哉氏「中世末期の在地徳政」(『史学雑誌』七七編九号)は、「一般百姓とは区別される侍身分」の人々とし、伊勢の「小倭衆」、「小倭一族衆」に当ると説く。なおこれより六日前の日付をもつ約三百五十人連署の小倭百姓衆起請文案が成願寺文書にある。瀬田論文はこの百姓衆起請文を二一五号掲載の連判状を書いた「一揆衆の意志によって書かされたもの」と規定する(同上一五頁)。百姓衆起請文を掲げる。

　眞盛上人様依二御教化難レ有存一、於二末代一成願寺江如在仕間敷候、小山倭百姓衆以二起請一定申條ゝ事

一就二田畠、山林、廣野等一、境をまきらかし、他人作職を乞落、一切作物を盗、穏〔隠〕二作物を一、荒二地畠一、諸事猛悪無道なる事
　不レ可レ仕、

一大道を損、むめつちに不レ可レ取レ之、

一家門等并盗焼隠殺、其外隠而互成レ懇事、自今以後不レ可レ有レ之、

一盗賊悪黨不レ可レ仕、并不レ可レ打レ博、

一当質可レ取事ありとも、本主か、可レ然ハ可レ取二其在所一、

右此条ゝ、互不二見穏〔隠〕一、各ゝ可レ有二糺明一、若此旨令二違犯一者、忝
天照太神宮、八幡大菩薩、春日大明神、別而山雄田、白山、氣多若宮、祇薗等蒙二御罰一、現世ニハ悪病、於二来世一ハ無間地獄
落可レ申候、仍起請文如レ件、

　明應三季甲寅九月十五日

　聖寿寺披〔被〕官
　参頭　三郎衛門　八郎大夫〇以下、署名省略、

〔成願寺文書〕

117　本下知状に基づき、後年神領還付を行った上杉定実老臣奉書写がある。

彌彦御神領所之事、往古社人沽却、或永代、或年期、百年内外雖レ爲二當知行一、帯二去明應五年四月十二日御下知旨一、養泰寺、伊與部(顯資)件四郎、小國三河守抅之神領、如二註文一社家へ被二返付一畢、此外方々買得地も、至三于爲二神領一者、可レ被レ任二筋目一、自今以後社領お申掠、證文出帯候共、可レ爲二反古一之由、一王十穀可レ被二申付一旨、被レ仰出一者也、仍執達如レ件、

永正十年癸酉二月廿七日

下野守(齋藤)昌信(花押)

右衛門尉(長尾)景長(花押)

長尾(爲景)彈正左衞門尉殿

〔大矢文書(新潟県史)〕

118　三隅家内紛処理後の状況下での契状である。契約を保証するものは宿老であった。宿老等の契状を左に掲げる。なお興信契状と同筆である。

條と

一津毛、疋見、丸毛三ヶ所事、此方代と雖二御判之地候一、被レ對二此方一、不レ可レ有二御余儀一条と依レ被二仰定一、如二御望一之御案文認被レ進レ之候、

一何方江弓箭取結候共、被レ捨二一家他家一、御自身可レ預二御合力一之由承候、尤目出度候、

一自然　上意、又者大内殿様被レ仰子細候共、御同心可レ被二仰開一事

一三浦者共事、操二諸家一望二歸郷一、又者致二緩怠一於二亂入一者、即以二御合力一、可レ有二御成敗一之通申定候事

一土民等何様にも致二緩怠一、及二異儀一候者、即時申合、何方も可二成敗仕一事

右、如レ此被二仰合一候上者、少も不レ可レ有二聊尒之儀一候、万一興信心中雖二相違候一、年寄共同心加二異見一、可レ致二奉公一候、

仍一筆如レ件、

明應五年丙辰卯月十三日

小坂民部大輔
信房(花押)

西尾肥前守 兼景（花押）
山根但馬守 兼久（花押）
萩原長門守 義盛（花押）
三隅兵庫入道 麟馮（花押）

益田彈正左衛門尉殿
小原次郎右衛門尉殿
多祢下総守殿
益田左馬助殿　御返報

〔益田文書〕

119

左に本号并に次号奉書の関聯史料を掲げる。

（折紙）
國中旁号二不入一違二背御沙汰一条、連ゝ不レ被レ及二御覚悟一故、至二当年一而可レ被レ成レ觸候、然而、先祖以来勤二七郡御代官一申間、不レ相二混余人一　御判不入事、無二其批判一儀候、以二此筋目一、領中雖二直成敗候一、（上杉房能）殿様御掟色ゝ申遁難澁族、於二末代一大切之由、御掟尤之段申上者、（長尾）能景料所并被官給分地事、三ヶ条沙汰出来時者、速可レ預二御成敗一候、為二御心得一申入候、恐ゝ謹言、

（押紙）「明應七」
三月一日　信濃守 能景（花押）
（長尾房景）小法師殿

（折紙）
今度国中不入被二相破一之上、御郡内能景知行分三ヶ条出來之時、自二其方一可レ為二御策配一之旨、以前啓候キ、雖レ然、（越後）大嶋之庄之事者、御若輩之間、某可二相計一之由承候条、任二其意一候、然者、能景相拘候之郡内候御知行分之事、諸沙汰直御成敗簡要候、巨細四郎左衛門尉可二申入一候、恐ゝ謹言、

（明應七年カ）五月廿八日　信濃守 能景

長尾小法師丸殿　〔上杉文書〕

120 補註119参看。

121 本文書には次の注記がある。「本書紙名不㆑知、裏打無㆑之、竪曲尺壱尺壱寸壱分、横壱尺六寸壱分」

122 忽那島開発記には、「枝城之輩江条目左之通」と地文がある。これによれば、忽那文書のものは、諸所に発布した掟の中の一通であることがわかる。

123 『中世法制史料集　第三巻武家家法Ⅰ』大内氏掟書二九条参看。

124 本式条制定の事情は、旅引付本文に「抑細川家之事、仰㆑付聡明丸(ノチ澄之)㆒、以㆓安富筑後守(元家)、薬師寺備後守(元長)両人㆒、諸公事以下可㆓申沙汰㆒由、相定了、去六月之儀也、注㆓五ケ條之式条㆒、加㆓判形㆒、右京兆被㆓申付㆒之条、諸守護代、宿老衆皆以得㆓其意㆒之由令㆓一味㆒云々、式条写来」と見えている。

125 政元定書が文亀元年六月(二二五号)と同年閏六月(二二六号)と二回発布されたか否かは明らかでない。六月令と閏六月令を対比すると、六月令が「被官」「其意」「成敗」と書放した語を、閏六月令では「御」字を加え敬称にしている。また閏六月令には読下しとした部分が多い。武士が文盲というわけではないけれども、建内記にみえる畠山満家の例や(正長元年三月七日条)、譲状に仮名書の多いことをもってすれば、上記二点よりして相対的にみて閏六月令が被官を対象とした定書原文に近く、六月令は九条政基による改変があると考えられよう。

本定書案は巻子に装潢され、題簽に「文亀御禁制條目」と記されている。なお政元定書はもう一通、文亀年中記写の中に残されている(設楽薫氏の教示による)。但しこの方には制定発布に関する日付がなく、定書本文に続けては左の政元老臣連署の書状が書写されている。

被㆓定置㆒御方条々儀、以㆓御一書㆒被㆓仰出㆒候、畏入存候、此内新関之事、重而可㆑得㆓御意㆒候、丹波口、摂津口事者、守護代共可㆓注申㆒候、其外当國所々儀者、被㆑相㆓定奉行人㆒、可㆑被㆓仰付㆒之由、可㆑預㆓御披露㆒候、恐惶謹言、

七月四日

長塩備前守 元親
㑣庭備中守 元重
藥師寺与一 元一
安富筑後守 元家
内藤備前守 元貞
香川五郎次郎 滿景
上野三郎 政益

岩栖院
御報

文中の「御一書」は、その後の「此内新関之事」の語から考えて政元定書とみられ、本書状は定書施行の状況を示すものであろう。さて文亀年中記写の定書と書状の年次であるが、同書においては、この両者が永正元年閏三月分の記事中に収録されている。すなわち定書の書出は閏三月十八日の記事と同じ料紙に、十八日の算用記事に続いて書かれ、他方、書状の次には、溯って閏三月九日の東九条下司米支配についての記事が書状と同じ料紙に書かれている。このことと関係するのであろう、上記書状を後鑑は永正元年七月条に編年している。しかし書状中の上野政益は文亀三年十一月七日には、三郎ではなく治部少輔とみえるから(横尾國和氏「細川氏内衆安富氏の動向と性格」、『国史学』一一八号、二六頁)、すくなくとも書状は文亀三年以前のものとしなければならない。とすれば、定書また文亀三年以前のものとなる。内容は文亀元年六月令・同閏六月令と同じであるが、文章に異同が多いので全文を左に掲げる。

被㆓仰定㆒条ゝ

一喧嘩之儀、既先年被㆓仰出㆒事旧之處、動各ゆるかせの働、言語道斷之次第也、所詮於㆓向後㆒者、他家に對して侍〔傍〕輩によらす、縱親うたるゝといふとも、其子卒尓にはせかけハ、御被官を被㆑放、所帯を没收せらるへし、若無㆓所帯㆒者、生涯させらるへき上ハ、其外之儀者、与力、親類、被官、従類之境界をいはす、如何様之段これありといふ共、まつ使者以、大法乃成敗あるへき由を申上ハ、就レ其御成敗を可レ被レ加者也、万一雖レ被レ加二御意一、大法の沙汰をいたさすは、これ又御被官を被レ放、所帯を可レ被レ召者也、将亦合力輩の事、寄手かたにをひてハ同罪たるへし、如レ此被二仰定一旨を散〔背カ〕、御意を侍〔得すカ〕方、さしかけあひ防ニより、よせ來る方ニをひてハ、たとひ御被官なにかしニハよるへからす、いくたり討死せしむといふとも、不レ及二沙汰一、可レ爲レ損事、付、すまひ停止事

一盗人事、たしかに其せうせき（證跡）あらん時ハ、蜜〔密〕にも〔其〕しう（主）に相届仁躰あるへきを不レ加二成敗一ハ、許容之上者、如レ前可レ被レ處二罪科一也、又しう（主）をもた（持）さる強盗人たらハ、其町として令二注進一て、則大法の沙汰あるへし、存知申なから隠置ハ、可レ爲二同意一事、付、はくちの事

（行間書、重複、末尾ニ前々行「其町として」ヘノ接續符ヲ付ク）
「一盗人事たしかに其せうせきあらん時ハ蜜〔密〕に其しうに相届仁躰あるへきを不レ加二成敗一ハ、許容之上也〔者〕如レ前可レ被レ處二罪科一、又しうをもたさる強盗人たらハ、」

一請取沙汰事、或人を殺害、或國しち（質）所しち（質）と号して荷物を留、又不知行之地以、他人ニ契約し物忩せしめ、其外口舌以下、与力被官たち〔りカ〕といふ共、一切停止了、若不二承引一輩、准二先条一可レ有二御成敗一事

一強入部之事、或号二守護代、郡代一、或号二由緒一、又稱二權門中一、御公事停止之時分をまほ（守）り、不レ帯二御成敗一輩、他人之当知行之地へ使者を入て、非分の課役なと申かけ、種ゝさまたくる事これあらハ、併好而其咎まねく上ハ、准二先条一可レ有二御成敗一事

一新関事、号二往古之由緒一、所ゝ立置条、上下のわつらひ（煩）、人民のなやミ（悩）一にあらす、所詮、堅被二停止一者也、但、除在所在レ之、若得二本所之語一、猶以於二立置輩一者、御成敗可レ准二先条一者也、

右条ゝ、堅被二禁制一畢、自今以後守二此旨一、聊不レ可レ有二越度一、仍所二定置一如レ件、

126 『敦賀市史　史料編第一巻』に益田義雄氏所蔵として収録され、口絵写真も掲載されている。早く『敦賀郡古文書』は本定

書を収めて差出者に朝倉景冬をあて、『敦賀市史』も同人とする。しかし花押が西福寺文書、延徳三年十二月廿六日付景冬安堵状の花押とは異なり、『福井県史　資料8』は差出者を朝倉景豊かとする。今しばらく県史に従って、後考に俟つ。

127 『敦賀郡古文書』に、「早く道川氏に逸す。今敦賀市天満家倉孫左衛門の謄本に據る」とし、差出者を朝倉貞景とする。『敦賀市史』は同書に従っているが、『越前若狭古文書選』は差出者を朝倉景冬としている。『福井県史』はこの文書を採録していない。『福井県史』で、文亀元年九月十三日付川船定書を朝倉景豊の発給としており、時日が近く、同所への発給ということから、発給者を同人とも考えられよう。又、二三二号を勘案するに、教景とも考えられる。原文書未見のため、憑拠資料に従っておく。

128 参州寺社古文書では、本定書を書写した後に左の注記がある。

右、御制禁之条相写、従二往古一惣門ニ立來候処、唯今者写仕候而、惣門ニ掛置候、

また『諸国高札』三に左の注記がある。

右、三州碧海郡大濱村稱名寺江

松平左近藏人信忠様御眞翰御判物ニ而被二下置一、従二古來一今以右之通寫仕、大門ニ立來候、

信忠様稱名寺境内江御隠居被レ遊、御隠居屋鋪与申傳候処御座候、依レ之外ニ茂御書も御座候、

129 条書は沢氏が伊勢木造入城に関する条件を提示したもので、合点は北畠具方の領承を示すこと、左の状にみえる。

（切紙）（端裏切封墨引）

尚と条と承候子細共何心得申候、

就二木造城主之儀一、山崎申候處、掌狀被レ申候、誠以目出悦入候、就レ其一書旨、条と存知申候、一と點合候、然者、来月三日吉日候之間、其方令二出張一候て、十三日ニ最上吉日候間、入城千秋万歳可二目出一候、委細段者、自二山崎許一可レ申候也、

謹言、

（異筆）「文龜三癸亥」十月十七日　（北畠具方）（花押）

澤とのへ

(ウハ書断片)
「澤殿　まいる　(端裏切封墨引)　貴報□□」

返ゝ一書之上被㆓聞召分㆒候、御書御自筆候之間、尚以私之不㆑可㆑有㆓聊尒㆒候、尚ゝ来三日御出張可㆑然存候、旁ゝ御下候ても、七日八日御逗留候ハてハ、此方之儀御調も可㆑為㆓遅ゝ㆒候間、必ゝ御下可㆑然存候、尚ゝ今度之儀、色ゝ御懇之御心つかい過分之儀、達㆓上聞㆒候、公方様ニも御祝着候、委細尚懸㆓御目㆒可㆓申入㆒候、

急度申候、先日御返事趣、昨日十七日余懇披露申候、御請御申之御返事之儀、事外之御祝着候、先以御書御礼御申候、然間、以㆓一書㆒御申候旨、具披露仕候、何も御同心御合點候、自㆓其方㆒御進上候一書之上、其おくニ御判するゑられ候間、態進㆑之候、千秋万歳御目出候、種ゝ御取合申候、就㆑其来三日可㆑有㆓御入城㆒之由、昨日十七日態雖㆓申入候㆒、巨細懇披露申候、来十三日吉日候間、自㆓其方㆒如㆓御申㆒、入城之儀御同心候、然者、来三日吉日候間、其方御出張可㆑被㆓同心㆒候、然者、此方へハ五日六日ニ可㆑有㆓御付㆒候、来十三日まてハ七日八日之可㆑為㆓御逗留㆒候間、其内ニ尚以可㆑有㆓御内談㆒子細共候、必ゝ三日ニ其方可㆑有㆓御出張㆒候由、堅自㆑私可㆑申候旨候、目出可㆑奉㆑待候、仍就㆓源藏方儀㆒、其方へ之御書并彼木造殿之御書了(マヽ)、定両条之儀、可㆑有㆓御返事㆒候、先以御請之御返事、同御出張被㆑急候間、如㆑此申入候、尚以御下候時可㆑申候、恐ゝ謹言

(異筆)「文亀三 癸亥」十月十八日　勝通(山崎)(花押)

澤殿 参　御宿所

〔沢氏古文書〕

130 同月付の禁制が出されている。

禁制　法雲山米山寺(美濃)

一甲乙人等乱妨狼藉之事

一山林之伐ニ取竹木一事
一境内山川之中殺生事
一俗人宿并陣取事
一百姓等年貢無沙汰之事
一為二領主一、臨時課役、無レ謂之儀申懸事
右、此條と堅令二停止一訖、若違(マヽ)犯之輩者、速可レ處二厳科一者也、仍下知如レ件、
永正元甲子年五月日　美濃守(土岐政房)書判
〔正伝寺由緒書〕

なお美濃大仙寺に翌月下した定書写(前欠)がある。

可二申付一、小破之修理之事者、如二前々一為二寺家一可レ被二修理一事
一正、五、九月、正誕生之月、可レ捧二祈禱之巻數一、其外一切諸役已下、悉可レ令二免許一事
一於二已後一大仙寺(美濃)江寄進之田畠并山林已下、無二相違一厳重仁可レ被二申付一事
右、所二定置一如レ件、
或者祠堂錢、或者一切買得在レ之者、(マヽ)
永正元甲子六月　日　美濃守(土岐政房)(花押)
〔正伝寺文書(岐阜県史)〕

131 花押の姿が永正元年七月廿五日付書状、ならびに同廿六日付書状(沢氏古文書)に相似している。同時期のものであろう。

132 この後出されたほぼ同内容の生心書下及び今川氏親禁制を左に掲げる。
(折紙)(端書、別筆)「中山民ア入道判也」
當御寺御無縁所之事候、自然家来之者就二無案内一、兎角申儀候者、直ニ可レ蒙レ仰候、可レ致二其成敗一者也、仍如レ件、

永正十四
二月十六日　生心《(中山)》(花押)

本興寺

(花押)《(今川氏親)》

禁制

一家風人等菟角之沙汰事

一棟別之事

一普請人足之事

一飛脚之事

一竹木伐取之事

右、依ニ當寺爲ニ無縁所一、此條ヒ停止畢、仍如レ件、

大永貳年五月二日

鷲頭《(遠江)》法華堂

〔遠江本興寺文書〕

133 現在差出者を特定するに至っていない。ところで法性院日遵は本圀寺十三世で、本圀寺年譜七、永正五年五月九日の記事に、「十二祖弟子日遵太田道灌季子也、投ニ了師ニ祝髪、任ニ權大僧都一、参内拝顔如ニ先例一、年廿一、口宣」とみえ、また同七年日了遷化の後を承け第十三世となった当初の記事にも、「第十三祖法性院日遵聖人在位十二年、入山年廿二、(マヽ)此師俗性〔姓〕太田道灌齊(マヽ)季子也、幼師ニ事了師一矣」とあり、道灌の子とされている。あるいは本状差出者は太田氏の人かも知れない。

134 朝倉氏の書下を得、浦・山内の商人間で契約証文を作成している。

(端裏書)
「永正五　此本文ハ中山りやうゐい書候也、本文之うらニ書置候也、」

寫

永正五
十一月二日　殿様《(朝倉貞景)》御判并御兩所《(青木康忠、印牧廣次)》御一行之旨まかせ、浦、山内末代定之事

一しほ《(鹽)》、くれ《(榑)》、他國并ニ當國浦よりすくかい《(直買)》之事

一たひ《(旅)》舟之鹽、榑を、ふな《(船)》人□《(を)》つれ候て、里へ出あきないの事さすましき事

一人ニたのまれ候て、われ《(我)》かあきない物とかう《(號)》して、船につむ《(積)》ましき事

一山内馬借中にて候とも、人のあきない物をわれ《(我)》かかう《(號)》して、舟をかり《(借)》候てつむましき事

一浦の馬借にても候へ、又山内之馬借ニても候へ、れうし《(聊爾)》の儀候者、浦、山内之馬借として、あきないをとゝめ可レ申候、

一馬借の人數の事、ゆ屋《(湯谷)》、こうたう《(勾當)》原、別所、中山、八田、今泉、川野、此分ほんそ《(本所)》にて候也、

一山内の馬借下の事、ぬか《(糠)》浦、かれい《(干飯)》の浦、たかさ《(高佐)》、ろくろし《(六呂師)》、とへ《(都邊)》のしやうけん分、ぬ□《(か)》口四郎衛門ふん、やすと《(安土)》の左衛門、とへの五郎兵衛、中津原道かう、同常心、山内下也、かふらき《(撫木)》浦ハ山内兩浦下也、此旨をそむき▨候て、ぬか《(糠)》浦、たかさ《(高佐)》、かれい《(干飯)》の浦ニ、さとかい《(里買)》のあきない物之しほ船ニつむ事候ハヽ、山内として堅せいはい《(成敗)》可レ仕候、萬一承引なく候ハヽ、書違の旨にまかせ、浦、山内として公方へ申上、其在所之あきない并ニ馬借おとめ可レ申候、此書ちかへの外、はつれ馬借之人數ニなす事候者、浦、山内として、堅成敗可レ仕候、仍爲二後日一かきちかへ證文狀如レ件、

永正五年十一月廿四日

中山　良永

中山　道明
こうたう原　覺せう
中山　道つう
こうたう原　りやうちん
中屋　刀禰
かわの　刀禰
かわの　せんあミ
いまいつミ　ゑいちん

いまいつミ　はしつめ
かわの　六郎衛門
かふらき　兵衛
四郎二郎かふらき　小兵衛

中山　道かう
ゆや　道れう
こうたう原　はんとう
中山　山きし衛門
中山　新屋左衛門
中山かわくほ　左衛門

（連署ノ上部ニ在リ）
「殿様御判御事、此御判之事ハ御両所にてくし（鬮）取ニさせられ候處ニ、浦ニ取あたり候て、かわの（河野）村ニあつけ（預）申候、若御うし（失）ない候者、かわの（河野）浦のあきないと〻め申へき定末代にて候也、」

〔西野文書（福井県史）〕

135 これ以前より、契約に当って同名や被官の加判が必要な状況が生じていたことを語る元光書状を左に掲げる。

此方之事、有㆓子細㆒代ゝ別而申合之儀候之處、近年依㆓國籍（錯）亂㆒御踈遠之段、慮外候、然間、於㆓向後㆒者歸㆓舊儀㆒、大小事如㆓親子㆒、一段可㆑申談㆒候、同名被官人等如㆓先ゝ㆒御契約之儀、以㆓判形㆒雖㆓申合候㆒、只今無㆓在洛㆒候之間、先此分候、自他甚深申合候上者、末代不㆑可㆑有㆓如在㆒之段本望候、恐ゝ謹言、

永正七年三月五日　　元光（花押）

益田治ア少輔殿

〔益田文書〕

136 佐竹義舜が江戸通雅・通泰父子と一家同位たるべきことを誓約した、神文を欠く同日付の三ケ条誓書を左に掲げる。本文掲載の起請文前書の条文の次に、「彼六ケ條」と記したのは、この誓書の三カ条を起請文の三カ条に合わせての数であろう。

（朱書）
「同御誓書」

一於㆓当方㆒江戸刷之事、自今以後、可㆑為㆓一家同位㆒事

一對面之上、庭之礼、書状之認様、末世末代義舜(佐竹)至二于子と孫と一迄、可レ為二一家同位一事
一自今以後、對二但馬守(江戸通雅)子と孫と一、至二于義舜子と孫と一迄、一点不レ可レ存二余儀一候事
永正七年庚午十二月二日　義舜(花押)(朱書)「血判」
江戸但馬入道殿
同彦五郎(通泰)殿
(朱書)「右熊野午王(牛)一枚ノ裏ニ書レ之」
〔秋田藩採集文書 二〕

137 山名家伝記、巻之七「致豊」の項に、
一去年致豊家臣垣屋越前守續成に命して圓通寺に譬(壁)書を賜ハる、其文ニ曰く、
として、壁書を収録している。

138 同日付で左の書下がある。
当寺之事、任二亡父久盛判形之旨一、諸役等已下甲乙人等違亂之義、不レ可レ有レ之者也、仍如レ件、
永正八年九月十七日　正盛(花押)
本成寺
〔本成寺文書〕

139 『大日本史料』は、永正八年とし(第九編之三、八六九頁)、『新潟県史　資料編5　中世三』は、「永正九～十一年の守護上杉定実方と守護代長尾為景方との抗争の時期のものか」と注記している(六四二頁)。

140 本条に関する神戸大北被官連署請文がある。
(端裏書)「大北披(被)官」
神戸六郷内御扶持人并権家、勢家御扶持之事、今度如二先御代一被二仰調一、被二放置一候、於二已後一者、如二前と一郷与可レ致二沙汰一候、同自今以後、権家、勢家於レ参二御扶持一者、可レ蒙二御成敗一候、仍如レ件、

「(異筆)永正八年辛未」十一月四日

大北披官〔被〕次郎大夫(略押)
同 二郎兵衛(略押)
同 二郎衛門(略押)
同 五郎三郎(略押)

進上
樫尾左馬亮殿

〔沢氏古文書〕

141 本日、藤資は築地弥七郎の名跡相続を認め、所領を安堵している(築地氏文書)。

142 『大日本史料』は制定者を上杉憲房とするが(第九編之五、一七八頁)、確実な憲房の花押、即ち六月七日付書状(発智文書)、四月廿八日付書状(鑁阿寺文書)、永正九年六月禁制(長年寺文書)等のものと異なっている。

143 この後、『大日本史料』が発令者を河野通直と推定した禁制案がある(永正十七年二月是月条)。

禁制　(伊豫)國分寺

一 殺生之事
一 山林竹木伐事
一 於二寺家一酒之事
一 守護代、國衙役人、其外諸役人等、臨時非法、諸天(點)役一切停止之事
一 人具、行者、取レ主侍、百姓之事
一 於二傍尓之内一、段錢、棟別、進寄(并)(マヽ)質取事

右條々、代々判形旨、寺家進退不レ可レ有二相違一之状如レ件、

144　永正十七年二月吉日　〔伊予国分寺文書〕

ほぼ同内容の斎藤利茂禁制が伝存する。

禁制　（美濃）汾陽寺

一甲乙人等濫妨狼籍〔藉〕之事

一伐㆓採竹木㆒、刈㆑草并山林放㆓牛馬㆒之事

一俗人執㆑宿之事

一於㆓当寺山中㆒殺生之事

一背㆓寺家之法度㆒輩、令㆓許容㆒之事

一諸人寄進之地并祠堂方買徳之田畠等成㆓違亂煩㆒之事

一寺領之百姓、稱㆓他之被官㆒、年貢諸役以下無沙汰之事

右條々、於㆓違犯之輩㆒者、則可㆑處㆓嚴科㆒者也、仍下知如㆑件、

永正十八年卯月　日　（斎藤）利茂（花押）　〔汾陽寺文書〕

145　もと将棋形の木札に書かれた禁制で、黄薇古簡集はその形状を図示し、寸法を記入している。高さ一尺一寸五分、天は左右共五寸八分、左右端の高さ一尺六分、底一尺二寸三分の木札であった。

146　上辺に欠損があるが、享禄四年八月八日付赤松政村袖判の掟書正文が清水寺に伝存している。本文は義村掟書と同文、差出書は三名連署で、奥から豊後守（櫛橋則高）、河内守、和泉守、それぞれ署判がある。

147　本定書発布の事情が左記誠豊書状に見える。

當社領代々支證文、令㆓披見㆒候、仍續目判形事、無㆓異儀㆒候、如㆓先規㆒、神事、祭禮、修理等之事、無㆓懈怠㆒可㆑被㆓執沙汰㆒候、次社人等近年号㆓諸被官㆒、社役已下無沙汰候条、曲事候、所詮諸被官之義、令㆑停㆓止之㆒、於㆓向後㆒者、應㆓神主下知㆒、可

レ守二諸役一之由、申㆑付（續成カ）垣屋一訖、此趣可レ有二存知一候也、恐々謹言、

（永正十五）七月廿三日　（山名）誠豊判

（小田井）神主殿

〔小田井大社文書〕

148　黄薇古簡集には、ほぼ同文の天正七年七月十九日付宇喜多与七郎定、同拾年八月九日付同八郎（秀家）定を収載、いずれも板制札として図示している。

149　本条書は日付を欠き、制定主体も明瞭でない。ところで第一条に、早崎孫三郎に還住の機会が与えられても、政所職は中付けぬ旨が記されている。この政所職は竹生島の訴訟により、大永三年十一月九日六角定頼が神領として寄進したことが、同日付六角氏奉行連署奉書と、竹生島・六角氏間の仲介に当っていた河毛綱光書状に見えている（竹生島文書）。とすると、早崎孫三郎は何等かの事情により、大永三年ごろ六角氏に政所職を没収されたのであろう。以上の推測より、本条書がこの頃のもので、制定主体は六角氏と考えられるのである。

河毛綱光書状案は左の如し。

（案）河毛新五左衛門状安文

当御嶋領早崎村政所職事、依二御訴訟一従二御屋形様一寄進被レ申旨、則被二成敗進一候条目出候、然間向後不レ可レ有二別儀一趣、爲二　天女懇祈一涯分申調候、將又爲二御雜掌一当使節数日御苦労候、且者其故如レ此之通、具可レ有二御衆露一候、恐惶謹言、

十一月九日　綱光判

竹生嶋

年行事御坊中

150　河毛綱光書状がある。

（折紙）
早崎村百姓還住事、被レ成二御成敗一上者、不レ可レ有二別儀一候、急度被二仰付一、可レ被二立還一候、委細駒井源三方、米井孫四郎

方可レ被レ申候、若兎角申族在レ之者、重而可レ有二御注進一候、恐惶謹言、
九月十七日　　　　河毛新五左衛門尉 綱光（花押）
竹生嶋 年行事御坊
御房中
〔竹生島文書〕

151 本令を承継した今川氏輝令並びに義元の指令を左に掲げる。

駿河国久能寺領浦寄木事
右、任二増善寺殿（今川氏親）判形一令二領掌一畢者、仍如二先規一、爲二本堂造営一付レ之訖、次船事、近年断絶之上、任二往古例一爲二殺生禁斷一
当浦不レ可レ繫レ船、於二汲潮焼塩等之儀一者、且爲二寺用一、且爲二土民一、不レ可レ有二他之違乱一者也、（マヽ）狀如レ件、
亨（享）祿五壬辰年五月三日　　　　氏輝（今川）在判
久能寺
〔久能寺文書〕

駿河國久能寺領浦寄木等之事
右、任二代々判形旨一令二領掌一畢者、如二先規一爲二本堂造營一付レ之訖、次船事、近年断絶之上、任二往古例一爲二殺生禁断一、当浦
不レ可レ繫レ船、於二汲潮焼塩等之儀一者、且爲二寺用一、且爲二土民一、不レ可レ有二他之違亂一、并門前棟別事、如二前々一免許不レ可
レ有二相違一、守二此旨一、弥可レ被レ抽二國家安詮（全）之懇祈一之狀如レ件、
天文拾壱壬寅年七月十日　　　　治部大輔（今川義元）（花押）
久能寺
〔判物証文写今川四久能寺文書〕

152 三好元長が足利義維及び細川晴元を擁して阿波から堺に入り、まもなく発布した定書である。堺入の日を厳助は三月廿一日

とし、鷲尾隆康は翌廿二日とする。

〔厳助往年記〕大永七年三月廿一日、従㆓四國㆒御渡海、堺御逗留、公方（足利義維）四条道場御坐云々、宗明（細川晴元）御供、三好已下其勢八千余云々、

〔二水記〕大永七年三月廿四日（中略）風聞云、一昨日四国若公（義維）武家法住寺殿（足利義澄）御息云々、和泉堺御着岸云々、但、実否未定也、後聞、治定云々、落着如何々々、

153 これより先、通泰が吉田山造営、祈禱等につき書送った書状写を、左に掲げる。

なを〳〵申入候、

わさと（態）ふミして申候、仍ひふつ（祕佛）の御事を、くち〳〵ニはん〳〵ニ御さうたん（雑談）、くちおしく（口惜）御さ候、こと〔に脱カ〕御やうたい（様躰）をうけたまハり候へは、ちき（直）ニおかミ（拝）申たるとうせん（同前）の事、

一こん日御さうゑい（造営）せん（銭）二百貫文しんなう（進納）申へきこと、御さうゑいにおいては、ミちやす（通泰）ニ御まかせあるへく候、

一こまたう（護摩堂）、すなハち御たうニ御さ候事

一十二とう（燈）、一夜一日も御けたひ（懈怠）あるましき事、

一むかし（昔）よりのきやうしせんほう（懺法）、御ふさた（無沙汰）あるましき事、

一きやく（客）そう（僧）、一夜一日も御とめあるへからす候事、

一へつたう（別当）さま（様）ミと（水戸）のきねんニ、御さうゑいのあいた御いてあるましき事、かたく申さため候、

一こん日より御さいくう、御ゆたん（油断）あるへからす候事、此てう〳〵（條々）御しつねん（失念）あるましく候、かしく、

六月十二日むまの日　ミちやす（花押）

（ウハ書）「よしたさん（吉田山）へまいる　たし□」

（モト異筆）「御直筆 大永七年丁亥 六月十二日戊午」

〔薬王院文書〕

154 同年末、汾陽寺は長井長弘からも新路通行停止の保証を得ている。

（切紙）当寺山新路之儀停止之旨、今度錯乱以前ニ被㆓仰付㆒候、以㆓其筋目㆒乱後も弥其分候處、地下人等近日又令㆓通路㆒之由、其

聞候、言語道斷曲事候、堅被二相留一候者、可レ然候、万一押而通路候者、急度可レ有二御注進一候、恐と謹言、

長井越中守

長弘（花押）

大永七
極月廿三日

（美濃）
汾陽寺
諸役者御中

155

この徳政定書案が書かれた事情は、大村重継書状案に見えている。

（端裏書）
「案文

大村日向守

重継」

御城衆各御中

各愁訴之段、度と令二言上一候處、去七日野田興方、杉興重以二御奉書一、被レ成二遣御徳政御下知一候、各御面目至珎重候、仍彼御法度事、去年享祿貮三月廿四日被二定置一壁書一巻、興方、興重裏封在レ之、各以二条数一可レ有二其沙汰一候、万一若輩之方、条数之前無二分別一、有二非分之儀一者、太不レ可レ然候、能と可レ被二仰談一候、如レ此　（大内義隆）上意忝於下被二仰出一候上者、各又弥別而御城番等御馳走肝要候、就レ其奉書并興重、（貫）武助書状等、銘と重継以二裏封一進レ之候、恐と謹言、

七月十九日　　　重継判在

御城衆各御中

〔榊文書〕

次に、本徳政令施行に当っての関係文書を左に掲ぐ。

（端裏書）
「照海御袖判案文」

照海御袖判

（周防）
下小野公文名事、所願院買得以後、年久存知之處ニ、辻善左衞門爲二由諸〔緒〕之地一之条、以二（周防）國衙一ヶ条之准據一、可レ致二還補一之由、連と愁訴在レ之、然處ニ、去年享祿貮三月廿四日爲二守護一被二定置一得政法度條と內、田畠等賣買事、但、契約狀等仁御判をすゑらるゝにおゐてハ、不レ可二相違一〔有脫カ〕云云、凡國衙一ヶ条之儀、從二守護方一成下之上者、專可レ任二其掟一之段、勿論也、殊更陶尾州（興房）其

外面ヽ判形連署面如レ此、然間、先目代如意輪院(春藝)彼在所事、善左衛門申事無レ謂之条、所願院仁被二裁許一之由、判形明鏡也、云二其筋目一、云二得政法度之旨一、旁以無二相違一可レ致二存知一之由、所レ被二仰出一也、仍為二後日圓鏡一之状如レ件、

享祿參年九月三日　継実(良堅)在判

(周防)阿弥陀寺　所願院御坊　○中央下方ニ裏花押アリ、

〔東大寺文書 第四回採訪七十三〕

(包紙)「四 享祿四年徳政御法度書」

(端裏書)「御徳政之儀南都江奉書寫之二通内 享祿貳年十月三」

就二徳政一、於二当郡内一限二永代一契約之地、同一作買取当毛事、従二本領主一悉可二苅取一之由申由、被二聞召一候、不レ可レ然候、所詮、有レ限國並土貢可二収納一由、對二其領主并買主一、堅可レ申二觸之一、縦　御下知以前雖二苅取一、以二右旨一、嚴重被レ載(裁)二判之一、若於レ有下背二此旨一仁上者、可レ被レ遂二注進一之候、無二非分儀一様、可レ被二申付一事肝要由候、仍御法度物一通、成二裏封一進レ之候、恐ヽ謹言、

九月廿四日　(吉見)興成在判　(岡部)興景同

阿川孫次郎殿代

〔東大寺宝庫文書〕

156 松崎天満宮が焼失したため、再建を督促した享禄三年正月廿日付後奈良天皇綸旨が長防風土記に載っている。再建には社官はもとより国衙在庁人が当ったことが普請者着到注文によって知られる。また大内義隆がこの再興に尽力したことは、左記の国衙在庁人の負物返済延期の優遇措置により明らかであろう。とすると、本文掲載の陶の法度も、実はその主人大内氏の意を承けてのものかも知れない。

(端裏切封ウハ書)「

(異筆)

「到享祿三二ノ廿九」得富雅□（墨引）〔樂〕允殿　弘中兵部丞

上司主殿允殿　正長」

就二松崎　天満宮御再興之儀一、可レ被二仰談一子細等候之条、國衙負物古新返弁、先以可レ被二拘置一之旨、先度自二藝州一以二野田兵部少輔一通一申候者、今以可レ為二同前一之由候、但、不レ可レ準二徳政一候、恐ゝ謹言、

二月廿八日　正長（花押）

得富雅樂允殿

上司主殿允殿

〔上司文書〕

157　この益田方にあてた吉見方の契状に対応して、益田方から吉見方にあてた同内容の十月卅日付契状案があり、その紙背に「横田澄川河堺目之儀申さたむる吉見方宿老中一筆也　享祿三　十月廿六日」とあるのが、本文の吉見方契状をさすと考えられる。これによって吉見方、益田方両契状の年次を享禄三年とすることができる。益田方の契状案、左の如し。

条数

一澄河ゝ堺事▨〔者〕、河半分可レ為二進退一事

一関〔堰カ〕之事者、従二中瀬一上ゆの木谷堺まて、従二其方一御知行あるへく候、中瀬より下落合まてハ、此方知行たるへきよし、申合事

一依二洪水一なかれ木、より物等者、方地ニしたかつて、上下共に可二進退一事

一いての儀者、如二前ゝ一不レ可レ有二相違一事

一う、あミとり已下事者、相互可二申付一事

右、所二申定一如レ件、

十月卅日　兼慶

兼職
兼順
兼勝

吉見越後守殿
吉見因幡守殿
吉見中務少輔殿
吉見伊豆守殿
吉見彈正忠殿

〔益田文書〕

158　本置文の第一条から第十四条までは、事情の変化により幾分相違はあるものの、永正十二年十二月廿三日付大友義長の置文に相似している。また第十五条から第二十二条までは、第十八条を除き、同日付義長の追加条目にその規定を見ることができる。従って本置文は大友氏のものと考えられる。享禄三年次大友家の当主といえば、義鑑に当り、置文制定者は義鑑ということになるが、そうすると不審が生ずる。それはこの置文が誰を対象に作られたかということにも係わるのだが、享禄三年といえば子息義鎮誕生の年であって、当歳の乳児を対象に置文を書くことに不審を覚える。又、第三条に祖父・祖母のことが見えるが、義鑑の父義長は永正十五年に没している(系図纂要十八)。外祖父母と考えられなくもないが、永正十二年の義長置文の第四条と照合してみるとしっくりしない。なお後考に俟ちたい。

159　元光の添状がある。

当寺依レ爲二無緣所一、以二思案之旨一、寺社之儀、条々相定早、於二向後一、專二此旨一、弥國家御祈念肝要候、恐々謹言、

三月廿一日　元光(花押)

(快暹)
正昭院
御坊

〔萬徳寺文書〕

なお網野善彦氏『〈増補〉無縁・公界・楽』に、天文十三年十二月七日付信豊科人走入定書(本書三七三号)と併せ、無縁所の意

義につき論がある(三二二頁以下)。

160　左記連署約書に見える「當郡掟」の内容は、本条書の如きものであろうか。

(ウハ書斷片)
「　　　　芳野
(親満)
澤殿　御宿所　　春竹丸」

先年於㆓宮本㆒兩四人當郡掟之事、一紙以申㆓契約㆒候處、只今秋山方違篇候、雖㆑然、於㆓兩三人㆒者、寔前紙面聊不㆑可㆑有㆓相違㆒候、將又、諸公事篇紛等之事、如㆓筋目㆒弥可㆓申談㆒候、恐ゝ謹言、

(異筆)
「天文六年丁酉」
五月十八日

芳野
春竹丸
南出雲守
季綱(花押)
山尾四郎左衛門尉
季長(花押)
西田四郎右衛門尉
久延(花押)
荻野藤次
久光(花押)

澤殿
御宿所

〔沢氏古文書〕

なお年次未詳の喧嘩に関する契約状を便宜併せ収める。

御方御被官幷御家來与此方者、喧嘩或盗賊等之紛出來之時者、兩共不㆑及㆓勢立㆒、如㆓筋目㆒毎事可㆓申談㆒候、可㆑被㆑成㆓其御心得㆒候、恐ゝ謹言、

十二月廿六日

松尾九郎左衛門尉
爲秀(花押)
杉喜左衛門尉
実清(花押)
諸木野弥三郎
將宗(花押)

西左兵衛入道殿
大貝式部少輔殿
高塚殿
桧牧与五郎殿
中西平次郎殿
　御宿所

狛藤四郎 実常（花押）
飯岡左近太夫 実次（花押）

〔沢氏古文書〕

161 安芸における人返し、人沙汰について岸田裕之氏『大名領国の構成的展開』に詳論がある（三五九頁以下）。

162 法度法式とは左に掲げる文明七年日暹置文を指すのであろう。

「（題箋）日暹聖人本興寺置文　日敬納㆑玆」

本興寺規式定置條々事

一於㆓日陣上人之御門徒㆒者、聊（日印）印聖人（越後）本成寺之御置文仁不㆑可㆑違、
一朝夕勤行、日中幷毎月十二日勤不参之族者、十日落番、
一日陣上人御製作之重書、其外一紙半枚之御状等迄、末代之明鏡也、縦雖㆑為㆓器用之仁㆒、無信心無道ニメ無㆑志輩仁、不㆑可㆓授与㆒、彼文箱於為㆓一大事㆒可㆓守護㆒也、
一当寺居住之族、女犯、其外濫行聞出、有縁強縁共、速寺中可㆑被㆓追放㆒也、
一簙奕、惣饗遊之事
一悪口則諍論者、喧嘩闘諍之墓〔基〕根源也、
一如㆑斯之次第、惣寺家之沙汰、老僧東光坊、東林、東泉三人令㆓談合㆒、坊衆之老弱お集、壇〔檀〕方之年寄呼集、申㆓合諸篇㆒可

レ遂、夢ゝ爲二一人二人一不レ可レ定事、此等之次第違背候者、愚僧日暹叛逆之輩、非二弟子一者也、

文明七年十二月十三日　　日暹（花押）

東光坊、東林坊、東泉、惣衆中

〔遠江本興寺文書〕

163

副状を左に掲げる。

就二當寺法度之儀一、去永正十四年承隆寺殿樣（土岐政房）御判之物并当所年寄共進置候書物、何以存知仕候、被レ守二先例一可レ被二仰付一候、若有二違背之輩一者、注二交名一、蒙レ仰可二申届一之狀如レ件、

天文貳年十一月廿六日　　長井新九郎
規秀（花押）
長井藤左衞門尉
景弘（花押）

長瀧寺
衆徒之御中

〔長瀧寺文書〕

164

発令者が明確でないが、左掲書状中の「御領中御法度」を本法度とみうるならば、沢氏発令のものといえようか。あるいは又、北畠氏の法度を沢氏が仲介したものでもあろうか。

「（ウハ書断片）（切封墨引）秋山
澤殿
御返報　國堅」

御領中御法度之儀、条ゝ蒙レ仰候、尤之御儀候、委細存知申候、猶中西方可レ被レ申候条、不レ能二巨細一候、恐ゝ謹言、

三月六日　　國堅（花押）

澤殿

御返報　〔沢氏古文書〕

165 充所の遠山藤九郎は綱景で、藤九郎とみえる文書の下限は天文四年八月七日付法度である（延命寺文書）。同九年卯月十四日付制札写の封紙には、遠山隼人佑と表書し（清徳寺文書）、翌十年十一月廿七日付の八菅神社所蔵の棟札銘では甲斐守を称している。以上から本印判状は少くとも天文八年以前のものとなるが、今しばらく前号文書に係けて、ここに収める。

166 頼藝の弟光親の証状がある。

（折紙）
當寺法度以㆓九ケ条㆒相定、（土岐頼藝）濃州加㆓判形㆒上、致㆓存知㆒候、聊不㆑可㆓疎意候㆒、若非分之儀申懸者於㆑在㆑之者、速可㆓申付㆒候、恐〻敬白、

十二月廿日　　（揖斐）光親（花押）

龍徳寺
侍司下　〔龍徳寺文書〕

167 当関は、もと田原宗光が戸田宣成に充行ったものを、宣成が観音寺に寄進したものであること、同日付宗光の証状に明らかである。

（戸田憲光）親にて候者、赤羽根すへ置候六十錢之新關、（戸田宣成）橘七郎ニ出置候處ニ、観音江寄進申候間、并而我とも於㆓子〻孫〻㆒末代違亂有間敷候、然者爲㆓造用㆒、道者ニ拾錢、順礼五錢可㆑有㆓御取㆒者也、爲㆓後日㆒一筆如㆑件、

天文五年丙申
六月十五日　　田原孫四郎 宗光（花押）（「福」黒印）

三川國渥美郡
小松原山　〔東観音寺文書〕

168 『東浅井郡志　巻四』は天文三年歟との注を付けている。しかし花押は天文七年六月二日付書状（飯福寺文書）、同八年五月四日付書状（蓮華寺文書）のものに似るように見うけられる。前号の亮政に係けここに収める。

169 惣地下の支配者は石徹白種吉である。

一書之旨委細披見候、於二此上一者、きやうたい（兄弟）、同名たりといふとも、いわれさる事申候ハヽ、地下同心ニせいはい（成敗）をくわへへき物なり、仍書付如レ件、

天文八年十一月十三日　種吉（石徹白）（花押）

惣地下中

〔桜井文書（岐阜県史）〕

170　第三条を「一寺領、坊領賣買之地、諸寄進并新堂地、坊地之年貢、山林、寄進之上及二違乱一事」とする他は、第一条の一打を欠くところまでほぼ条文の文章を同じくする弘治元年十二月日付范可（斎藤義竜）発給の禁制が美江寺に伝存する。

171　左の信豊書下・粟屋光若奉書にみえる「條ヽ」が、本条書であろう。

若州遠敷郡國冨庄本淨山羽賀寺寺領并諸寄進買德田畠山林等、付、諸堂社供僧職、別当職、同坊中事、爲二祈願所一、條ヽ以二一書一申定上者、於二向後一者、守二此旨一、永代全二寺務一、修理勤行等無二懈怠一、國家祈禱可レ被レ致二精誠一者也、仍狀如レ件、

天文九年六月朔日　信豊（花押）

羽賀寺衆徒中

（折紙）（若狭）國冨庄之内羽賀寺之事、爲二　勅願所一、不レ混二地頭領家一、往古高除之段、被レ聞召分一訖、猶并而被レ成二御祈願所一之上者、所ヽ可レ爲二御祈願所次一、被レ仰定一条ヽ一書別紙在レ之、臨時非分之儀并諸事競望可レ被レ令二停止一之由、彼領主江被二仰付一之条、以二其趣一、弥寺家勤行等可レ爲二肝要一之旨、被二仰出一者也、仍執達如レ件、

天文九
六月一日　光若（花押）

羽賀寺
衆徒中

〔羽賀寺文書〕

なお信豊は、羽賀寺年中行事に、天文九年「廿七歳、御誕生十月五日」と記されているから、天文七年七月十日廿五歳で家

督を嗣いだことになる(系図纂要)。羽賀寺大檀越は粟屋氏であった(同寺年中行事)。代替に当り、粟屋氏に頼って獲得した武田家祈願所認定と条書であったのかもしれない。

172 武田信虎の朱印なること、相田二郎氏『中世の関所』五〇七頁参看。

173 写であるため定かではないが、氏綱の花押は大永五年以後の姿である。彼の死は天文十年七月十九日(快元僧都記は十七日とする)であるから、本書は天文九年以前のものとなる。

174 原本では書直しがあって、文字の編は定かでなく、『静岡県史』は「郡」と読んでいる(一五三八号)。東京大学史料編纂所の影写本は書直した筆遣いのみ写したのであろうか、草体の「仰」に似た字に書写している。天文四年七月十七日付今川氏輝判物に、「棟別拾弐間分并天役、諸役等令レ免二除之一」(六所文書)とあるを参照して、今しばらく「諸」としておく。

175 本号条書と同日付の左記尼子晴久書状によって、本号発布の事情を知ることができる。

鰐渕寺領直江、國冨名主職之事、先年塩冶(興久)謀叛之時雖二闕所候一、今度其内少〻還申候、修理勤行等之事、其外以二別紙一申定候旨、不レ可レ有二相違一候、恐惶謹言、

天文十二
六月廿八日　　晴久(花押)

鰐渕寺
衆徒中

〔鰐淵寺文書〕

176 朽木領中山木盗伐の禁止を通達した本奉書に違背して山中に入った田中頼長領の者を、朽木方で逮捕した事件を扱った(天文十二年)十月十六日付六角定頼書状(朽木古文書、甲十三号の十五)及び同日付六角氏奉行人奉書案がある(同、甲十三号の三)。

177 駿河志料では後に「以二万休弁〔齋カ〕一先御印判懸二御目一、先銘□案得二御意一□は認レ之、万休於二御前一貼(マヽ)二御印判一畢」との注記がある。なお発令者に関し、同書巻十七、雲梯山瑞応寺の項に、「今川家古書三通ヲ所蔵ス、瑞應庵トアリ、天文五年六月義元制條、同十二年六月諸役免許ノ文書、同年七月制條等ナリ」と見えている。

178 掟書の前行に、「上巻ニ当家御法度之条と」と記されている。本掟書は山口隼正氏の御教示による。

179 『東浅井郡志』は天文十三年に係けている(巻二、二一五頁)。

180 『静岡県史料　第二輯』は天文八年に擬し、脚注に「天文八年北條氏綱富士河東に亂入す」とし、北条氏との政治的緊張下での発布を想定した。北条氏との抗争は、これよりのち天文十四年にもあり、高白斎記に拠れば、この時、今川家内で甲斐武田氏との交渉に当ったのが崇孚であり(八月十日条)、かつこの後、崇孚の活躍が顕著にみられる。このためであろう、『静岡県史資料編7』では、右の高白斎記に係けて収録している。後者に倣って今しばらくここに収めた。

181 この日景虎が庄田定賢に大橋場役処を給恩として与えた折、付与した掟書である。

府内大橋場役處事、爲ニ給恩一申付候、如ニ前と一派(マヽ)共執務不レ可レ有ニ相違一、然而近年橋及ニ大破一之所、至ニ于本橋場一令ニ再興一云と、尤簡要候也、仍如レ件、

　卯月廿七日　　景虎

　　石〔庄〕田總左衞門殿

〔木島平右衞門氏所藏文書(越佐史料)〕

182 本木札については奥野高廣氏『織田信長文書の研究』上巻に解説がある(一一六頁)。

183 この字は磨り消えており、奥野高廣氏は「収」、『織田信長史料写真集』は「数」、張州雑志は「取」と読んでいる。

184 石寺は六角氏の観音寺城の城下町として発展した地で、城下町繁栄策として楽市の石寺新市が設立されたことを、本奉書に拠り大正十一年刊行の『近江蒲生郡志』が記している(巻五、商業志、五七四頁)。その後、楽市の名称の初見史料でもあることから、小野均氏『近世城下町の研究』(四七頁)、豊田武氏『中世日本商業史の研究』(四〇九頁)以下の都市・商業史研究に本文書はしばしば利用されてきた。

185 大友義鑑は天文十九年二月十日、二階崩の変と呼ばれる津久見某・田口某の謀叛により受けた傷がもとで、同十二日卒去している。本条書はその卒日のもので、大友家文書録に「十九年庚戌二月十二日、義鎮爲ニ湯療一在ニ州日生一(日生或作ニ別府一、訓同、)聞ニ府内劇

逆〔乱〕、大驚而赴レ之、佐伯紀伊守惟教率レ兵、路迎二於立石一、義鎮以二惟教一為二先驅一而入レ舘、受二義鑑遺告一、有二義鑑遺書一、乃戴二于其譜一、而會喪矣、自レ是立、為二二十一代之家督一、待〔時〕年二十一」との綱文を立て遺告として本条書を掲載している。

なお欠損の多い案文が永弘文書にある。

186 伊豆、相摸、武蔵の各地にこの赦免令が伝存している。大綱に変りないが、細則は種々であるので、繁を厭わず掲書する。

國中諸郷就二退轉一ニ庚戌四月諸郷公事赦免之様躰□〔之事カ〕

百八拾八貫九百文

豆州狩野内□□〔牧之郷カ〕

右、為二諸点役之替一、従二百貫文之地一六貫文懸ニ可レ出趣、相□〔定候カ〕、然者、牧之郷百八拾八貫九百文之内、百貳拾八貫九百文ニハ七貫□〔七百カ〕卅四文、六拾貫文ニハ為二不入一故、半役として壱貫八百文、合九貫□〔五百カ〕卅四文、六月、拾月両度ニ御藏ヘ可レ納、此以後者、従レ昔定候諸□〔公カ〕事、一も不レ殘令二赦免一候、細事之儀も不レ可二申付一候、郡代、觸口□〔不可カ〕有レ綺候、若背二此旨一、申懸者有レ之者、百姓御庭ヘ參、可レ致二直□〔奏カ〕一、但、陣夫并廻陣夫、大普請、〔伊豆〕韮山之城米錢をは可レ出、廻陣□〔夫之カ〕儀者、年中八貫文之積にて、以二夫錢一可レ致レ之、

一代官ニ候共、百姓及二迷惑一候公事以下就二申懸ニ一者、御庭□〔ヘカ〕參、□〔可カ〕二申上一事

一退轉之百姓還住仕候者ニハ、借錢、借米令二赦免一候、□〔但カ〕従二今日一以前之儀也、従二今日一以後欠落之者ニハ、不レ可レ有二此赦免一事、

一郡代夫、此日数十二日致之由申候、此郡代夫赦免之事、虎之無二御印判一して、若郡代夫致之事有レ之ハ、従二今日一以後□□者也、仍如レ件、

天文十〔マヽ〕九庚戌四月朔日　（虎朱印）

伊豆狩野牧之郷百姓中

〔三須文書〕

國[　　]庚戌四月諸郷公事赦免樣躰之事

[　]文　豆州西浦之内
長濱

右、爲二諸点役之替一、自二百貫文之地一六貫文懸ニ可レ出趣、相定候、然者、貳貫三百文、依レ爲二散田一三ヶ一四十六文、六月、十月兩度ニ御藏へ可レ納、此以後者、郡代、觸口不レ可レ有レ□（綺）候、但、大普請、韮山（伊豆）之城米錢をハ、如二前と一可レ致レ之、

一地頭ニ候共、百姓及二迷惑一候公事以下申懸ニ付而者、御庭へ參、可二申上一事

一退轉之百姓還住仕候者ニハ、借錢、借米令二赦免一候、但、自二今日一以前之儀也、自二今日一以後欠落之者ニハ、不レ可レ有二此赦免一者也、仍如レ件、

天文十九（マヽ）庚戌四月朔日（虎朱印）
西浦之内
長濱百姓中

〔伊豆木負大川文書〕

國中諸郡就二退轉一庚戌四月諸郷公事赦免之樣躰之事

貳拾貫文　東（相摸）郡礒邊郷

右、爲二諸点役之替一百貫文地より六貫文懸ニ可レ出趣、相定候、然者、礒邊郷貳拾貫文、依レ爲二不入之地一、役錢三ヶ二八百文、六月、十月兩度ニ御藏へ可レ納、此以後者、昔より定候諸公事、一も不レ殘令二赦免一候、細事之儀も不レ可二申付一候、郡代、觸口不レ可レ有レ綺候、若背二此旨一申懸者有レ之者、百姓御庭へ參、可レ致二直奏一、但、陣夫并廻夫、大普請、玉縄（相摸）之城米錢をハ、可レ致レ之、廻陣夫をハ、年中八貫文積にて、以二夫錢一出へき事

一地頭ニ候共、百姓及二迷惑一候公事以下申懸ニ付而者、御庭へ參可二申上一事
一退轉之百姓、還住仕候者ニハ、借錢、借米可レ令二赦免一候、但、今日より以前之儀也、今日より以後欠落之者ニハ、不レ可レ有二此赦免一事
一無二御印判一郡代夫、自今以後不レ可レ立者也、仍如レ件、
　天文十九年庚戌四月朔日（虎朱印）
　　　　　　礒部郷百姓中
〔相州文書＋高座郡礒部村新兵衛藏〕

國中諸郡就二退轉一庚戌四月諸郷公事赦免之様躰之事
　百貳拾四貫七百九十一文　相州東郡田名之郷
右、爲二諸点役之替一、百貫文地より六貫文懸ニ可レ出趣、相定候、然者、田名之郷百廿四貫七百九十一文、此役錢七貫四百八十七文、六月、十月兩度ニ御藏へ可レ納、此以後ハ、昔より定候諸公事、一も不レ殘令二赦免一候、細事之儀も不レ可二申付一候、郡代、觸口不レ可レ有レ綺候、若背二此旨一、申懸者有レ之者、百姓御庭へ參、可レ致二直奏一、但、陣夫并廻陣夫、大普請、玉縄（相模）之城米錢をハ可レ致レ之、廻陣夫をハ年中八貫文積にて、以二夫錢一可レ出事
一地頭ニ候共、百姓及二迷惑一候公事以下、申懸ニ付而ハ、御庭へ參、可二申上一事
一退轉之百姓還住仕候者ニハ、借錢、借米可レ令二赦免一候、但、今日より以前之儀也、従二今日一以後欠落之者ニハ、不レ可レ有二此赦免一事
一壱疋小山金子召仕候郡代夫令二赦免一事
此外無二御印判一郡代夫、自今以後不レ可レ立者也、仍如レ件
　天文十九年庚戌四月朔日（虎朱印）

田名郷百姓中

〔陶山静彦氏所蔵文書〕

國中諸郡就二退轉一、庚戌四月諸郷公事赦免之様躰事

五百貫文　　武州久良岐郡本牧郷

右、爲二諸点役之替一、百貫文之地より六貫文懸ニ可レ出趣相定候、然者、本牧五百貫文、依二不入一、此役錢貳拾貫文、六月、十月兩度ニ御藏ヘ可レ納、此以後ハ昔より定候諸公事一も不レ殘令二赦免一候、細事之儀も不レ可二申付一候、郡代、觸口不レ可レ有レ滿〔綺〕候、若背二此旨一申懸者有レ之者、百姓御庭ヘ參、可レ致二直奏一、但、陣夫、廻陣夫并大普請、玉縄〔相摸〕城米錢をハ可レ致レ之、廻陣夫をハ年中八貫文ニ、以二夫錢一可レ出事

一地頭代官ニ候者〔共〕、百姓及二迷惑一候公事以下申懸ニ付而ハ、御庭ヘ參可二申上一之事

一退轉之百姓還住候者ニハ、借錢、借米可レ令二赦免一候、但、今日より以前之儀也、今日より以後欠落之者ニハ、不レ可二此赦〔有脱〕免一事

一無二御印判一郡代夫、自今以後不レ可レ立者也、仍如レ件、

天文十九年〔庚戌〕（虎朱印）四月朔日

〔武州文書九都築郡猿山村佐兵衛藏〕

□四月諸郷公事□

五拾貫七十七文　　武州南品川

右、爲二□〔諸〕点役之替一、□〔百貫文之〕地より六貫文懸ニ可レ出趣相定候、然者、南品川五拾貫七十七文、此役錢參貫三文を前ひかへニいたし、其員數ほと、毎月古河〔下總〕ヘ參夫馬を可二調立一、此以後ハ、昔より定候諸公事一も不レ殘令二赦免一候、細事之儀も不レ可二申付一候、郡代、觸口之綺不レ可レ有レ之候、若背二此旨一申懸者有レ之者、百姓御庭ヘ參、可レ致二直奏一、但、陣夫并廻陣夫、

大普請をハ可レ致レ之、廻陣夫をハ年中八貫文積にて以二夫錢一可レ出之事

雖二代官候一、百姓及二迷惑一候公事以下就二申懸一者、御庭へ參可二申□〔上〕一事

退轉之百姓還住仕候者ニハ、借錢、借米可レ令二赦免一候、但、自二今日一以前之儀也、從二今日一以後欠落之者ニハ、不レ可レ有二此赦免一事

無二御印判一郡代夫、自今以後不レ可レ立者也、仍如レ件、

天文十九年（虎朱印）庚戌四月朔日

南品川百姓中

〔武州文書六荏原郡下大崎村清左衛門蔵〕

國中諸郡就二退轉一六□〔庚戌〕四月諸郷公事赦免□〔之〕様躰之事

卌貳貫二百六十九文　武州北品川

右、爲二諸点役之替一百貫文之地より六貫文懸ニ□相定候、然者、北品川卅弐貫二百六十九文、此役錢壱貫九百卅五文を前ひかへニいたし、其員數程、毎月古河〔下總〕へ參夫馬を可二調立一、此以後ハ、昔より定候諸公事者不レ殘令二赦免一候、細事之儀も不レ可二申付一候、不レ可レ有二郡代、觸口之綺一候、若背二此旨一申懸者有レ之者、百姓御庭へ參、可レ致二直奏一、但、陣夫并廻陣夫、大普請□〔をハ〕可レ致レ之、廻陣夫をハ、年中八貫文積にて、以二夫錢一可レ出レ之、

代官ニ候共、百姓及二迷惑一候公事以下申懸ニ付而者、御庭へ參可二申上一事

退轉之百姓致二還住一候者ニハ、借錢、借米可レ令二赦免一候、但、今日より以前之儀也、自二今日一以後闕落之者ニハ、不レ可レ有二此赦免一事

一無二御印判一、郡代夫自今以後不レ可レ立者也、仍如レ件、

天文十九年〈庚戌〉（虎朱印）四月朔日

北品川百姓中

〔武州文書六荏原郡下大崎村清左衛門蔵〕

佐脇栄智氏は、本令で定められた百貫文の地から六貫文の割合で徴収する役銭を、畠を対象として賦課した懸銭とする（「後北条氏の懸銭・段銭再考」、『後北条氏と領国経営』一三一頁）。

187　天文十九年四月朔日付、公事赦免令を承けて、施行の細則を示したものである。本状では、北条氏指定の悪銭は四種となっているが、天文廿一年八月十日付反銭徴収令では三種とされている（陶山静彦氏所蔵文書）。

188　年次は今谷明氏の、言継卿記に拠る推定に従う（『室町幕府解体過程の研究』四八五頁、注(80)）。言継卿記当該条を左に掲げる。

〔言継卿記〕（天文十九年七月）十四日、（中略）

一三好人数東へ打出、見ヿ物　禁裏築地之上一、九過時分迄各見物、筑前守ハ山崎ニ残云ヽ、同名日向守、キウ介、十河《三好弟》民ア大夫以下都合一万八千云ヽ、従二一条一至二五条一取出、細川右京兆人数足軽百人計出合、野伏有レ之、キウ介与力一人銕丨ニ当死云ヽ、東之人数吉田山之上ニ陣取不二出合一、江州衆北白川山上ニ有レ之、終不二取出一之間、九過時分諸勢引レ之、山崎へ各打帰云ヽ、細川右京兆人数見物之諸人悪口共不可説也、仍京中之地子東衆不レ及二競望一、如二去年一云ヽ、寺社本所領如二先規一可レ出之由三好下知云ヽ、自二東方一ハ寺社本所領以下雖レ押レ之、地下不レ能二承引一云ヽ、

189　大音文書の法令は末尾を欠くため、発令時、発布者とも不明であったが、藤井讓治氏により、拾椎雑話収載の天文廿年十一月七日付武田氏徳政令と現存部分の文章が近いゆえ同一のものと論断された（「若狭国一国徳政の一史料」、『月刊歴史』18、一四頁）。須磨千頴氏によると、若狭では武田氏が享禄四年にも徳政を施行しているということで（『福井県史　通史編2中世』七一一頁）、そのときのものとの可能性もないわけではないが、須磨氏も本令を天文廿年令と認めており、かたがた藤井氏説に従って、大音文書欠失部を小浜市立図書館架蔵酒井文庫本で補い掲載した。尚、酒井文庫本は内外題とも「拾推雑話追加」と書く。

法文第四条中、「札之面」の「之」字を、『若狭漁村史料』では抹消された文字として扱って、黒方角の活字を入れているが、書直したように見えるので「之」字を入れた。又、第六条中、「於。利平」と、第九条中「米錢之和市」の「ヒ」はともに抹消符であるが、第六条の「。」は、一たん「於」と「利」の間に入れた補入場所を示す記号「。」を抹消するため、右寄りにもう一度「。」を書き抹消符を付したものと解される。本令収録にあたっては須磨、藤井両氏の御協力を得た。

190　『諸国高札』二に左の注記がある。

右文言之制札、今川義元公ゟ被二下置一寫いたし、五十年以前まて代々建來候へ共、其後中絶仕、只今ハ建置不レ申候、

松平駿河守殿領分
遠州城飼郡高橋村
昌林寺

191　同月廿日付で、「三波川谷北谷之百姓等、早々在所へ罷歸、可二作毛一候、横合非分之儀、不レ可レ有レ之者也」云々の還住命令が出されている(飯塚馨氏所蔵文書)。

192　本契状は新編島津氏世録支流系図のほか、旧記雑録および肝付世譜雑録巻三にも収録されている。旧記雑録には、「正文在二肝付半兵衛兼屋一」との注記がみえる。肝付世譜雑録には差出書の下に、「貴久公ノ次弟、于レ時領二清水一」との細注がある。そしてまた、天文廿二年二月十三日と注記された肝付兼盛が樺山忠副へ送ったほぼ同内容の契状案文(事書のみ)と、それに答えた同年二月十八日付忠副契状とを収載している。忠副契状の事書のみを、次に掲げる。

一世間如何様雖二轉變申候一、奉レ守二　御屋形様一、一味御同前御奉公可レ申事
一其御方仁従二何方一茂被二召懸一候へ、其御方捨申間敷事
一其御方之者逐電申、此方領内來候ハする時者、御意法第〔次カ〕成敗可レ申事
一自二何方一茂和讒之儀候而、雑説之時者、可二申開一事

一於二市町堺目等一口〔公カ〕事之時者、御談合以、互無事可二申調一事

193 政応は、色部文書に「山吉丹波入道政應」と署名している(六月十八日付書状)。ところでこれより先、享禄四年八月十日付、山吉丹波守政久起請文が『上杉家文書之一』にみえる(四二一号)。二十年の開きがあり、かつまた花押の形は全く異なるが、官途名を同じくしているので、あるいは同人かもしれない。

194 本成寺は天文廿年十一月廿日の火災で、文書以下を焼失した(本成寺文書、天文廿一年四月三日山吉政応証状)。本成寺はもと越後守護上杉氏の庇護をうけていたが、この頃には、長尾氏に従い、直接には、長尾の被官でこの地を領していた山吉氏に頼っている。永正八年九月十七日、山吉久盛の死後家督をついだ正盛から安堵状をうけ(本書二五〇号)、文書焼失後の処置にも山吉政応の尽力がみられる。本禁制の付与はそうした状況下のものであろう。あわせて同日証文類の整備についても、配慮している。

(折紙)
再亂之刻、小森澤分并東分爲二申合一、愚札先年道七当地下向之時申成、被二進置一候判形、僧正爲二御披見一越中へ被二差上一、其儘無二御下一候哉、不レ苦事ニ候、次を以重而判形可二申調一候、於二御知行一者、全不レ可レ有二相違一候也、恐ゝ謹言、

恕稱軒

天文廿一
七月十六日　政應(花押)

本成寺
参御坊中

195 本文三行目「所当上年貢」を「諸等上年貢」に作る他は殆ど同文の天正四年十二月十三日付、加藤喜左衛門、加藤隼人佐充織田信忠書下と、天正十二年三月廿五日付徳川家康書下とが加藤文書にある。後者はやや文章に差違をみるので左に掲げておく。

(折紙)
就二商買之儀一、徳政、年記、要脚、國役事、令二免許一畢、殊永代諸買得之田畑、屋敷、野濱等之儀、縦賣主或闕所、或雖

レ為二披〔被〕官退轉一、不レ可レ有二異儀一、然共年貢、色成、諸等、上年貢事、任二證文之旨一、可レ有二其沙汰一、并質物之儀、雖レ為二盗物一、藏之不レ可レ成二失墜一、本利遂二筭用一、可レ請レ之、於レ藏失質之事、如二大法之一、本錢以二一倍一可レ相二果之一、次付沙汰、不レ可レ有二理不盡之使一、自然如レ此免許之類、雖レ令二弃破一、御代と任二免狀之旨一、此度卽信雄〔織田〕江申上所二御領掌一也、不レ混二自余一、於二末代一、聊不レ可レ有二相違一之狀如レ件、

天正十二年

三月廿五日　　家康〔德川〕（花押）

加藤隼人佐殿

196　本号は角田紀彦氏により全文紹介され（「『刑政総類』所収の中世法関係資料について」、『東京大学史料編纂所報』第九号、八九頁）、その後、下村效氏より天文二十一年、六角義賢による制定との試案が出された（「『刑政総類』所収の一分国法について――『前六角氏式目』なるべし――」、『栃木史学』創刊号、五五頁）。

197　勝俣鎮夫氏修士論文掲載の仙台市博物館所蔵原本写真を利用させていただいた。同日付で晴宗が諸士に与えた安堵を内容とする証文、証状が多数残っている。

198　平賀家は天文廿年毛利元就・隆元父子によって再興されたことが、同年拾月七日付平賀弘保・入野貞景・平賀広相連署起請文に見えている（毛利家文書之一、二二〇号）。この縁からであろう、条目の作られた日、平賀広相・毛利隆元・小早川隆景が一揆契約し（同文書、二二一号）、かつ広相は元就に対し、五カ村を与えられたことを謝するとともに、毛利家への忠実を誓う起請文を出した（同文書、二二二号）。一方元就もまた、三家盟約の喜びを広相の実祖父弘保に申し送っている（平賀家文書、七九号）。

199　関連史料を左に掲げる。

（折紙）
多賀〔近江〕社三季御神事之儀付而、犬上〔近江〕郡百性〔姓〕等、蒙二名字一、神事相懃儀可レ遁造意之条、新侍之儀、御訴訟之旨披露申處、被二相

停止一旨、如二御望一御成敗被レ下候間、則進レ之候、御約束候御礼之儀、驄而と御進上可レ然候、土田大郎左衛門尉方者、于レ今在城之由候間、被レ帰次第ニ可レ被二仰届一候、此儀ニ度と辛労被レ仕候間、尙以御禮之儀、御いそき肝要ニ候、不レ可レ有二御油斷一候、恐と謹□、

（天文廿二年）
七月十一日　承恒（花押）

（奥ウハ書）
（切封墨引）　高野瀬
「多賀内介殿
河瀨藤兵衞殿
御宿所　承恒」

〔多賀神社文書〕

これより先、永正八年に出された京極氏による神役勤仕命令と、この後、繰返し行われた神役遁避とその対策に関する資料を掲出する。

（切紙）
當社諸神役事、（近江）犬上郡中差定之處、百姓等近年号レ蒙二名字一難澁云と、太不レ可レ然、所詮任二社例之旨一、如二先規一、堅可レ被二申付一候由、被二仰出一候也、恐と謹言、

永正八
四月二日　（大津）清忠（花押）
清慶（花押）

多賀社
神官中

（切紙）
当社諸神事頭役、任二社例一差定之處、（近江）犬上郡中百姓等、近年蒙二名字一不レ勤二其役一、剰於二在と所と一狼籍〔藉〕之働有レ之由、無二是非一次第候、向後至二猥族一者、急度可レ有二注進一候、猶以相二背先規一新侍輩、堅可レ爲二停止一候、恐と謹言、

永祿拾弐
十二月廿八日　淺井備前守
長政（花押）

（近江、多賀社）
神官衆御中

（折紙）以外取乱、殊ニ夜中ニひろう申候間、書中等不レ及二懇筆一候、已上、

芳札之旨、廿五日戌ニ令二披露一候、就レ其多賀（近江）神事、百性〔姓〕と社人出入之義、不レ及二聞召届一、彼百姓神事可二相懃一之由、堅被二申付一候、其上明日廿六、至二其地一被レ成二御下知一、各并彼百姓被二召連一、至二路次一可レ被レ出之由候、其にて堅可二申付一之由候、蒙二名字一候とて可レ遁二神役一義、太以曲事之由候、侍こそ本ニ神事を八可二相懃一候へ、愚意を申輩一向不レ謂之由候、京極殿、承禎（六角義賢）御一札被〔披〕見ニ不レ及之由候て、其まゝ返遣候キ、委曲其方にて可レ被二仰付一之由候間、此外不レ申候、恐〻謹言、

極月廿五日　　磯小平
秀氏（花押）

意齋（花押）

内堀内進殿
柴田又一殿
御返報

（折紙）返〻急度被二申付一、返事可レ被レ申候、速可二申付一候、以上、

多賀（近江）社御神役之事、地藏兵大郎与申者差定之處、号レ蒙二名字一不レ懃二其役一之由、如何之義候哉、殊先年京極殿并江雲寺殿（六角定頼）、其外代〻御折紙歴然之処、彼者爲二一人之所行一背二社例一段、曲事之次第ニ候、急度此旨申聞、可レ相二懃彼役一、猶以於二違亂一者、可二召失一之条、一端被二申聞一、返事可レ被レ申候、次萬端用之子細候間、早〻可レ被レ上候、待申候、恐〻謹言、

村長（村井長門守）

七月廿九日　貞勝（花押）

内堀内進殿
進レ之候

〔多賀神社文書〕

200　別紙二葉が首尾にあり、それぞれ「於二利生護國寺一、隅田黨一族起請文ノ写シ也、本紙者、護國寺什物也、」と、「右之通、誓紙本紙ハ利生護国寺ニ相納リ有レ之候事、上田与五郎『●(朱)此印ハ血判の印也』」の書付がある。

201　関連史料を左に掲げる。

昌書(折紙カ)記事、心得申候、此上郡内出入之所候者、能ヽ御聞届指レ入可レ承候、可レ及二其斷一候、恐ヽ敬白、

天文廿三甲寅
四月八日　　美濃守
　　　　　　資正(太田)(花押)

芦根斉

〔武州文書十二清河寺蔵〕

202　朱印は印文を写さないが、同書収録の奥平定勝充、同年十月廿九日付と弘治弐年十月廿一日付今川義元判物写により、定勝が義元の被官であること、捺印の位置が、書出に捺印する義元朱印状の一般例に適合することの二点によって、本書も今川義元朱印状写と判断する。

203　充所の奥に、「大芳折紙、竪五寸弐分、横壱尺五寸五分」と注記する。

204　この寺法と共に、告発により検出された増分七拾俵の寄進状と保正寺住持祖芳副状が残っており、後者によって、寺法ならびに寄進状が今川氏親室の口入で出されたものということがわかる。

就二寺領檢地一、御門中之諸尊老被レ成二御在符〔府〕一、御大方峰林壽圭大姉於奉レ頼、義元之御判形二通被二申請一者也、同此添状請取渡可レ為二嚴密一者也、仍如レ件、

天文廿三甲寅十一月晦日　　保正寺當住持祖芳(花押)

石雲禪院置文

〔石雲院文書(静岡県史)〕

205　「致二ト筭一移他家」について。移他家は、『日本国語大辞典』(小学館、昭和四十八年)の「いたか」の項に、七十一番歌合の

歌と画等を載せて、「乞食坊主の一種。供養のために、板の卒塔婆(そとば)に経文、戒名などを書いて川に流したり、経を読んだりして銭をもらって歩くもの」と説明され、『時代別国語大辞典　室町時代編』の解義もほとんど変わらない。本条の場合、「致二卜筭一」、すなわち卜占に携わるという言葉を、移他家とは別の独立した業者とみるか、移他家を限定する修飾語とみるか二様の解釈が想定される。さて、清水文書および相州文書三、古新宿町神事舞大夫天十郎大夫所蔵文書に、乙卯(天文廿四年)二月廿三日付で移他家・唱門師を支配していた千代大夫(伊豆)と、相州の天十郎に充て発行された同文の北条氏朱印状がある。清水文書の本文左の通り。

一前〻自二陰陽者之前一役錢取候蹤跡可レ出事

一無二蹤跡一者、役錢取候事無レ紛之由、可レ致二能誓斷一事

以上

右二ヶ条、至二于無二明鏡一者、京都可レ被二聞召届一之間、陰陽之所へ役錢催促一向可レ停候、此上背二 上意一、就レ致二手出一者、可レ處二罪科一狀如レ件、

これは「致二卜算一移他家」を載せる定書に先立つほぼ一ヶ月前のもので、この時点では卜算を業の主体とする陰陽師が千代大夫や天十郎の配下であるか否かは係争の対象であったといえる。こうした情勢下で、卜占(卜算)にも携わる移他家についての支配は千代大夫・天十郎の権利とする表現が生じたものなのではあるまいか。定書の第二条、事実書では「致二卜筭一」の語を除外した移他家・唱門師だけについての規定となっているのも、陰陽師一般に対しての明確な支配認定ができない段階にあることを示しているといえよう。

206　本状の花押は、毛利安田文書正月十四日付及び二月十三日付長尾入道宗心書状のものと同形である。宗心は景虎の法名で、天文廿二年十二月八日大徳寺前住徹岫宗九より与えられた(『越佐史料　巻四』九六頁)。

花押をみると、これより先、彈正少弼就任の礼義に関する天文廿一年七月八日付景虎書状の花押は、宗心のものと異る(毛利

安田文書)。恐らく入道を期に花押を変えたのであろう。

宗心名義の下限は、大日本古文書『上杉家文書之三』九七六号の八月四日付弾正少弼景虎書状が、編者推定の如く弘治元年(天文廿四年)のものとすると、この時すでに還俗しており、花押も宗心時代と異なっている。従って本状は天文廿三年か廿四年かのものとなる。

207 義元は同日付の判物で大石寺門前諸役と棟別十一間分の役を免除している(大石寺文書)。

208 この後、同内容の定書三通が伝存する。

定(「如律令」朱印)

一村山(駿河)室中にをひて、魚類商買すへからさる事、并汚穢不浄之者不レ可二出入一事
一つき來道者、可レ爲レ如二前之〔と〕一事
一他坊の道者、證據なくして不レ可二奪取一事
一六月の間、爲二借物一質物とるへからす、同道者の間、譴責使令二停止一之事
一喧嘩口論、他の綺あるへからす、并雖レ爲二通法一、博奕、押買、狼藉、堅停止之事
一悪黨之事、前ゝ山中にて相はからふに付ては、可レ任二旧規一事
一道者参詣之間、他の被官以下、主人ありとも、押取へからさる事
右条ゝ、所二相定一也、若於二違犯之輩一者、堅可レ加二成敗一者也、仍如レ件、
弘治二年五月廿四日

一於二村山(駿河)室中一、不レ可二魚類商買一、并汚穢不浄者、不レ可二出入一事
一着来道者、可レ爲レ如二前ゝ一事

一他坊之道者、無二證據一不レ可二奪取一之事
一六月間、爲二久借一不レ可レ取二質物一、并道者間、譴責使令二停止一之事
一喧嘩口論不レ可レ有二他之綺一之事付、雖レ爲二通法一、博奕、押買、狼藉堅停止之事
一惡黨事、前々於二山中一就二相計一者、可レ任二舊規一事
一道者參詣之間、他之被官以下、雖レ有二主人一、不レ可二押取一之事
右条々、於二違犯之輩一者、依二注進一可レ加二下知一之旨、所レ任二先判一也、仍如レ件、
永祿三庚申年
五月十六日　　氏眞（今川）（花押）
〔葛山文書〕

定（「如律令」朱印）
一村山（駿河）社中にをひて、魚類商買すへからす、并汚穢不淨の者、出入すへからさる事
一付來道者、前々のことくたるへき事
一他坊の道者、證據なくして、奪取へからさる事
一六月の間、舊借として質物取へからす、道者の間、譴責使令二停止一之事
一喧嘩口論、他の綺あるへからす、通法たりといふ共、博奕、押買、狼藉かたく停止之事
一惡黨の事、前々山中にて相計に付てハ、旧規にまかすへき事
一道者參詣の間、他の被官以下、主人ありといふ共、押取へからさる事
右條々、先印判の旨にまかせ、所二相定一也、若違犯の輩にをひてハ、可レ加二成敗一者也、仍如レ件、
永祿拾年
六月朔日
〔富士文書〕

209
この起請文の内容は浅井久政によって保証されている。

（折紙）
冨永庄大井堅様儀、今度井奉行如二誓談一、可二相堅一候、不レ可レ有二異儀一候、恐々謹言、

（天文廿四）七月廿三日　　　浅井 久政（花押）

大井懸所 百姓中

〔磯野村共有文書〕

三田村文書に、井公事に関する浅井亮頼書状以下五通の文書があり、黒田惟信氏編の『東浅井郡志　巻四』には、「以上五通ノ文書、何レモ皆天文二十四年ノ井公事ニ關スル者ニシテ其結局ノ裁許状ハ、磯野共有文書ノ中ニ収メアリ」との按文あり（三三三頁）。

210
本文書受給の目的、経緯、「社頭」の具体的地域が、左の大願寺円海書状案等で知ることができる。

嚴嶋大町脇小路大願寺まわり、家をのけさせられ候、是ハ御社頭火用心之儀候條、彼あき家敷之事、末代我等存知、火用心之事、堅可二申付一候、然者、御奉書一通可レ被二仰付一候、以二其旨一、御造榮〔營〕等けんちやう（嚴重）に可二申付一候、此由御披露所レ仰候、恐々謹言、

（弘治元年）壬十月十日　　　大願寺

（就忠）兒玉三郎右衞門尉殿

（元忠）桂左衞門大夫殿

〔大願寺文書（広島県史）〕

（折紙）
先日延恒太郎兵衞殿（元實）爲二御使者一、被二仰出一候嚴嶋大町脇小路寶藏近篇〔邊カ〕、大願寺まハり、家をのけさせられ候、是者、御社頭火用心之儀候之条、彼あき屋敷之事、向後對二大願寺ニ一被二打渡一、火用心、御造栄〔營〕堅固ニ可レ被二仰付一候、此之由、可レ被レ成二御披露一候、恐惶謹言、

壬十月十二日　　　　佐武弥五郎
　　　　　　　　　　児玉若（若狭守）
〔大願寺文書〕

211 「無縁所」雲興寺については、次掲織田信長禁制と併せ、網野善彦氏『〈増補〉無縁・公界・楽』四五頁以下に詳しい。

（尾張）白坂
　　雲興寺
禁制

一軍勢甲乙人等濫妨狼籍〔藉〕之事
一於㆓境内㆒殺生、并寺家門外竹木伐」採之㆒、借宿事
一祠堂物、買德、寄進田地、雖㆑為㆓本人子孫㆒違亂事
一准㆓総寺庵㆒、引得之地、門前棟別、人夫、諸役等相懸、入㆓鑓〔譴〕責使㆒事
一於㆓国中㆒、渡、諸役所之事
右、当寺依㆑為㆓無緣所㆒、諸役等令㆓免許㆒畢、若於㆓違犯之輩㆒者、速可㆑処㆓嚴科㆒者也、仍制旨如㆑件、
　永祿元年十二月　日　　　　（織田）信長（花押）
〔雲興寺文書〕

212 本禁制は恐らく左に掲げる、同筆の長慶判物と同時に給付されたものであろう。

貴布祢屋敷事、為㆓門前寺内㆒令㆓寄進㆒之上者、宜㆑被㆓存知㆒候也、仍狀如㆑件、
　弘治弐
　三月三日　　　　（三好）長慶（花押）
本興寺
〔摂津本興寺文書〕

213 同日付の具教証文がある（沢氏古文書）。これは本書二七四号の永正十五年正月廿三日付北畠具国証文と同文であるので本文を省略し、差異のみ表示する。

	永正十五年	弘治二年
第二・三・六條	許要	許容
第五條	買德	買得
第九條	墨部	黒部
	許要	許容
第十二條	総祖父	祖父
第十三條	権断	検断
	申付旨	申付候
	相違候	相違候也
右條と以下	先代	先代と

弘治二年のものは袖に具教の花押がすえられ、本文の後は左の通り。

以上拾三ケ條、御裏判參、

弘治貳年五月八日　(具教)(花押)

澤(房満)太菊丸とのへ

紙継目裏三ヵ所の花押は被官教兼のものである。

214　本印判状発給の経緯を語る仮名消息がある。

返と大せんしの事、道かん(道幹、松平廣忠)にもいまの三郎にも、(以下袖上部)われ〳〵つかい申てまいらせ候、(以下行間書)このてら(寺)ハ、われ〳〵かてらの事にて候まゝ、いつかたのいろたいもあるましく候、

大せんしきしんしやう(寄進状)、まへにまいらせ候を、人に御ぬす(盗)まれ候よし、おほせ事まいらせられ候、かさねて三郎きしんしやう(寄進状)をまいらせ候、はん(判)の事ハ、いまたいつかた(何方)へも、かやうの事にせられ候ハす候まゝ、われ〳〵かおしはん(押判)をおして

まいらせ候、なんとき（何時）も、かやうの事にはん（判）をいたし候ハんとき、このきしんしやう（寄進状）にも、させてまいらせ候へく候、まへの御ぬすまれ候にも、三もしのはん（判）ハ候ましく候、まへのきしんしやう（寄進状）いたし候物（者）ハ、ぬす人にて候へく候、そのために、
わか身一ふて（筆）まいらせ候、かしく、

こうし二ねん ひのへたつ 六月廿四日

（ウハ書）
「大せんし
しゆんゑさうすへ（俊恵蔵主）まいる　しんさう」

〔三河大泉寺文書〕

215 本書の袖に「信玄公御朱印、是ハ古八日町江被レ下候御法度書、祖祖父（マヽ）坂田源右門（マヽ）かたへ御渡シ被レ遊候、坂田与一左ヱ門（符箋）元祿拾五年迄百四拾弐年」と細書してある。

216 輝元の掟書を併せ収める。

（毛利輝元）
（花押）　防州鯖山 禪昌寺

掟

一於二寺邊一殺生禁斷之事
一寺中、同山野竹木採用事
一寺僧亂行不實、或惡口諍論、或非法猥輩之事
一祠堂物号二裁判一、或擬二德政一構二私用一未尽輩、并令二借用一仁、寄二事於其時々一、弁償緩仁等事
一募二權門威一非分之沙汰、狼籍〔藉〕人事
右、依レ爲二皆無緣所一、諸人志祠堂物、以二勸進之助力一、伽濫〔藍〕堂舍加二修覆一、并寺僧遂二在寺一、國家安全之御祈念、朝暮之勤行無二怠慢一云云、然上者、守二開基以來之寺法一、可レ被レ遂二其節一之、若背二此旨一、於レ有二違犯之族一者、經（市川）好隨二注進一、可レ被

レ處二罪科一者也、依レ仰下知如レ件、

永祿拾一年八月廿八日

「國司」(符箋、下同ジ)
右京亮(元武)(花押)

「兼重」(元宣)
右衛門尉〔左〕

「粟屋」(元種)
內藏丞(花押)

「桂」(元忠)
上総介

「市川」(經好)
伊豆守(花押)

〔禅昌寺文書〕

217　同趣旨の毛利輝元法度がある。

(周防)乗福寺法度条々

一正壽院殿(大内弘世)正平十六年　規式九ケ條

一香積寺殿(大内義弘)　規式七ケ條

一検斷事、就二当寺奉行人披露一、可レ有二其沙汰一、守護代、侍所使等不レ可レ入二寺家一、同寺領所々同前、

右条々、任二去應永十一年卯月十一日國清寺殿(大内盛見)并弘治三年十月三日隆元(毛利)證判旨一、可レ被レ致二執沙汰一之状如レ件、

元亀参年六月十八日

大江朝臣輝元(毛利)(花押)　〔乗福寺文書〕

218　牧野家譜、成定の項に、

一弘治三丁巳の年、義元の下知に依て、右馬允成定西尾の城を守る、

として、本朱印状を引載している。ただし日付を「十月十七日」とする。

219 副状を左に掲げる。

（折紙）
國中諸寺眞言宗、對二正昭院一近年致二疎略一、剩令レ弃二捨法流一、他流他國爲レ本企、併法流断絶基、曲事子細被二思召一訖、既当國眞言根本之寺、誰不レ信レ之哉、云二先例一、云二 御下知一、各無二別心一、尤可レ被レ致二馳走一、於二違背之輩一者、任二先年之 御判之旨一、可レ被レ處二罪科一之由、堅被二 仰出一候也、仍執達如レ件、

弘治参
十一月十日　　勝高（内藤）（花押）

諸寺衆僧中

〔萬徳寺文書〕

220 北条氏は同日付で、武蔵国多摩郡府中の高安寺、同郡八日市場の西蓮寺、同郡椚田の高乗寺、入間郡宮寺の出雲祝神社に、それぞれ寺社中の棟別銭を免除している(各寺社所蔵文書)。

221 本契状の第一条と第二条を内容とする毛利家当主・親類・年寄・家人による起請文が作られている。現存する起請文の一通は案文で、毛利元就等十八名の傘連判、他の一通は正文で、福原貞俊以下二四一名連署、署判は九四名となっている。本文・日付は全く同一である。今前者のみ左に掲ぐ。

被二仰出一趣存二其旨一各言上事

一御家中軍勢狼籍〔藉〕之事、雖レ被レ成二 御下知一、無二停止一候、然間、於二向後一者、狼籍〔藉〕仕候者事、誰々内者候共、則時可レ被二討果一事

一向後陳〔陣〕拂被二仰付一間敷候、於下背二此旨一輩上者、是又右同前可レ被二仰付一事肝要候、爲二自今以後之一、以二連署一言上候、

右言上之趣、　八幡大菩薩、嚴嶋大明神可レ有二御照覽一候、仍誓文如レ件、

弘治三十二月二日　　御親類衆 御年寄衆 其外諸御家人

連判

222 書状にいう下知状は現存しないが、請文がある。

六浦(武蔵)庄世戸堤内入海殺生事、自今以後所レ被二停止一也、早存三知其旨一、固可レ加二禁断一、若有二違犯之輩一者、可レ注三申交名一由事、謹承候了、守下被二仰下一之旨上、可レ致二其沙汰一候、以二此旨一可下令二披露一給上候、恐惶謹言、

文永十年四月二日　左衛門尉俊氏請文(裏花押)

〔金沢文庫古文書〕

223 ここに掲げた徳政法施行に基づく安堵状は、狩野某の妻女の申状紙背に書かれている。申状は左の如くである。

浅間新宮氏人大岩孫四郎入道恵照女子

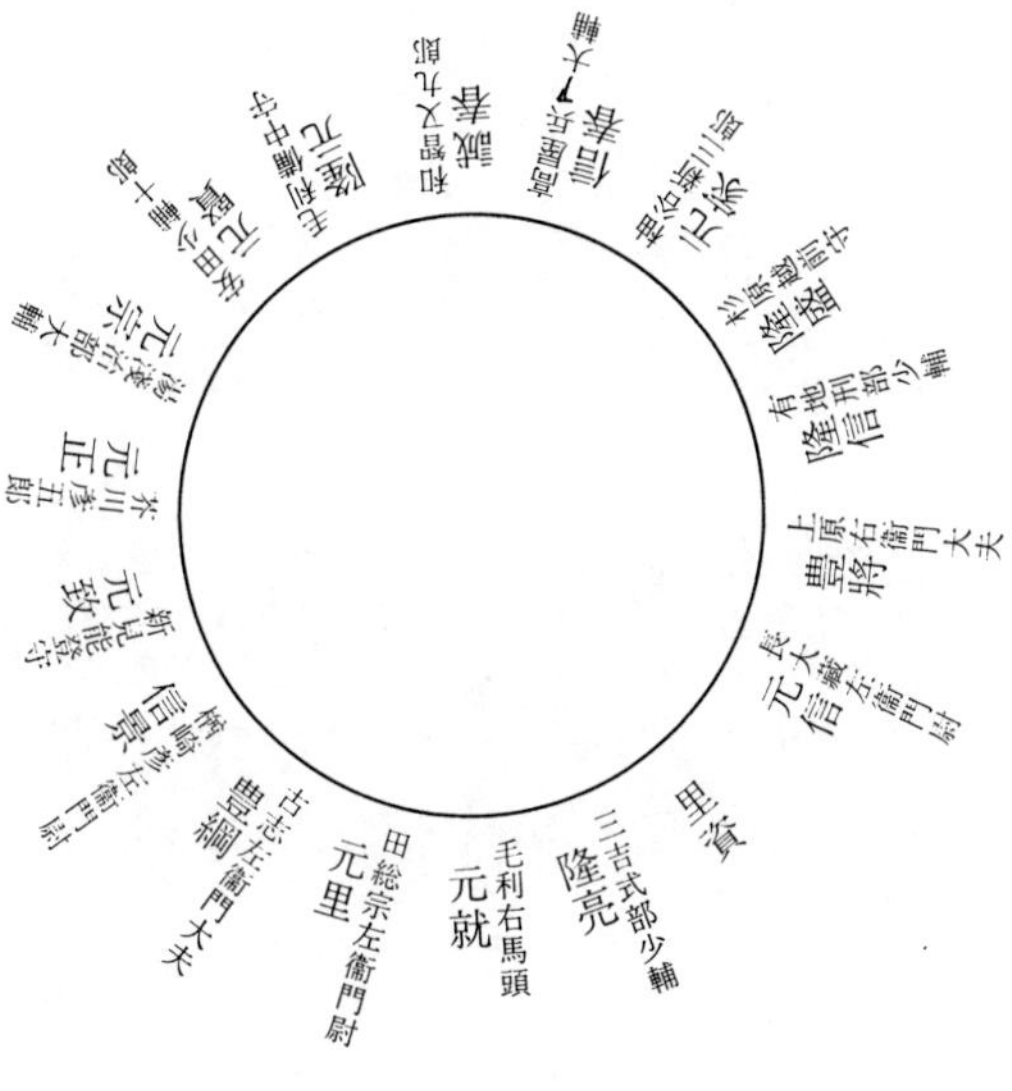

狩野越前守妻村主氏女謹言上

欲丙早任下被二仰出一御徳政法上返乙給如レ元當社御神領内買得田地等甲事

一壹段朔幣田 年記〔紀〕有二一ケ年一、　大岩小次郎

右田地者、被二仰出一任二御徳政法一、如レ元返給、有レ限御神役御祈禱無二懈怠一爲レ致二患〔忠〕勤一、恐々言上如レ件、

文和二二年九月　日

〔美作伊達文書〕

この史料を掲出した『大日本史料』は、その按文に、「連署ノ奉行詳ナラズ、恐ラクハ、駿河守護今川範氏ノ奉行ナルベシ」と記し、範氏が興津美作守を浅間宮造営の任に当らせた記事を載せる明年十一月二十一日条(第六編之廿、九二八頁)との関聯を示し、綱文を「駿河守護今川範氏、造淺間宮ノ事ニ依リテ、徳政ヲ行ヒ、神領内ノ賣買地ヲ返付セシム」としている(同上、九頁)。

224 本状の年紀は、『広島県史　中世』が文明三年と推定しているに従った(四六一頁)。

225 年次は前編旧記雑録に拠る。同書には「幕府令二右衞門尉行頼爲レ書謂レ公曰」とし、奉書は幕命を承けたものとしている。『大日本史料』もまた「幕府、島津立久ニ命ジテ、和泉堺浦ノ船舶、印券ヲ帶セズシテ、琉球ニ航スル者アラバ之ヲ追却シ、錢貨ヲ載スル者ハ沒收シテ、京都ニ輸サシム」との綱文を立てている(当日条)。行頼は山城狭山郷に関する石清水文書応仁二年十二月十一日付太田三郎右衛門尉行頼奉書の奉者であり、狭山郷証文中の細川勝元書状との関係から勝元被官なることを推定しうる。なお東寺百合文書「に」寛正五年十一月十七日付行頼書状案の端裏書は「大田」と表記する。

以上をもってして、本奉書にみえる島津氏への依頼は勝元によるものとなる。問題はそこで勝元の立場が管領か、はたまた摂津守護であり、時に堺を支配下においた大名としてかに移る。さてそのことを解く鍵は、文中の「於下無二此印判一之船上者」の「印判」にあると思われる。印判としてまず考えられるのが勘合である。琉球渡海の勘合については、永正五年嶋津氏と琉球王との間でその議のあったことが知られている(田中健夫氏『対外関係と文化交流』九〇頁)。これが文明まで溯及し、幕府または

細川氏が勘合を用いたか否か、可能性の一ではある。第二は足利将軍家と琉球王との交渉で用いられた印である。この印については田中健夫氏の詳細な研究がある(前掲書一〇八・一一八頁)。氏に拠ると、足利将軍は印文「徳有隣」の印を用い、押印の場所は「年號第二字之上印レ之、封章上畏琉球國和字之第二字之上印レ之」(蔭涼軒日録)であったことが知られる。年号部分の押印はともかくとして、封章上というのはウハ書に押す印であろう。運歩色葉集「利」の部に、その様子を図示したものがある。そこでは折封の封紙ウハ書第三字目から下に印影を写すものと、封紙ではない本文の料紙を示すと考えられるもののウハ書の同じく第三字目から下にかけての印影とが示されている。これによって、文書所持者は信書の内容を示すことなく、外見のみにて渡海船の合法性を認知させることができる。この場合、将軍家の印を敬称なしに「此印判」と表記することに疑問がのこるけれども、或いは、本奉書が写である故、この疑問を考慮の外においてよいのかもしれない。とまれ、本奉書が幕府令か勝元の判断によるものかは遽かに断定しがたい。今しばらくここに収める。

226 氏実ははじめ子の朝実に所領を譲ったが、文明十一年七月廿日朝実が父に先立って死んだため、同年十一月廿四日朝実の子宮福丸に譲り直した(三浦和田黒川文書)。ついで病気により先途の不安を感じた氏実は、翌年十月孫宮福を老臣に托し、親類や被官たちから起請文を徴した。その間の事情を次のように書置いている。

公方事并内と沙汰、微細事迄裳、濱崎其外老敷者共ニ、諸事申付候、縦雖ニ何事候一、於ニ内と一計事、不レ可レ有レ之候、就ニ諸篇一可レ任ニ老敷者共ニ一候、爲レ其身類〔親カ〕被官之判形ぉ取、宮福丸(黒川頼實)ニ預置候、謹言、

文明十二
十月二日　應田(黒川氏實)(花押)

〔三浦和田黒川文書〕

同時同内容の家臣等(「老敷者共」)の起請文を左に掲げる。

入道殿様(應田、黒川氏實)就ニ御歡樂一、宮福殿様(黒川頼實)ニ餘儀ぉ不レ可レ存之旨、預ニ御尋一候、宮福殿様ニ雖ニ何事候一、如ニ御尊意一一切無ニ餘儀一可レ致ニ奉公一候、殊於ニ傍輩中一、喧嘩、雑務及レ恥事候共、宮福殿様廿歳ニ御成候迄、萬端致ニ堪忍一、御成敗ぉ可レ奉レ待候、御被官中上下各と同前ニ、爲ニ自今以後一、年罷寄候者共判形ぉ相居申上候、若背ニ此旨一候ハヽ、

日本國中大小神祇、天照大神、春日大明神、別而三浦十二天、八幡大菩薩可レ蒙二御罸一候也、仍起請文如レ件

八郎左衛門尉 儀久(花押)　　濱崎美濃守 助儀(花押)
高野東 馬場丸　　松浦大炊助 実澄(花押)
北孫太郎 実俊(花押)　　多ゝ良同名同前 澄貞(花押)
同孫三郎 実藤(花押)
上孫十郎 実久(花押)　　石井同名同前 実家(花押)
西上三左衛門尉 実滿(花押)　　芳野三郎左衛門尉同名同前 実助(花押)
小山 八木丸　　西七郎太郎 実賴(花押)
關下伊賀守 実儀(花押)　　難波同名同前 実儀(花押)
内洲河掃ア助 儀次(花押)　　中野 実道(花押)
篠澤 秀儀(花押)　　河内同名同前 高助(花押)
根岸 辻松丸　　さ藤与三郎 同名同前 実重(花押)
澤田太郎 持儀(花押)　　大倉彦五郎 実致(花押)
北三郎次郎 実忠(花押)　　江本同名同前 兼儀(花押)
澤田四郎 実滿(花押)　　高橋彦右衛門尉 実滿(花押)

文明十二
十月五日
次第不同

〔三浦和田 黒川文書〕

227 朴木文躬の副状がある。
(ウハ書断片)
「　　朴木刑ア丞

澤殿（方滿）人ゝ御中　　文躬」
西黒ア御百性（姓）等放劵質地事、任二御法度旨一可レ被二執返一由、御下知上者、雖レ爲二權門方又御判下一、嚴重可レ被二申付一由、被二
仰出一候、委曲尚兩使可レ被レ申候、恐ゝ謹言、
（異筆）「明應三年甲刁」
九月六日　　文躬（花押）
澤殿
人ゝ御中　　〔沢氏古文書〕

228 瀬田勝哉氏「中世末期の在地徳政」(『史学雑誌』第七七編第九号、四七頁)は、この徳政令発布の契機を左記の北畠材親書状との関聯でとらえ、「百姓に対する徳政は、海上警固役という夫役賦課のみかえりとして出されたもの」と解する。

（ウハ書斷片）「（切封墨引）　　材親」
西黒ア海上警固事、可レ被二申付一候由、令二存知一候、自然就二新儀子細候一者、重而可レ申候也、謹言、
（異筆）「明應三年甲刁」
九月六日　　（花押）
澤兵ア大輔とのへ　　〔沢氏古文書〕

229 志賀文書に明応五年十一月三日、同七年閏十月十八日付親治預ケ状があり、少々趣は異なるが本状の花押と同形のものがみられる。

230 この文書には左記奥書があり、これによって防長寺社証文の編者の見たものが既に写であったことがわかる。
（奥ニ）右一覽了、依二所望一馳レ筆、
寶永二年七月五日

231

神祇道管領卜部(吉田兼連)朝臣判

問田弘胤の施行がある。

就二公方様御上洛御用意一、去年永正元、被レ相二懸御分國中加増段銭一候間、当山事、御代々諸役御免除候、殊当御代別而被レ成二御判一候旨、具達二上聞一候間、被レ分二聞召一、去廿九對二弘胤一奉書如レ此候、然者末寺已下此趣早速重々可レ被二相觸一候、恐々謹言、

三月八日　弘胤(問田)(花押)

氷上山
別当御坊中

〔興隆寺文書〕

232

関連文書左の如し。

(折紙)
今度惣國道橋可レ作之旨、被二仰出一候處、両浦(今泉・河野)及二相論一候、不(可脱カ)レ然候、所詮馬借中申合、如二先々一立合可レ作候也、

永正拾弐
壬二月十七日　康忠(青木)(花押)
廣次(印牧)(花押)

今泉(越前)
常慶所

(折紙)
今度河野と相論道作之事申付て無爲之儀、尤候、当年者打置、自二来年一如二先々一馬借中申合可レ作儀、可レ然候、此由、惣百姓中へも可レ被レ申候、謹言、

永正十二
壬二月廿日　景延(朝倉)(花押)

今泉
中屋入道とのへ

〔西野文書〕

233 茨木長隆の政治的地位については、今谷明氏の詳細な研究がある(『室町幕府解体過程の研究』三六一頁以下)。

234 本件は後述の如く二月段階から六角定頼の調停のもと、延暦寺、日蓮衆間での交渉があり、六月に至って成立した和議条件の一つが本文掲載の日蓮衆徒の請文の内容であり、条件のもう一つが日吉祭礼料足の進納である。まず六月における関連文書を蜷川家古文書収載の順序に従って掲げる。

就二今度当衆中之儀一、無爲之御取合条、□(存)之外仁、毎年万疋宛進納事、無二相□(違)一三月中ニ、永代於二坂本(近江)一可二渡申一候、若於二無沙汰一者、如何様仁毛可レ預二其沙汰一候也、仍状如レ□(件)、

天文十六丁未年六月十七日

本國寺 日泰判在
法花寺 日要同
本能寺 日宗同

進藤山城守(貞治)殿
平井加賀守(高好)殿

日蓮衆事、先年(天文五年)被レ加二退治一、公私之制法嚴重之処ニ、無レ程背二其旨一之間、重而爲レ有二成敗一、頻雖下可レ被レ及二發向一之由候上、京都錯乱之刻、不レ可レ然候間、申二留之一、此砌惣別無爲之調談可レ然旨、依二▨(異)異見申一、御同心尤以祝着候、就レ其向後之儀、條目在二別紙一、悉彼衆中申固、帶二請文一相定之上者、若相二背此旨一被レ加二退治一候者、雖レ爲二何時一、如二先年一、爲二当國一其働不レ可二別(有脱)儀一候、此趣、具可レ有二御衆達一候、恐惶謹言、

六月十七日 (六角)定頼判在

三院
執行代御坊中

就二日蓮衆還住一條々事

一爲二惣分一、妙傳寺一圓放火事

一向後法度条目（在二別紙一、定頼一札相一レ副之一、）事

一爲二　日吉御祭礼料之足付一、毎年百貫文宛三月中ニ永進納事

右（以二）三ヶ条之儀一、懇望之旨、依三霜臺（六角定頼）被二執申一御落居之上者、向後自他不レ可レ有二別儀一候、萬一相違之儀候者、可レ被レ任二定頼一札之旨一候也、仍狀如レ件、

天文十六丁未年六月十七日

進藤山城守 貞治 判在
平井加賀守 高好 同

三院執行代御坊

定頼による調停は二月頃すでに始まっており、その交渉関係資料から同年十一月の結着後の礼儀送付状に至る関連文書が本能寺文書に残っている。六月時の講和条件との比較のため、二月の時点での日蓮衆の請文案を掲げておく。

申定條々

一白袈裟、素絹并朱柄笠、塗足駄等用レ之公界徘徊停止、同紫袈裟者、雖レ爲二寺内一、不レ可レ令二着用一事

一地下人等葬送之時、着一レ用　勅會之裝束、同甲袈裟一、并令二乘輿一洛中俳佪〔徘徊〕、不レ可レ有レ之、平絹之白五条、張衣可一レ申之一、但、十五ヶ寺之住持分於二高家仁躰一者、素絹、紫袈裟可レ爲二着用一、然上者、塗輿不レ可レ有二子細一事

一僧俗共以誹一レ謗諸宗一事、諍論基、不レ可レ然旨令二存知一事

右條々、雖レ爲二一事一於二相違一者、（可レ預二）異御沙汰一者也、以二此旨一山門一決之様、御調肝要候也、仍連署之狀如レ件、

天文十六丁未年二月日

十五ヶ寺 連署

平井加賀守殿
進藤山城守殿

申定條ゝ

一紫袈裟、同白袈裟、素絹并朱柄傘、塗足駄等着二用之一俳佪〔徘徊〕、可レ令二停止一事

一地下人等号二法事一、或着二用　勅會裝束、同甲袈裟一、并令二乘輿一洛中俳佪〔徘徊〕、不レ可レ有レ之、但、茶〔荼〕毗之時者、白袈裟、張衣可二用申一之事

一高家仁躰住持分十五人者、法事之時、白袈裟、素絹等可レ預二御用捨一事

一僧俗共以誹二謗諸宗一事、諍論基、不レ可レ然旨令二存知一事

一為二御祭礼用脚一、千貫文令二進納一之事

右條ゝ、雖レ為二一事一於二相違一者、可レ預二御成敗一者也、仍諸寺連署状如レ件、

天文十六年丁未二月　日　　十五ケ寺連署

山門三院
執行代御房

〔本能寺文書〕

235　「之」は「ニ」の如く書かれている。貫達人氏はこの字を「も」と読んで、「拙者被官も無事に候」と解読され（『新編相州古文書　第四巻』二六一頁）、爾来そのようにされてきたが、「ニ」として「拙者被官ニ無き事に候」とも解読できる。

236　佐脇栄智氏『後北条氏と領国経営』は、本条の制定年次を「恐らく弘治元年（一五五五）であろうと推察される」とする（一五一頁）。

第二刷に当たって

今回の増刷に当たっては、初刷における誤記・誤植の訂正と校訂註・人名傍註の補訂のみを行った。

訂正に当たり、法規・法令七八号以下の青方文書における誤記・誤植、人名比定の補訂は瀬野精一郎氏により、一五二号益田兼理置文における脱字と、二二六号細川政元定書案に付した返点の訂正は保立道久氏の教示による。また一四〇号葛原文書は久留島典子氏、三五二・三六八号鶴岡御造営日記は千々和到氏の指摘をえて、底本を改めた。参考資料二〇号、赤松則貞・小寺則職の人名傍註は渡邊大門氏の、補註186後北條氏の懸銭についての改訂は佐脇榮智氏の教示に負う。

ここに瀬野、保立、久留島、千々和、渡邊、佐脇諸氏の教示に深謝の意を表する。

二〇〇五年九月一三日

■岩波オンデマンドブックス■

中世法制史料集 第四巻
武家家法 II

1998 年 5 月 20 日　第 1 刷発行
2005 年 9 月 27 日　第 2 刷発行
2019 年 11 月 8 日　オンデマンド版発行

編 者　佐藤進一《さとうしんいち》　百瀬今朝雄《ももせけさお》

発行者　岡 本 厚

発行所　株式会社 岩波書店
〒101-8002 東京都千代田区一ツ橋 2-5-5
電話案内 03-5210-4000
https://www.iwanami.co.jp/

印刷／製本・法令印刷

ISBN 978-4-00-730945-8　Printed in Japan